ALEXIS MARTINI

AVOCAT
DOCTEUR EN DROIT
LAURÉAT DE LA FACULTÉ D'AIX.

L'EXPULSION DES ÉTRANGERS

ÉTUDE DE DROIT COMPARÉ

PRÉFACE

DE

A. LE POITTEVIN

PROFESSEUR A LA FACULTÉ DE DROIT DE PARIS.

L'ouvrage contient le texte : — des lois et principales circulaires françaises,
des projets et propositions de lois relatifs à l'expulsion; — du règlement de l'Institut
de droit international (session de Genève, 1892);
— des lois étrangères; — des traités et conventions passés entre la France
et divers États.

LIBRAIRIE

DE LA SOCIÉTÉ DU RECUEIL J.-B. SIREY & DU JOURNAL DU PALAIS

Ancienne Maison L. LAROSE & FORCEL

22, rue Soufflot, PARIS, 5e Arrondt.

L. LAROSE & L. TENIN, Directeurs

1909

L'EXPULSION

DES ÉTRANGERS

IMPRIMERIE
CONTANT-LAGUERRE
LVX VITAM
BAR-LE-DUC

ALEXIS MARTINI

AVOCAT

DOCTEUR EN DROIT

LAURÉAT DE LA FACULTÉ D'AIX.

L'EXPULSION DES ÉTRANGERS

ÉTUDE DE DROIT COMPARÉ

PRÉFACE

DE

A. LE POITTEVIN

PROFESSEUR A LA FACULTÉ DE DROIT DE PARIS.

*L'ouvrage contient le texte : — des lois et principales circulaires françaises,
des projets et propositions de lois relatifs à l'expulsion ; — du règlement de l'Institut
de droit international (session de Genève, 1892) ;
— des lois étrangères ; — des traités et conventions passés entre la France
et divers États.*

LIBRAIRIE

DE LA SOCIÉTÉ DU RECUEIL J.-B. SIREY & DU JOURNAL DU PALAIS

Ancienne Maison L. LAROSE & FORCEL

22, rue Soufflot, PARIS, 5e Arrondt.

L. LAROSE & L. TENIN, Directeurs

1909

ABRÉVIATIONS DES PRINCIPAUX RECUEILS

REVUES ET RÉPERTOIRES CITÉS.

S. = Recueil *Sirey*.

S. et P. = Recueil *Sirey* et *Journal du Palais*.

S. chr. refondu = Refonte du Recueil *Sirey*.

D. P. = Recueil *Dalloz*.

Pand. fr. = Recueil des Pandectes françaises.

Gaz. Pal. = Gazette du Palais.

Gaz. des Trib. = Gazette des Tribunaux.

Rev. de dr. int. pr. = *Revue de droit international privé et de droit pénal international* (fondée en 1905 par A. Darras, et continuée, depuis 1909, par M. Geouffre de Lapradelle).

Rép. du dr. int. pr. = *Répertoire du droit international privé et du droit pénal international* (commencé par A. Darras, et continué par M. Geouffre de Lapradelle [sous presse]).

J. du dr. int. pr. = *Journal du droit international privé* (fondé et dirigé par Me Clunet).

Dict. du dr. int. pr. = *Dictionnaire du droit international privé*, par Vincent et Penaud (1887).

Rev. prat. de dr. int. pr. = *Revue pratique de droit international privé,* par Vincent.

Rev. de dr. int. publ. = *Revue générale de droit international public* (fondée par MM. Pillet et Fauchille, et dirigée par M. Fauchille).

Rev. de dr. int. et de lég. comp. = *Revue de droit international et de législation comparée.*

Rev. algér. = *Revue algérienne et tunisienne.*

Rép. gén. du dr. fr. = *Répertoire général alphabétique de droit français* (commencé par Fuzier-Herman et terminé par MM. Carpentier et Du Saint).

C. civ. ann. = *Code civil annoté* (commencé par Fuzier-Herman et terminé par A. Darras).

C. civ. ann. Suppl. = *Supplément* par Griffond au *Code civil annoté* de Fuzier-Herman et A. Darras.

TABLE

DES DÉCISIONS CITÉES

AU COURS DE L'OUVRAGE [1]

---

[1] Les numéros placés à la suite de la désignation de chaque arrêt se réfèrent aux pages de l'ouvrage.

PRÉFACE

L'expulsion des étrangers n'est pas organisée, dans les différentes législations, sur des règles identiques : on le verra bien par la documentation de droit comparé que renferme cet ouvrage. Et cela tient apparemment à des causes multiples.

Sans doute on ne paraît plus admettre aujourd'hui, avec d'anciens publicistes, que l'État, considéré comme absolu et souverain maître de son territoire, possède le droit strict d'en interdire rigoureusement l'entrée ou le séjour aux étrangers ; logiquement dans cette théorie, s'il les acceptait plus ou moins libéralement, ce ne serait de sa part que concession, intéressée peut-être, mais bénévole et précaire, à moins qu'il ne se fût lié par les stipulations d'un traité.

Tout au contraire. Les meilleurs auteurs de droit international enseignent que les progrès de la civilisation ont de plus en plus imposé une autre conception. Un État n'a pas plus le droit d'interdire le passage de ses frontières aux étrangers que de prétendre y enfermer ses nationaux. Comme il s'établit naturellement des rapports commerciaux et tout un ensemble de relations pacifiques entre hommes appartenant aux diverses régions du globe, les gouvernements ne doivent pas entraver, mais permettre et protéger cette activité internationale qui est comme une véritable loi de l'humanité. De là cette tendance des législations modernes à assimiler, ou à peu près, les étrangers aux nationaux pour la jouissance des droits civils, parfois sous une prudente réserve de réciprocité (laquelle n'est, après tout, qu'une étape ou un moyen d'évolution générale). De là, en tout cas, pour les étrangers, la liberté de circulation et de résidence. Poser un principe d'interdiction, ne serait-ce pas, en effet, contredire cette merveilleuse facilité des communications, que la science ne cesse de multiplier ou de rendre plus rapides, et détruire cet enchevêtrement fécond des affaires d'où il résulte que chaque pays est, à l'égard de tous les autres, à la fois tributaire et dispensateur des ressources de la nature, de l'art et de l'industrie?

Mais, ceci entendu avec des variantes sur l'argument fondamental, tout aussitôt surgit une restriction. Quelle que soit la facilité d'accès ou de séjour reconnue aux étrangers, un État ne peut pourtant pas être contraint de les subir, ni même de les laisser pénétrer, lorsque leur présence est de nature à compromettre sa sécurité ou à constituer un danger pour son ordre public. Un danger : mais à quels points de vue ?

La restriction peut prendre deux formes distinctes, qui d'ailleurs ne s'excluent pas l'une l'autre, la non-admission et l'expulsion proprement dite. L'État place, en quelque sorte, une barrière aux voies d'arrivée sur son territoire; il prévient les intéressés qu'il n'accueillera pas telles et telles catégories d'étrangers; il rejette ces étrangers et les renvoie comme « immigrants non désirables », par exemple s'ils ont subi certaines condamnations, s'ils ne justifient pas de ressources actuelles ou tout au moins prochaines, s'ils sont atteints d'une maladie de nature à compromettre la santé publique... : c'est la non-admission, le contrôle officiel de l'immigration. Ou bien, sans organiser un procédé réglementaire de vérifications au moment des entrées, l'État se réserve simplement d'expulser quiconque serait ou deviendrait dangereux, inquiétant, à l'encontre de ses intérêts essentiels.

Sans rechercher ni les différences juridiques entre les deux systèmes, ni leurs combinaisons, —

on conviendra, nous semble-t-il, qu'ils ne dérivent pas d'une même pensée législative : il y a une nuance et elle peut être très accentuée. En déclarant écarter *ab initio*, au moyen d'un examen imposé à l'arrivée, tout arrivant *undesirable*, l'on prend une mesure limitative, plus ou moins étroite, de l'immigration ; en d'autres termes, l'on n'accepte que l'*immigration de bonne qualité*. L'expulsion proprement dite est moins prévoyante, mais aussi moins restrictive, lorsqu'elle suppose l'accès librement laissé à tous venants, du moins en thèse générale, sans formalités d'admission préalable. Mais alors pourquoi les législateurs recourront-ils, ou non, au système plus rigide des non-admissions ? Sera-ce parce qu'ils veulent mettre plus ou moins de générosité dans leur conduite à l'égard des étrangers, — parce qu'ils ont une politique plus ou moins timorée au sujet des éléments possibles de désordre, — ou parce que tel pays, vu l'état de sa population, de son outillage industriel, de sa main-d'œuvre nationale, a des raisons utilitaires, soit de souhaiter une immigration abondante, soit au contraire de la redouter pour peu qu'elle soit suspecte ?

Admettons cette dernière hypothèse. Elle peut prendre une ampleur considérable, si l'immigration devient absolument trop nombreuse, ou, si — ce qui revient à peu près au même, — le pays qui devrait l'absorber la considère comme telle. Il ne s'agit plus seulement d'en tamiser les éléments malsains, au moral ou au physique, mais de l'entraver en elle-même et pour elle-même. Ce pourrait être par différents moyens, déjà fort discutés..., par des taxes élevées, protectrices ou quasi-prohibitives, comme on dirait dans la législation douanière. Si de ce mouvement qu'on appelle « la lutte des classes » il surgit parfois des proclamations cosmopolites ou même antipatriotiques, il arrive aussi que les difficultés du travail et le coût de la vie soulèvent d'âpres revendications, de véritables hostilités, contre la concurrence de travailleurs étrangers qui, grâce à leur endurance, leur esprit d'économie, leurs dépenses minimes, prennent ou avilissent la place que l'ouvrier indigène voudrait se réserver dans de meilleures conditions. Poussons les choses à l'extrême : un pays fermerait ses frontières, ou se bornerait à les entr'ouvrir, à tous les immigrants ou aux immigrants d'une race ou d'une nationalité envahissante, pour ne pas nuire d'une façon dangereuse au développement normal de sa population, pour résister à une infiltration qui compromet son équilibre social.

Mais alors, premièrement, que deviendrait le principe de la libre résidence d'abord affirmé par la science, et dans quelle mesure resterait-il conciliable avec cette antithèse de forces sociales ou de luttes économiques? Et deuxièmement on aperçoit tout de suite quelles difficultés et quelles complications internationales peuvent entraîner ces résistances à forme générale contre un courant d'immigration correspondant, sans nul doute, aux besoins des nations qui en formaient la source. Et n'a-t-on pas été, assez récemment encore, à la veille de redouter le plus grave des conflits entre deux grands peuples, des deux côtés du Pacifique, pour des questions de ce genre?

L'Institut de droit international, en 1892, dans un *projet de règlement pour l'admission et l'expulsion des étrangers*, a émis le vœu suivant, duquel il ressort, malgré l'affirmation finale, que ces controverses dépendraient de la nature et de l'importance des intérêts menacés : « L'entrée libre des étrangers sur le territoire d'un État civilisé ne peut être prohibée, d'une manière générale et permanente, qu'à *raison de l'intérêt public et de motifs extrêmement graves*, par exemple, à raison d'une différence fondamentale de mœurs ou de civilisation, ou à raison d'une organisation ou *accumulation dangereuse* d'étrangers qui se présenteraient en masse. — La protection du travail national n'est pas *à elle seule* un motif de non-admission...» Mais, en supposant même admise cette formule, comme règle directrice, elle laisse une latitude évidente aux appréciations de fait ; les appréciations seront toujours *subjectives* ; elles ne sont point les mêmes chez le peuple d'où l'on émigre, et chez celui qui refuse les émigrés.

Quoi qu'il en soit, les causes d'élimination peuvent donc être plus ou moins nombreuses, — et discutables, — selon qu'elles reposent sur un danger pour ainsi dire collectif, ou selon qu'elles consistent en reproches individuels.

Le droit français — en dehors des règles internationales du droit de la guerre — ne connaît comme motifs d'expulsion que les reproches individuels. Car, malgré son titre et malgré certaines réclamations qui se sont fait jour à l'encontre de la main-d'œuvre étrangère, la loi du 8 août 1893 « relative au séjour des étrangers et à la protection du travail national » impose uniquement (comme le décret du 2 octobre 1888) des mesure d'ordre et des déclarations de résidence. Mais, aux termes de la loi du 3 décembre 1849, le ministre de l'intérieur et, à l'égard de l'étranger non résidant, le préfet d'un département frontière, peuvent ordonner l'expulsion.

Parmi les hypothèses qui expliqueraient cette mesure, il nous sera permis de citer, à cause de son importance en droit pénal international, le cas de l'étranger auquel on imputerait un crime ou un délit de droit commun, commis hors de France : nous ne supposons pas qu'il ait été condamné. Le Code du 3 brumaire an IV donnait, en l'espèce, une solution élégante. Après avoir déclaré que les étrangers prévenus d'avoir commis ces délits hors du territoire de la République « ne peuvent être jugés ni punis en France », l'art. 13 ajoutait : « Mais sur la preuve des poursuites faites contre eux dans les pays où ils les ont commis, si ces délits sont du nombre de ceux qui attentent aux personnes ou aux propriétés, et qui, d'après les lois françaises, emportent peine afflictive ou infamante, ils sont condamnés par les tribunaux correctionnels à sortir du territoire français, avec défense d'y rentrer, jusqu'à ce qu'ils se soient justifiés devant les tribunaux compétents ». — L'expulsion était donc judiciaire et elle était fondée sur cette idée que la justice française devait elle-même renvoyer, quoique indirectement, l'individu suspect devant ses juges naturels en vertu de la territorialité de la loi pénale. Il est vraisemblable qu'aujourd'hui la procédure de l'extradition conduirait le plus souvent

à une remise expresse et directe. Cependant, si l'extradition n'était pas demandée? Certaines théories,
sous les noms divers d'extraterritorialité absolue,
d'universalité du droit de punir... autorisent alors
le pays de refuge à se déclarer pénalement compétent; c'est du moins une compétence subsidiaire qui
s'exerce, suivant l'art. 7 du Code italien, dont ce
n'est pas le lieu d'examiner toutes les distinctions,
« s'il n'existe pas de traité d'extradition, ou si l'extradition n'a pas été acceptée par le gouvernement,
soit du lieu de perpétration du délit, soit de la
patrie du prévenu ». Et Brusa démontre même, dans
son système de territorialité juridique, que cette
compétence est vraiment territoriale, parce que l'ordre est réellement troublé sur le territoire, non peut-
être par le fait criminel, mais par la présence de
celui qui est censé l'avoir commis et qui cause
ainsi l'inquiétude locale tout autour de lui.

Si l'on peut faire à ces théories quelques critiques, notamment celle qui consiste à montrer aisément l'incertitude d'une instruction ouverte loin
du lieu où le crime a été commis, il est de bonne
guerre de remarquer, en sens inverse, que l'expulsion administrative, comme celle qui se pratique-
rait alors en France et dans beaucoup d'autres pays,
ne sera pas mieux appuyée sur des données proban-

tes, et qu'elle atteindra gravement, sans garanties judiciaires, un individu qui ne demanderait peut-être qu'à expliquer sa présence et à se disculper, — il semble en droit de le prétendre, — *si on lui en donnait les moyens.*

C'est, en effet, le caractère de l'expulsion, d'être discrétionnaire, arbitraire (sans prendre le mot en mauvaise part). Quittons l'hypothèse un peu spéciale qui nous a un instant retenus. Ce sont les agissements de l'étranger sur notre territoire même, rapprochés peut-être de sa vie antérieure, qui donnent aux autorités françaises des motifs de suspicion et qui constituent, pour emprunter une terminologie devenue courante dans les discussions des criminalistes, son « état dangereux ». Ici, nouveau contraste. Le national, — bien plus, l'étranger lui-même — ne pourrait être frappé d'une pénalité quelconque qu'avec toutes les garanties de la procédure répressive et dans les termes du Code pénal : ni au delà, ni à côté. Pas de pénalité sans un texte, tel est le grand principe de droit public, qu'il importe au plus haut point de maintenir pour protéger, dans sa faiblesse, la personnalité individuelle contre les abus possibles des pouvoirs qui représentent la force de l'État. — Et tout à coup sans aucune de ces précautions légales, un ordre ministériel peut enjoindre à l'étranger de sortir du territoire ; il sera conduit à la frontière, peut-être après avoir été détenu administrativement pour qu'il ne puisse se soustraire à l'expulsion.

Tout s'explique : l'expulsion est une mesure de police et non pas une peine. Sans doute ! Mais elle n'en est pas moins aussi rigoureuse, et parfois bien davantage, que certaines pénalités.

Il est entendu qu'un pays ne peut être contraint de garder un élément dangereux qui ne lui appartient pas. La liberté de résidence reconnue aux étrangers n'égale pas le véritable droit de séjour, le *Wohnrecht*, qui s'affirme pour les nationaux sur le sol de la patrie. Le tout est de savoir s'il serait possible et sans inconvénients, de limiter et de réglementer les cas ou conditions de l'expulsion. L'auteur de ce livre ne le pense pas. Il nous montre des législations qui ont tenté cette limitation ; mais leurs articles seraient plutôt une apparence qu'une réalité ; car, à côté de cas précis, les énumérations contiennent quelque clause indécise par où l'arbitraire qu'on voudrait bannir est capable de rentrer. Il cite des passages d'auteurs, parmi les plus estimés, — et quelques-uns trop tôt disparus pour la science du droit, au vif regret de leurs élèves, de leurs lecteurs, de leurs amis ! Ils expriment, avec beaucoup de force, qu'on ne peut prévoir avec quelque précision, dans la mobilité des événements, toutes les espèces susceptibles de nécessiter une expulsion, — qu'il existe vraisemblablement des circonstances telles, qu'il serait gravement inopportun de mesurer à l'interprétation stricte d'un texte les motifs de la décision ministérielle, — qu'enfin il convient qu'un État ne se désarme pas, pour garantir l'ordre et rester maître sur son territoire : un pays, si hospitalier soit-il, ne doit être dupe, ni de thèses sentimentales, ni des exagérations d'un principe.

Néanmoins il nous semble que, par divers côtés, l'état actuel de la question pourrait être discuté. Parfois, des arrêtés d'expulsion ont été pris contre des Français : il a fallu le reconnaître *ensuite* sur débat contradictoire devant les tribunaux compétents ; serait-ce donc qu'il y avait eu contrôle incomplet des renseignements, avant d'agir illégalement contre des nationaux ? Nos lois tiennent-elles un compte suffisant de certaines situations qui mériteraient pourtant des égards ? Entre autres, l'expulsion d'un étranger muni d'une autorisation pour établir son domicile en France a été prévue, il est vrai, par la loi de 1849 ; elle cesse d'avoir effet, après deux mois, si l'autorisation n'a pas été révoquée par le Gouvernement qui doit prendre l'avis du

Conseil d'État; mais en attendant, l'admis à domicile aura dû partir, abandonner ses affaires; si l'on réserve un examen nouveau du cas, après l'expulsion, ne pourrait-on prescrire un *complément de légalité avant*?

En notre matière, comme en beaucoup d'autres, il y a lieu de distinguer deux points de vue : la légalité et l'opportunité. La légalité est chose précise : un arrêté d'expulsion ne peut être pris contre un Français, il ne peut émaner que d'une autorité compétente... L'opportunité (ou mieux la légitimité) d'une expulsion est un élément variable, en rapport avec les cas individuels, ou même avec les contingences d'une situation politique : ni les tribunaux judiciaires, ni aucune juridiction administrative, ne connaissent des motifs d'une expulsion : c'est le domaine réservé du pouvoir discrétionnaire, — sauf à discuter éventuellement les responsabilités, en présence d'une intervention diplomatique ou d'une interpellation parlementaire..., qui d'ailleurs ne peuvent en aucune façon constituer des droits pour l'intéressé.

Mais la légalité doit être strictement respectée; elle donne lieu à des recours contentieux : le tribunal correctionnel saisi d'une poursuite pour infraction à un arrêté d'expulsion vérifiera la légalité

de l'arrêté; le Conseil d'État, à la suite d'une intéressante modification de sa jurisprudence, admettra
les recours en annulation contre les arrêtés entachés d'excès de pouvoir.

Dès lors, si nous étendions quelque peu le domaine de la légalité?

Il y a, par exemple, des traités qui stipulent la
communication préalable, aux agents diplomatiques
et consulaires, des causes de l'expulsion. Ces traités
assurent ainsi, le cas échéant, l'intercession ou la
protection de l'État étranger à l'égard de ses nationaux et facilitent les devoirs et droits respectifs
des *États entre eux*. Mais nous ne voyons pas (sauf
plus ample informé) quelle objection pourrait être
formulée contre la proposition suivante : inscrire dans
la loi, *pour l'individu* lui-même, un droit analogue,
et personnel; il ne pourrait être administrativement
condamné à sortir du territoire *sans avoir été préalablement entendu,* ou appelé à fournir ses explications. Ce serait une « forme protectrice », qui semble
bien être dans les tendances du droit actuel (nous
en donnerions aisément des exemples) et qui est en
elle-même de toute équité; il y aurait désormais
illégalité à la méconnaître; elle n'entraverait pas
en fin de compte, l'appréciation ministérielle; elle
pourrait quelquefois — peut-être — la rectifier,

en fait ou en droit... sur une preuve de nationalité, ou autrement. Il n'est pas superflu d'avoir formellement la faculté si naturelle de plaider sa propre cause.

Il y aurait assurément d'autres considérations. Mais c'est assez — pour ne point abuser de l'occasion qui nous a été offerte d'écrire ce préambule, — de le terminer par le modeste vœu d'un complément de légalité, auquel l'auteur de cet ouvrage voudra bien souscrire parce que, s'il n'est pas inutile pour l'individu menacé d'expulsion, il ne paraît nullement compromettant pour les intérêts de l'État.

A. LE POITTEVIN,

Professeur de droit criminel à l'Université de Paris.

L'EXPULSION

DES ÉTRANGERS

CHAPITRE PREMIER

NATURE ET CARACTÈRES
FONDEMENT ET LÉGITIMITÉ DU DROIT D'EXPULSION

L'expulsion des étrangers, dont nous nous proposons de faire l'étude, est régie en France, notamment par les art. 7 à 9 d'une loi du 3 déc. 1849, intitulée « loi sur la naturalisation et le séjour des étrangers ».

Ces articles sont ainsi conçus :

« Art. 7. — Le ministre de l'Intérieur pourra, par mesure de police, enjoindre à tout étranger voyageant ou résidant en France, de sortir immédiatement du territoire français et le faire conduire à la frontière. — Il aura le même droit à l'égard de l'étranger qui aura obtenu l'autorisation d'établir son domicile en France; mais, après un délai de deux mois, la mesure cessera d'avoir effet, si l'autorisation n'a pas été révoquée suivant la forme indiquée dans l'art. 3 [1]. — Dans les départements-frontières, le préfet aura le même droit à l'égard de l'étranger non résidant, à la charge d'en référer immédiatement au ministre de l'Intérieur.

Art. 8. — Tout étranger qui se serait soustrait à l'exécution des mesures énoncées dans l'article précédent ou dans l'art. 272, C. pén., ou qui, après être sorti de France par suite de ces mesures, y serait rentré sans la permission du Gouvernement, sera traduit devant les tribunaux et condamné à un emprisonnement d'un mois à six mois. — Après l'expiration de sa peine, il sera conduit à la frontière.

Art. 9. — Les peines prononcées par la présente loi pourront être réduites conformément aux dispositions de l'art. 463, C. pén. ».

L'art. 272, C. pén., visé par l'art. 8 de notre loi, édicte : « Les individus déclarés *vagabonds* par jugement, pourront, s'ils sont étrangers, être conduits, par les ordres du Gouvernement, hors du territoire du Royaume ».

Antérieurement, un article 6 du titre 3 d'un décret du 24 vendémiaire an II, toujours en vigueur, avait déjà décidé : « Tout *mendiant* reconnu étranger, sera conduit sur la frontière de la République, aux frais de la Nation ; il lui sera passé trois sous par lieue, jusqu'au premier village du territoire étranger ».

L'étude de ces diverses dispositions, et d'autres encore, contenues dans des textes plus récents, et en particulier

---

(1) L'art. 3 porte : « Tant que la naturalisation n'aura pas été prononcée, l'autorisation accordée à l'étranger d'établir son domicile en France pourra toujours être révoquée ou modifiée par décision du Gouvernement, qui devra prendre l'avis du Conseil d'État. »:

dans la loi du 8 août 1893, sur le séjour des étrangers en France et la protection du travail national, dont l'art. 3 dispose dans ses deuxième et troisième alinéas : « Celui qui aura fait sciemment une déclaration fausse ou inexacte sera passible d'une amende de 100 à 300 francs, et, s'il y a lieu, de l'interdiction temporaire ou indéfinie du territoire français. — L'étranger expulsé du territoire français et qui y serait rentré sans l'autorisation du Gouvernement, sera condamné à un emprisonnement de un à six mois. Il sera, après l'expiration de sa peine, reconduit à la frontière », — nous paraît utile à présenter, en ce moment surtout où il est question de limiter et de réglementer le droit d'expulsion.

Cette limitation et cette réglementation sont-elles nécessaires, ou est-il à souhaiter, au contraire, qu'elles ne se réalisent jamais? C'est ce que nous dirons à la fin de notre étude, alors qu'il nous aura été donné d'étudier les législations de différents États, relatives à notre matière.

Mais examinons d'abord successivement, — d'une part, la nature et les caractères essentiels, — d'autre part, le fondement et la légitimité du droit d'expulsion.

§ 1er.

Nature et caractères essentiels
du droit d'expulsion.

Nature du droit d'expulsion. — L'expulsion n'est pas une peine; c'est une *mesure de police*, ainsi que le déclare la loi du 3 déc. 1849 (art. 7) elle-même, prise à l'encontre de l'étranger qui trouble la tranquillité et l'ordre publics [1].

---

(1) V. not., Weiss, *Tr. de dr. int. pr.*, 2ᵉ éd., t. 2, p. 88, *in fine*; Lainé,

Lorsque le ministre de l'Intérieur, par exemple, ordonne à un étranger de quitter le territoire, ce n'est pas une peine qu'il lui inflige; c'est une mesure de précaution qu'il prend à son égard. « La peine est infligée au délinquant en réparation du crime ou du délit qu'il a perpétré; l'expulsion, au contraire, est prononcée contre l'étranger pour éviter qu'il porte atteinte aux intérêts vitaux de l'unité politique » (1). « Ce que l'on veut en expulsant, c'est empêcher qu'une infraction ne se commette,... on ne conduit pas un étranger à la frontière pour le punir d'un crime ou d'un délit » (2).

Ce qui a pu faire illusion, et porter à considérer par suite l'expulsion comme une peine pour le moins *accessoire*, c'est que, la plupart du temps, on expulse des étrangers qui ont subi des condamnations. — Mais, même dans ce cas, l'expulsion conserve son caractère primitif : elle est destinée à éviter le retour des actes répréhensibles déjà punis. « Si le plus grand nombre des individus expulsés est consti-

---

De l'expuls. des étrang. appelés à devenir français par le bienfait de la loi, J. du dr. int. pr., 1897, p. 711); Despagnet, *Précis de dr. int. pr.*, 4ᵉ éd., n. 37, p. 90; Pillet, *Princ. de dr. int. pr.*, n. 76, p. 188, note 1; Bonfils et Fauchille, *Man. de dr. int. publ.*, 5ᵉ éd., n. 1055; Mérignhac, *Tr. de dr. int. publ.*, t. 1, p. 251; Fiore, *Nouv. dr. int. publ.*, 2ᵉ éd. (trad. Antoine), t. 3, n. 1297, p. 93; Luis Perez Verdia, *Tr. de dr. int. pr.* (1908), p. 99, *in fine*; Garraud, *Tr. de dr. pén.*, 2ᵉ éd., t. 1, n. 178, p. 333; Ducrocq, *Cours de dr. admin.*, 7ᵉ éd., t. 3, n. 1134-1135; Arthur Desjardins, *L'expuls. des étrang.*, dans *Quest. soc. et polit.* (1893), p. 107; Bès-de-Berc, *De l'expuls. des étrang.*, p. 6, 64; Darut, *L'expuls. des étrang.*, p. 25 et s. — *Adde*, Paris, 1ᵉʳ mai 1874 (*J. du dr. int. pr.*, 1875, p. 352); Cons. d'État, 26 déc. 1902, *Rapi* (S. et P. 1905. 3. 96; *Rev. de dr. int. pr.*, 1905, p. 529); Trib. supr. fédér. (Brésil), 30 janv. 1907 (*Rev. de dr. int. pr.*, 1908, p. 821), et la note de M. Al. Martini; Trib. supr. fédér. (Brésil), 29 juill. 1908, *Vicente Vacirca* (o Direito, 1909, p. 506). — V. cep. Haus, *Princ. de dr. pén. belge*, 4ᵉ éd., p. 440.

(1) V. Darut, *loc. cit.*

(2) V. Bès-de-Berc, p. 6.

tué par les condamnés, la raison en est uniquement que ce sont là les plus dangereux pour l'État; les poursuites intentées ont justement éveillé l'attention, et l'ont mis en garde contre les dangers que leur présence sur le sol national est de nature à engendrer; mais la mesure d'expulsion n'est nullement une conséquence nécessaire de la condamnation qui l'a précédée (1) ».

Différence avec le bannissement. — L'expulsion doit, d'ailleurs, être distinguée du *bannissement.* — Les bannis, comme les expulsés, sont astreints à quitter le territoire; mais, alors que les bannis ne sont condamnés à le quitter que légalement convaincus de crime faisant encourir cette peine, les expulsés y sont astreints sur le vu de l'arrêté qui leur est notifié, sans qu'aucun débat préalable ait eu lieu.

Caractères du droit d'expulsion. — De ce que l'expulsion est une mesure de police, il s'ensuit que :

1°) **L'expulsion est une mesure administrative.** — Le droit d'expulsion appartient à l'*Administration*, et non au pouvoir judiciaire. Une pareille mesure rentre essentiellement dans les pouvoirs du ministre de l'Intérieur; et, c'est à lui, en effet, que la loi du 3 déc. 1849, dont nous avons donné le texte au début de cette étude, a confié le droit d'expulsion. — Dans les départements-frontières, où il peut être nécessaire

---

(1) V. Darut, *ubi suprà.* — L'idée que l'expulsion est une mesure de police *préventive* est, d'ailleurs, assez souvent méconnue. A propos de l'expulsion de la Martinique de l'ex-président Castro, on pouvait encore lire récemment dans un grand journal parisien : « L'arrêté d'expulsion, atteinte grave à la liberté, a, en général, un caractère répressif et non préventif. Tel n'est pourtant pas le cas dans l'affaire Castro. La mesure prise contre lui vise l'avenir, non le passé ». V. le *Journal* du 9 avr. 1909.

d'agir avec plus de diligence, les préfets ont eux-mêmes le pouvoir d'expulser les étrangers non-résidant.

2°) L'expulsion est une mesure discrétionnaire. — L'Administration a toute latitude pour exercer ce droit. Elle est investie (le mot est sacramentel) d'un *pouvoir discrétionnaire*. Elle prend, en effet, d'une part, l'arrêté d'expulsion à son heure, lorsqu'elle le juge nécessaire, sans aucune entente préalable avec l'État auquel ressortît l'individu qui en est l'objet ; — et, d'autre part, l'arrêté qu'elle prend n'a pas besoin d'être motivé : seule, en principe, l'Administration est juge des motifs de l'expulsion.

Absence d'entente préalable. — *Différences avec l'extradition.* — α) Cette absence d'entente préalable avec l'État auquel appartient l'individu expulsé, fait de l'expulsion un acte unilatéral, essentiellement différent de l'extradition, avec laquelle l'expulsion est cependant quelquefois confondue.

L'extradition suppose, en effet, une entente ; elle constitue un acte bilatéral, une convention entre États. Lorsqu'un État extrade, c'est-à-dire livre un individu accusé ou reconnu coupable d'une infraction commise hors de son territoire à un autre État qui le réclame, et qui est compétent pour le juger et le punir, c'est en vertu d'un traité antérieur ou d'un accord intervenu. Quand un État expulse « il n'est lié, selon les expressions mêmes de M. de Freycynet, à la séance de la Chambre des députés du 24 févr. 1882, par aucun contrat préalable et reste, au demeurant, maître de ses actions. Lorsqu'il a été sondé par une puissance étrangère, il apprécie dans la plénitude de son libre arbitre, s'il lui convient ou non d'obtempérer au désir qu'elle manifeste ».

D'ailleurs, alors que l'extradition est inapplicable en matière de crimes ou délits politiques et en matière de désertion ; — l'expulsion (et c'est là une autre différence essentielle entre les deux institutions), peut être ordonnée même contre les réfugiés politiques et les déserteurs, lorsqu'ils compromettent la tranquillité et la sécurité publiques. Seulement, ainsi que nous le verrons, par la suite (1), afin que l'expulsion ne dégénère pas alors en une extradition déguisée, les expulsés ne sont pas conduits aux frontières de leurs nations. Ils indiquent eux-mêmes l'État aux frontières duquel ils désirent être amenés et où ils espèrent être reçus (2).

Absence d'indication des motifs de l'expulsion. — Absence de voies de recours. — β) L'arrêté d'expulsion n'a pas besoin d'être motivé. C'est une mesure de police, prise dans un intérêt d'ordre public, dans la crainte parfois d'un péril grave. « Il n'est pas bon ni sage, dit-on, d'avertir la nation du danger qu'elle court, de la plonger dans l'anxiété, de suspendre le cours de la vie active d'une partie de la population... Il faut que le gouvernement agisse dans sa pleine indépendance, instruit et éclairé par les rapports confidentiels et par les informations diplomatiques... » (3), —

---

(1) V. *infrà*, chapitre V : *Effets de l'arrêté d'expulsion.*

(2) V. d'ailleurs, sur les différences entre l'extradition et l'expulsion, Bès-de-Berc, p. 37 et s. ; Darut, p. 184, note 2 ; Arthur Desjardins, *loc. cit.*, p. 98-99 ; Ducrocq, t. 3, n. 1135, p. 496. *Adde*, Cass.-Rome, 13 oct. 1893, *Cozensa* (*J. du dr. int. pr.*, 1897, p. 198). — Sur l'extradition, V. not., le traité classique de M. P. Bernard, à la fin duquel se trouve un chapitre intéressant sur le droit d'expulsion. La deuxième édition, de 1890, est due à MM. Weiss et Louis Lucas.

(3) V. Darut, p. 28.

d'autant qu'aucune voie de recours n'est possible contre les motifs d'un pareil arrêté. L'Administration, seule, est juge de son opportunité. Un tribunal ne saurait connaître des raisons qui l'ont rendu nécessaire. Ces raisons intéressant, au premier chef, la sécurité nationale, les juges sont mal placés pour les apprécier; le gouvernement est seul à même de se prononcer *cognita causa*.

D'ailleurs, ainsi que nous le dirons mieux par la suite [1], la mesure d'expulsion fut tellement considérée comme une mesure de sécurité sociale, comme un acte de haute police, qu'on l'a longtemps rangée parmi les actes de gouvernement : sa légalité elle-même était, en effet, déclarée insusceptible de tout recours [2]. — Ce n'est, qu'assez tard, que le Conseil d'État, autorisant, en notre matière, le recours pour excès de pouvoir, reconnut à un national, par exemple, expulsé par erreur, le droit de faire constater l'illégalité de la mesure prise à son encontre.

§ 2.

Fondement et légitimité du droit d'expulsion.

Critiques élevées contre le droit d'expulsion. — Le droit d'expulsion dont nous venons d'indiquer brièvement la nature et les principaux caractères, a été parfois très violemment attaqué. Des auteurs ont prétendu que ce droit n'était qu'une manifestation despotique de l'autorité de l'État, qui outrepassait, en l'exerçant, la limite de ses droits.

Pinheiro-Ferreira, dans ses notes sur le *Droit des gens*

----

(1) V. *infrà*, chapitre VI : *Voies de recours.*
(2) V. not., Hauriou, note sous Cons. d'Etat, 18 déc. 1891, *Vandelet et Faraud* (S. et P. 1893.3.129. — S. chr. refondu).

de Vattel, disait déjà : « Ce n'est que par une flagrante violation des droits imprescriptibles de l'homme que la législation du pays confère au gouvernement le pouvoir discrétionnaire et sans contrôle de renvoyer l'étranger. — En votant une telle loi, le législateur a abusé de son mandat, qui lui enjoignait de défendre et de protéger les droits naturels de l'homme devenu membre de la société, autant que l'usage en sera compatible avec les droits de tous. Le lien de la cité est la volonté expresse ou tacite de se soumettre à cette seule condition; et cette volonté, l'étranger la manifeste d'une manière encore moins douteuse que la majorité des habitants nés et domiciliés dans le pays. Nulle différence donc entre eux, quant à la jouissance et à l'exercice des droits civils, qui ne sont autre chose que les trois droits naturels de la sûreté, de la liberté et de la propriété, garantis par la loi du pays; car là où il y a identité de raison, il faut qu'il y ait identité de disposition... » (1).

Ce sont les mêmes critiques qu'en 1882, à la séance de la Chambre des députés du 24 février, M. Clovis Hugues exposait, dans un langage moins juridique, à propos de l'expulsion du comte de Lawrof : « La loi est *mauvaise, dangereuse*. Les étrangers viennent,... et lorsqu'ils sont établis, lorsqu'ils sont installés chez nous, travaillant pour faire vivre leurs familles,... à ce moment-là, au moment où ces hommes croient avoir conquis le droit de vivre, de travailler sur la terre française, vous arrivez, vous les prenez par

---

(1) V. Pinheiro-Ferreira, notes sur le *Dr. des gens* de Vattel, liv. 2, chap. 8, § 100. — Comp. Bluntschli, note sous le § 383; de Bar (*J. du dr. int. pr.*, 1886, p. 6).

les épaules, et vous les jetez à la frontière avec un arrêté d'expulsion dans les reins (*sic*). Du reste, nous sommes de ceux qui pensent que, pour la France, il n'y a pas d'étrangers... Lorsqu'on expulse un étranger, lorsqu'on chasse un homme qui a cru à notre hospitalité, on touche à la liberté, au principe même de la République ! » [1].

C'est dans le même sens que sont rédigés les exposés des motifs des propositions de loi tendant à l'abrogation de la loi du 3 déc. 1849.

Voici, d'ailleurs, un extrait de l'exposé des motifs de la proposition de loi de M. Alfred Naquet, déposée le 13 févr. 1882, sur le bureau de la Chambre des députés : « Ces dispositions (celles de la loi du 3 déc. 1849) semblent tout à fait empruntées à un autre âge ; et si elles pouvaient, jusqu'à un certain point, s'expliquer par suite de la situation particulière que traversait notre pays quand elles furent votées, elles ne se justifient plus aujourd'hui. Les facilités des communications ont intimement mêlé les peuples ; des étrangers nombreux sont établis chez nous, où ils ont des intérêts considérables..., et il n'est pas admissible que leur fortune puisse être à la discrétion du ministre de l'Intérieur. Nous avons vu, sous les régimes du 16 mai, quel parti les gouvernements de cette époque ont pu tirer d'une loi aussi *draconienne*, et il ne serait pas digne d'un

---

(1) V. *J. off.*, Ch. des dép., Déb. parl., févr. 1882, p. 165. — Comp. la déclaration suivante faite à la Chambre des députés, le 14 janv. 1904, par M. Lucien Millevoye : « La faculté laissée au pouvoir administratif par l'art. 7 de la loi du 3 déc. 1849, est abusive et arbitraire. Nous sommes tous (?) prêts à l'effacer des lois de ce pays. » V. *J. off.*, Ch. des dép., Déb. parl., janv. 1904, p. 11, col. 2, *in fine*.

gouvernement vraiment républicain de reprendre à son compte et d'appliquer une législation que, seuls, les gouvernements de réaction ont pu concevoir... (1) ».

De cet exposé de motifs, on rapprochera avec intérêt celui qui précède les propositions de loi, tendant également à l'abrogation de la loi du 3 déc. 1849, déposées à la Chambre des députés, les 14 janv. 1904 et 14 juin 1906, par M. Paul Constans et plusieurs de ses collègues. Il porte : « Le parti socialiste a toujours protesté contre les expulsions administratives. On a expulsé Bueb, Bebel, puis Morgari, sous le ministère de Waldeck-Rousseau. On a expulsé dernièrement quatre députés espagnols qui venaient apporter en France le salut de fraternité et de solidarité des républicains de l'autre côté des Pyrénées. Nous vous demandons de rendre impossibles pour l'avenir ces expulsions arbitraires...; *nous réclamons le droit commun pour tous les hommes* (2) ».

---

(1) *J. off.*, Ch. des dép., Doc. parl., févr. 1882, p. 372, annexe, n. 419. — D'ailleurs la proposition de loi de M. Alfred Naquet déclarait applicables les dispositions des art. 7, 8 et 9 de la loi du 3 déc. 1849, en temps de guerre étrangère ou civile. Elle était, en effet, ainsi conçue :

« A partir de la promulgation de la présente loi, les dispositions des art. 7, 8, 9 de la loi des 3-11 déc. 1849 ne seront applicables que dans les circonstances suivantes :

1° En cas de guerre déclarée entre la France et une puissance étrangère ;

2° En cas d'insurrection à main armée dans une portion quelconque du territoire de la République, et jusqu'à ce que l'ordre soit rétabli ». — Comp. le rapport sommaire de M. Beauquier sur cette proposition de loi, déposée à la séance du 11 mars 1882 (*J. off.*, Ch. des dép., Doc. parl., mars 1882, p. 773, annexe, n. 589).

(2) V. *J. off.*, Ch. des dép., Doc. parl., avr. 1904, p. 22, annexe, n. 1438 ; — août-sept. 1906, p. 537, annexe, n. 103. — Comp. l'exposé des motifs précédant la proposition de loi relative à la condition des étrangers en France, présentée

Réfutation de ces critiques. — A ces attaques contre le droit d'expulsion, il a été répondu depuis fort longtemps.

Et tout d'abord, a-t-on dit, il est logique de ne point traiter les étrangers comme les nationaux, de ne point leur faire application du droit commun. Il n'y a pas entre eux « identité de raison », il ne saurait dès lors y avoir « identité de disposition ». « Les nationaux ont des devoirs et des intérêts communs. Ils travaillent de concert à la grandeur et à la prospérité de leur pays ; ils peuvent être divisés sur les moyens, mais ils ne peuvent l'être, s'ils ne sont les derniers des hommes, sur le but. Alors même qu'ils compromettent par leurs imprudences, ou leurs folies, le sort de la patrie, c'est elle qu'ils veulent et croient servir. Ils paient

---

par M. Sembat et plusieurs de ses collègues, le 1ᵉʳ juin 1908 : « Nous marchons à la tête des nations. Il n'est donc pas téméraire de réclamer pour l'étranger, travailleur en quête d'ouvrage ou proscrit politique, les mêmes droits chez nous qu'en Angleterre (*sic*).

« L'expulsion est actuellement soit une complaisance à l'égard d'un gouvernement étranger, soit une manœuvre politique destinée à impressionner l'opinion, soit un service rendu à des entreprises favorisées.

« Certaines expulsions de cette dernière catégorie sont restées célèbres : celle de Cavallazzi, par exemple, coupable de traduire aux Italiens de Meurthe-et-Moselle, la loi française sur les accidents, de leur enseigner leurs droits et de les défendre... Par une opération en partie double, les grands patrons de l'Est font racoler en Piémont des ouvriers italiens, comptant sur leur ignorance des lois et de la langue pour les mener plus aisément, et, d'autre part, ils font expulser, grâce aux complaisances administratives, ceux de ces Italiens qui les gênent. Ils tiennent ainsi ces malheureux sous une perpétuelle menace.

« Il n'est pas possible que la France permette à jamais un pareil abus. Pour y porter remède, il faut assurer un statut à l'étranger, lui donner le droit de rester en France tant qu'une décision de justice ne l'en prive pas, substituer ainsi l'autorité du tribunal à la fantaisie trop souple de l'Administration » (*J. off.*, Ch. des dép., Doc. parl., juin 1908, p. 427, annexe, n. 1747). V. d'ailleurs, sur cette proposition de loi, *infrà*, chapitre VI : *Voies de recours.*

des impôts, quelquefois très lourds, pour assurer, par une bonne organisation des services publics, son repos et sa sécurité... Est-ce que les étrangers ont les mêmes devoirs à remplir? est-ce qu'ils doivent acquitter les mêmes charges? est-ce qu'ils peuvent jouer le même rôle? Toutes les fois qu'un conflit s'élève entre leur pays d'origine et le pays de leur résidence, ils sont rigoureusement astreints à prendre parti pour le premier contre le second... Ce serait donc une grande inconséquence que de les traiter comme des nationaux [1] ».

D'ailleurs, ajoute-t-on, les étrangers n'ont pas un droit absolu de demeurer sur le territoire de l'État. S'il est acquis qu'une nation doit faire participer à la jouissance de ses richesses, les étrangers, afin d'assurer à ses propres membres un avantage réciproque, il n'est pas moins certain, qu'en retour, les étrangers sont tenus à des égards particuliers envers la nation qui leur donne l'hospitalité. Entre l'État et l'étranger, il se forme un contrat par lequel l'État s'engage à accorder sa protection, l'étranger à la mériter. Quoi d'étonnant, dès lors, que la violation du contrat entraîne sa résolution? que l'État mette ses hôtes hors d'état de lui nuire, et leur dise : « Puisque vous conspirez contre moi, puisque vous cherchez soit à troubler mon repos, soit à m'atteindre dans mon indépendance ou dans mon honneur, vous repoussez la main que je vous avais tendue; vous trouverez bon que je la retire » [2].

Si l'hospitalité impose, en effet, des devoirs à celui qui

______

(1) V. Arthur Desjardins, *loc. cit.*, p. 101-102.
(2) Id., *loc. cit.*, p. 103, *in fine*-104.

la donne, elle en impose de plus grands à celui qui la reçoit. Celui qui se sert de l'hospitalité pour tromper plus sûrement un bienfaiteur perd son droit à l'hospitalité.

L'État, remarque-t-on enfin, ayant pour fonction essentielle d'assurer le maintien de la tranquillité et de l'ordre publics, en agissant de la sorte, « ne touche ni à la liberté, ni au principe de la République ». Il sauvegarde, au contraire, ce principe, en chassant du territoire les étrangers qui ont trahi sa foi. Le droit d'expulsion est, en effet, un corollaire du droit des États à l'existence et à l'autonomie. « Il est inséparable de l'indépendance nationale elle-même »(1).

Il en est tellement ainsi, que dans les pays où la Constitution déclare en termes exprès que « les étrangers jouissent, à titre égal des nationaux, de l'inviolabilité des droits

---

(1) V. Craies (*J. du dr. int. pr.*, 1889, p. 360). — *Adde*, Weiss, t. 2, p. 90-91; Despagnet, n. 37, p. 90; Fiore, *Nouv. dr. int. publ.*, 2e éd. (trad. Antoine), t. 1, n. 699, t. 3, n. 1297, p. 93; Calvo, *Le dr. int.*, 5e éd., t. 2, § 700; Vattel, *Le dr. des gens* (éd. Pradier-Fodéré, 1863), t. 1, § 231, p. 524, note; Moore, *Int. law digest* (1906), t. 4, p. 68; Bès-de-Berc, p. 4 et s.; Darut, p. 7 et s.; Bernard, t. 2, p. 5 et s., 615 et s.; Pradier-Fodéré (*J. du dr. int. pr.*, 1878, p. 589); Canonico (*Id.*, 1890, p. 219); De Lalande (*Rev. prat. de dr. int. pr.*, 1892, p. 59); Arthur Desjardins, *loc. cit.*, p. 100 et s.; Lainé (*J. du dr. int. pr.*, 1897, p. 449, *in fine*-450); Bry, *Précis de dr. int. publ.*, 5e éd., n. 85, p. 128; Piédelièvre, *Id.*, t. 1, n. 210, p. 181, *in fine*-182; A. Darras (*Bull. de la soc. de législ. comp.*, t. 18, années 1888-1889, p. 292); Garraud, t. 1, n. 178, p. 333, n. 179; Ducrocq, t. 3, n. 1134-1135; Mérighnac (*Rev. de dr. int. publ.*, 1891, p. 150 et s.); Leboucq (*J. du dr. int. pr.*, 1902, p. 435, *in fine*); *Rép. gén. du dr. fr.*, v° *Etranger*, n. 166. V. aussi, Arthur Desjardins, sentence dans l'aff. *Ben Tillett* [26 déc. 1898] (*J. du dr. int. pr.*, 1899, p. 203); Comte du Périer de Larsan, rapport déposé le 8 févr. 1904 sur la proposition de M. Paul Constans et plusieurs de ses collègues, dont il a été question au texte (*J. off.*, Ch. des dép., doc. parl., avr. 1904, p. 91, annexe, n. 1498).

de liberté, de sécurité individuelle et de propriété », ce qui
est le cas pour le Brésil notamment, il n'en a pas moins été
jugé [1], que « les garanties définies dans la Constitution ne
peuvent être entendues littéralement et en termes absolus,
toutes étant plus ou moins sujettes à des restrictions imposées par les convenances du bien général, par l'ordre·pu-
blic; que, dès lors les garanties promises... n'excluent pas
le droit d'expulsion, mesure d'ordre public universellement
adoptée comme un élément d'assainissement moral, de
conservation et de défense » [2].

---

[1] Au Brésil, les lois contraires à la Constitution n'ont pas le caractère obligatoire; les tribunaux sont juges de la légalité des lois.

[2] V. not., Trib. fédér., 22 janv. 1907 (motifs), *De Freitas* (*J. du dr. int.
pr.*, 1907, p. 1166); Trib. fédér., 30 janv. 1907 et Trib. fédér. de deuxième
instance, 11 févr. 1907 (*Rev. de dr. int. pr.*, 1903, p. 821), et la note, *in fine*,
de M. Al. Martini. Comp. Trib. fédér., 6 nov. 1907, *Weill* (*J. du dr. int. pr.*,
1908, p. 891); Trib. fédér., 29 juill. 1908, *Vicente Vacirca* (*o Direito*, 1909,
p. 506). — On peut noter que, dans l'affaire *de Freitas*, le Tribunal fédéral a
toutefois déclaré que la loi du 7 janv. 1907, portait atteinte à la Constitution en
permettant d'expulser un étranger à raison de condamnations ou de poursuites
encourues dans son pays d'origine. Le jugement porte, en effet : «... Considérant
que l'art. 2 décide que l'expulsion pourra avoir lieu non seulement à raison d'un
danger présent pour l'ordre public, mais encore à raison d'une condamnation ou
d'une poursuite devant les tribunaux étrangers; — que cette disposition inapplicable et injustifiable, change le caractère de l'expulsion, et d'une·institu-
tion politique fait une institution pénale inique et absurde; — qu'il n'est pas
possible, en effet, de considérer comme dangereux et suspect l'étranger, à raison d'une seule condamnation devant un tribunal étranger, quand l'art. 2 déclare
nécessaires à cet effet au moins deux condamnations devant les tribunaux du
Brésil; — qu'admettre pareil résultat, serait proclamer cette absurdité que la
tranquillité de notre pays souffre plus du soupçon d'un délit commis à l'étranger que d'un crime réellement commis, prouvé et jugé sur notre territoire; —
l'expulsion du réclamant est inconstitutionnelle : elle constitue une peine, infligée par une autorité incompétente, sans les indispensables garanties de la défense; elle viole, d'ailleurs, le principe de la non-rétroactivité, appliquée à des
faits antérieurs à la promulgation de la loi ». De Freitas était un médecin d'ori-

Universalité du droit d'expulsion. — Ce droit est, en effet, universellement admis, — et, ce n'est pas aujourd'hui, alors que l'Angleterre et les États-Unis, par des lois récentes des 11 août 1905 [1] et 20 févr. 1907, ont réglementé de façon très étroite « l'immigration étrangère », et armé leurs gouvernements du droit d'expulsion, qu'il convient de penser sérieusement « à enlever à la France le pouvoir de renvoyer, soit un malfaiteur, soit un agitateur politique, qui, au lieu d'observer la réserve qui s'impose à lui, cherche à semer la discorde, à provoquer des conflits, à troubler notre tranquillité [2].

---

gine portugaise, ancien professeur de l'Ecole de médecine et de chirurgie de Porto, qui, condamné en Portugal, pour crime d'empoisonnement, à la déportation, était venu, sa peine ayant été commuée en celle du bannissement, exercer sa profession à Rio de Janeiro. Dans le mémoire présenté à l'appui de sa demande tendant à faire cesser les effets de l'arrêté, et à laquelle le Tribunal fédéral a fait droit, De Freitas disait : « rattacher une sanction à des faits commis à l'étranger, c'est prononcer une peine ; or le droit n'en appartient qu'à l'autorité judiciaire; attacher une sanction à des faits déjà réprimés en temps et lieu, c'est violer la règle « *Non bis in idem* » — admettre sans contrôle une condamnation étrangère, alors que n'importe quelle décision civile ne reçoit l'exequatur qu'après mûr examen des tribunaux, c'est faire abstraction de la souveraineté nationale... ».

(1) Sur le droit d'expulsion en Angleterre, antérieurement à l'*Aliens Act* du 11 août 1905, V. not., Craies (*J. du dr. int. pr.*, 1889, p. 357 et s.).

(2) Comte de Périer de Larsan, *loc. cit.* — Comp. Monier, *Les indésirables*, p. 279 et s. « L'Angleterre, moins atteinte que nous, aperçoit le péril et cherche à le restreindre. La France,... victime d'une poussée d'intellectuels, dont beaucoup sont étrangers, ou Français de fraîche date, libertaires de toutes nuances..., contaminée, rongée de plus en plus par la lèpre étrangère,... s'endort peu à peu dans les beaux songes d'internationalisme,... se montre toujours plus accueillante aux indésirables, aux déracinés errants qui se ruent vers ses frontières...

« S'il est certain que beaucoup d'entre eux (des étrangers) sont parfaitement honorables et laborieux,... que d'autres constituent pour nous une clientèle riche contribuant largement à notre prospérité matérielle, il n'en reste pas moins

Ancienneté du droit d'expulsion. — Chez nous, d'ailleurs, le droit qui fut conféré en 1849 au gouvernement n'était pas nouveau. Une loi du *28 vendémiaire an 6* l'avait déjà inscrit dans son art. 7, ainsi conçu : « Tous étrangers voyageant dans l'intérieur de la République, ou y résidant, sans y avoir une mission des puissances neutres ou amies reconnue par le Gouvernement, ou sans y avoir acquis le titre de citoyen, sont mis sous la surveillance spéciale du Directoire exécutif, qui pourra retirer leurs passeports et leur enjoindre de sortir du territoire français, s'il juge leur présence susceptible de troubler l'ordre et la tranquillité publique » (1). Et une

---

indiscutable que les nations voisines, à tout prendre, ne nous fournissent pas ce qu'elles ont de mieux. C'est forcément un déchet qui nous arrive...

« Nous aussi nous avons nos indésirables.

« Indésirables! les agitateurs belges qui, par leurs excitations malsaines, ont poussé au tragique les grèves du Nord!

« Indésirables! les meneurs italiens du bassin de Longwy qui repassent la frontière, quand le vent qu'ils ont soufflé tourne en tempête.

« Indésirables! les gréviculteurs cosmopolites qui viennent chez nous, à nos frais, faire l'essai de leur paradis socialiste.

« Indésirables! les anarchistes italiens, espagnols ou russes...

« Indésirables! tous ces rebuts sociaux, tous ces mécontents étrangers, tous ces pleure-misère par métier, toute cette bohème interlope qui vient s'abattre chez nous, comme une proie,... et y abuse, sans vergogne, de notre hospitalité.

« Indésirable! cette crapuleuse armée de brigants et de mégères de toutes nationalités,... qui nous arrive à grands flots.., qui grouille dans Paris, prête à tous les mauvais coups.

« ... Nous avons assez de nos révoltés, de nos pauvres, de nos criminels, sans en grossir le nombre par l'appoint étranger.

« ... Le droit d'asile reconnu sans limites correspond, en fait, à un sacrifice sans limites ».

(1) V. not., Lainé (*J. du dr. int. pr.*, 1897, p. 450); Arthur Desjardins, *loc. cit.*, p. 120, *in fine*-121 ; Bès-de-Berc, p. 47; Darut, p. 41, *in fine*, et s.; Vincent et Penaud, *Dict. de dr. int. pr.*, vº *Expulsion*, n. 1 ; et *Rép. gén. du dr. fr.*, vº *cit.*, n. 168.

loi du 21 avr. 1832, plusieurs fois prorogée, a donné le même droit au gouvernement en ce qui concerne les étrangers réfugiés [1]. Quant aux mendiants et vagabonds, leur expulsion était déjà prévue, ainsi que nous l'avons dit dès le début de ce chapitre, par une loi du 24 vendémiaire an 2, et le Code pénal dont la rédaction remonte à 1810 [2].

Généralité du droit d'expulsion. — Les ressortissants d'aucun État ne sont, au surplus, soustraits, en France, à la mesure de l'expulsion.

Le traité *franco-russe* de commerce et de navigation, du 1er avr. 1874 [3], porte bien dans son art. 1er, § 2 que « les Français en Russie, et les Russes en France pourront réciproquement, en se conformant aux lois du pays, entrer, voyager, ou *séjourner* en toute liberté dans quelque partie que ce soit des territoires et possessions respectifs, pour y vaquer à leurs affaires; ils jouiront, à cet effet, de la même protection que les nationaux »; — mais cela ne signifie point que ni les uns ni les autres ne pourront être expulsés. La disposition finale prend soin de réserver expressément l'application « des lois, ordonnances et règlements spéciaux en matière de commerce, d'industrie et de *police*, en vigueur dans chacun des deux pays, et applicables à tous les étrangers en particulier ».

La même observation doit être faite, à propos de la convention *franco-espagnole* du 7 janv. 1862 [4].

---

(1) V. not., Arthur Desjardins, *loc. cit.*, p. 121, *in fine*-122; Bès-de-Berc, p. 49 et s.; Darut, p. 120 et s.; Vincent et Penaud, *loc. cit.*

(2) V. *suprà*, p. 2.

(3) V. S. *Lois ann.* de 1874, p. 553.

(4) V. S. *Lois ann.* de 1862, p. 21.

Quant au traité d'établissement *franco-suisse* du 23 févr. 1882 (1), il n'apporte aucune restriction au droit d'expulsion. Il en prévoit lui-même l'exercice dans son art. 6 (2).

***

Division du sujet. — Cela dit, voyons en détail :

— Quelles sont les personnes qui peuvent être expulsées.

— Pour quelles causes l'expulsion est encourue.

— Quelles sont les autorités compétentes pour prononcer l'expulsion —; et la procédure suivie en cette matière.

— Quels sont les effets de l'arrêté.

Nous verrons ensuite de quelles voies de recours exactement l'arrêté peut être l'objet; et enfin comment cesse la mesure d'expulsion.

---

(1) V. S. *Lois ann.* de 1883, p. 508.
(2) V. au surplus, Weiss, t. 2, p. 97 et s; Bès-de-Berc, p. 89, *in fine*, et s.; *Rép. gén. du dr. fr.*, *v° cit.*, n. 202 et s.

CHAPITRE II

QUELLES SONT LES PERSONNES QUI PEUVENT ÊTRE EXPULSÉES.

§ 1er.

Tous les Étrangers peuvent être expulsés.

Généralité de la règle. — L'art. 7 de la loi du 3 déc. 1849 est conçu en termes très généraux. Il dispose que « le ministre de l'Intérieur pourra ... enjoindre *à tout étranger*, *voyageant ou résidant en France*, de sortir immédiatement du territoire français et le faire conduire à la frontière... ». D'après cet article, tous les étrangers, qu'ils soient de passage en France, qu'ils y aient une résidence déjà longue, ou qu'ils soient fixés à perpétuelle demeure, peuvent donc être expulsés [1]. Peu importe d'ailleurs leur âge ou leur sexe.

Mineurs. — **Femmes mariées.** — Les mineurs, en effet, ainsi que les femmes sont soumis à la loi du 3 déc. 1849. Il n'y a pas de raison pour qu'ils y soient soustraits; l'âge ou le sexe ne sauraient mettre à l'abri d'une mesure d'expulsion. De nombreux arrêtés ont été pris à l'encontre de mineurs; et l'expulsion dont elles ont été l'objet en 1853 et en 1889, a rendu célèbres dans les annales judiciaires la dame de Solms et la demoiselle de Sombreuil.

---

[1] V. en ce sens, Weiss, *Tr. de dr. int. pr.*, 2e éd., t. 2, p. 91; Al. Martini (*Rev. de dr. int. pr.*, 1908, p. 826, *in fine*).

Mineurs nés en France de parents étrangers. — La loi étant très générale, il n'y a aucune exception à faire au profit des mineurs, nés en France de parents étrangers, que le Code civil (art. 8, al. 4) appelle à la qualité de français, à la condition qu'ils aient, à leur majorité, leur domicile en France. Ils peuvent, en effet, être aussi expulsés durant leur minorité. La question ne se discute plus aujourd'hui; il est unanimement admis que l'enfant né en France de parents, qui n'y sont pas nés, peut être expulsé, tant qu'il n'a pas atteint sa majorité. Le tribunal de la Seine l'avait ainsi jugé antérieurement à la loi du 26 juin 1889 [1], et sitôt après la promulgation de cette loi, dès le 25 juill. 1889.

La Cour d'Aix, ainsi que le tribunal de Reims avaient donné la même solution les 4 et 14 déc. 1889 [2], lorsque la Cour de Montpellier, le 8 mai 1891 [3], infirmant un jugement du tribunal de Céret en date du 8 avril de la même année, prononça le relaxe des frères Casana, nés en France de père né à l'étranger, et qui étaient poursuivis pour infraction à des arrêtés d'expulsion dont ils avaient été l'objet, par le motif que, nés en France de père né à l'étranger, ils devaient être réputés Français pendant leur minorité. Mais la Cour de cassation saisie, d'ordre du garde des sceaux, par son procureur général, a cassé cet arrêt le 19 déc. 1891 [4] et a déclaré, en termes très nets, que

---

(1) Trib. de la Seine, 6 févr. 1884 (S. 1885. 2. 215. — D. P. 1885. 1. 44. — *J. du dr. int. pr.*, 1884, p. 500).

(2) Trib. de Reims, 14 déc. 1889 (*J. du dr. int. pr.*, 1889, p. 840).

(3) Montpellier, 8 mai 1891 (*J. du dr. int. pr.*, 1891, p. 954).

(4) Cass. 19 déc. 1891 (S. et P. 1892. 1. 107. — S. chr. refondu. — D. P. 1893. 1. 329. — *J. du dr. int. pr.*, 1892, p. 690).

l'enfant, né en France de parents nés à l'étranger, étant
étranger pendant tout le temps de sa minorité, pouvait, à
bon droit, être expulsé. Et en effet, il résulte du texte même
de l'art. 8, que le mineur dont s'agit conserve jusqu'au jour
de sa majorité la nationalité de son père. C'est à tort que
la Cour de Montpellier a invoqué ce texte pour décider que
le mineur né en France de parents étrangers était Français, et ne pouvait par suite être expulsé. L'art. 8, il est
vrai, ne dit pas en termes exprès, que l'étranger né en
France, et qui s'y trouve domicilié à l'époque de sa majorité
« acquiert » la qualité de Français ; il dispose : « Sont Français... : 4º Tout individu né en France d'un étranger, et qui,
à l'époque de sa majorité, est domicilié en France, à moins
que dans l'année qui suit sa majorité, il n'ait décliné la
qualité de Français... » ; mais il n'en ressort pas moins
que, ce n'est qu'à sa majorité que le fils d'étranger, né en
France, sera Français. L'art. 8, al. 4 fait du domicile en
France à l'époque de la majorité une des conditions de la
qualité de Français. Il ne suffit pas, pour être Français, au
fils d'étranger, d'être né en France ; il faut encore qu'il y
soit domicilié au jour de sa majorité.

Qu'il en soit bien ainsi, on en trouve la preuve dans la
disposition de l'art. 9, C. civ., d'après laquelle « l'individu
né en France d'un étranger, et qui n'y est pas domicilié à
l'époque de sa majorité, peut, jusqu'à l'âge de vingt-
deux ans accomplis, faire sa soumission de fixer son domicile en France, et s'il s'y établit dans l'année à compter de
l'acte de soumission, réclamer la qualité de Français par
une déclaration... enregistrée au ministère de la Justice ».
Cette déclaration à l'effet d'acquérir la nationalité fran-

çaise ne serait pas exigée de l'individu né en France de parents étrangers, lorsqu'il n'y est pas domicilié à sa majorité, s'il possédait depuis sa naissance la qualité de citoyen français. La vérité est que cette déclaration est exigée de lui, parce que n'étant pas domicilié en France à l'époque de sa majorité, il n'a pas réalisé une des deux conditions auxquelles la loi subordonne en notre hypothèse la qualité de citoyen français, parce que, en d'autres termes, au jour de sa majorité, étant éloigné de la France, il n'est pas, *ipso facto* devenu Français.

Mais ces raisons, et d'autres encore tirées notamment des travaux préparatoires de la loi du 26 juin 1889, ont été bien souvent développées, depuis qu'elles ont été exprimées, en 1891, devant la Cour de cassation par M. le procureur général Ronjat et M. le conseiller Sallantin (1). Au surplus, ainsi

------

(1) V. outre le réquisitoire de M. le procureur général Ronjat et le rapport de M. le conseiller Sallantin reproduits au S. et P. 1892. 1. 108 et au D. P. 1893. 1. 329, Audinet, *Princ. de dr. int. pr.*, 2ᵉ éd., n. 41, n. 42, p. 30, *in medio ;* Surville et Arthuys, *Cours de dr. int. pr.*, 4ᵉ éd., n. 39, p. 64, *in fine*-65 ; Despagnet, *Précis de dr. int. pr.*, 4ᵉ éd., n. 37, p. 91, n. 128, p. 271 ; Geouffre de Lapradelle, *De la nationalité d'origine*, p. 292 et s., 296, *in fine ;* Campistron, *Comm. des lois des 26 juin 1889 et 22 juill. 1893*, n. 75 ; Darut, *De l'expuls. des étrang.*, p. 79 et s., 85 ; Bès-de-Berc, *Id.*, p. 69-70 ; Baudry-Lacantinerie et Houques-Fourcade, *Pers.*, 3ᵉ éd., t. 1, n. 396, p. 453 ; Aubry et Rau, 5ᵉ éd., t. 1, p. 363, § 70, texte et note 11 ; Renault, *Rev. crit.*, 1885, p. 586 ; Weiss, note sous Cass. 27 oct. 1891 et 19 déc. 1891 (*Pand. fr.*, 1892. 1. 1) ; Dupuis, note sous Cass. 19 déc. 1891 (D. P. 1893. 1. 329) ; Despagnet, note sous Paris, 29 juin 1893 (D. P. 1894. 2. 361) ; L. S., note sous Cass. 22 déc. 1894 (D. P. 1895. 1. 136) ; Villey, note sous Cass. 31 janv. 1896 (S. et P. 1896. 1. 527. — S. chr. refondu) ; Surville, *Rev. crit.*, 1896, p. 210 ; Accarias (*Rev. crit.*, 1896, p. 98) ; Cabouat, note sous Cass. 31 janv. 1896 (D. P. 1896. 1. 337) ; Manau, conclusions sous Cass.-réun., 9 déc. 1896 (D. P. 1897. 1. 161) ; Lainé (*J. du dr. int. pr.*, 1897, p. 453 et s., 702) ; Chervet, note sous Aix, 27 janv. 1906 (*Rev. de dr. int. pr.*, 1906, p. 525) ; Al. Martini,

que nous l'avons déjà dit, la question est tranchée de façon définitive. De nombreux arrêts ont appris aux fils d'étranger, nés en France, qu'ils pouvaient être durant leur minorité, l'objet d'une mesure d'expulsion (1), et la Cour suprème, confirmant sa jurisprudence, a rejeté les pourvois formés contre ces arrêts (2). L'incident est clos depuis de longues années. En 1896, M. le procureur général Manau, devant les chambres réunies de la Cour de cassation, à l'occasion de l'affaire *Lorent*, le constatait déjà dans les termes suivants : « Tout le monde est d'accord que l'individu qui a la vocation légale à la qualité de Français, demeure exposé à être expulsé du territoire français, comme tout autre étranger, tant qu'il n'a manifesté aucune volonté précise de répondre à sa vocation légale. Il est, en effet, inadmissible qu'un étranger puisse s'appuyer sur l'existence d'un droit simplement éventuel qu'il dépend de lui d'exercer ou de négliger, pour faire échec à l'autorité publique,

---

note sous Trib. de Nice, 28 déc. 1904 et autres décisions (*Id.*, 1908, p. 647); Vincent et Penaud, *Dict. de dr. int. pr.*, v° *Expulsion*, n. 52 et s. ; *Rép. gén. du dr. fr.*, v^is *Etranger*, n. 195 et s., *Nationalité-Naturalisation*, n. 239 et s., *C. civ. ann.*, *Suppl.*, art. 10, n. 25 et s.

(1-2) V. not., Paris, 29 juin 1893 (D. P. 1894. 2. 361); Cass. 22 déc. 1894 (S. et P. 1895. 1. 155. — S. chr. refondu. — D. P. 1895. 1. 136); 21 janv. 1898 (S. et P. 1898. 1. 255. — S. chr. refondu. — D. P. 1899. 1. 321. — Journ. *La Loi* du 16 févr. 1898); Paris, 4 févr. 1898 (Journ. *La Loi* du 16 févr. 1898); Cass. 30 mars 1898 (S. et P. 1899. 1. 111. — S. chr. refondu. — D. P. 1899. 1. 324); 22 juill. 1899 (S. et P. 1901. 1. 417); 2 avr. 1903 (*Bull. crim.*, n. 145); 17 juill. 1903 (*Bull. crim.*, n. 267); Aix, 27 janv. 1906 (*Rev. de dr. int., pr.*, 1906, p. 525) ; Alger, 16 nov. 1905, Cass. 20 juin 1906, Alger, 12 janv. 1907, Cass. 20 févr. 1908, Trib. de Nice, 20 mars 1908, rapp. ensemble (*Id.*, 1908, p. 647); Aix, 18 juin 1908, confirmant le jugement du tribunal de Nice du 20 mars 1908, précité ; Douai, 9 déc. 1908, *Barbey*, et sur pourvoi, Cass.-crim., 28 janv. 1909. V. cep. Aix, 18 nov. 1898 (S. et P. 1901. 2. 133). Comp. la note de M. R. Hubert sous Trib. de Nice, 4 févr. 1903 (*Rev. de dr. int. pr.*, 1908, p. 941).

séjourner malgré elle sur le sol français et se ménager pratiquement les avantages d'une nationalité qu'il ne serait pas dans sa pensée de réclamer ultérieurement ».

Individus nés en France ou à l'étranger de parents dont l'un a perdu la qualité de Français. — C'est pour cette même raison — et il est aussi inutile d'insister sur ce point, — que l'individu né en France ou à l'étranger de parents dont l'un a perdu la qualité de Français et qui a cependant le droit de réclamer cette qualité à tout âge (C. civ., art. 10), peut être l'objet d'une mesure d'expulsion, tant qu'il ne l'a pas réclamée. Dans l'affaire *Lorent*, devant les chambres réunies de la Cour de cassation (1), ce point a été mis hors du débat. Ce qui prêtait à discussion c'était la question de savoir si, un tel arrêté ayant été pris, il constituait ou non un obstacle à réaliser par la suite la vocation légale, si, en d'autres mots, l'individu né d'un ex-Français ne pouvait plus, aux conditions édictées par l'art. 9, C. civ. (soumission de fixer son domicile en France — établissement dans l'année) réclamer la qualité de Français. Cette question a divisé la Cour de cassation elle-même et naturellement divise encore les tribunaux et les cours d'appel. Nous la retrouverons à son heure et l'exposerons dans toute son étendue (2).

Étrangers admis à domicile. — Les étrangers admis à domicile peuvent eux-mêmes être expulsés. Mais « après un

---

(1) V. Cass.-réun., 9 déc. 1896 (S. et P. 1897. 1. 297. — S. chr. refondu. — D. P. 1897. 1. 161). — La chambre civile avait, d'ailleurs, admis, le 27 oct. 1891, cette solution. V. Cass.-civ., 27 oct. 1891 (S. et P. 1891. 1. 539. — S. chr. refondu. — D. P. 1892. 1. 44).

(2) V. *infrà*, chapitre VII : *Cessation de l'expulsion*.

délai de deux mois, aux termes de l'art. 7, al. 2, de la loi du 3 déc. 1849, la mesure cessera d'avoir effet, si l'autorisation (d'admission à domicile) n'a pas été révoquée suivant la forme indiquée dans l'art. 3 », c'est-à-dire par décret rendu après avis du Conseil d'État. Cette disposition se justifie, d'ailleurs, sans peine. Il est logique que l'étranger qui a dû justifier de sa moralité et de ses moyens d'existence, pour obtenir son admission à domicile, ne soit pas traité comme un étranger ordinaire. S'il s'est montré indigne de la confiance que la France a eue en lui, le décret d'admission sera rapporté et l'arrêté d'expulsion continuera à produire ses effets, mais la loi a été équitable en faisant, en dernière analyse, le Conseil d'État juge du point de savoir s'il n'y a pas lieu au contraire de faire cesser les effets de la mesure intervenue.

Français ayant perdu leur qualité. — Est-il besoin de dire que les étrangers naturalisés Français ne peuvent pas être expulsés, et que, par contre, les Français qui ont perdu leur qualité peuvent être expulsés de France? On sait notamment que l'expulsion est possible, contre les Françaises qui ont épousé des étrangers. Leur mariage les a fait étrangères, il est naturel qu'elles soient traitées comme telles (1).

---

(1) V. not. Calvo, *Le dr. int.*, 5ᵉ éd., t. 6, § 123; Féraud-Giraud (*J. du dr. int. pr.*, 1890, p. 420-421); De Lalande, *Rev. prat. de dr. int. pr.*, 1892, p. 61. — A l'inverse, d'ailleurs, l'étrangère qui a été expulsée peut rentrer en France en épousant un Français. Son mariage la faisant Française lui permet de se soustraire aux effets de l'arrêté pris à son encontre. Il y a là un moyen héroïque que les hommes n'ont pas à leur service. Une demoiselle de H..., expulsée « à la suite de sa participation à une affaire de détournement de bijoux », n'écrivait-elle pas quelques jours après à un grand quotidien : « Je pars au Congo belge pour me marier avec un sujet français. Voyez quel sacrifice pour rentrer à Paris! »

Français naturalisés. — D'ailleurs, les Français naturalisés ne pourront être valablement expulsés que si leur naturalisation a été régulièrement obtenue, sans fraude à la loi (1). Un arrêté d'expulsion ne saurait être valablement pris contre ceux qui se sont fait naturaliser dans un esprit de fraude, notamment pour se soustraire aux obligations militaires, leur naturalisation étant nulle et non avenue. La Cour de Chambéry, dans un arrêt du 21 mai 1908, que nous reproduisons en note (2), l'a déclaré en termes très nets.

(*Le Temps*, du 13 oct. 1904). V. d'ailleurs, *infrà*, chapitre VII : *Cessation de l'expulsion.*

(1) Sur ce point que la naturalisation obtenue en fraude de la loi est nulle et non avenue, V. Cass. 19 juill. 1875 (S. 1876. 1. 289, et la note de M. Labbé. — D. P. 1876. 1. 5); 18 mars 1878 (S. 1878. 1. 193. — D. P. 1878. 1. 201); 26 févr. 1890 (S. et P. 1893. 2. 126. — S. chr. refondu. — D. P. 1890. 1. 325). *Adde* la note de M. Meynial sous Cass., 4 févr. 1891, aff. *Bari* (S. 1891. 1. 449. — S. chr. refondu), et les renvois.

(2) « La Cour : — Attendu qu'il résulte des documents soumis à la Cour que le prévenu, né de parents français à Corte (Corse), le 17 mai 1835, contracta un engagement volontaire de sept ans, au 38ᵉ régiment d'infanterie, le 19 août 1852 ; que, nommé sergent fourrier le 21 sept. 1855, il s'engagea de nouveau pour une deuxième période de sept ans, à compter du 19 août 1859, mais que, dans la suite, il déserta, et que, porté manquant à l'appel du 14 mai 1858, il fut déclaré déserteur le 21 du même mois, puis rayé des contrôles de l'armée le 14 novembre suivant ; que, pendant cet intervalle de temps, il était allé demeurer à Genève, où la naturalisation suisse lui fut concédée le 8 févr. 1861 ; qu'il a ainsi figuré sur la liste électorale de Carouge, durant de longues années et jusqu'à sa rentrée en France, mais qu'il prétend que cette naturalisation n'a pu lui faire perdre la qualité de Français, parce que, à la susdite date du 8 févr. 1861, il se trouvait encore dans les liens de son deuxième engagement militaire, en fraude duquel il agissait ; que c'est ainsi, d'ailleurs, que lui-même, au fond, l'a compris, et qu'à son tour le Gouvernement français en a jugé, puisque, lors de l'amnistie du 14 août 1869, le consul général de France en Suisse, par certificat du 6 octobre de la même année lui a fait application expresse de cette faveur, l'autorisant, dit-il, « à rentrer dans ses foyers », sans qu'on pût le rechercher d'aucune manière à raison de sa désertion antérieure ; — Par ces motifs, réforme le jugement du tribunal correctionnel de Saint-Julien, du 30 janv. 1908,

Elle a relaxé des fins de la poursuite le prévenu, naturalisé suisse depuis de longues années, depuis 1861, précisément parce qu'au moment où il obtenait sa naturalisation, « il se trouvait encore dans les liens d'un deuxième engagement militaire en fraude duquel il avait agi ». L'arrêt est, d'ailleurs intéressant en ce que, considérant la naturalisation ainsi obtenue, comme entachée d'une nullité absolue, il a estimé, à bon droit, que cette nullité ne saurait être couverte. Il a admis, en effet, le prévenu à exciper de l'irrégularité de sa naturalisation, alors même qu'il avait continué à se comporter comme citoyen de sa seconde patrie, après avoir été autorisé par notre consul, en suite d'une loi d'amnistie de 1869, à rentrer en France.

Français devenus étrangers à la suite d'un traité. — Quant aux Français qui ont perdu leur qualité à la suite d'un traité qui les a séparés de la France, ils peuvent sans aucun doute être l'objet d'un arrêté d'expulsion. Ceux qui, lors des débats qui ont eu lieu à la Chambre des députés, au sujet de l'expulsion de l'abbé Delsor [1], regrettaient la mesure prise contre lui, n'ont à aucun moment mis en doute les droits du ministre de l'Intérieur et du préfet de Meurthe-et-Moselle. Ils soutenaient seulement que la mesure avait été inopportune et injustifiée. Mais il convient de noter ici une proposition de loi, sortie de ces débats mêmes, due à MM. Flourens et Gauthier de Clagny, et tendant à déclarer inapplicable à cette catégorie d'étrangers la loi du 3 déc. 1849. Leur

---

et dit que Solari ayant conservé sa qualité de Français, c'est mal à propos qu'un arrêté d'expulsion a été pris contre lui. » — Chambéry, 21 mai 1908, prés. M. Helme ; av. Babuty (du barreau de Saint-Julien).

(1) V. *infrà*, p. 76-77.

proposition déposée sur le bureau de la Chambre le 14 janv. 1904, était ainsi conçue : « L'art. 7 de la loi du 3 déc. 1849 n'est pas applicable aux individus nés de parents français dans un pays qui, au moment de leur naissance, était Français ». Ils la justifiaient ainsi : « ... Il est toute une catégorie d'étrangers que le législateur de 1849 n'a pas pu prévoir quand il a édicté cette mesure draconienne *(sic)*. Ce sont les étrangers nés de parents français dans un pays français au moment de leur naissance, et qui sont devenus étrangers par un fait de force majeure, indépendamment de leur volonté. Ces étrangers ne peuvent être soupçonnés de nourrir contre leur pays d'origine les sentiments d'animosité qui, seuls, peuvent servir de justification aux rigueurs de l'art. 7... » [1]. L'urgence que MM. Flourens et Gauthier de Clagny demandaient pour leur proposition fut repoussée d'ailleurs par 307 voix contre 255, pour des raisons diverses [2]; mais il est intéressant de remarquer que la commission devant laquelle la proposition fut renvoyée, l'accueillit favorablement. Dans son rapport sommaire, déposé à la séance du 29 janv. 1904 [3], M. Périer de Larsan déclare :

---

(1) V. *J. off.*, Ch. des dép., déb. parl., séance du 14 janv. 1904, p. 10.

(2) Un certain nombre de députés, par l'organe de M. Paul Constans, déclarèrent voter contre, parce qu'ils « étaient partisans de la suppression intégrale de l'art. 7 ». M. Paul Constans ajouta : « Le moment est venu; nous voulons inviter le Gouvernement à demander aux Chambres la suppression de l'art. 7 ; nous voulons l'inviter à décider qu'il ne soit plus possible à l'avenir, sans un jugement préalable, d'expulser un étranger quelconque, tant qu'on n'aura pas prouvé qu'on peut lui reprocher un acte contraire aux intérêts français... ». —D'autres estimèrent que « le vote de l'urgence placerait dans une singulière situation, si le Gouvernement donnait (au sujet de l'abbé Delsor) des explications de nature à justifier sa conduite ».

(3) V. *J. off.*, Ch. des dép., déb. parl., séance du 29 janv. 1904, p. 188, 2ᵉ col., *in fine*.

« Votre commission a pensé, *à l'unanimité*, que cette proposition, si elle avait existé antérieurement, eût évité un débat douloureux... et dont il importe d'éviter le retour. En conséquence, elle vous demande la prise en considération. Mais s'inspirant des sentiments qui ont guidé nos deux collègues, la commission estime que seuls devront être admis à bénéficier de l'exception qu'il s'agit de créer, les personnes contre lesquelles l'expulsion aurait pu être appliquée pour des actes ayant un caractère politique quelconque. Celle dont l'expulsion se motiverait par des faits rentrant dans le droit commun ne pourront invoquer la protection de la disposition nouvelle » [1].

§ 2.

Les Français ne peuvent pas être expulsés.

Les Français seuls, en définitive, ne peuvent pas être expulsés. Pour eux, le séjour en France est un droit, dont seule la peine du bannissement peut les priver [2]. Dès lors, ne peuvent être expulsés tous ceux qui ont la qualité de Français, et entre autres :

1° *Les individus nés en France de parents étrangers dont l'un y est lui-même né.* — Sous l'empire des lois du 7 févr. 1851 et du 16 déc. 1874, ces individus

---

(1) V. *J. off.*, Ch. des dép., doc. parl., avr. 1904, p. 55, annexe 1473.

(2) V. not. Garraud, *Tr. de dr. pén.*, 2ᵉ éd., t. 1, n. 178, p. 333; Lescœur, *La condit. lég. des étrang.*, et particulièrement des *Allemands en France*, n. 220; Larcher, note sous Alger, 3 déc. 1903 (*Rev. algér.*, 1906, 2. 17). — Sur la distinction entre le bannissement et l'expulsion, V. *suprà*, p. 5.

étaient en effet Français, et ce, sans qu'il y eût à exiger
« que ce fût le père plutôt que la mère qui remplît la
condition d'être né en France (1) ». Aujourd'hui, sous
l'empire de la loi du 22 juill. 1893, il y a bien une distinction
à faire, selon que c'est le père ou la mère qui est né en
France : si c'est le père, l'enfant est irrévocablement Français, si c'est la mère, l'enfant a la faculté de décliner, dans
l'année de sa majorité, la qualité de Français (C. civ., art. 8,
modifié en 1893); mais, que ce soit le père ou la mère qui
soit né en France, l'enfant, étant Français dès sa naissance,
ne saurait être expulsé. On ne pourra expulser l'enfant
né en France de parents étrangers, dont la mère est née en
France, que si, dans l'année qui suit sa majorité, il a décliné
la nationalité française. Ce point d'ailleurs ne fait aucune
difficulté (2). Il en a été fait une application intéressante
en matière de filiation naturelle par un jugement du tribunal de Nice, en date du 4 févr. 1903, dans une espèce où
l'enfant, né en France, avait été reconnu successivement
par son père étranger, né à l'étranger, et par sa mère étrangère, née elle-même en France. Le jugement déclare l'intéressé, Français de naissance, sous faculté de répudiation à
la majorité, et décide, en conséquence, qu'il ne peut être

---

(1) V. Cass., 7 déc. 1891, aff. *Hesse* (S. 1891. 1. 81. — D. P. 1892. 1. 87).
— V. d'ailleurs, la note de M. Pillet sous cet arrêt au *Sirey*.

(2) V. not., Paris, 22 mai 1896 (*J. du dr. int. pr.*, 1897, p. 134. — Journ. *la
Loi* du 3 juin 1896); Trib. de la Seine, 16 mars 1897 (Journ. *la Loi* du 6 avr.
1897); Weiss, t. 1, p. 237 et s.; Despagnet, n. 127; Surville et Arthuys, n. 39,
p. 63, *in fine*; Campistron, n. 26; Darut, p. 82 et s.; Bès-de-Berc, p. 70, note 2,
in fine; *Rép. gén. du dr. fr.*, v° *Nationalité-Naturalisation*, n. 170 et s.;
et *C. civ. ann.*, *Suppl.*, n. 46 et s.

l'objet, *pendente conditione* c'est-à-dire durant sa minorité, d'un arrêté d'expulsion [1].

2° *Les individus nés en France de parents inconnus ou dont la nationalité est inconnue.* — Ces individus sont Français aux termes de l'art. 8, 2°, C. civ. Et il en est ainsi, alors même que dans l'acte de naissance l'enfant serait indiqué comme né d'une mère étrangère. La mère est considérée comme inconnue, dès lors qu'elle ne l'a pas reconnu; il est naturel que l'enfant ne souffre pas d'une indication dont il ne tire aucun profit. Cela a d'ailleurs été jugé, en des termes particulièrement nets, par le tribunal de la Seine, le 17 févr. 1897, dans une affaire *Baynten* [2].

---

(1) V. Trib. de Nice, 4 févr. 1903 (*Rev. de dr. int. pr.*, 1908, p. 941), et la note de M. R. Hubert.

(2) « Le Tribunal : — Attendu que Baynten est renvoyé devant le tribunal... comme prévenu... d'infraction à un arrêté d'expulsion... — Attendu que Baynten a été expulsé de France par arrêté ministériel du 24 sept. 1878..., qui est toujours en vigueur; — Mais attendu que Baynten invoque la qualité de Français; — Attendu qu'il résulte des documents produits, et notamment de l'acte de naissance reçu par l'officier de l'état civil que Baynten est né à Servan, le 22 juin 1836, de la demoiselle Mary-Constantia Baynten, âgée de 27 ans, native d'Angleterre, demeurant à Saint-Servan, non mariée; — Qu'aucune mention de reconnaissance ne figure en marge de l'acte de naissance de Baynten, ainsi que cela ressort de l'extrait délivré par le greffier du tribunal civil de Saint-Malo, le 8 févr. 1897; — Attendu qu'en l'absence de toute preuve sur l'extranéité, on doit nécessairement s'en tenir au fait de la naissance sur le sol français; — Attendu que... l'acte de naissance d'un enfant naturel ne prouve pas par lui-même sa filiation; que cette preuve ne peut résulter que de la reconnaissance formelle qui y est insérée; — Attendu que Baynten n'ayant pas été, de la part de Mary-Constantia Baynten, l'objet d'une reconnaissance formelle, ne peut être légalement considéré comme son fils; qu'il ne suit donc pas la nationalité anglaise de cette femme; qu'il est né en France; qu'il n'a été reconnu par per-

3° *Les habitants des territoires annexés.* —Ceux-là aussi sont Français, et ne peuvent, en conséquence, être expulsés. Mais il n'en est ainsi, naturellement, que s'ils n'ont pas opté, comme les traités d'annexion leur en laissent la faculté, à des conditions déterminées, pour leur patrie d'origine.

Nous citerons notamment le traité d'annexion de la Savoie et du Comté de Nice du 24 mars 1860, d'après lequel, aux termes de l'art. 6 : « Les sujets sardes, originaires de la Savoie et de l'arrondissement de Nice, ou domiciliés actuellement dans ces provinces, qui entendront conserver la nationalité sarde, jouiront, pendant l'espace d'un an, à partir de l'échange des ratifications, et moyennant une déclaration préalable faite à l'autorité compétente, de la faculté de transporter leur domicile en Italie, et de s'y fixer, auquel cas la qualité de citoyen sarde leur sera maintenue ».

C'est, d'ailleurs, cet article, dont le sens paraît indiscutable, qui a donné lieu, rapproché des art. 1er et 2 du décret du 30 juin 1860, rendu en exécution du traité, à une difficulté légendaire dans le détail de laquelle nous n'avons pas à entrer ici. On sait, en effet, qu'on a voulu voir une antinomie entre la disposition qu'il édicte et celles contenues dans les art. 1er et 2 du décret, lesquels sont ainsi conçus : Art. 1er. « Les sujets sardes majeurs, et dont le domicile est établi dans les territoires réunis à la France par le traité du 24 mars 1860, pourront, pendant le cours d'une année à partir des présentes, réclamer la qualité de Fran-

<hr>

sonne ; qu'il est né Français ; — Qu'il y a donc lieu de le renvoyer des fins de la poursuite de ce chef ; Par ces motifs, etc. ». — Trib. de la Seine, 17 févr. 1897. V. d'ailleurs la note de M. R. Hubert (*J. du dr. int. pr.*, 1896, p. 322).

çais. Les demandes adressées à cet effet aux préfets des départements où se trouve leur résidence seront, après information, transmises au garde des sceaux, sur le rapport duquel la naturalisation sera, s'il y échet, accordée sans formalités et sans paiement de droits ». — Art. 2. « Les sujets sardes encore mineurs, nés en Savoie et dans l'arrondissement de Nice, pourront dans l'année qui suivra l'époque de leur majorité, réclamer la qualité de Français, en se conformant à l'art. 9, C. civ. ». On a dit : « Le traité comprend dans sa disposition à la fois les habitants originaires de la Savoie et du Comté de Nice et ceux qui y étaient domiciliés au moment de sa conclusion : aux uns et aux autres, il a bien donné la nationalité française ; mais, de par le décret, les majeurs non-originaires, simplement domiciliés, n'auraient en réalité acquis cette nationalité que s'ils l'avaient effectivement demandée ; quant aux mineurs originaires, ils n'auraient pu l'obtenir que s'ils l'avaient réclamée dans l'année de leur majorité. Il y a bien là quelque chose d'inconciliable ! »

Des explications diverses ont été données de ces textes. M. Pillet, dans sa note au *Sirey* sous Cass., 26 mars 1897, aff. *Milani* (S. et P. 1897. 1. 537. — S. chr. refondu) a proposé une solution qui concilierait entre eux ces différents articles. D'après lui, par étrangers domiciliés, le décret comprendrait les personnes qui habitaient depuis longtemps le pays sans y être domiciliées, et les mineurs dont parle l'art. 2 ne seraient autres que les enfants de ces personnes. « Pour saisir, dit M. Pillet, tout ce que cette conjecture a de vraisemblable, il faut évoquer un détail ethnographique probablement inconnu de ceux qui ont discuté la question. Il existait en Savoie (et vraisemblablement aussi à Nice), au moment de l'annexion, et il existe encore aujourd'hui un groupe bien compact d'individus vivant dans le pays, quoique d'origine subalpine. Ce n'est pas le groupe ordinaire d'étrangers que l'on rencontre dans les départements frontières, c'est un groupe à la fois plus nombreux et plus stable. Pour en comprendre l'existence, il est bon de savoir que, dans ces régions, certains corps de métiers des plus importants sont exclusivement ou presque exclusivement composés d'Italiens, plus précisément de Piémontais ; tels sont les plâtriers, les maçons, les peintres en bâtiments, les poêliers-fumistes. De ces gens-là, quelques-uns sont établis et domiciliés à un point fixe ; ce sont les plus rares, ceux qui sont arrivés à la fortune ; il y en a aussi qui passent leur vie dans un perpétuel mouvement de va-et-vient entre l'Italie et la France. Ils arrivent et partent à époques fixes. Il y en a enfin et en grand nombre qui restent dans le pays aussi longtemps qu'ils y trouvent du travail, qui y passent des années, souvent leur vie entière. Ces derniers ne sont ni des originaires, ni des domiciliés, et cependant ils sont, on peut le dire, attachés au pays à perpétuelle demeure. Ils n'y ont pas de domicile, parce qu'il n'existe pas de lieu où ils aient leur principal établissement. Et comment parler d'établissement pour des hommes dont le modeste bagage tient dans une méchante valise, ou dans un mouchoir noué aux quatre coins, qui vont constamment d'un lieu à l'autre suivant la nature et l'abondance des travaux qui y sont effectués ? Ce ne sont pas des sédentaires, ils ne peuvent pas être des domiciliés. C'est cette catégorie de personnes fort intéressantes, car elle comprend les meilleurs ouvriers étrangers, à laquelle le décret a pour objet de faciliter l'acquisition de la qualité de Français par une naturalisation privilégiée... Le décret est écrit pour les personnes qui ont un long séjour dans les provinces annexées, sans en être originaires ni y être jurididiquement domiciliées. L'art. 1er a parlé des majeurs, l'art. 2 parle tout naturellement des mineurs, des fils et filles de ces Sardes habitant la Savoie et Nice depuis de longues années. La situation qui leur est faite n'est pas identique à celle de leurs parents, et cela est encore fort juste. On ne pouvait avoir au domicile de ces enfants le même égard qu'à celui de leurs parents. Ils demeurent avec leurs parents ; il n'y a pas à tirer de conséquence de cette circonstance ; en outre, puisqu'il s'agit d'une naturalisation et non plus d'une annexion, la qualité obtenue par le père ne peut pas être étendue aux enfants. Mais, par contre, ce qui peut être chez ceux-ci un motif d'attachement pour la patrie d'adoption de leur famille, c'est ce fait qu'ils sont nés sur le sol savoyard ou niçois. C'est donc à la naissance que l'on s'attachera en ce qui les concerne, et, comme ces enfants ont toujours vécu hors de l'Italie, qu'ils sont... Savoyards ou Niçois, on ira pour eux plus loin que pour les parents, et on leur donnera le droit non seulement de solliciter, mais d'obtenir la nationalité française en leur appliquant... la disposition de l'art. 9, C. civ... ».

Quoi qu'il en soit, la jurisprudence décide que l'art. 6 du traité d'annexion du 24 mars 1860, qui a conféré de plein droit la qualité de Français aux majeurs sardes originaires de Savoie ou de Nice, ou domiciliés dans ces provinces au moment de l'annexion, a, de même, rendu Français *ipso jure* les Sardes mineurs originaires du pays annexé, sans distinction entre ceux issus de parents y domiciliés au jour du traité et ceux issus de parents originaires ; vainement, dit-elle, on objecte l'art. 2 du décret du 30 juin 1860, lequel n'a pu ni voulu porter atteinte aux droits acquis en vertu du traité du 24 mars 1860 ; et il en résulte que l'individu, mineur lors du traité d'annexion et né d'un père étranger, mais domicilié à ce jour dans le pays annexé, n'a pu, étant Français de plein droit, être l'objet d'un arrêté d'expulsion [1].

Exceptions à la règle que les Français ne peuvent pas être expulsés. — Nous avons dit que les Français ne pouvaient pas être expulsés, et nous venons d'examiner certaines hypothèses où l'expulsion est impossible, précisément parce

---

[1] Voici, d'ailleurs, l'arrêt de la Cour de cassation du 26 mars 1897, précité : — « La Cour ; — ... Attendu que, parmi les sujets sardes mineurs originaires de la Savoie et de l'arrondissement de Nice, le pourvoi distingue ceux dont les parents eux-mêmes étaient nés sur ces territoires, et ceux dont les parents avaient une autre origine ; que, selon lui, l'art. 6 du traité (du 24 mars 1860) viserait seulement les premiers, les autres étant régis par l'art. 2 du décret ; — Attendu que cette distinction n'est exprimée ni dans l'un ni dans l'autre de ces textes ; qu'elle est, par cela même, arbitraire ; que, de plus, en dérobant à l'application de l'art. 6 toute une classe de personnes évidemment comprises dans la généralité de son texte, et auxquelles elle ôterait la qualité de Français, elle attribue une illégalité au décret du 30 juin, qui n'a pu ni voulu porter atteinte aux droits acquis en vertu du traité du 24 mars 1860 ; — Et attendu, en fait, qu'il résulte des constatations de l'arrêt attaqué (Aix, 19 févr. 1897) que Milani est né à Nice le 1er janv. 1860, qu'il était sujet sarde à l'époque du traité de réunion de la Savoie et de l'arrondissement de Nice à la France, et que jamais aucune formalité n'a été remplie, ni par lui ni par ses parents, pour conserver la nationalité sarde ; que, dès lors, c'est à bon droit que, sans s'occuper de l'origine toscane du père de Milani, la Cour d'Aix a déclaré que le demandeur était Français au moment où a été pris l'arrêté d'expulsion du 18 oct. 1888, et l'a relaxé de la poursuite intentée pour infraction audit arrêté... — Rejette, etc.

Du 26 mars 1897. — Ch. crim.

Comp. Chambéry, 10 janv. 1901, aff. *Cugnoz* (S. et P. 1902. 2. 80).

qu'elle atteint des nationaux. — Il y avait cependant, antérieurement à la loi du 1ᵉʳ juill. 1901, sur le contrat d'association, une exception à cette règle.

Loi du 14 mars 1872 (abrogée par la loi du 1ᵉʳ juill. 1901). — Aux termes des art. 2 et 3 d'une loi du 14 mars 1872, qui établissaient certaines peines contre les affiliés à *l'Association internationale des travailleurs*, la faculté d'expulser pouvait être appliquée aux Français, condamnés à titre d'affiliés. L'art. 21 de la loi du 1ᵉʳ juill. 1901 ayant abrogé cette loi, il ne peut plus être question aujourd'hui de cette exception au principe, laquelle, d'ailleurs n'était point pratique : on la signalait *honoris causa*, en ayant soin de faire remarquer que la mesure d'expulsion, en ce cas, ne pouvait intervenir qu'après un jugement de condamnation, et était nécessairement temporaire : elle ne pouvait être prononcée, en effet, que, pour une durée maxima de dix ans[1].

Loi du 22 juin 1886 (loi des princes). — On mentionne parfois, et non sans quelque raison, comme contraire au principe que les Français ne peuvent pas être expulsés, la loi du 22 juin 1886, qui a interdit, d'une part, le territoire de la République aux chefs des familles ayant régné en France, et à leurs héritiers directs (art. 1ᵉʳ) et qui a, d'autre part, autorisé le Gouvernement à l'interdire aux autres membres de ces familles, par décret rendu en conseil des ministres (art. 2)[2]. On a beau dire, en effet, que cette loi ne vise qu'une catégorie bien déterminée et assez restreinte de

---

(1) V. not., Garraud, t. 2, n. 414, p. 177; Bès-de-Berc, p. 63, note 1; Darut, p. 71.

(2) V. not., Vincent et Penaud, *vᵒ cit.*, n. 7.

Français, — qu'elle a édicté elle-même l'interdiction du territoire, ou a donné au Gouvernement, et non au seul ministre de l'Intérieur, comme en matière d'expulsion, le droit de l'édicter, il n'en est pas moins vrai que les Français qui rentrent dans cette catégorie sont expulsés de la France. On a bien invoqué en faveur de cette loi des raisons politiques, dictées par le souci constant et respectable de conserver au pays le régime républicain qu'il s'est librement donné ; mais, aujourd'hui que le pays, selon l'expression de M. Ribot, « a identifié ses destinées avec celles de la République », nous comprenons sans peine que des propositions de loi soient faites ayant pour effet, sinon de supprimer, du moins d'atténuer les dispositions de cette loi. Celle de M. Engerand, déposée à la séance de la Chambre des députés du 15 nov. 1906 est ainsi conçue : « Art. 1er. Le Gouvernement est autorisé à interdire le territoire de la République aux chefs des familles ayant régné en France, s'ils prétendent changer la forme républicaine des institutions. L'interdiction est prononcée par un décret rendu en conseil des ministres ». — Art. 2. Celui qui, en violation de l'interdiction, sera trouvé en France, en Algérie ou dans les colonies, sera puni d'un emprisonnement de deux à cinq ans. A l'expiration de sa peine, il sera reconduit à la frontière. — Art. 3... » — Il serait à souhaiter que cette proposition, qui est précédée d'un long et intéressant exposé des motifs (1), vînt un jour en discussion et permît au Parlement de se prononcer en connaissance de cause.

Français dans les pays de protectorat et hors chrétienté.

---

(1) V. *J. off.*, Ch. des dép., Doc. parl., 1907, n. 431, p. 118.

Les Français peuvent être expulsés, par leurs consuls ou leurs agents diplomatiques, des pays de protectorat et hors chrétienté. Les représentants de la France ont, en effet, mission de veiller là-bas à ce que leurs nationaux ne compromettent pas les relations internationales, de défendre les intérêts de la France, s'il y a lieu, contre les Français eux-mêmes. L'art. 82 de l'Édit de juin 1778 dispose : « Dans tous les cas qui intéressent la politique ou la sûreté du commerce de nos sujets... pourront nos consuls faire arrêter et renvoyer en France, par le premier navire de la nation, tout Français qui, par sa mauvaise conduite ou ses intrigues, pourrait être nuisible au bien général ». Ce droit d'expulsion a été confirmé par la loi du 28 mai 1836 [1].

Ainsi, les Français peuvent être expulsés par leurs consuls, de la *Turquie*, de l'*Égypte* et de la *Bulgarie*, en vertu des Capitulations [2].

Pour ce dernier pays, un incident diplomatique est venu attester de façon formelle ce droit des consuls et agents diplomatiques. La Bulgarie affirmait le contraire, à la

---

(1) V. not., Féraud-Giraud, *De la jurid. franç. dans les Echelles du Levant et de Barbarie*, 2e éd., t. I, p. 80; Fr. Rey, *La protect. diplomat. et consul. dans les Echelles du Levant et de Barbarie*, p. 427 et s. ; Teissier, *La responsab. de la puiss. publ.*, n. 129, p. 150; Bès-de-Berc, p. 102 ; Vincent et Penaud, n. 27 ; Mérignhac (*Rev. de dr. int. et de lég. comp.*, 1892, p. 155 et s.); Chervet, *Considérat. sur la juridict. pén. franç. dans les Echelles de Barbarie et du Levant* (*Rev. de dr. int. pr.*, 1909, p. 103) ; et *Rép. gén. du dr. fr.*, v° *Echelles du Levant et de Barbarie*, n. 355.

(2) V. not., Bès-de-Berc, *loc. cit.*; Vincent et Penaud, n. 32 et s. ; et *Rép. gén. du dr. fr.*, v° *Capitulat. d'Orient*, n. 64.

Le Japon n'est plus soumis au régime des capitulations. V. not., le traité du 4 août 1896 entre la France et le Japon (S. et P. *Lois. ann.*, de 1899, p. 879).

fin de l'année 1891, à propos de l'expulsion par les autorités bulgares de M. Chadourne, sujet français, correspondant de l'agence Havas; mais M. Ribot, alors ministre des Affaires étrangères, réclama auprès du sultan, sous la suzèraineté duquel la Bulgarie est placée par le traité de Berlin du 13 juill. 1878. Le cabinet de Sofia déclara qu'il devait avoir le droit d'expulsion, « ce droit étant la sanction du droit de conservation des États »; mais à cette déclaration, il fut aisément répondu que la Bulgarie, « formant partie intégrante de l'Empire ottoman », ne saurait avoir plus de droits que ledit Empire, et que la Bulgarie devait, au surplus, se conformer à la lettre du traité susindiqué, dont l'art. 8 porte : « Les immunités et privilèges des étrangers, aussi bien que les droits de juridiction et protection consulaires établis par les Capitulations et les usages, resteront en vigueur, aussi longtemps qu'ils n'auront pas été modifiés avec le consentement des parties intéressées (1) ».

---

(1) V. d'ailleurs, à propos de cette affaire Chadourne, l'article très documenté de M. Mérighnac, « *Les Capitulations et l'incident franco-bulgare de 1891* », dans la *Rev. de dr. int. et de lég. comp.*, 1892, p. 147-169. — Mais, il convient de noter que cette situation va se trouver modifiée à la suite de la proclamation de l'indépendance de la Bulgarie, intervenue le 5 oct. 1908, et de la reconnaissance de cette indépendance par les puissances signataires du traité de Berlin. Certaines d'entre elles, l'Angleterre, l'Italie et la France, avaient, d'ailleurs, antérieurement, renoncé aux avantages des Capitulations en Bulgarie, « sous réserve que ces modifications n'entreraient en vigueur que lorsque toutes les puissances auraient renoncé aux mêmes avantages ». La renonciation de l'Angleterre est du 26 nov.-9 déc. 1905, celle de l'Italie et de la France du 31 déc. 1905-13 janv. 1906. V. Scelle, *La situation diplomat. de la Bulgarie avant la proclamation de son indépendance* (*Rev. de dr. int. publ.*, 1908, p. 527). V. encore Scelle, *Les Capitulat. en Bulgarie : leur suppression* (*Id.*, 1908, p. 541). — Sur les Capitulations, V. d'ailleurs, *infrà*, p. 107-108.

Les Français peuvent aussi être expulsés, dans les mêmes conditions, de la *Chine* et des *États de l'Iman de Mascate* en vertu d'une loi du 8 juill. 1852, art. 16, de la *Corée* et du *Siam* [1].

Ils peuvent également être expulsés du *Maroc*, en vertu des traités passés entre le Maroc et les puissances occidentales [2].

Colonies. — Les Français ne peuvent pas du moins être expulsés des Colonies.

Les ordonnances, qui autorisaient leur expulsion, ne sont plus en vigueur. Des décrets en date des 7, 15 nov. 1879 et 26 févr. 1880, notamment, ont enlevé aux gouverneurs le droit qu'elles leur conféraient à ce sujet [3].

§ 3.

Législations étrangères.

Dans la plupart des pays, les lois qui visent l'expulsion sont aussi générales que notre loi du 3 déc. 1849.

Législations semblables à la législation française. — En Allemagne, en Italie, en Suisse notamment, aucune exception n'est faite en faveur de telles ou telles catégories d'étrangers.

Allemagne. — En Allemagne, d'ailleurs, il n'existe aucune loi qui réglemente le séjour des étrangers [4]. Dès que les étrangers encourent l'expulsion, elle est ordonnée, sans égard pour leur âge ou leur situation [5].

---

(1) V. d'ailleurs, *infrà*, p. 62, note 1, p. 107.

(2) V. Fr. Rey, p. 171 et s.; et *infrà*, p. 108.

(3) V. sur ce point, Bès-de-Berc, p. 100-101.

(4) V. Garraud, t. 1, n. 179, p. 335, note 8.

(5) V. Laband, *Le dr. publ. de l'Empire allemand* (trad. Boucard et Jèze), t. 1, p. 313-314.

Italie. — La loi italienne sur la sûreté publique, en date du 30 juin 1889, est conçue en termes très compréhensifs. L'art. 90 dispose, en effet, que « les étrangers condamnés pour délit, pourront, après leur libération, être expulsés du Royaume et conduits à la frontière. Le ministre de l'Intérieur pour des motifs d'ordre public, pourra ordonner que l'étranger, de passage ou résidant dans le Royaume, soit expulsé et conduit à la frontière »[1]. La Cour de cassation de Rome, a même déclaré, le 13 oct. 1893, que l'expulsion pouvait être ordonnée contre les déserteurs et les personnes poursuivies pour crimes ou délits politiques[2].

Suisse. — En Suisse, tous les étrangers peuvent également être expulsés, qu'ils soient de passage ou établis, « propriétaires ou non »[3]. Les Suisses, non originaires du canton peuvent même en être expulsés, lorsqu'ils ont été « punis » pour délits graves[4].

Angleterre. — L'*aliens Act* anglais du 11 août 1905 met aussi sur le pied d'égalité tous les étrangers. Indifférem-

---

(1) V. Canonico (*J. du dr. int. pr.*, 1890, p. 220); Monnier, *Les indésirables,* p. 143. — Sur l'expulsion en Italie, V. d'ailleurs, l'ouvrage récent de M. Caruso, *Diritto di espulsione,* Palerme, A. Reber, 1906.

(2) V. Cass.-Rome, 13 oct. 1893, *Cozensa* (*J. du dr. int. pr.*, 1897, p. 198).

(3) V. not. Chantre, *De l'expuls. des étrang. en Suisse* (*J. du dr. int. pr.*, 1894, p. 978 et s.).

(4) Chantre, *loc. cit.*, p. 980, *in fine.* — Mais la Constitution fédérale disposant dans son art. 44, 1er al., qu'aucun canton ne peut renvoyer de son territoire un de ses ressortissants, il en résulte que lorsqu'un citoyen suisse vient à changer d'indigénat, son ancien canton ne doit pas pouvoir l'expulser, à raison de faits qui se sont passés avant son changement de nationalité. V. Salis, *Le dr. fédér. suisse,* t. 2, n. 405. Ainsi jugé qu'un canton ne saurait expulser une de ses anciennes ressortissantes, mariée avec un ressortissant d'un autre canton, en s'appuyant sur les condamnations encourues par elle, antérieurement au mariage, qui lui a fait perdre l'indigénat de celui-ci : Trib. fédér. (2e sect.), 24 avr. 1895, *Matthey* (*J. du dr. int. pr.*, 1895, p. 897).

ment, ils peuvent être l'objet d'une mesure d'expulsion. Aucune exception n'est faite dans l'art. 3 de *l'aliens Act* qui confère au secrétaire d'État le droit d'expulsion dans certains cas déterminés (1).

Roumanie. — La loi *roumaine* du 7 avr. 1881 ne fait également aucune exception entre les étrangers.

Deux arrêts de date récente, l'un de la Cour d'appel de Bucarest du 26 mars 1907, et l'autre des chambres réunies de la Cour de cassation du 24 mai de la même année, portent : « La loi du 7 avr. 1881 donne au gouvernement le droit d'expulser l'étranger, qui, par sa conduite, compromettrait la sécurité intérieure ou extérieure de l'État, ou qui troublerait l'ordre public. Les lois et la Constitution ne connaissent que deux catégories de personnes : les étrangers et les Roumains... ».

Les israélites indigènes y sont considérés comme étrangers. —Ces deux arrêts sont, d'ailleurs, particulièrement intéressants, en ce qu'ils décident que les *juifs indigènes, nés et élevés en Roumanie,* qui ne jouissent d'aucune protection, doivent être considérés comme étrangers et peuvent faire l'objet d'un arrêté d'expulsion. « Ni la Constitution, ni les lois, ni la loi de 1881, disent ces arrêts, ne connaissent la distinction proposée entre les *étrangers indigènes* nés

---

(1) V. le texte de *l'aliens Act* dans la *Rev. de dr. int. pr.*, 1905, p. 907 et s. V. sur *l'aliens Act,* avec l'étude de sir Henriques, barrister at law, traduite par M. P. Goulé dans la même *Revue*, 1907, p. 340 et s., 1908, p. 47 et s., et la dissertation de MM. Silley et Elias, traduite par M. Théry, dans le *J. du dr. int. pr.*, 1907, p. 29 et s., — l'ouvrage de M. Monnier, *Les indésirables.* Comp. Salvy, *L'immigrat. aux Etats-Unis et les lois fédérales*, p. 138 et s. — A Gibraltar également, toute personne dont la présence ne paraît pas désirable, fût-ce un Anglais, peut être expulsée. V. *J. du dr. int. pr.*, 1901, p. 891.

et élevés en Roumanie, qui ont été soumis au service militaire, et les *étrangers de passage*. On ne peut pas tirer argument du fait que l'étranger indigène expulsé, n'appartenant à aucune nationalité serait expulsé de tous les pays : cette considération d'ordre personnel ne peut être opposée à celle d'ordre public qui exige son expulsion (1) ».

Législations limitatives du droit d'expulsion. — Il y a toutefois des législations du continent, mais surtout des législations extra-continentales, qui limitent le droit d'expulsion, qui exemptent certains étrangers de cette mesure.

Belgique. — La loi *belge* du 12 févr. 1897, dispose dans son art. 2, que ne peuvent être expulsés, « pourvu que la nation à laquelle ils appartiennent, soit en paix avec la Belgique :

---

(1) V. *Rev. de dr. int. pr.*, 1908, p. 691. — Dans les observations qui accompagnent ces deux décisions, un Roumain, M. Sesceoranu, s'exprime ainsi : « ...Il suffit de réfléchir un peu au but que se propose tout législateur qui admet l'expulsion des étrangers. Il veut écarter celui qui, étant le produit d'un autre État, trouble son territoire. Ce raisonnement peut-il être appliqué aux Juifs? De quel droit les rejetterions-nous à la charge des autres États? Si nous réclamons une réforme législative sur ce point, nous ne faisons nullement entrer en ligne de compte les considérations humanitaires, de ce que les Juifs n'étant sujets d'aucun pays ne trouveraient asile nulle part. Nous sommes poussés par des considérations de respect que les États se doivent réciproquement, respect qui doit être la base des rapports internationaux. L'État ne serait pas, d'ailleurs, désarmé à l'égard de ces individus; les mesures de répression prises à l'égard de nos nationaux produiront tout autant d'effets, et si nos lois ne prévoient pas les délits dont ces individus sont coutumiers, rien de plus facile que de réprimer législativement leurs forfaits » (*sic*). V. d'ailleurs, sur la condition des Israélites en Roumanie, Verax, *La Roumanie et les Juifs* (Bucarest, 1903); Fr. Rey, *La question israélite en Roumanie* (Paris, Pedone, éditeur).

Nous avons souvent mis à contribution au cours de cette étude, et plus spécialement en ce qui concerne certaines questions de droit public, les connaissances appréciées de M. Fr. Rey. Nous lui exprimons ici nos sincères remerciements.

1° L'étranger autorisé à établir son domicile dans le Royaume;

2° L'étranger marié à une femme belge dont il a eu un ou plusieurs enfants nés en Belgique pendant sa résidence dans le pays;

3° L'étranger, marié à une femme belge, résidant en Belgique depuis plus de cinq ans et continuant à y résider d'une manière permanente;

4° L'individu, né en Belgique, d'un étranger, et qui y réside, lorsqu'il se trouve dans le délai d'option prévu par l'art. 9, C. civ. (1) ».

Luxembourg. — De même, la loi *luxembourgeoise* du 30 déc. 1893, sur la police des étrangers, contient un art. 8, d'après lequel : « L'enfant se trouvant dans le cas de faire la déclaration prévue par les art. 9 et 10, C. civ., l'art. 10 de la Constitution, et l'article unique de la loi interprétative du 5 févr. 1890, ne peut être expulsé avant l'échéance du délai d'option (2) ».

---

(1) V. le texte de la loi belge du 12 févr. 1897, dans l'*Ann. de lég. étrang.*, t. 27, année 1898, p. 514. — Cet art. 9, C. civ., visé par l'art. 2, *in fine*, de la loi du 12 févr. 1897, est conçu dans les mêmes termes que l'art. 9, C. civ. français.

(2) V. le texte de la loi luxembourgeoise du 30 déc. 1893, dans Ruppert, *C. pén. et C. instr. crim. et lois spéciales en matière répress.*, p. 467. — Les textes visés par l'art. 8 de cette loi sont ainsi conçus :

Art. 9, C. civ. : « Tout individu né dans le Luxembourg d'un étranger pourra, dans l'année qui suivra l'époque de sa majorité, réclamer la qualité de Luxembourgeois, pourvu que, dans le cas où il résiderait dans le Luxembourg, il déclare que son intention est d'y fixer son domicile, et que, dans le cas où il résiderait en pays étranger, il fasse sa soumission de fixer dans le Luxembourg son domicile, et qu'il l'y établisse dans l'année à compter de l'acte de soumission ».

Art. 10, C. civ. : « Tout enfant né en pays étranger, d'un Luxembourgeois qui aurait perdu la qualité de Luxembourgeois, pourra toujours recouvrer cette qualité, en remplissant les formalités prescrites par l'art. 9 ».

Pays-Bas. — D'après la loi *néerlandaise* également, « ne peut être expulsé l'étranger qui, établi dans le pays, a épousé une Néerlandaise et a eu plusieurs enfants nés dans le Royaume » (1).

Brésil. — La loi *brésilienne* du 7 janv. 1907 « relative à l'expulsion des étrangers du territoire national » déclare, de son côté, que « l'étranger ne peut être expulsé, s'il réside sur le territoire de la République depuis deux années continues, ou même depuis moins longtemps, s'il est en outre : α) marié avec une Brésilienne, β) ou veuf avec un enfant brésilien » (art. 3) (2). Deux jugements, l'un du Tribunal suprême fédéral, en date du 30 janv. 1907, l'autre du Tribunal fédéral de deuxième instance, en date du 11 févr. 1907 (3), font une application expresse et très intéressante de ce texte. Dans la première espèce, l'arrêté d'expulsion a été maintenu, parce que le plaignant n'a pas justifié qu'il se trouvait dans un des cas prévus par cet art. 3; dans la seconde, la dame Augusta Roth a pu échapper à la mesure prise contre elle, entre au-

---

Constitution du 17 oct. 1868, art. 10 : « La naturalisation accordée au père profite à son enfant mineur, si celui-ci déclare dans les deux années de sa majorité, vouloir revendiquer ce bénéfice ».

L. 5 févr. 1890 : L'art. 10, C. civ., est interprété en ce sens « qu'il est applicable à l'enfant né d'une mère d'origine luxembourgeoise, qui a perdu la qualité de luxembourgeoise ».

(1) Jitta, *Le dr. d'expuls. des étrang. dans la lég. des Pays-Bas* (*J. du dr. int. pr.*, 1902, p. 69).

(2) V. le texte de la loi brésilienne du 7 janv. 1907 dans le *Diario oficial* du 9. Il a été traduit dans la *Rev. du dr. int. pr.*, 1908, p. 855 et s. et dans le *J. du dr. int. pr.*, 1907, p. 1217 et s.

(3) Ces deux jugements sont rapportés dans la *Rev. de dr. int. pr.*, 1908, p. 822 et s. La traduction en a été faite par M. P. Goulé, le très obligeant secrétaire de cette *Revue*, à qui nous sommes redevable d'ailleurs de renseignements utiles qu'il nous a complaisamment fournis dans notre modeste travail.

tres raisons que nous retrouverons plus tard [1], parce qu'elle a justifié qu'elle résidait dans le pays depuis plus de deux ans [2].

Vénézuéla. — Au *Vénézuéla*, seuls les étrangers de passage peuvent être expulsés. Les étrangers domiciliés qui contreviennent à quelqu'une des prescriptions établies par l'art. 6 de la loi du 16 avr. 1903 à l'égard des étrangers de passage [3], non seulement ne sont pas, comme eux, expulsés, mais encore perdent leur qualité d'étranger et sont, *ipso facto* « soumis aux responsabilités, charges et obligations que peuvent entraîner pour les nationaux les risques de la politique ». (art. 7). — Sont, d'ailleurs, considérés comme domiciliés, d'après l'art. 3, ceux naturellement qui ont acquis un domicile conformément aux dispositions du Code civil, mais en outre, notamment, ceux qui ont résidé dans le pays volontairement et sans interruption pendant plus de deux années, sans caractère diplomatique, — ceux qui possèdent des biens-fonds ou exercent, depuis plus de deux ans un commerce ou une industrie quelconque ».

États-Unis et Mexique. — Aux *États-Unis*, les immigrants ne peuvent être expulsés que durant les trois pre-

---

(1) V. *infrà*, chapitre VI : *Voies de recours.*

(2) V. notre note, § 1ᵉʳ, *in initio* (*Rev. de dr. int. pr.*, 1908, p. 826.

(3) L'art. 6 de la loi du 16 avr. 1903, sur les droits et les devoirs des étrangers au Vénézuéla, défend aux étrangers de passage « de se mêler à aucune des affaires politiques de la République, ni à quoi que ce soit qui s'y rapporte. Ils ne pourront : 1°) faire partie d'associations politiques ; 2°) collaborer à des périodiques politiques, ni écrire dans aucun périodique des articles relatifs à la politique intérieure ou extérieure du pays ; 3°) ;... 4ⁿ)... ; 5°) prononcer des discours touchant, de quelque manière que ce soit, à la politique du pays ». — V. le texte de cette loi dans l'*Ann. de lég. étrang.*, année 1903, p. 739 et s.

mières années qui suivent leur arrivée (1). Il en est de même au Mexique, de par la loi du 22 déc. 1908 (2).

En résumé, il faut retenir qu'il y a des États, d'où ne peuvent être expulsés :

1° Les étrangers appelés à la qualité de citoyen par le bienfait de la loi, c'est-à-dire notamment les étrangers nés dans le pays de parents étrangers, et pour lesquels la loi édicte une naturalisation de faveur ;

2° Les étrangers domiciliés ;

3° Les étrangers assimilés à ces derniers à la faveur d'une résidence de quelques années ou d'une union, que l'on exige d'ailleurs féconde, avec une femme du pays.

Critique des législations limitatives du droit d'expulsion. — Les exceptions que ces diverses législations édictent sont approuvées par d'excellents esprits qui trouvent que notre loi du 3 déc 1849, pour nous servir des paroles mêmes de M. le professeur Weiss, « est d'une rigueur excessive, peu compatible avec les mœurs nouvelles, avec l'état actuel et la multiplication des rapports internationaux » (3). — Nous n'en persistons pas moins à penser que toutes ces exemptions sont critiquables.

Et tout d'abord, il ne nous paraît pas anormal que les étrangers, appelés à devenir citoyens par le bienfait de la loi, puissent être expulsés tant qu'ils n'ont pas réalisé la

---

(1) Sur la loi du 20 févr. 1907, réglant l'immigration des étrangers *undesirable* aux États-Unis, V. Salvy, p. 67 et s.

(2) V. cette loi au *Diario oficial* du 22 déc. 1908.

(3) V. Weiss, t. 2, p. 92. — Comp. Darut, p. 234 et s.; Bluntschli, § 383, p. 233. « Les étrangers qui ont un domicile fixe ont droit à la protection des lois au même titre que les nationaux ».

vocation à la qualité de citoyen qu'ils tiennent de la loi. Si l'expulsion ne peut être ordonnée contre eux, autant alors les déclarer citoyens dès leur naissance. Il n'est pas mauvais, d'ailleurs, que la loi qui leur a imposé un temps d'épreuve, qui ne les a pas fait Français *ab initio*, ne les mette pas à l'abri d'une mesure que leur conduite peut rigoureusement justifier (1).

Nous comprendrions plutôt la disposition qui mettrait à l'abri de l'expulsion les étrangers admis à domicile, quoiqu'il nous paraisse difficile de les traiter du coup comme des nationaux; mais, il nous paraît impossible d'assimiler à ces étrangers en voie de devenir Français, les étrangers qui résident en France depuis deux ou trois années, ou qui ont épousé des Françaises et en ont eu même des enfants, ou qui sont restés veufs avec une descendance. En admettant qu'une femme et des enfants attachent instantanément à un pays, deux ou trois années ne suffisent pas à y enraciner très profondément (2)

Résolution de l'Institut de droit international (Genève, 1892). — D'ailleurs, le projet de règlement sur l'expulsion élaboré par l'Institut de droit international à Genève, en 1892, s'est contenté de déclarer que « l'expulsion d'étrangers domiciliés, résidant ou ayant un établissement de commerce, ne doit être prononcée que de manière à ne pas trahir la confiance qu'ils ont eue dans les lois de l'État, et en leur assurant l'exercice, soit directement, si c'est possible, soit par l'intermédiaire de tiers par eux librement

---

(1) V. cep. Chervet, note, *in fine,* sous Aix, 27 janv. 1906, précité.

(2) V. d'ailleurs notre note sous les deux décisions brésiliennes précitées (*Rev. de dr. int. pr.*, 1908, p. 828).

choisis, de tous les moyens légaux pour la libre réalisation et la liquidation de leur situation et de leurs intérêts, actifs et passifs, sur le territoire » (art. 8, § 4) [1].

Projet de loi français du 4 mars 1882. — Un projet de loi, sur l'expulsion des étrangers, déposé à la Chambre des députés, le 4 mars 1882, par MM. Goblet et Humbert, n'affranchissait, d'ailleurs, aucun étranger de la mesure d'expulsion; mais, il est utile de signaler que la commission, sur la proposition de M. Louis Legrand, a été d'avis d'étendre « aux étrangers qui résident en France, depuis plus de trois ans d'une façon permanente, le bénéfice de la garantie dont jouissent seuls aujourd'hui les étrangers admis à domicile » [2]. Le Gouvernement ayant accepté l'amendement, un alinéa, ainsi conçu, a été inséré dans le projet : « A l'égard de l'étranger qui aura obtenu l'autorisation d'établir son domicile en France ou qui y résidera d'une façon permanente depuis plus de trois ans, la mesure d'expulsion cessera d'avoir effet, après un délai de deux mois, si elle n'a pas été confirmée par décision du Gouvernement, rendue après avis du Conseil d'Etat ».

Pour justifier cette mesure de faveur dont bénéficieraient les étrangers résidant en France depuis plus de trois années, le rapporteur s'exprimait ainsi : « Quand un étranger est fixé en France d'une façon permanente depuis plus de trois ans, souvent depuis de longues années, qu'il y a acheté des propriétés, qu'il y gère un grand établissement industriel ou agricole, qu'il y a épousé une Française ou qu'il a marié

---

[1] *Rev. de dr. int. et de lég. comp.*, 1892, p. 533, *in fine.*

[2] V. le rapport de M. Louis Legrand au *J. off.*, Ch. des dép., doc. parl., avr. 1882, p. 916.

ses enfants à des Français, il offre des gages au moins aussi sérieux que l'étranger qui vient d'être autorisé à y établir son domicile. Lorsqu'une mesure d'expulsion frappe un de ces étrangers enracinés depuis longtemps sur notre territoire, elle est bien plus cruelle, bien plus onéreuse que pour le nomade qui vient d'arriver et n'a pas encore d'attaches profondes... On oppose à ces étrangers qu'il dépend d'eux de se mettre à couvert en se faisant autoriser à établir leur domicile chez nous. Mais on sait que les étrangers qui demandent cette autorisation forment le très petit nombre : ce sont seulement ceux qui aspirent à la naturalisation. Les autres ignorent cette procédure, négligent d'y recourir, ou reculent devant la formalité de l'enquête administrative... (1) ».

A la première raison invoquée par le rapport, nous avons déjà répondu. — Quant à la seconde, elle paraît bien insuffisante pour justifier la faveur que l'on sollicite pour les étrangers résidants. Ainsi que nous l'écrivions, naguère, dans la *Revue de droit international privé* : « Dire que l'étranger résidant mérite autant d'intérêt que l'étranger admis à domicile, soit parce qu'il ignorait la procédure de l'admission soit parce qu'il avait reculé devant la formalité de l'enquête, c'est justifier de façon assez singulière l'intérêt que l'on réclame pour lui » (2). La vérité est qu'il y a des étrangers, fixés depuis de très longues années sur notre territoire, qui sont très sincèrement attachés à la France, et qui n'ont pas demandé l'admission à domicile, prélimi-

---

(1) V. *J. off.*, *loc. cit.* — V. en ce sens, Bès-de-Berc, p. 109, *in fine* et s. Comp. Weiss, t. 2, p. 93 *in fine*-94.

(2) V. Al. Martini, note précitée, dans la *Rev. de dr. int. pr.*, 1908, p. 828.

naire de la naturalisation, précisément parce qu'ils ne veulent pas abandonner leur patrie d'origine, — mais ceux-là n'ont pas besoin de garantie. Ils n'ont pas à redouter l'expulsion : ils apportent à la France leur vie faite d'ordre et de travail : sous quel prétexte les chasserait-on? Pour donner à ces étrangers une sécurité dont l'urgence ne se fait pas sentir, il n'est pas nécessaire d'imposer au Gouvernement de confirmer l'arrêté d'expulsion, avis pris du Conseil d'État, à l'égard de tous les étrangers résidant en France depuis trois années (1).

---

(1) Comp. Arthur Desjardins, *L'expuls. des étrang.*, dans *Quest. soc. et polit.* (1893), p. 125 et s.

CHAPITRE III

CAUSES D'EXPULSION

Il va de soi que « l'État qui ouvre libéralement aux étrangers l'accès de son territoire, ne doit pas pouvoir *à son gré* leur retirer la faculté de séjour [1] ». L'expulsion ne doit être ordonnée que s'il y a de justes motifs [2], des motifs sérieux [3], d'intérêt public et de nécessité publique [4], qui la rendent nécessaire. Il est malaisé de donner une liste de ces motifs, bien que certaines législations, ainsi que nous le verrons bientôt [5] aient tenté de la dresser; il est même difficile de fixer un critérium; de façon générale, l'on peut dire, avec M. de Montigny, rapporteur de la loi du 3 déc. 1849, que l'étranger pourra être expulsé, dès qu'il

---

(1) V. de Bar (*J. du dr. int. pr.*, 1886, p. 6).

(2) « Pour exercer le droit d'expulsion, il faut de justes motifs ... » (Canonico, *J. du dr. int. pr.*, 1890, p. 219).

(3) « ... L'expulsion doit reposer sur des motifs sérieux... » (Bry, *Précis de dr. int. publ.*, 5ᵉ éd., n. 345, p. 460).

(4) « Etant admis que l'homme a le droit naturel d'user innocemment de sa liberté civile, il ne peut être expulsé sans un motif sérieux d'intérêt public et de nécessité publique » (Fiore, *Le dr. int. pr.*, 4ᵉ éd., trad. Antoine, t. 1, n. 289, p. 316). « Le Gouvernement a le droit d'expulser... pour des raisons de sécurité publique » (Fiore, *Nouv. dr. publ.*, 2ᵉ éd., trad. Antoine, t. 3, n. 1297, p. 93). Comp. Dʳ Haenel (*J. du dr. int. pr.*, 1884, p. 480, *in fine*-481).

(5) V. *infrà*, p. 82 et s.

sera dangereux, et qu'il est dangereux, lorsque sa présence sur le territoire est de nature à compromettre la sécurité publique.

I. **Expulsion pour faits de droit commun.**

Condamnations. — Il ne fait aucun doute que les étrangers *condamnés* puissent compromettre la sécurité publique, au premier chef — et que, dès lors, les condamnations judiciaires constituent une cause essentielle d'expulsion. Il suffit de jeter les yeux sur les décisions intervenues à l'encontre des individus, poursuivis pour infraction aux arrêtés pris à leur égard, pour être édifié : presque toujours ces étrangers ont été expulsés à la suite de condamnations prononcées contre eux.

D'ailleurs, tout étranger, condamné correctionnellement, fait l'objet d'une instruction, à fin d'expulsion —; et ce n'est qu'exceptionnellement, lorsqu'il n'a été encouru qu'une condamnation minime, pour un délit de peu d'importance, ou dont la nature ne constitue pas un danger pour l'ordre public, que l'étranger demeure en France [1].

---

(1) V. d'ailleurs, la circulaire suivante du ministère de l'Intérieur, en date du 20 juill. 1893. — « Mon attention vient d'être appelée par M. le ministre de la Guerre sur la progression constante des condamnations correctionnelles encourues sur notre territoire par des individus de nationalité étrangère. — L'autorité militaire se préoccupe beaucoup de cette situation, au point de vue de la défense nationale, et demande que ces étrangers, condamnés correctionnellement pour faits graves, soient, à l'expiration de leur peine, expulsés de France. Elle fait ressortir, fort justement d'ailleurs, que cette mesure aurait l'avantage de débarrasser le territoire d'un grand nombre d'individus généralement très suspects et devant, au moment d'une mobilisation, constituer un véritable danger pour la

Il peut donc être expulsé, dès la première condamnation. Il peut même être expulsé, s'il a été condamné avec application de la loi de sursis! Contre cette pratique, d'ailleurs, les publicistes se sont élevés bien souvent, et l'un d'entre eux, M. R. Hubert écrivait, il y a déjà quelques années : « Contrairement aux anciens errements, le gardien-chef signale ceux qui sont condamnés avec le bénéfice de la loi Bérenger. L'Administration se réserve de refuser sa ratification au pardon conditionnel que les magistrats ont prononcé au nom de la loi, et de mettre l'intéressé dans l'impossibilité de le mériter; il y a là un regrettable esprit de contradiction à l'égard des décisions de la justice. Nous avons vu expulser un fils d'étranger, né en France, à la suite d'une condamnation à quarante-huit heures de prison avec bénéfice de la loi de sursis: ses parents habitaient la France depuis plus de trente ans, et son frère aîné, devenu Français par le bienfait de la loi, avait servi sous nos drapeaux. On le voit, si les fils d'étrangers nés en France, sont

------

sécurité du pays. La tolérance dont l'Administration supérieure a fait preuve jusqu'ici à l'égard de cette catégorie d'étrangers ne paraît pas avoir eu d'autres résultats que d'augmenter le chiffre de la criminalité en France, et de grever le budget de l'administration pénitentiaire de dépenses dont il importe de l'alléger. — Ces considérations me déterminent à modifier les instructions contenues au § 3 de ma circulaire du 17 déc. 1885 qui règlent la procédure administrative à suivre en matière d'expulsion, à l'égard des étrangers ayant encouru des condamnations en France. — J'ai décidé, en conséquence, que tout étranger, condamné correctionnellement, devra faire l'objet d'une instruction, à fin d'expulsion. — Vous voudrez bien me signaler, par des rapports circonstanciés, ceux qui vous paraîtraient devoir bénéficier d'une exception à cette règle, parce qu'ils n'auraient encouru que des condamnations minimes et pour des délits de peu d'importance ou dont la nature ne constitue pas un danger pour l'ordre public.

Сн. Dupuy ».

encore l'objet d'une certaine indulgence de la part de l'Administration, cette indulgence est essentiellement relative ; ils sont encore infiniment plus durement traités, que ne l'étaient il y a peu d'années encore, les étrangers ordinaires. Le gardien-chef signale aussi... ceux qui ne sont condamnés qu'à une simple amende en police correctionnelle (*sic*), ceux qui ne sont détenus que pour purger un emprisonnement de simple police ou même simplement une contrainte par corps, fût-elle la sanction d'une amende prononcée par la juridiction cantonale. Dire qu'un individu est dangereux, parce qu'il a encouru une amende de simple police, serait déjà d'une sévérité sans mesure, mais le traiter comme tel parce qu'il n'a pu en acquitter le montant qui peut être lourd à raison de la solidarité !... Il faut laisser à une pareille rigueur le soin de se qualifier elle-même. Contentons-nous de faire observer qu'il est profondément attristant, dans une société démocratique comme la nôtre, de voir la pauvreté punie à l'égal d'un crime. La prison, pour l'étranger, est comme un engrenage qui broie forcément celui qu'elle saisit; c'est une vraie souricière. Quel que soit le motif pour lequel il y entre, il ne doit plus sortir libre sur le sol français (1) ».

L'Administration s'est efforcée de corriger ces abus; mais il convient de citer ici plus particulièrement une instruction de la Direction de la sûreté générale en date du 17 août 1908, qui pourra y mettre un terme, si elle est littéralement suivie : « ... Il est absolument indispensable pour mon

____

(1) V. R. Hubert, *Ét. prat. sur l'expuls. des étrang.* (*Gaz. des Trib.* du 1er oct. 1897). Comp. Darut, *De l'expuls. des étrang.*, p. 157 et s.

Administration d'être renseignée sur les circonstances de fait, lorsque l'étranger n'a été condamné qu'à une peine légère ou a bénéficié de la loi de sursis. La nature du délit (vol, coups, blessures, etc.), ne fait pas suffisamment ressortir par elle-même si le condamné est ou non dangereux pour la sécurité publique ; seule l'indication précise des conditions dans lesquelles ce délit a été commis peut permettre de s'en rendre compte, surtout lorsqu'il s'agit d'un condamné primaire. Je vous serai obligé, en conséquence, de vouloir bien inviter les directeurs des maisons centrales et les gardiens-chefs des maisons d'arrêt et de correction, à consigner très exactement, dans les notices individuelles des étrangers passibles d'expulsion, les circonstances de fait dans lesquelles est intervenu le délit... » [1].

Dans tous les États, d'ailleurs, les condamnations constituent une cause essentielle d'expulsion. Il en est ainsi notamment en *Italie*, où l'art. 90 de la loi sur la sûreté générale du 30 juin 1889 porte : « Les étrangers condamnés pour délit, pourront, après leur libération, être expulsés du Royaume, et conduits à la frontière » [2].

En *Suisse* également, l'expulsion des étrangers peut être ordonnée à la suite d'un seul délit, alors même qu'un traité

---

(1) V. *Bull. du minist. de l'Intér.*, 1908, p. 461-462. — Aux termes d'un accord officieux entre les autorités française et allemande, les *marins allemands*, même ceux qui sont condamnés pour crimes ou délits commis à terre en France ne sont pas sujets à expulsion ; ils sont remis à leurs consuls qui sont chargés de les rapatrier. V. Circul. du minist. de la Just. des 15 oct. et 12 nov. 1885 (*Bull. du minist. de la Just.*, 1885, p. 293) ; Weiss, *Tr. de dr. int. pr.*, 2ᵉ éd., t. 2, p. 99, note ; Féraud-Giraud (*J. du dr. int. pr.*, 1890, p. 423).

(2) V. not., Canonico (*J. du dr. int. pr.*, 1890, p. 220) ; Monnier, *Les Indésirables*, p. 143.

passé avec l'État dont ils ressortissent, déclarerait que
« les étrangers seront traités dans chaque canton sur le
même pied que les ressortissants des autres cantons » (1).
Les Suisses, eux-mêmes, peuvent être expulsés du canton
dont ils ne sont pas originaires, mais, pour eux, il est
exigé qu'ils aient été condamnés « à réitérées fois, pour
des délits graves » (2).

Les lois *belge* et *luxembourgeoise* décident de leur côté :

Loi belge du 12 déc. 1897, art. 1er. « L'étranger résidant...,
qui est poursuivi ou qui a été condamné à l'étranger pour
les crimes ou délits qui donnent lieu à l'extradition,
peut être contraint par le Gouvernement de sortir du
Royaume » (3).

Loi luxembourgeoise du 30 déc. 1893, art. 7. « L'étranger
résidant dans le Grand-Duché..., qui a été condamné ou est
poursuivi à l'étranger pour un crime ou un délit donnant
lieu à l'extradition... peut être expulsé du Grand-Duché » (4).

Nous verrons, au surplus, que dans les pays où les cas
d'expulsion ont été délimités (5), les condamnations constituent aussi la cause primordiale d'expulsion.

Mendicité. — Vagabondage. — Les mendiants et les vaga-

---

(1) V. Chantre (*J. du dr. int. pr.*, 1894, p. 980-981). — Un sieur Germani
s'est vu expulsé, à la suite de deux condamnations à 30 et 60 francs d'amende
pour diffamation contre deux citoyens vaudois dans le journal « l'*Italiano all
Estero* ». V. *J. du dr. int. pr.*, 1893, p. 264.

(2) V. Chantre, *loc. cit.*

(3) V. *Annuaire de lég. étrang.*, t. 27, année 1898, p. 514.

(4) V. Ruppert, *C. pén. et C. instr. crim. et les lois spéciales en matière
répress.*, p. 467.

(5) V. *infrà*, p. 82 et s.

bonds sont également dangereux : aussi la mendicité et le
vagabondage sont également des causes d'expulsion. En
France, nombreux sont les mendiants et les vagabonds
contre lesquels des arrêtés sont pris. Les mendiants sont
l'objet d'une surveillance toute spéciale (1). Quant aux vagabonds, l'art. 272, C. pén. déclare, en termes exprès, « Les
individus déclarés vagabonds par jugement, pourront, s'ils
sont étrangers, être conduits, par les ordres du Gouverne-

---

(1) V. not., la circulaire suivante, en date du 26 mars 1887 : « Les départements de la région du Sud-Ouest sont envahis, au printemps de chaque année,
par des individus de nationalité étrangère, atteints de difformités de toute nature,
qui exploitent la charité des passants en exhibant leurs infirmités dans les rues,
sur les places et aux abords des établissements publics. — Ce spectacle est
contraire aux règles d'une bonne police. Il ne saurait sous aucun prétexte être
toléré. Quand l'ordre public y serait seul intéressé, des mesures devraient être
prises pour l'interdire.

« Mais ces exhibitions n'intéressent pas seulement le bon ordre. Les estropiés
que l'on offre aux regards du public sont introduits sur notre territoire par de
véritables entrepreneurs, qui louent leurs services pour exercer la mendicité à
leur bénéfice. Les aumônes que la charité des passants accorde à ces malheureux
ne servent donc pas à pourvoir à leur entretien et à alléger leurs souffrances,
mais à procurer des revenus à un industriel sans vergogne, qui détourne ainsi
à son profit des ressources destinées à des indigents.

« Cette exploitation recèle à son tour des manœuvres criminelles...

« Il importe que des dispositions soient prises sans retard pour mettre fin à
ce désordre.

« La plupart des estropiés pénétrant par les ports ou passes des Pyrénées, des
ordres doivent être donnés pour repousser les mendiants de cette catégorie,
lorsqu'ils se présentent.

« Si, malgré les mesures prises, quelques-uns réussissent à s'introduire sur
notre territoire, il y aura lieu de recourir contre eux à l'application de l'art. 7 de
la loi du 3 déc. 1849. Vous ferez donc rechercher le chef de la troupe, que l'on
trouvera d'ordinaire à l'auberge où les mendiants viennent, à la fin de la jour-
née, verser entre ses mains le produit de leurs recettes, et vous prendrez ou
provoquerez contre lui, suivant le cas, un arrêté d'expulsion qui le mettra dans
l'impossibilité de continuer en France l'exercice de sa misérable industrie.

René Goblet ».

ment, hors du territoire du Royaume ». D'ailleurs, de ce que la loi a déclaré qu'ils peuvent être expulsés après une condamnation, il n'en résulte nullement qu'ils ne puissent l'être auparavant, dès que leur présence présente un danger ou un inconvénient sérieux pour l'ordre et la sécurité (1).

La *Suisse* expulse aussi « les gens sans ressources » (2). Et l'art. 6 de la loi *luxembourgeoise* est ainsi conçu : « L'étranger non résidant trouvé en état de vagabondage ou de mendicité ou en contravention à la loi sur les professions ambulantes dans une commune frontière du pays..., peut être conduit immédiatement à la frontière par la force publique. — Pourront être également conduits directement à la frontière par la force publique, les étrangers non résidants qui seront trouvés dans le Grand-Duché, en réunion de trois ou d'un plus grand nombre, en état de vagabondage ou de mendicité, ou en contravention à la loi sur les professions ambulantes ».

Débauche. — Vie déréglée. — Des actes de débauche, une vie déréglée peuvent conduire à l'expulsion (3). On a pu lire récemment dans la presse que des étrangers avaient été expulsés pour contravention à la loi sur les jeux.

Là où, les consuls ont conservé le droit d'expulser leurs

---

(1) V. not., Circul. du 26 mars 1887 (*J. du dr. int. pr.*, 1887, p. 383).

(2) V. Chantre, *loc. cit.* — Comp. la décision du Conseil fédéral du 24 juill. 1883, validant l'expulsion du canton de Genève de la maréchale de l'Armée du Salut, qui avait été ordonnée, parce que la maréchale n'avait pu, « malgré des appels réitérés, rendre compte d'une manière complète et sans réserve des collectes faites à Genève dans les assemblées politiques organisées par son armée » (*J. du dr. int. pr.*, 1883, p. 535 et s.).

(3) V. en ce qui concerne la Suisse, l'expulsion de la famille Bettinger du canton de Soleure (*J. du dr. int. pr.*, 1893, p. 661).

nationaux, c'est pour les mêmes causes naturellement qu'ils peuvent prendre cette mesure (1).

L'abondance de la main-d'œuvre n'est pas une cause d'expulsion. — On a beaucoup discuté la question de savoir si l'abondance de la main d'œuvre étrangère dans un pays, constituait à elle seule une cause d'expulsion, si, en d'autres termes, un État pouvait expulser des étrangers par la seule raison qu'étant en trop grand nombre, ils font aux nationaux une concurrence exagérée. Nous n'avons pas l'intention de reprendre la question dans son ensemble ; elle a été surtout étudiée lors de l'exclusion des Chinois aux États-Unis, de 1888 à 1892 (2). Il est incontestable que « la science du droit international n'admet pas que la protection du travail soit une raison suffisante pour prononcer l'expulsion de toute une catégorie d'individus. Les art. 6 et 7 de l'ensemble des règles internationales sur l'admission et l'expulsion des étrangers adoptées par l'Institut de droit interna-

---

(1) V. spécialement en ce qui concerne la Chine, un jugement particulièrement net du tribunal de la Seine en date du 10 août 1878, d'après lequel, le droit d'expulsion dont sont investis les Consuls de France, aux termes des art. 16 et 17 de la loi du 8 juill. 1852, s'exerçant contre tout Français qui, par sa mauvaise conduite et ses intrigues, peut être nuisible au bien général, est dans les limites des pouvoirs conférés aux Consuls, l'arrêté qui énonce, entre autres motifs, « qu'il est de notoriété publique, à Canton, que le Français expulsé a engagé plusieurs habitants du pays dans une entreprise de navigation contraire aux lois, compromis la fortune ou la liberté de ses habitants, qui sont en ce moment détenus pour le fait de ces entreprises, que sa présence à Canton et son refus de se soumettre à l'autorité consulaire nuisent à la considération du nom français et pourraient créer des difficultés sérieuses ». V. *J. du dr. int. pr.*, 1878, p. 495. — *Adde,* Teissier, *La responsab. de la puiss. publ.*, n. 129, p. 150. — Pour les Echelles du Levant, V. not., Féraud-Giraud, *De la jurid. franç. dans les Échelles du Levant et de Barbarie,* t. 1er, p. 80.

(2) V. d'ailleurs sur cette question, Calvo, *Le dr. int.*, t. 6 (*suppl. gén.*), § 124 ; Darut, *De l'expuls. des étrang.*, p. 46 et s.

tional à Genève, le 9 sept. 1892, portent que « l'expulsion en masse n'est légitime qu'à la condition d'être prononcée à raison de l'intérêt public (1), et de motifs d'une gravité exceptionnelle, par exemple à raison d'une différence fondamentale de mœurs, de civilisation, ou à raison d'une organisation ou accumulation dangereuse d'étrangers qui se présenteraient en masse. La protection du travail n'est pas à elle seule un motif suffisant de non-admission, *à fortiori* d'expulsion » (2).

Et il va de soi, qu'au point de vue économique, un État ne peut bannir de son territoire tous les étrangers qui viennent y chercher du travail... Quand une nation a « par rapport à l'étendue et à la fécondité du sol une population faible, elle ne peut notamment empêcher les enfants des nations prolifiques, jeunes et pauvres, de venir lui offrir le travail de leurs bras ; si elle le faisait, il arriverait qu'à défaut d'infiltration graduelle, les nations prolifiques finiraient par recourir à main armée, par grandes masses... » (3). Mais il n'en demeure pas moins qu'un État, qui considère comme excessive l'affluence des étrangers chez lui, peut, à ses risques et périls, prendre des mesures contre l'immigration. C'est ce qu'ont fait d'ailleurs récemment l'Angleterre et les États-Unis.

L'aliens Act anglais de 1905. — *L'aliens Act anglais* du 11 août 1905 dispose, en effet, qu' « un immigrant ne pourra être débarqué dans le Royaume-Uni d'un bateau immigrant que dans un port où se trouve un fonctionnaire préposé à

---

(1) Sur l'expulsion collective en temps de guerre, V. *infrà*, p. 87 et s.

(2) V. Darut, p. 50, *in fine*-51.

(3) V. Leroy-Beaulieu, *L'Économiste français* du 2 sept. 1893.

l'immigration, nommé en vertu de cette loi; il ne pourra être débarqué dans ledit port sans la permission de ce fonctionnaire, donnée après une inspection des immigrants, faite par lui ... en compagnie d'un médecin inspecteur...; le fonctionnaire d'immigration devra refuser cette autorisation à tout immigrant qui lui paraîtra être un *undesirable immigrant* dans le sens de cet article... Pour l'application de cet article un immigrant sera considéré comme un *undesirable immigrant,* s'il ne peut justifier qu'il a en sa possession ou qu'il est à même d'obtenir les moyens de faire vivre convenablement lui et les siens; s'il est fou ou idiot, ou si, par suite de maladie ou d'infirmité, il paraît vraisemblable qu'il deviendra une charge pour le Trésor....; s'il a été condamné dans un pays étranger avec lequel il y a un traité d'extradition, pour un délit qui ne soit pas de caractère politique, et qui, au regard du pays, soit un délit susceptible d'extradition; ou si un ordre d'expulsion a été pris contre lui, conformément à cette loi... » (1).

La loi américaine du 20 févr. 1907. — Quant à la loi du 20 févr. 1907 réglant l'immigration des étrangers aux *États-Unis,* elle est ainsi conçue : ... Art. 2. « L'admission aux États-Unis sera refusée aux catégories suivantes d'étrangers : idiots, imbéciles, faibles d'esprit, épileptiques, aliénés, personnes ayant été atteintes d'aliénation mentale dans les cinq années précédentes; ... pauvres; personnes susceptibles de devenir une charge publique, mendiants

---

(1) V. d'ailleurs le texte *in extenso* de l'*aliens Act* de 1905 dans la *Rev. de dr. int. pr.*, 1905, p. 907 et s. V. l'article-commentaire de M. Henriques dans cette *Revue,* 1907, p. 340 et s., 1908, p. 47 et s. (trad. de M. P. Goulé); et la dissertation de MM. Sibley et Elias, traduite par M. Thery dans le *J. du dr. int. pr.*, 1907, p. 29 et s. V. au surplus, Monnier, *Les Indésirables.*

professionnels; personnes atteintes de tuberculose...; personnes condamnées pour *felony* ou autre crime ou délit impliquant turpitude morale;... anarchistes...; prostituées...; personnes procurant ou tentant de procurer des prostituées ou des filles dans un but de prostitution; personnes désignées sous le nom de travailleurs avec engagement (*contract laborers*), ayant été persuadées ou sollicitées d'émigrer dans ce pays par offres ou promesses d'emplois,... qu'ils soient habiles ou inhabiles (*skilled or inskilled...*) »[1]. Et, naturellement, les étrangers, qui entrent en violation de ces dispositions, peuvent être expulsés [2].

Décret du 2 oct. 1888, relatif aux étrangers résidant en France. — On n'a jamais pris en France d'aussi rigoureuses mesures contre l'immigration étrangère. Mais, du moins, de par le décret du 2 oct. 1888, « Tout étranger, non admis à domicile, qui se propose d'établir sa résidence en France, doit, dans le délai de quinze jours à partir de son arrivée, faire à la mairie de la commune où il veut fixer cette résidence une déclaration énonçant : 1º ses nom et prénoms, ceux de ses père et mère; 2º sa nationalité ; 3º le lieu et la date de sa naissance ; 4º le lieu de son dernier domicile ; 5º sa profession ou ses moyens d'existence ; 6º le nom, l'âge et la nationalité de sa femme et de ses enfants mineurs, lorsqu'il sera accompagné par eux... » (art. 1er).

En cas de changement de domicile, l'art. 3 exige une

---

[1] V. not., sur la loi américaine du 20 févr. 1907, Salvy, *L'immigrat. aux États-Unis et les lois fédérales* ; et P. Goulé, *L'immigrat. aux États-Unis et la loi du 20 févr. 1907* (*Rev. de dr. int. pr.*, 1908, p. 372 et s.).

[2] V. L. 20 févr. 1907, art. 20. — Comp. la loi d'immigration *mexicaine* du 22 déc. 1908, art. 7 (*Diario oficial* du 22).

nouvelle déclaration « devant le maire de la commune où l'étranger a fixé sa nouvelle résidence ». Or les infractions à ces formalités, « punies des peines de simple police », peuvent également faire encourir l'expulsion. L'art. 5 du décret porte, en effet, « les infractions aux formalités édictées par le présent décret seront punies des peines de simple police, sans préjudice du droit d'expulsion qui appartient au ministre de l'Intérieur en vertu de la loi du 3 déc. 1849, art. 7 » (1).

Loi du 8 août 1893, relative au séjour des étrangers en France et à la protection du travail national. — D'ailleurs, la loi du 8 août 1893, d'après laquelle « tout étranger, non admis à domicile, arrivant dans une commune pour y exercer une profession, un commerce ou une industrie, doit faire à la mairie une déclaration de résidence, en justifiant de son identité, dans les 8 jours de son arrivée... » (art. 1er), après avoir disposé que « l'étranger qui n'aura pas fait la déclaration imposée par la loi dans le délai déterminé, sera passible d'une amende de 50 à 200 francs... », ajoute : « Celui qui aura fait sciemment une déclaration fausse ou inexacte,

---

(1) Comp. la loi du 16 avr. 1903, déterminant les droits et les devoirs des étrangers au *Vénézuéla*, dont l'art. 12 porte : « Les étrangers actuellement domiciliés, ceux qui, à l'avenir, fixeront leur domicile dans le pays, et les étrangers de passage, sans caractère diplomatique, seront tenus de déclarer, devant la première autorité civile du lieu où ils se trouvent, qu'ils se soumettent en tout aux dispositions de la présente loi... Ceux qui omettent de faire cette déclaration, seront expulsés du pays dans le délai qui leur sera imparti par le pouvoir exécutif national ». V. cette loi à l'*Annuaire de lég. étrang.*, 1903, p. 740-741. — En *Autriche* et en *Hongrie*, il n'existe pas non plus de loi spéciale concernant l'immigration ; « toutefois l'exécutif possède, comme dans les autres parties du continent, des pouvoirs de police larges, permettant l'exclusion ou l'expulsion des étrangers dont la présence serait nuisible ». V. Monnier, p. 143.

sera passible d'une amende de 100 à 300 francs, et, s'il y a lieu, de *l'interdiction temporaire ou indéfinie du territoire français* » (art. 3, al. 2).

Cette interdiction temporaire ou indéfinie n'est ni plus ni moins qu'une expulsion du territoire. L'article, d'ailleurs, continue, en ces termes, reproduisant presque littéralement la disposition de notre loi du 3 déc. 1849 : « L'étranger *expulsé* du territoire français, et qui y serait rentré sans l'autorisation du Gouvernement, sera condamné à un emprisonnement de un à six mois. Il sera, après l'expiration de sa peine, reconduit à la frontière. — L'art. 463 du Code pénal est applicable aux cas prévus par la présente loi » (art. 3, al. 3 et 4) (1).

---

(1) Nous croyons, en effet, que l'art. 3, al. 3, a pour but de sanctionner l'interdiction du territoire français *prononcée par le tribunal correctionnel.* — On estime cependant, parfois, que les mots « l'étranger expulsé », employés sans autre précision, désignent celui qui a été frappé d'expulsion par mesure administrative, et non pas celui auquel le territoire aurait été interdit par jugement du tribunal. Et comme les lois pénales doivent être interprétées *stricto sensu*, ceux qui professent cette opinion, enseignent que la peine prévue par l'art. 3, al. 3, ne pourra être prononcée qu'autant que l'étranger, frappé d'une interdiction de séjour par le tribunal correctionnel, aura été ensuite l'objet d'un arrêté d'expulsion, et que, si l'autorité administrative, s'abstenait de prendre cet arrêté, l'interdiction prononcée par le tribunal serait sans sanction, et n'aurait, en fait, aucune conséquence! V. en ce sens, Copineau et Henriet, *J. du dr. int. pr.* 1896, p. 281. V. au surplus, *Rép. gén. du dr. fr.*, v° *Etranger*, n. 272 et s.

L'auteur du mot « *Etranger* », au *Rép. gén. du dr. fr.*, fait, en outre, observer que cet art. 3, al. 3, n'est pas identique à l'art. 8 de la loi du 3 déc. 1849 : « Tandis que ce dernier article, dit-il, punit l'étranger qui s'est soustrait à l'exécution des mesures d'expulsion, aussi bien que celui qui, après être sorti de France, y serait rentré, la loi de 1893 vise uniquement le cas où l'étranger expulsé serait rentré en France, au mépris d'un arrêté d'expulsion déjà exécuté contre lui ». Mais « cette différence, ajoute-t-il, ne peut être due qu'à un accident de rédaction; elle serait inexplicable si elle était intentionnelle, et au surplus, elle n'a aucune portée réelle. L'individu qui aurait enfreint l'arrêté d'expulsion en restant en France pourrait toujours être condamné, sinon en vertu de

II. **Expulsion pour raisons politiques.**

Dans un article, plusieurs fois cité au cours de cette étude, le sénateur Canonico dit très nettement : « Pour exercer le droit d'expulsion, il faut de justes motifs, tels qu'une violation de droit pouvant donner lieu à une poursuite pénale, le manque de moyens de subsistance, une *grave nécessité politique* » (1). Les motifs d'ordre public constituent essentiellement de justes motifs, des motifs de nécessité publique d'expulsion.

D'après la loi italienne du 30 juin 1889 sur la sûreté publique, « le ministre de l'Intérieur, par des *motifs d'ordre public*, peut ordonner que l'étranger, de passage ou résidant dans le Royaume, soit expulsé et conduit à la frontière » (art. 90) (2). — De Suisse également « ceux qui compromettent la *sûreté intérieure ou extérieure* peuvent être expulsés (3) ». — La loi belge déclare aussi que « l'étranger résidant en Belgique, qui par sa conduite compromet la *tranquillité publique*... peut être contraint par le Gouvernement de sortir du Royaume... » (L. 12 févr. 1897, art. 1er). — De même, dans le grand-duché de Luxembourg, l'étranger résidant... qui, 'par sa mauvaise conduite com-

---

la loi de 1893, du moins en vertu de celle de 1849. V. Paris, 13 nov. 1897, *Laime* (S. et P. 1898. 2. 70. — D. P. 1899. 2. 76) » (V. *Rép. gén. du dr. fr.*, v° *Etranger,* n. 274). — Sur le point que le décret du 2 oct. 1888 n'a pas été abrogé par la loi du 8 août 1893. V. Douai, 5 mars 1895 (S. et P. 1895. 2. 136. — S. chr. refondu), la note et les renvois. *Adde* la note sous Cass. 2 juin 1892 au *Sirey* refondu.

(1) V. Canonico (*J. du dr. int. pr.*, 1890, p. 219).

(2) V. Canonico (*Id.*, 1890, p. 220).

(3) V. Chantre (*Id.*, 1894, p. 978 et s.).

promet la *tranquillité ou l'ordre publics...*, peut être expulsé » (L. 30 déc. 1893, art. 7) (1).

Tous les étrangers qui menaceront l'ordre public, ou qui troubleront la tranquillité publique sont donc sujets à expulsion.

Voici quelques cas où l'ordre et la tranquillité publics ayant été considérés en danger, des mesures d'expulsion ont été ordonnées :

Menées anarchistes. — Apologie de l'assassinat. — Excitations malsaines. — La Suisse expulse en 1881, le prince *Kropotckine*, notamment pour avoir fait « des discours en public excitant les ouvriers à s'emparer violemment de la propriété et à bouleverser par la force l'ordre établi », pour avoir « glorifié l'assassinat du tsar Alexandre II », et « tenu des discours et contribué à prendre des résolutions dont le but avoué est d'organiser l'assassinat et de renverser tous les pouvoirs, en se servant pour cela des moyens chimiques et physiques qui ont déjà rendu tant de services à la cause révolutionnaire et qui sont appelés à en rendre de plus grands encore comme moyens de défense et d'attaque... (2) ».

De nombreuses expulsions ont eu lieu dans le même pays, en 1895, des « socialistes anarchistes » ayant tenu le même langage dans un manifeste adressé au peuple italien (3).

---

(1) Comp. en ce qui concerne l'Espagne, Torrès Campos : « Si les étrangers conspiraient contre la sécurité de l'Etat, travaillaient à détruire ou à modifier ses institutions, troublaient, de quelque manière que ce soit, l'*ordre public*, le Gouvernement pourrait les expulser » (*J. du dr. int. pr.*, 1902, p. 295).

(2) V. l'arrêté du gouvern. fédér. ordonnant l'expulsion du prince Kropotckine, en date du 23 avr. 1881 (*J. du dr. int. pr.*, 1882, p. 220).

(3) Voici ce manifeste. Il vaut la peine d'être cité :

« Peuple italien, dresse-toi et prends les armes contre les tyrans! Donne l'assaut aux bastilles du capitalisme spoliateur, du constitutionnalisme hypocrite, du

C'est encore pour apologie de l'assassinat que la Belgique, en 1901, a expulsé *Laurent Tailhade;* et c'est, parce que, *Ben Tillet* était venu, quelques années auparavant (en 1896), « pour fomenter une grève et organiser à Anvers une fédération internationale des dockers », que le gouvernement belge l'avait aussi expulsé (1).

Espionnage (suspicion d'). — *Hofmann* (de Carlsbad) qui avait été condamné pour escroquerie à l'étranger, se disant colonel en disponibilité, sous le nom de *baron Courtier* avait obtenu l'accès des établissements militaires de Thoune (Suisse); soupçonné d'espionnage, il fut aussitôt expulsé (2). — En 1902, la Suisse expulse également le *baron de Richthofen*, ancien agent consulaire de Turquie, qui avait été

---

parlementarisme corrompu et vil... Marche à la liberté, renversant le gouvernement qui l'écrase! Marche à l'égalité en expropriant les richesses volées à ton travail! Ecris, ô peuple, écris avec le sang la page la plus éclatante de ton histoire, en exterminant les tyrans et les exploiteurs d'Italie! Vive la Révolution sociale! — *J. socialisti anarchici* ».

(1) C'est même au sujet de l'expulsion de *Ben Tillet* que le gouvernement anglais dont il ressortissait, demanda à la Belgique une indemnité de 75.000 francs. Mais le différend ayant été soumis, par compromis du 12 mars 1898, à l'arbitrage de M. Arthur Desjardins, avocat général à la Cour de cassation de France, l'arbitre déclara, le 26 déc. 1898, l'Angleterre mal fondée, motifs pris notamment « de ce qu'on ne saurait contester à un État la faculté d'interdire son territoire à des étrangers, quand leurs menées ou leur présence lui paraissent compromettre sa sécurité, et qu'il apprécie, d'ailleurs, dans la plénitude de sa souveraineté la portée des faits qui motivent cette interdiction » (V. *J. du dr. int. pr.,* 1899, p. 203). *Adde, Rev. de dr. int. publ.,* 1899, p. 46 et s. — La Belgique a expulsé récemment (le 25 avr. 1909), MM. Lamarque, Le Gléo et Pauron, et Madame Raspaud, délégués des postiers français, qui, dans un meeting donné à Bruxelles, sous les auspices de la fédération des pensionnés de l'Administration des chemins de fer, des postes et télégraphes, venaient expliquer les raisons qui avaient déterminé leurs camarades à se mettre en grève. V. le *Petit Parisien* du 26 avr. 1909.

(2) V. *J. du dr. int. pr.,* 1893, p. 671.

soupçonné d'avoir organisé un service d'espionnage du parti jeune turc (1).

Intrigues et complots contre l'État. — Naturellement, l'étranger, accusé d'intrigues et suspect de complot contre la sûreté de l'État, peut pour le moins, être expulsé.

On cite même quelquefois l'expulsion, encourue pour ce motif, de personnages d'importance, d'ambassadeurs. « Leur privilège d'exemption de la justice du pays où ils sont accrédités, ne va pas, en effet, jusqu'à se convertir en principe absolu d'impunité pour les crimes ou les délits commis contre l'indépendance et la sécurité de l'État (2) ».

L'Angleterre a expulsé, en 1584, l'ambassadeur d'Espagne « pour avoir conspiré contre la Reine », — en 1654, le représentant de la France « accusé de complot contre la vie de Cromwell », — en 1717, le ministre de Suède « comme suspect de conspirer contre le roi, Georges Ier ».

L'Espagne, de son côté, en 1848, a intimé, à l'ambassadeur anglais, « accusé d'avoir secondé des émeutes », l'ordre de quitter, à bref délai, le territoire (3).

Le *prince de Cellamare*, ambassadeur d'Espagne à Paris, fut expulsé, en 1718, pour avoir conspiré contre le régent de France (4).

Intrigues ou complots contre les tierces puissances. — D'ailleurs, des intrigues ou complots, même dirigés contre des tierces puissances, peuvent faire encourir l'expulsion.

C'est, « pour avoir élaboré à Bruxelles un plan de campa-

---

(1) V. *J. du dr. int. pr.*, 1902, p. 973; et *Rev. de dr. int. publ.*, 1903, p. 106 et s.

(2) V. Calvo, *Le dr. int.*, 5ᵉ éd., t. 3, § 1511, p. 314, *in fine*.

(3) V. d'ailleurs. Calvo, t. 3, § 1512 et s.

(4) V. not., *Rev. de dr. int. publ.*, 1907, p. 181, *in fine*.

gne contre le gouvernement de la France », que le gouvernement belge notifia, en 1889, au *général Boulanger*, qu'il était prêt à prendre un arrêté d'expulsion, « si mieux n'aimait M. Boulanger quitter de suite la Belgique (1) ». — Le gouvernement belge avait agi de même, en 1872, à l'égard du *comte de Chambord*, « après les conciliabules tenus par ce prétendant avec ses partisans, à l'hôtel Saint-Antoine, à Anvers (2) ».

Et, c'est, notamment, parce que la Martinique fournissait à l'ex-président *Castro* « une base d'opération pour tenter de nouvelles aventures », que le gouverneur l'en a expulsé, le 8 avril dernier (3).

Résistance aux lois. — La résistance aux lois constitue également une cause d'expulsion dont ne sont pas à l'abri les délégués des puissances.

En 1884, la République Argentine a expulsé le nonce apostolique qui s'était vivement opposé à une loi votée par le Congrès, consacrant le principe de l'enseignement laïque (4); — et en 1906, M. Clémenceau a expulsé *Mgr Montagnini*, secrétaire de la nonciature du Saint-Siège, « pour avoir transmis à trois curés de Paris l'ordre de violer la loi de séparation des Églises et de l'État, et

---

(1) V. la chronique sur le cas du général Boulanger, en Belgique, dans le *J. du dr. int. pr.*, 1889, p. 65 et s. — *Adde*, sur le cas du général Boulanger, en Angleterre, la chronique dans le même journal, 1889, p. 239 et s. V. aussi, l'article de M. Craies sur le droit d'expulsion en Angleterre, *J. du dr. int. pr.*, 1889, p. 357-358, 380.

(2) V. not., *J. du dr. int. pr.*, 1889, p. 73.

(3) V. d'ailleurs, sur l'expulsion de l'ex-président du Vénézuéla, *infrà*, p. 106, note.

(4) V. not. Calvo, t. 3, § 1517.

mener le clergé à la bataille au nom du parti clérical (1) ».

Antimilitarisme violent. — *Hugo Nanni*, secrétaire des groupements socialistes italiens en France, en a été expulsé récemment, à la suite d'une violente propagande antimilitariste.

Le *père Forbes*, de la Compagnie de Jésus, a été l'objet de la même mesure, en 1892, pour avoir dit, dans un sermon qu'il prononçait en l'église Sainte-Clotilde : « Les familles donnent à l'armée des jeunes gens purs et sains de corps ; elle leur rend des hommes pourris jusqu'aux moëlles, atteints de maladies honteuses et de vices dégradants. Quand donc les officiers auront-ils conscience de leurs devoirs ? Quand donc exercera-t-on cette surveillance qui aujourd'hui fait absolument défaut à l'armée ? ». Le père Forbes dans une lettre, adressée à un ancien élève des Jésuites, ancien officier de zouaves, qui avait protesté contre ses imputations, avait d'ailleurs aggravé encore ses accusations (2).

---

(1) V. *Rev. de dr. int. publ.*, 1907, p. 175 et s. V. d'ailleurs, sur l'expulsion de Mgr Montagnini, *infrà*, p. 78 et s.

(2) V. la question posée au sujet du père Forbes, par M. Pichon, au Président du Conseil, à la séance de la Chambre des députés du 26 mars 1892, et la réponse de M. Loubet, alors président du Conseil et ministre de l'Intérieur : « Le Gouvernement, a dit M. Loubet, ne peut pas admettre qu'un prêtre tienne en chaire un langage qui constitue une injure, un outrage à l'armée française. Le prêtre dont s'agit est un étranger, il n'y a qu'à lui dire d'aller porter ailleurs ses appréciations sur l'armée française et sur l'enseignement qu'on y donne ». (V. *J. off.*, Ch. des dép., Doc. parl., séance du 26 mars 1892, p. 370). Le père Forbes, d'ailleurs, qui était considéré et se considérait lui-même comme un étranger admis à domicile — et qui, par la suite, demandait à rentrer en France, parce que la mesure d'expulsion « avait cessé », le décret d'admission à domicile n'ayant pas été rapporté dans les deux mois qui suivirent son expulsion, conformément aux dispositions de l'art. 7 de la loi du 3 déc. 1849 (V. sur ce point, *suprà*, p. 25, *in fine*-26), était, en réalité, un Français, contre lequel une mesure d'expulsion n'avait pu utilement être prise. Ainsi qu'aimait à

Cris séditieux. — La Suisse a expulsé, en 1901, six Italiens, dont un étudiant, qui, au cours d'une manifestation publique, avaient crié : « A bas l'armée! » (1).

Lacération de drapeaux. — *Ghio* a été expulsé de la France pour avoir lacéré au Canet des drapeaux français. En simple police, il avait été condamné « à 15 francs d'amende et aux dépens » (2).

Adhésion à l'Association internationale des travailleurs (Loi du 14 mars 1872, abrogée par la loi du 1er juill. 1901). — Antérieurement à la loi du 1er juill. 1901, l'adhésion à cette association, ou à toute autre qui avait les mêmes caractères, constituait pour les Français, une cause d'expulsion (3). L'art. 2 de la loi du 14 mars 1872 disposait, en effet : « Tout Français qui s'affiliera ou fera acte d'affilié à l'Association internationale des travailleurs, ou à toute autre association professant les mêmes doctrines ou ayant le même but, sera puni d'un emprisonnement de trois mois à deux ans et d'une amende de 50 à 2.000 fr... ». Et, l'art. 3 qui

---

nous le dire notre regretté maître Darras, à qui le père Forbes s'était un jour adressé : « Le père Forbes était né en France d'une femme française qui n'avait perdu sa nationalité que par son mariage avec un étranger, un Anglais en l'espèce, c'est-à-dire, en définitive, « de parents étrangers dont l'un était né en France ». D'après la loi du 26 juin 1889 (art. 8, al. 3, C. civ.), le père Forbes eût été évidemment Français ; mais il l'était aussi incontestablement de par la législation sous l'empire de laquelle il était né. De par la loi du 16 déc. 1874, complétant celle du 7 févr. 1851, était Français « tout individu né en France d'un étranger qui lui-même y était né ». Or, on sait que la Cour de cassation, dans son arrêt du 9 déc. 1891, dans l'affaire *Hesse*, interprétant ce texte, a déclaré « qu'il n'était pas nécessaire que ce soit le père plutôt que la mère qui remplisse cette condition »! V. d'ailleurs, *suprà*, p. 30, *in fine*-31.

(1) V. *Le Temps* du 3 mai 1901.

(2) V. *J. du dr. int. pr.*, 1890, p. 1063.

(3) V. *suprà*, p. 38.

permettait d'élever la peine de l'emprisonnement à cinq ans et celle de l'amende à 2.000 francs « à l'égard de tous Français ou étrangers qui auront accepté une fonction dans une de ces associations, ou qui auront sciemment concouru à son développement, soit en recevant à son profit des souscriptions, soit en lui procurant des adhésions collectives ou individuelles, soit enfin en propageant ses doctrines, ses statuts ou ses circulaires », ajoutait : « Ils peuvent être renvoyés, à partir de l'expiration de la peine, sous la surveillance de la haute police (aujourd'hui remplacée par l'interdiction de résidence), pour cinq ans au moins et dix ans au plus. — Tout Français auquel aura été fait application du paragraphe précédent, restera pendant le même temps soumis aux mesures de police applicables aux étrangers, conformément aux art. 7 et 8 de la loi du 3 déc. 1849 ».

Mais, ainsi que nous l'avons déjà dit [1], cette loi du 14 mars 1872, ne recevait pas d'application pratique ; tout au plus a-t-elle donné lieu à quelques décisions judiciaires à propos des insertions dans les journaux des procès-verbaux des séances du Conseil général de l'Association ou des décisions de ce Conseil convoquant un Congrès à l'effet de réviser les règlements et statuts [2].

De ce qui précède, il résulte suffisamment qu'un État ne peut considérer comme motifs d'expulsion que les faits

---

(1) V. *suprà*, p. 38.

(2) V. not., Cass. 23 août et 6 déc. 1872 (S. 1873. 1. 91), d'après lesquels la simple insertion matérielle, sans réflexion ni commentaire, ne constituait pas un délit. Comp. Cass. 16 mai 1873 (S. 1873. 1. 238), et Cass. 21 juin 1873 (S. 1873. 1. 347) qui exigeaient une intention de propagande. V. d'ailleurs, les notes sous ces arrêts.

mettant vraiment en danger la sécurité nationale, la tranquillité et l'ordre publics. « La première condition de tout arrêté d'expulsion, est l'existence d'un *danger*… Mais il ne suffit pas, ainsi que l'a déclaré une décision du Conseil fédéral suisse, en date du 28 juill. 1893, de simples présomptions ; il faut pouvoir mettre à la charge de l'étranger des *faits précis*, qui fassent appréhender un véritable *danger* » (1).

Expulsion de l'abbé Delsor. — Et c'est, — il faut bien le dire en toute franchise et sans aucun esprit de parti, — parce que l'expulsion de l'abbé Delsor reposait sur de simples présomptions, qui n'étaient d'ailleurs pas « précises, graves et concordantes », qu'elle a été si vivement critiquée. On se souvient encore de l'ardent débat qu'elle a soulevé à la Chambre des députés, comme si ce débat datait d'hier. Le président du Conseil d'alors — l'honorable M. Combes — a bien affirmé, il est vrai, que l'abbé Delsor, représentant au Reichstag la circonscription de Molsheim, « était venu à Lunéville pour protester, d'après le rapport du sous-préfet, contre la fermeture d'une chapelle non autorisée et l'inter-

---

(1) On a soutenu parfois que les Suisses ne pourraient être expulsés de la France qu'à la suite d'une condamnation pénale les privant de leurs droits civiques. — En effet, a-t-on dit, l'art. 45 de la Constitution fédérale ne permet que, dans cette hypothèse, de refuser ou de retirer l'établissement à un citoyen suisse sur un point quelconque de la Confédération. Or, l'art. 1er du traité du 23 févr. 1882 assimile le Français établi dans un canton suisse aux ressortissants des autres cantons, et, d'autre part, il est stipulé dans l'art. 3 que les Suisses jouissent en France, relativement à leur personne et à leur propriété des mêmes droits que les Français en Suisse. — Mais cette interprétation n'a pas obtenu faveur : les Suisses, à l'instar des autres étrangers, peuvent être expulsés pour faits intéressant la sécurité et l'ordre publics. V. not., Weiss, t. 2, p. 98, note 2. *Adde, suprà*, p. 19.

V. *J. du dr. int. pr.*, 1893, p. 1294.

diction en France d'un journal *Le Volksfreund*... dans lequel le président Loubet était traité de misérable, M. Pelletan d'escroc, le Président du conseil de crapuleux, d'odieux et satanique persécuteur, les socialistes et les radicaux de vauriens » —; il n'en demeure pas moins que la conférence que l'abbé Delsor devait faire à Lunéville a été, selon l'heureuse expression de M. Corrard des Essarts, « interrompue *préventivement* », au moment où il se rendait au lieu de la réunion, alors que l'on ignorait « si l'homme que l'on frappait, serait coupable ou non ».

« Le secret gardé sur la réunion, les circonstances dans lesquelles l'abbé Delsor est arrivé à Lunéville, l'origine des personnes auxquelles s'adressaient les convocations, a-t-on dit, étaient suffisants pour établir que le but était d'exciter l'indignation des Alsaciens dont on voulait s'assurer le concours pour les élections municipales ». Mais, à cela on peut répondre, que « rien dans les longs et fréquents séjours en France de l'abbé Delsor, ni rien dans sa vie parlementaire, ne permettait de soupçonner qu'il allait abuser de notre hospitalité ». Pour le moins, la mesure a été « inutile », c'est M. Ribot qui l'a énergiquement affirmé; « l'incident a été plus ou moins malencontreux », c'est l'honorable président du Conseil lui-même qui en a convenu [1].

---

(1) V. *J. off.*, Ch. des dép., Déb. parl., séance du 22 janv. 1904, p. 91 et s. — Au cours du débat, M. Paul Constans, interrompant M. Ribot s'écria : « Vous avez approuvé l'expulsion de Bueb... Le 20 févr. 1897, vous avez voté l'ordre du jour pur et simple! » Mais, continua M. Ribot : « MM. Bebel et Bueb..., députés d'Alsace, avaient annoncé l'intention d'amener sur le territoire français leurs électeurs... M. Barthou (qui avait pris l'arrêté d'expulsion) a rappelé ces jours-ci que deux députés du Reichstag ne pouvant pas rendre compte en Alsace de leur mandat, avaient voulu instituer à notre frontière même une réunion pu-

Expulsion de Mgr Montagnini. — Quant à l'expulsion de Mgr Montagnini, il va de soi qu'elle est pleinement justifiée, si Mgr Montagnini se livrait à des menées politiques, prêtait la main à des partis hostiles « donnait des ordres à des curés de Paris, leur enjoignant de violer ouvertement les lois de la République (1) » ; il est certain que « sous prétexte de maintenir intacte la liberté de conscience, et parfaitement libre la communication des fidèles et de leurs chefs hiérarchiques,... on ne saurait admettre que ces chefs puissent se servir de cette puissance spirituelle pour intervenir dans la politique française, et pour agir, au dehors, à l'étranger, contre la France ». Mais nous comprenons aisément les critiques dont cette expulsion a fait l'objet, étant donné la procédure suivie. On a commencé — on s'en souvient — par ouvrir contre Mgr Montagnini une instruction ; on a pénétré dans sa chambre et son cabinet de travail, on a saisi des documents établissant, au dire de M. le Président du Conseil, « qu'il menait le clergé à la bataille au nom du parti clérical (2) » ; on l'a ensuite expulsé, sans vider l'instruction ! Le procédé a pu paraître sommaire. « Jamais, a dit M. Ribot, il n'est venu à l'idée de personne d'inculper un individu en disant qu'il a commis une violation des lois françaises, d'ouvrir une instruction et de l'envoyer en même temps au delà de la frontière. La première chose à

blique, pour expliquer leurs actes législatifs, et qu'il avait estimé qu'il ne pouvait pas, qu'aucun gouvernement ne pouvait, dans ces conditions, leur accorder l'hospitalité pour un acte qui eût été contraire à toutes les convenances internationales... Les circonstances étaient toutes différentes... ». V. *J. off.*, *loc. cit.*, p. 104.

(1) V. le discours de M. Clémenceau, président du Conseil, à la Chambre des députés (*J. off.*, Ch. des dép., Déb. parl., séance du 20 mars 1907, p. 718-719).

(2) V. *J. off.*, *loc. cit.*

faire c'était de conduire M. Montagnini au Palais de justice, d'examiner, avec lui, les papiers..., puis... condamné, vous l'auriez expulsé (1) ».

M. Clémenceau s'est bien défendu d'avoir mis M. Montagnini « dans l'impossibilité de se défendre ». « Il y a eu, a-t-il dit, un acte judiciaire et un acte politique. L'acte judiciaire a consisté dans l'inculpation, la saisie de pièces par le juge d'instruction. L'acte politique consiste dans l'expulsion (2). » — Il n'en est pas moins vrai que l'acte politique est venu entraver dans sa marche l'acte judiciaire !

Et, lorsque M. le président du Conseil ajoute : « J'avais le choix entre *deux* décisions : — ou laisser M. Montagnini en liberté, continuer ses manœuvres, et c'est une solution que je n'ai pu accepter — ou bien le mettre en prison pour un certain nombre de mois... » (3), on ne peut s'empêcher de remarquer que, placé entre ces deux décisions, il en a pris une *troisième* : l'expulsion ! — « Cela, dans le propre intérêt de M. Montagnini ». — Soit ! Mais on conçoit que tant de sollicitude n'ait pas suffi à calmer certaines craintes, qu'en termes très nets, M. Challamel exprimait, dès avant la séance de la Chambre des députés dont nous venons de parler, dans un article paru aux *Débats* du 12 mars 1907, et que nous reproduisons ci-dessous (4).

---

(1) V. *J. off.*, *loc. cit.*, p. 720.

(2) V. *J. off.*, *loc. cit.*, p. 719.

(3) V. *J. off.*, *loc. cit.*, p. 720.

(4) « Nous voudrions signaler à l'attention des jurisconsultes, les questions de droit criminel qui sont engagées dans l'affaire Montagnini et dont la portée nous paraît considérable.

« A ce point de vue, Mgr Montagnini doit être regardé comme un étranger quelconque, sur qui se seraient portés (à tort ou à raison) les soupçons du gouvernement français.

« En fait, le parquet a poursuivi Mgr Montagnini comme complice d'un délit qui aurait été commis le dimanche, 9 déc. 1906, par trois ecclésiastiques (MM. Jouin, Richard et Leclercq) et par *tous autres* que l'information pourrait ultérieurement découvrir. On lui reprochait de leur avoir donné, de la part du Souverain-Pontife, l'ordre formel de désobéir à la loi.

« Et l'instruction ouverte contre lui, comme celle ouverte contre les prétendus auteurs principaux, visait la violation de l'art. 35 de la loi de Séparation des Églises et de l'État du 9 déc. 1905.

« Ainsi mis en mouvement par le réquisitoire introductif du Procureur de la République, le juge d'instruction s'est présenté au domicile de Mgr Montagnini ; il lui a fait connaître l'inculpation dont il était l'objet et lui a fait subir un interrogatoire sommaire.

« Quelques heures après, sans qu'on lui permît de communiquer avec personne, la police le reconduisait à la frontière.

« L'expulsion faite, l'information a repris son cours ; les scellés ont été ouverts et les papiers ont été triés, en la seule présence d'un représentant du ministère des Affaires étrangères ; les notes ou lettres rédigées en latin ou en italien ont été traduites, et le dossier a été communiqué aux avocats de MM. Jouin, Richard et Leclercq.

« Finalement, sur les réquisitions du ministère public, M. l'abbé Richard et M. l'abbé Leclercq ont bénéficié d'une ordonnance de non-lieu ; M. l'abbé Jouin a été renvoyé en police correctionnelle ; et l'affaire de Mgr Montagnini a été disjointe.

« En ces circonstances, la question qui se pose est de savoir s'il est permis de déférer un inculpé à la justice, pour le soustraire aussitôt à son autorité et le mettre dans l'impossibilité de se défendre devant elle.

« Tous les jours il arrive (surtout dans les départements-frontières) que la police use du droit d'expulsion qui lui est reconnu vis-à-vis de tous étrangers quelconques demeurant en France ; mais cela n'arrive jamais à l'égard de ceux contre lesquels la justice informe.

« Lorsqu'une information judiciaire a été ouverte, on a soin, tout au contraire, d'attendre qu'elle soit terminée ou par une condamnation, ou par un acquittement ou par un non-lieu.

« Cela s'explique par cette raison majeure que toute poursuite judiciaire implique nécessairement pour l'inculpé le droit de présenter sa défense.

« *Poursuivre* et *expulser* tout ensemble est chose monstrueuse, au point de vue juridique, le principe essentiel de la liberté de la défense s'appliquant aussi bien aux étrangers qu'aux nationaux.

« Au regard de Mgr Montagnini, le gouvernement a donc commis un abus de pouvoir manifeste, et jusqu'à ce jour inconnu.

« Et comme il est naturel, cet abus a produit des conséquences d'une singulière gravité.

« L'art. 30, C. instr. crim., dispose que les opérations de saisie et de mise sous scellés des papiers trouvés au domicile du prévenu, et pouvant servir *à conviction* ou *à décharge*, seront faites en sa présence, ou s'il ne veut ou ne peut y assister, en présence d'un fondé de pouvoir qu'il pourra nommer. *Les objets lui seront présentés à l'effet de les reconnaître et de les parapher, s'il y a lieu.*

« Pourquoi ces précautions ? C'est pour que l'authenticité des documents saisis ne puisse être mise en doute, pour que des soustractions, des suppositions ou des maquillages ne puissent avoir lieu. C'est dans l'intérêt de la vérité comme dans l'intérêt du prévenu.

« Comment donc admettre que la justice informe, alors qu'on a mis le prévenu dans l'impossibilité d'exercer le contrôle que la loi veut qu'il exerce, soit par lui-même, soit par un fondé de pouvoir ?

« Dira-t-on que ces formalités ne sont pas prescrites à peine de nullité ? Il va de soi que l'inculpé qui ne s'est point prévalu de son droit en temps utile peut être regardé comme y ayant renoncé. Aucune renonciation de ce genre n'a eu lieu dans l'espèce. Rien ne peut donc justifier l'abus de pouvoir qui a privé Mgr Montagnini des moyens de défense que la loi mettait à sa disposition.

« Et quelle sera plus tard la conséquence de cette façon de procéder ?

« Nous savons qu'à la suite de l'interrogatoire des trois personnes poursuivies comme auteurs principaux, l'affaire de Mgr Montagnini a été *disjointe*, sans que rien puisse faire prévoir à quelle époque l'instruction sera reprise contre lui.

« Cette disjonction, que rend nécessaire l'absence de toute justification de *complicité* au regard de MM. Jouin, Richard et Leclercq, laisse à la disposition du ministère public les pièces irrégulièrement saisies ; — je veux dire saisies sans que l'inculpé ait été invité à les reconnnaître et à les parapher.

« Or, le prévenu ayant été mis dans l'impossibilité de les reconnaître, quel moyen le ministère public aura-t-il, lorsque l'affaire viendra en jugement (contradictoirement ou non avec Mgr Montagnini), de prouver que les pièces produites sont bien authentiquement celles qui ont été saisies au domicile du prétendu complice ?

« Aucun inventaire n'en ayant été dressé à l'origine en sa présence, non plus qu'en la présence des prétendus auteurs principaux, quel moyen encore le ministère public aura-t-il de prouver que la production en est intégrale ?

« En face de tels résultats, l'expulsion de Mgr Montagnini... apparaît comme une violation des principes fondamentaux du droit criminel français.

« C'est pourquoi nous avons cru nécessaire de protester contre cet acte, au nom du droit méconnu, ne fût-ce que pour prévenir à jamais le retour d'un abus semblable... ». J. Challamel, avocat à la Cour de Paris (*Journ. des Débats*, 12 mars 1907).

o°o

Législations limitatives du droit d'expulsion. — Que l'expulsion soit encourue pour faits de droit commun ou politiques, tous les motifs qui la nécessitent se résument — on le voit — en un seul « l'intérêt public de l'État [1] ». Une liste dite « des motifs légitimes » d'expulsion n'en a pas moins été dressée par certaines législations, et notamment par celles de la *Grande-Bretagne* et du *Brésil*.

Les causes d'expulsion d'après l'Aliens Act de 1905. — D'après l'*Aliens Act* de 1905, « le secrétaire d'État peut... rendre une ordonnance d'expulsion : 1) S'il lui est attesté par un tribunal (y compris les tribunaux de juridiction sommaire) que l'étranger a été condamné par ce tribunal pour *crime (felony)*, *délit (misdemeanour)*, ou *toute autre infraction pour laquelle le tribunal a le pouvoir d'infliger de l'emprisonnement*, sans la faculté d'y substituer une amende,... ou pour délit de *prostitution...*, et que le tribunal demande qu'une ordonnance d'expulsion soit prise, soit en outre, soit au lieu de la condamnation ; et 2) s'il lui est attesté par un tribunal de juridiction sommaire... dans le délai de douze mois après que l'étranger est entré pour la dernière fois dans le Royaume-Uni, qu'il a, α) dans le délai de trois mois précédant le jour auquel la procédure pour l'attestation a commencé, reçu un *secours paroissial* sus-

---

— Comp. la chronique sur l'expulsion de Mgr Montagnini dans la *Rev. du dr. int. publ.*, 1907, p. 175 et s.

(1) V. Bonfils et Fauchille, *Man. de dr. int. publ.*, 5º éd., n. 442.

ceptible de priver une personne du droit de vote aux élections parlementaires, ou a été trouvé soit *vagabondant* sans moyens apparents de subsistance, soit *vivant dans des conditions malsaines (insanitary conditions)* dues à l'encombrement; — ou, 2) est entré dans le Royaume-Uni, après adoption de l'Act, et a été *condamné dans un pays étranger* avec lequel existe un traité d'extradition, pour un délit n'ayant pas le caractère politique et qui constitue, au regard de ce pays, un délit susceptible d'extradition.... (1) ».

Les causes d'expulsion d'après la loi brésilienne. — L'art. 1er déclare que « l'étranger qui, pour un motif quelconque, compromet, *la sécurité nationale* ou *la tranquillité publique* peut être expulsé du territoire national... »; mais l'art. 2 ajoute : « Sont également des motifs suffisants d'expulsion : 1° *une condamnation* ou *une poursuite* devant *les tribunaux étrangers* pour crime ou délit de droit commun; 2° *deux condamnations* au moins devant les *tribunaux brésiliens* pour crimes ou délits de droit commun; 3° le *vagabondage*, la *mendicité* ou le *proxénétisme* dûment établis » (2).

Critique de ces législations énonciatives. — Nous avons déjà dit ailleurs (3) que ces énumérations des

____

(1) V. *Rev. de dr. int. pr.*, 1905, p. 910; Monnier, p. 227-228; Henriques (*Rev. de dr. int. pr.*, 1908, p. 52 et s.); Sibley et Elias (*J. du dr. int. pr.*, 1907, p. 36 et s.); Salvy, p. 138, *in fine*-139.

(2) V. *Rev. de dr. int. pr.*, 1908, p. 855; et *J. du dr. int. pr.*, 1907, p. 1217. *Adde*, la note, § 1er, *in initio*, de M. Al. Martini sous Trib. supr. fédér., 30 janv. 1907, et Trib. fédér. de deuxième instance, 11 févr. 1907 (*Rev. de dr. int. pr.*, 1908, p. 821). Comp. Trib. fédér. de Rio de Janeiro, 6 mai 1907 (*J. du dr. int. pr.*, 1908, p. 578).

(3) V. notre note, § 1er, sous Trib. supr. fédér. 30 janv. 1907, et Trib. fédér. de deuxième instance, 11 févr. 1907, précités.

causes d'expulsion nous paraissent inutiles, et même impossibles.

Inutiles, parce qu'en admettant que les motifs d'expulsion puissent être nettement déterminés, il faut bien reconnaître que ces motifs seront toujours assez nombreux pour laisser en définitive au Gouvernement une entière liberté de décision. Déclarer, en effet, en les énumérant que sont des motifs d'expulsion : *en Angleterre*, les condamnations pour crime, délit ou toute autre infraction pour laquelle le tribunal a le pouvoir d'infliger de l'emprisonnement, la prostitution, la réception de secours, le vagabondage; et *au Brésil*, une condamnation ou la poursuite devant les tribunaux étrangers pour crime ou délit de droit commun; deux condamnations devant les tribunaux brésiliens pour pareils crimes et délits; et également le vagabondage, la mendicité, et le proxénétisme, — n'est-ce pas, en dernière analyse, — alors qu'on a déjà décidé que l'étranger qui compromet la sécurité nationale ou la tranquillité publique peut être chassé, — autoriser l'autorité compétente à prononcer l'expulsion à ses risques et périls? Le secrétaire d'État d'Angleterre, le ministre de la Justice du Brésil ont leurs coudées aussi franches que notre ministre de l'Intérieur : ils n'ont rien à lui envier. Il en est d'autant plus ainsi, que l'on affirme en Angleterre, que les juges peuvent dresser un certificat recommandant l'expulsion, même contre les ivrognes et les noctambules tapageurs, bien qu'ils trouvent injuste de leur infliger aucune punition (1), et au Brésil, que le vagabondage, la mendicité et le proxénétisme sont suf-

---

(1) V. not., Henriques (*Rev. du dr. int. pr.*, 1908, p. 52).

fisamment établis par une enquête de police ! (1). M. Darras disait souvent : « Ces nomenclatures sont un trompe-l'œil » ! Et, le projet de l'Institut de droit international, voté en 1892, à Genève, n'est pas fait pour nous faire abandonner son opinion. D'après ce projet : « Peuvent être expulsés — les étrangers qui, frauduleusement, en violation des règles d'admission, sont entrés dans le territoire ; — les étrangers qui, en violation d'une défense formelle, ont établi leur domicile ou leur résidence dans les limites du territoire ; — les étrangers qui, au moment où ils ont franchi la frontière, étaient atteints de maladies de nature à compromettre la santé publique ; — les étrangers en état de mendicité ou de vagabondage ou à la charge de l'assistance publique ; — les étrangers condamnés par les tribunaux du pays pour infraction d'une certaine gravité ; — les étrangers condamnés ou se trouvant sous le coup de poursuites à l'étranger pour infractions qui, selon la législation du pays où d'après les traités d'extradition conclus par l'État avec d'autres États, pourraient donner lieu à l'extradition ; — les étrangers qui se rendent coupables d'excitations à la perpétration d'infractions contre la sécurité publique, bien que... ces infractions ne doivent se commettre qu'à l'étranger ; — les étrangers qui, dans le territoire de l'État, se rendent coupables ou fortement suspects d'attaques, y compris les actes préparatoires, soit par la presse, soit autrement, contre un État ou un souverain étranger ou contre les institu-

---

(1) V. en ce sens, Trib. supr. fédér., 6 nov. 1907 (*J. du dr. int. pr.*, 1908, p. 891). V. cep. la sentence du juge fédéral cassée par la décision précitée. V. égal., la note de M. Rougier sous cette décision.

tions d'un État étranger, pourvu que ces actions soient punissables, d'après la loi de l'État expulsant, si commises à l'étranger par des indigènes, elles étaient dirigées contre cet État même ; — les étrangers qui, pendant le séjour dans le territoire de l'État, se rendent coupables d'attaques ou d'outrages publics par la presse étrangère contre l'État, la nation ou le souverain » (art. 7) ! (1).

D'ailleurs, il nous paraît *impossible*, pratiquement parlant, de cataloguer, de façon précise, les cas dans lesquels l'expulsion devra être encourue. « Elle est affaire de circonstances, dit M. Piédelièvre; il convient de laisser l'autorité compétente seule appréciatrice des nécessités qui peuvent la déterminer » (2). « Comment préciser toutes les circonstances, où l'ordre et la tranquillité publics se trouveront compromis, déclare également M. l'avocat général Desjardins : les faits empruntent souvent leur importance aux événements au milieu desquels ils se produisent, et, par cela même que les circonstances varient, que la situation extérieure se modifie, tel acte peut être dangereux aujourd'hui qui ne le sera pas demain » (3). C'est, dans le même sens, que se prononçait, dès 1878, Pradier-Fodéré : « L'appréciation des motifs appartient à l'État, et à son gouvernement, qui sont seuls appelés à exercer la souveraineté dans les limites du territoire » (4). C'était enfin le sentiment

---

(1) V. *Rev. de dr. int. et de lég. comp.*, 1892, p. 532.

(2) V. Piédelièvre, *Précis de dr. int. publ.*, t. 1, n. 210, p. 182. — Comp. Moore, *Int. law digest* (1906), t. 4, p. 68.

(3) V. Arthur Desjardins, *L'expuls. des étrang.*, dans *Quest. soc. et polit.* (1893), p. 108, *in fine*. — Comp. Darut, p. 63-64.

(4) V. Pradier-Fodéré (*J. du dr. int. pr.*, 1878, p. 589). — Comp. l'article de M. le sénateur Canonico sur l'expulsion des étrangers en Italie (*Id.*, 1890,

du savant professeur Laîné [1] et du docteur Haenel [2].
Le projet déposé le 4 mars 1882, sur le bureau de la
Chambre des députés, par MM. Goblet et Humbert, n'a, au
surplus, tenté aucune énumération des causes légitimes [3].

De l'expulsion en temps de guerre.

Il n'est pas douteux que l'État qui, en temps de paix, peut
procéder à l'expulsion des étrangers qui troublent la tranquillité et l'ordre publics, ait également ce droit en temps
de guerre. La nécessité — on le conçoit aisément —, s'en fait
même alors davantage sentir, devient encore plus impé-
rieuse. La grande majorité des auteurs de droit international public admet sans difficulté que l'expulsion en masse
des étrangers appartenant à la nation ennemie, est un des
effets naturels de la déclaration de guerre. « L'expulsion en
masse, enseignent notamment MM. Bonfils et Fauchille,
en cas de guerre, est un acte de défense, une mesure parfaitement licite, d'une régularité incontestable. Éviter les
inconvénients du séjour des étrangers, écarter les provoca-

---

p. 220), que nous avons cité à plusieurs reprises au cours de notre étude, et où
il est dit : « Lorsqu'il s'agit de matières où il est impossible de prévoir tous les
cas et de les formuler avec précision dans la loi positive, l'exercice des facultés
que, dans les rapports internationaux, la loi est forcée d'abandonner à la prudence et à la responsabilité du gouvernement, est toujours subordonné à la loi
commune de tous les États : le droit des gens ».

(1) V. Laîné, *De l'expuls. des étrang. appelés à devenir Français par le
bienfait de la loi* (*J. du dr. int. pr.*, 1897, p. 710-711).

(2) V. Dr Haenel (*J. du dr. int pr.*, 1884, p. 480-481).

(3) V. Al. Martini (*Rev. de dr. int. pr.*, 1908, p. 828).

tions, les rixes que leur présence peut susciter au sein des populations, rendre impossible un espionnage dangereux et facile, constituent évidemment des mesures de sécurité qu'un État doit pouvoir prendre... Chaque État peut procéder à l'expulsion en masse des sujets de l'adversaire, bien qu'ils se soient établis sur le territoire *bona fide*... » [1].

Mais, bien entendu, cette expulsion en masse n'aura lieu que si elle devient nécessaire, au cas de danger imminent. La déclaration de guerre n'entraîne pas *ipso facto* l'expulsion collective des étrangers ressortissants de l'État ennemi. Leur expulsion, si elle est un des effets naturels de la guerre, n'en est pas un des effets essentiels [2]. D'ailleurs, il est de règle que lorsque l'État recourt à cette mesure, il doit procéder avec humanité, et donner aux personnes qu'elle atteint un délai raisonnable pour quitter le territoire [3].

Guerre de Crimée (1854). — En 1854, au moment de la guerre de Crimée, la Russie a publié un avis aux termes duquel les sujets français et anglais, à condition de continuer à observer les lois et à s'occuper paisiblement de leurs affaires, « jouiraient pleinement sur le territoire de

---

(1) V. Bonfils et Fauchille, *Man. de dr. int. publ.*, 5ᵉ éd., n. 1055. *Adde,* Bry, *Précis de dr. int. publ.*, 5ᵉ éd., p. 515, n. 381 ; Piédelièvre, *Id.*, t. 2, n. 830 ; Moore, t. 4, p. 68 ; Mérignhac, *Lois et coutumes de la guerre sur terre*, n. 25 ; Pillet, *Le droit de la guerre*, t. 1, p. 97, *in fine*-98 ; Geouffre de Lapradelle et Politis, *Rec. des arbitrages intern.*, t. 1, p. 564 et s. ; Fr. Rey, *La guerre russo-japonaise au point de vue du droit international*, p. 234, *in fine*-235. V. aussi Bès-de-Berc, p. 16 et s. ; Darut, p. 43 et s. ; Arthur Desjardins, *loc. cit.*, p. 105.

(2) V. not., Fiore, *Nouv. dr. int. publ.*, 2ᵉ éd. (trad. Antoine), t. 3, n. 12 Heffter, § 121, p. 267.

(3) V. not., Bonfils et Fauchille, Piédelièvre, Bry, Heffter, Pillet, Bès-de-Berc, Arthur Desjardins, *ubi suprà.*

la même protection et de la même sécurité qu'avant la guerre, soit pour leurs personnes, soit pour leurs propriétés » (1).

Guerre d'Italie (1859). — En 1859, la France agissait de même, à l'égard des sujets autrichiens. Elle a déclaré « qu'ils continueraient à y résider, tant que leur conduite ne fournirait aucun sujet de plainte » (2).

Guerre franco-allemande. — En 1870, une déclaration analogue parut au *Moniteur officiel* (3). Et, c'est seulement, contraint et forcé, à la suite des douloureux événements qui devaient conduire à l'investissement, que le préfet de police ordonna que tout étranger originaire de la Prusse, des pays de la Confédération du Nord, de la Bavière, du Wurtemberg, du Grand-Duché de Hesse, et du Grand-Duché de Bade, résidant dans le ressort de sa préfecture, devrait à bref délai demander un permis de séjour, sous peine d'être mis immédiatement en état d'arrestation.

Cet arrêté a été pris par application d'un arrêté consulaire du 12 messidor an VIII, qui, déterminant les fonctions du préfet de police, donne à ce dernier le droit de délivrer des passeports aux étrangers désireux de voyager sur le territoire de la République, et des permis de séjour « à ceux qui veulent résider à Paris plus de trois jours » (4).

La mesure a été d'ailleurs vivement blâmée. On a reproché à la France de l'avoir prise sans la moindre nécessité, uniquement en haine et par dépit des succès des armées allemandes, et, en outre, d'avoir procédé à l'exécu-

---

(1) Bès-de-Berc, Darut, Arthur Desjardins, *loc. cit.*
(2) Bès-de-Berc, Darut, Arthur Desjardins, *ubi supra.*
(3) V. *Mon. off.* du 21 juill. 1870.
(4) V. not., Bès-de-Berc, et Darut, *loc. cit.*

tion de l'arrêté « sans tenir le moindre compte des droits de l'humanité [1] ».

Mais, il y a longtemps qu'il a été fait justice de ces accusations. M. le professeur Pillet notamment, au cours d'une série de conférences sur le droit de la guerre, faites aux officiers de la garnison de Grenoble, pendant l'hiver de1891-1892, a dit très nettement : « Il est malaisé d'éclaircir la seconde des accusations portées, en présence des déclarations contradictoires recueillies de part et d'autre. Les débats du Corps législatif montrent que l'Administration se préoccupait de protéger la sortie des Allemands. La première accusation est moins vague, et on peut y répondre. Il me semble que les auteurs qui l'ont portée ont perdu de vue les différences qu'il peut être juste de faire entre les États, suivant leur situation respective. Qu'un État, qui ne compte dans son sein, qu'un nombre insignifiant d'étrangers, s'abstienne de les molester par une expulsion que rien ne justifierait, il fera bien, et ne courant aucun risque, ne devra même pas exalter trop sa générosité, comme il est arrivé aux Allemands de le faire pour eux. Mais, si on suppose un État donnant l'hospitalité à un nombre très considérable d'étrangers, une ville comme Paris, envahie par les

---

(1) « Cette mesure fut d'autant moins justifiable qu'elle fut prise après les premières défaites de la France, et revêtit ainsi le caractère d'une vengeance contre les personnes innocentes auxquelles on n'avait rien à reprocher que le vague soupçon d'espionnage; on n'y avait pas songé au début de la guerre, lorsqu'on criait : « A Berlin ! ». On ne leur a pas donné le temps d'arranger leurs affaires, et on ne les protégea même pas contre les outrages de la populace » (Geffeken, note sous Heffter, § 121, p. 267). — « Cette disposition fut hautement blâmée dans tout le monde civilisé, comme inspirée par une rigueur excessive » (Fiore, *loc. cit.*, note).

éléments étrangers, l'autorité agira prudemment, et cédera même à une véritable nécessité, en expulsant ces étrangers en cas de guerre avec leur patrie. Leur présence constitue un grand danger par elle seule; et les faits parlent sur ce point plus haut que la raison. On sait qu'en 1870, la rapidité et la continuité des succès des armées allemandes ont été dues pour une part notable à l'excellence de leurs informations; on sait que les faits qui se passaient sur notre territoire parvenaient parfois plus vite à la connaissance des états-majors ennemis qu'à l'oreille de nos propres généraux. N'y avait-il pas là un grand mal et un grave danger, et n'a-t-on pas eu raison de procéder à des mesures d'expulsion, lorsqu'on a vu que l'envahissement du territoire devenait chose inévitable? Je ne crois pas que, dans le même cas, aucun souverain hésiterait à agir de même; et je pense que l'esprit le plus partial ne pourrait pas ne pas l'approuver [1] ».

D'ailleurs, il est bon de rappeler que l'ordonnance du préfet de police n'était pas applicable « à ceux qui avaient perdu, par une autre naturalisation, leur nationalité d'origine, ni à ceux qui avaient été admis, par autorisation du gouvernement, à établir leur domicile en France » [2]; et que non seulement, on confia le rapatriement aux bons offices des agents diplomatiques qui avaient accepté la mission de protéger les sujets allemands, mais encore que des permis de séjour, sur demande justifiée, furent accordés [3] ».

---

(1) V. Pillet, *Le droit de la guerre*, t. 1, p. 97 et s. — Comp. Bonfils et Fauchille, *loc. cit.*; Piédelièvre, t. 2, n. 831; Bry, *ubi suprà*.

(2) V. Arthur Desjardins, *loc. cit.*, p. 106, note; Bès-de-Berc, p. 18, *in fine*-19.

(3) V. not., Bonfils et Fauchille, Piédelièvre, *ubi suprà*.

Guerre sino-japonaise (1894). — En 1894, au cours de la guerre sino-japonaise, les Japonais ont permis aux sujets Chinois résidant au Japon d'y demeurer pendant la période des hostilités, et la Chine a suivi l'exemple de son adversaire [1].

Guerre russo-japonaise (1904-1905). — Le Japon a d'ailleurs agi de même à l'égard des sujets russes. Le 10 févr. 1904, le ministre de l'Intérieur a envoyé des instructions aux préfets, leur prescrivant de ne pas se montrer hostiles aux Russes. Il les autorisait à continuer à résider sur le territoire de l'Empire, à y entrer et en sortir à volonté. Quant à la Russie, par une ordonnance du 14/27 févr. 1904, elle a également ment accordé aux Japonais de poursuivre paisiblement, sous la protection des lois, leur séjour et l'exercice de leurs professions dans l'empire, « à l'exception toutefois des territoires faisant partie de la Lieutenance d'Extrême-Orient [2] ».

Mais, si on peut regretter que la Russie n'ait pas déterminé le délai dans lequel les Japonais devaient s'éloigner du territoire qui leur était interdit, « ce qui eût soustrait la fixation de ce délai à l'arbitraire des fonctionnaires impériaux, qui ont causé des souffrances physiques et morales qui n'étaient pas imposées par les nécessités de la guerre », il est juste de reconnaître, avec M. Fr. Rey, d'autre part, que si « le Japon a pu se montrer moins rigoureux envers les sujets du Tsar, établis dans l'Empire, c'est que ceux-ci étaient peu nombreux, par suite faciles à surveiller, qu'ils se trouvaient éloignés du théâtre des opérations

---

(1) V. not., Politis (*Rev. gén. de dr. int. publ.*, 1897, p. 525 et s.); Darut, p. 44.

(2) V. not., Fr. Rey, p. 230-232; Bry, Bonfils et Fauchille, *loc. cit.*

et dans l'impossibilité de quitter le pays sans que les autorités locales en fussent averties; leur présence sur le territoire ne pouvait donc être pour le Gouvernement un sujet d'inquiétude.

« Les Japonais, au contraire, établis en grand nombre dans la Sibérie orientale et dans la Mandchourie, où certains d'entre eux se livraient depuis longtemps à l'espionnage en prévision de la guerre, constituaient un danger permanent pour la Russie. Le moindre souci de la sécurité de l'Empire exigeait leur éloignement du théâtre de la guerre, et il n'est pas une seule puissance qui n'eût agi de même dans des circonstances analogues (1) ».

Guerre gréco-turque (1897). — Disons en terminant sur cette question de l'expulsion des étrangers en temps de guerre, que, c'est pour ne pas s'être conformée aux règles du droit des gens, que la Turquie, en 1897, a soulevé contre elle les protestations des ambassadeurs des grandes puissances, et notamment de notre ambassadeur, M. Cambon. En même temps que la déclaration de guerre, la Turquie, notifiait au Gouvernement d'Athènes un iradé du sultan décrétant l'expulsion, dans un délai de quinzaine, qui, d'ailleurs fut réduit à trois jours, de tous les Grecs en résidence sur l'étendue du territoire ottoman. Les Grecs désireux de ne pas être chassés, pouvaient demeurer en Turquie, à la condition d'abandonner sans retour la qualité d'Hellènes pour embrasser la nationalité turque ! (2)

____

(1) V. Fr. Rey, p. 237. — Tout l'ouvrage de M. Fr. Rey, est à lire. Il contient sur cette guerre récente des renseignements du plus haut intérêt.

(2) V. d'ailleurs, Politis, *loc. cit.*; Darut, *ubi suprà.*

Guerre du Transvaal (1899-1902). — Le Transvaal a bien décrété aussi l'expulsion dans les quarante-huit heures des Anglais résidant au Transvaal et dans l'État d'Orange. Mais on serait mal venu à faire le procès de ce petit État, aujourd'hui disparu, qui a lutté avec tant d'héroïsme et forcé l'admiration de ses puissants adversaires [1].

______

(1) D'ailleurs une défense de la conduite des Boërs a été présentée par M. Despagnet, dans la *Rev. gén. de dr. int. publ.*, 1900, p. 698.

CHAPITRE IV

QUI A QUALITÉ POUR PRONONCER L'EXPULSION·
PROCÉDURE DE L'EXPULSION·

§ 1ᵉʳ.

Autorités compétentes pour prononcer l'expulsion.

Ministre de l'Intérieur. — C'est le ministre de l'Intérieur qui a qualité pour prononcer l'expulsion. L'art. 7 de la loi du 3 déc. 1849 dispose, en effet : « *Le ministre de l'Intérieur* pourra, par mesure de police, enjoindre à tout étranger, voyageant ou résidant en France, de sortir immédiatement du territoire français et le faire conduire à la frontière. — Il aura le même droit à l'égard de l'étranger qui aura obtenu l'autorisation d'établir son domicile en France ; mais, après un délai de deux mois, la mesure cessera d'avoir effet, si l'autorisation n'a pas été révoquée... ».

Préfets dans les départements-frontières à l'égard des étrangers non-résidants. — L'article continue en déclarant que : « Dans les départements-frontières, le *préfet* aura le même droit à l'égard de l'étranger *non-résidant*, à la charge d'en référer immédiatement au ministre de l'Intérieur ».

Il est naturel que l'on ait confié le soin d'expulser les

étrangers qui troublent la tranquillité et l'ordre publics au ministre de l'Intérieur qui est « responsable devant le Parlement de la sécurité générale de l'association politique »[1]. Et l'on comprend aisément que le législateur ait conféré aux préfets des départements-frontières le droit d'expulser les étrangers non-résidants. Il est nécessaire que dans ces départements, les étrangers qui méritent d'être expulsés, le soient sans retard; et il n'y a que le préfet qui puisse prendre sur l'heure un arrêté qu'une pressante circonstance réclame impérieusement. Il reçoit directement et avec rapidité les renseignements de police; il peut agir immédiatement, s'il le juge nécessaire; un temps relativement long s'écoulerait toujours, s'il fallait obtenir la décision du ministre et en recevoir ampliation[2].

La loi du 3 déc. 1849 donne d'ailleurs aux préfets des départements-frontières le droit d'expulser seulement les étrangers non-résidants. Ceux-là seuls sont considérés comme pouvant être essentiellement dangereux. A l'égard des étrangers résidants, c'est le ministre de l'Intérieur qui décide. Par « étranger résidant », l'Administration n'entend, au surplus, que celui qui réside en France depuis plus d'un an[3], et une circulaire du ministre de l'Intérieur déjà ancienne, du 11 févr. 1862, assimile aux étrangers non-résidants « les musiciens ambulants, saltimbanques et autres industriels de ce genre, qui, étant en France depuis plus d'un an, ne peuvent justifier de leur identité »[4].

---

(1) V. Darut, *De l'expuls. des étrang.*, p. 133.
(2) V. *Id.*, p. 135 et s.
(3) V. *Id.*, p. 139, *in fine*-140.
(4) V. *Id.*, p. 140.

Italie. — En *Italie*, c'est également le ministre de l'Intérieur qui a qualité pour prononcer l'expulsion; et les préfets des provinces limitrophes ont pleins pouvoirs pour faire reconduire à la frontière « les étrangers qui ne peuvent établir leurs moyens d'existence » (L. 30 juin 1889, art. 92). Le ministre ne doit être consulté que, si l'individu, objet de la mesure, est, en rentrant dans son pays, passible de poursuites pour des raisons politiques, pour insoumission à la loi militaire, désertion, ou pour crime ou délit ayant motivé une demande en extradition (1).

Russie. — En *Russie*, c'est aussi le ministre de l'Intérieur qui ordonne l'expulsion. Dans les provinces et gouvernements-frontières, les gouverneurs ne peuvent cependant la prononcer que s'ils y ont été autorisés, sur demande adressée à cet effet « à Sa Majesté l'Empereur par l'intermédiaire du conseil des ministres » (2).

Angleterre et Brésil. — L'*Aliens Act* du 11 août 1905 a donné au secrétaire d'État le droit d'expulser; et la loi *brésilienne*, plus récente encore (7 janv. 1907), a confié ce soin aux ministres de l'Intérieur et de la Justice.

Suisse. — En *Suisse*, ce sont les chefs de district ou les préfets qui prononcent l'expulsion des gens sans ressources; — et l'attribution, par la Constitution, au Conseil fédéral du droit d'expulsion « pour raisons politiques », n'a pas enlevé ce droit aux cantons (3).

---

(1) V. Monnier, *Les Indésirables*, p. 143-144.

(2) V. Loi 26 mai 1903, art. 1ᵉʳ (*Annuaire de lég. étrang.*, 1903, p. 561 et s.). Comp. Kazanski (*J. du dr. int. pr.*, 1898, p. 233).

(3) V. Cons. fédér., 24 juill. 1883 (*J. du dr. int. pr.*, 1883, p. 535). *Adde*, Chantre (*Id.*, 1894, p. 980, 982 et s.).

o^oo

Il y a cependant des pays où, l'expulsion ne peut être prononcée qu'en conseil des ministres, en **Roumanie,** par exemple [1], et, d'autres où, c'est le Chef de l'État lui-même qui l'ordonne [2].

Belgique. — En *Belgique*, de par la loi du 12 févr. 1897, « l'arrêté royal enjoignant à un étranger de sortir du Royaume, parce qu'il compromet la tranquillité publique, est délibéré en conseil des ministres ». Il en était, d'ailleurs, déjà ainsi sous l'empire de la législation antérieure, et, c'est de cette législation que s'était inspiré le projet de loi de MM. Goblet et Humbert, déposé à la séance de la Chambre des députés le 4 mars 1882, et dont il a été déjà plusieurs fois question au cours de cette étude.

Projet français du 4 mars 1882. — D'après ce projet, en effet, si le ministre de l'Intérieur conserve le droit d'expulser, de sa propre autorité, les étrangers condamnés pour crimes ou délits de droit commun, « la France n'ayant aucun intérêt à ouvrir ses portes aux repris de justice », — l'expulsion, « dans tous les autres cas, ne pourrait plus être ordonnée qu'en vertu d'un décret rendu en conseil des ministres ».

Inutilité de la réforme. — Cette partie du projet de 1882

---

(1) V. Djuvara (*J. du dr. int. pr.*, 1892, p. 1122). — Dans le grand-duché du *Luxembourg* « le membre du Gouvernement ayant dans ses attributions le service de la police générale » n'a le droit de prendre un arrêté d'expulsion « qu'après une délibération du Gouvernement en conseil » (L. 30 déc. 1893, art. 9).

(2) V. not., loi *mexicaine* du 22 déc. 1908 (*Diario official du 22*). *Adde*, Luis Perez Verdia, *Tr. de dr. int. pr.*, p. 98.

a été approuvée notamment par MM. Weiss [1], Arthur
Desjardins [2], et Darut [3]. — Elle ne nous paraît pas cependant réaliser une réforme aussi considérable que ces auteurs
le pensent. Nous ne sommes pas, en principe, hostiles à la
« réforme »; nous ne craignons pas, en effet, que « si tout
le gouvernement devient solidaire de semblables mesures,
une crise ministérielle éclate à propos de chaque expulsion »; — les ministères aujourd'hui ne tombent pas aussi
aisément qu'au xixᵉ siècle; — mais, nous croyons la réforme
inutile, pour la raison donnée par M. Arthur Desjardins
lui-même : « En fait, dès qu'il s'agit d'une de ces expulsions
retentissantes qui provoquent l'attention générale et soulèvent une polémique, le gouvernement entier s'en occupe
et le conseil des ministres en délibère [4] » !

o°o

**L'autorité judiciaire est incompétente pour prononcer
l'expulsion.** — Quoi qu'il en soit, il est certain que l'autorité judiciaire n'a pas compétence pour prononcer l'expulsion. Il s'agit là, d'une mesure de haute police, que seule,

---

(1) V. Weiss, *Tr. de dr. int. pr.*, 2ᵉ éd., t. 2, p. 93, *in fine*-94.

(2) V. Arthur Desjardins, *L'expuls. des étrang.*, dans *Quest. soc. et polit.*,
(1893), p. 124.

(3) V. Darut, p. 236, *in fine*-237.

(4) V. Arthur Desjardins, p. 125. — Remarquons que, dans le projet de
MM. Goblet et Humbert, les préfets des départements-frontières conservent le
pouvoirs qu'ils tiennent de la loi du 3 déc. 1849. V. le rapport de M. Louis Legrand (*J. off.*, Ch. des dép., Doc. parl., avr. 1882, p. 947). « L'on eût commis
une faute lourde en les leur retirant » (Arthur Desjardins, p. 124). Comp. Darut, p. 139.

l'Administration a qualité pour prendre; les tribunaux ne peuvent pas l'ajouter à la peine qu'ils prononcent contre un étranger [1]. Il faut avoir oublié la nature du droit d'expulsion, pour souhaiter que « l'autorité qui, en cette matière, appartient exclusivement au pouvoir administratif, soit donnée au pouvoir judiciaire, statuant par décision contradictoire » [2].

Proposition de loi de M. Flourens du 25 janv. 1904. — Un ancien ministre des Affaires étrangères, M. Flourens, n'en a pas moins déposé, à la séance de la Chambre des députés du 25 janv. 1904 [3], une proposition de loi, d'après laquelle « *l'expulsion ne pourrait être opérée qu'en vertu d'une sentence du juge de paix du lieu de résidence ou de passage de l'étranger* ». Ce sont « les commissaires et autres agents de la police générale ou municipale qui saisiraient le juge de paix », mais c'est ce magistrat qui statuerait « sans délai », qui connaîtrait de la demande d'expulsion « contre tout étranger se livrant à la mendicité, au vagabondage, hors d'état de pouvoir justifier de moyens

---

(1) V. not. Cass., 9 sept. 1826 (S. chr.); 7 juill. 1827 (S. chr.); 6 déc. 1832 (S. 1833. 1. 866); Paris, 1ᵉʳ mai 1874 et 5 août 1874 (*J. du dr. int. pr.*, 1875, p. 352); Alger, 29 janv. 1880 (*Id.*, 1880, p. 395). *Addc*, Garraud, *Tr. de dr. pén.*, 2ᵉ éd., t. 1, n. 178, p. 334; *Rép. gén. du dr. fr.*, vᵒ *Étranger*, nᵒ 170. V. cep., en ce qui concerne la Tunisie, *infrà*, p. 107.

Rappelons toutefois que le tribunal correctionnel, en vertu de la loi du 8 août 1893 (art. 3, al. 2), peut, s'il le juge à propos, prononcer l'interdiction temporaire ou indéfinie du territoire français, contre l'étranger par lui condamné à une amende de 100 à 300 francs, pour avoir fait sciemment une déclaration de résidence, fausse ou inexacte. V. sur ce point, Copineau et Henriet (*J. du dr. int. pr.*, 1896, p. 280: et *Rép. gén. du dr. fr.*, vᵒ *Étranger*, n. 170, 271). V. d'ailleurs, *suprà*, p. 66-67.

(2) V. Antoine (*J. du dr. int. pr.*, 1879, p. 337, note 1).

(3) V. *J. off.*, Ch. des dép., Déb. parl., janv. 1904, p. 130.

légitimes d'existence, se livrant à des professions illicites ou interlopes, *d'allure suspecte au point de vue de l'ordre et de la paix publics* ».

D'après l'exposé des motifs, cette proposition de loi avait pour but de « concilier les exigences les plus rigoureuses de la sécurité publique avec les garanties que réclame le droit de l'hospitalité. Tout en laissant à l'autorité administrative les droits d'initiative et de mise à exécution qui lui appartiennent naturellement, la proposition restitue à son domaine légitime, à l'autorité judiciaire, le droit de trancher des questions qui sont en définitive des questions de liberté individuelle ».

Il n'en est pas moins vrai, — qu'il nous soit permis de le dire, avec tout le respect que nous professons pour l'honorable corps des juges de paix, — qu'on peut estimer qu'il ne rentre point dans leur rôle de déclarer notamment si tels ou tels individus sont ou non « *d'allure suspecte au point de vue de l'ordre et de la paix publics* ». On dénie, nous le verrons plus tard (1), aux *tribunaux* le droit de connaître des motifs qui ont fait prononcer un arrêté d'expulsion, et l'on veut ici que ce soit le *juge de paix* qui le prononce ! M. Flourens a si bien compris qu'il y avait là quelque chose d'exorbitant que sa proposition de loi institue un tribunal d'appel siégeant à Paris, composé de façon assez originale, ainsi qu'on peut s'en rendre compte à la simple lecture du texte donné ci-dessous (2).

---

(1) V. *infrà*, p. 185 et s.

(2) Proposition de loi de M. Flourens sur l'extradition et l'expulsion des étrangers :

— Art. 1er. « Le droit d'expulser les étrangers ... ne peut être exercé qu'après décisions des juridictions organisées par la présente loi.

Du droit de recommandation en Angleterre. — Tout autre, naturellement, est le *droit de recommandation* qu'exercent, en vertu de l'*Aliens Act*, les tribunaux anglais.

Ils ne prononcent jamais l'expulsion. C'est le secrétaire d'État — nous l'avons déjà dit (1) — qui l'ordonne. Les juges anglais se contentent de dresser un certificat recommandant, soit l'expulsion des étrangers qu'ils condamnent, à raison de crimes ou délits ou autres infractions punissables d'emprisonnement, ou bien de faits de prostitution ou de racolage nocturne, soit l'expulsion de ceux qui ont été condamnés dans un pays étranger avec lequel il existe un traité d'extradition pour un délit n'ayant pas le caractère

---

. — Art. 2. « L'expulsion ne peut être opérée qu'en vertu d'une sentence du juge de paix du lieu de résidence ou de passage de l'étranger.

— Art. 3. « Le juge de paix statue *sans délai*. — Si l'étranger ne se présente pas, sa décision peut être rendue exécutoire, nonobstant opposition.

— Art. 4. « L'appel est possible, dans les 24 heures.

— Art. 5. « Il est suspensif.

— Art. 6. Mais la requête doit être signée de quatre citoyens français domiciliés dans le canton, se portant cautions « de tous torts et dommages que pourrait occasionner la prolongation du séjour de l'étranger ».

— Art. 7. « L'appel est porté devant une Cour instituée spécialement à Paris.

— Art. 8. Cette Cour est constituée par un conseiller à la Cour de Paris, désigné par le garde des sceaux, et deux assesseurs, choisis l'un par le ministre des Affaires étrangères, l'autre de l'Intérieur. — Les deux assesseurs ont voix délibérative. — Les fonctions du ministère public sont exercées par un avocat général près la Cour de Paris, assisté de deux substituts, désignés l'un par le ministre des Affaires étrangères, l'autre de l'Intérieur.

— Art. 9. « Les membres de la Cour et du Parquet sont nommés pour un an. Leur mandat peut être renouvelé.

— ..... »

. Cette Cour, de par la proposition, prononcerait également sur les *demandes d'extradition*. V. d'ailleurs, *J. off.*, Ch. des dép., Doc. parl., avr. 1904, p. 49, annexe, n° 1461.

(1) V. *suprà*, p. 97.

politique, ou qui ont reçu certains secours paroissiaux, ou qui ont été trouvés vagabonds, ou vivant dans des conditions malsaines dues à l'encombrement (1).

Il y a là, d'ailleurs, une œuvre de collaboration entre la justice et l'Administration, qui peut donner de bons résultats. Le tribunal qui a eu devant lui ceux qu'ils recommandent, est assez bien placé pour donner à l'autorité qui doit déclarer l'expulsion, un avis éclairé.

⁂

Algérie. — *Gouverneur général*. — Le droit d'expulsion appartient sûrement au *gouverneur général;* et nous estimons qu'il tient son droit de la loi du 3 déc. 1849, — et non de l'arrêté ministériel du 1er sept. 1834, ni de l'arrêté du gouverneur du 14 juin 1841 (2).

Il est essentiel de savoir sur quel texte le Gouverneur de l'Algérie doit baser ses arrêtés d'expulsion; car, si la loi du 3 déc. 1849 punit d'un mois à six mois de prison celui qui a enfreint un arrêté pris à son encontre, et permet l'octroi des circonstances atténuantes (3), les arrêtés susvisés, des 1er sept. 1834 et 14 juin 1841, frappent le contre-

---

(1) V. au surplus, Henriques, l'*Aliens Act anglais de 1905, Rev. de dr. int. pr.*, 1908, p. 51, *in fine*, et s.; Sibley et Elias, *Le dr. d'asile en Angleterre depuis la loi sur les étrang.* (*J. du dr. int. pr.*, 1907, p. 36 et s.); Monnier, p. 227 et s.

(2) V. le texte de cet arrêté du gouverneur général dans le *Code de l'Algérie annoté* par MM. Estoublon et Lefébure, p. 18. — « L'arrêté est d'ailleurs légal, quoiqu'intervenant en une matière d'ordre législatif, à raison du pouvoir reconnu en cas d'urgence au gouverneur général ». V. Larcher, note sous Alger, 3 déc. 1903 (*Rev. algér.*, 1906. 2. 17).

(3) V. *infrà*, p. 150-151.

venant d'un emprisonnement de trois mois à deux ans, et déclarent inapplicable l'art. 463, C. pén.

Pour soutenir que, c'est cette législation ancienne qui règle encore en Algérie, le droit d'expulsion, on n'a qu'un argument, nullement décisif. On dit : quand la loi du 3 déc. 1849 est intervenue, il y avait là-bas une législation propre — et, cette loi du 3 déc. 1849 n'a été rendue applicable à l'Algérie, ni par une disposition spéciale, ni par un décret ultérieur[1].

Mais, la vérité est que la loi du 3 déc. 1849, modificative de la loi du 28 vendémiaire an 6, sur le séjour des étrangers, n'a pas eu besoin de pareille disposition pour être applicable à l'Algérie. On sait, en effet, qu'il est de règle qu'une loi, modifiant une loi préexistante, déjà applicable en Algérie, y est exécutoire de plein droit, sans aucune formalité [2]. Or, la loi du 28 vendémiaire an 6 était sûrement applicable à l'Algérie, puisqu'elle est antérieure à l'ordonnance du 22 juill. 1834 qui est seulement venue édicter qu'à l'avenir aucune loi française ne serait exécutoire en Algérie qu'aux conditions d'y avoir été déclarée applicable et promulguée.

Et puis, si c'est la législation résultant des arrêtés de 1834 et de 1841 qui continue à régler là-bas l'expulsion, il

---

(1) V. en ce sens, Bès-de-Berc, p. 95 et s. Comp. Weiss, t. 2, p. 89, note 2.

(2) V. sur ce point, Cass., 4 août 1881 (S. 1881. 1. 437); 5 nov. 1884 (S. 1885. 1. 265. — D. P. 1885. 1. 81); 23 juin 1886, 7 mars 1887, 23 mars 1887 (S. 1887. 1. 265); 23 juill. 1888 (S. 1888. 1. 407. — D. P. 1888. 1. 473); Alger, 10 janv. 1898 (S. et P. 1898. 2. 314. — S. chr. refondu. — D. P. 1898. 2. 398) ; Cass., 12 févr. 1898 (S. et P. 1899. 1. 255. — S. chr. refondu. — D. P. 1898. 1. 288); 29 janv. 1907 (S. et P. 1908. 1. 213), et les renvois. *Adde*, Girault, *Princip. de colon. et de légis. colon.*, 3e éd., t. 3, n. 424, p. 189; Appert, note sous Cass. 21 nov. 1891 et 2 mars 1893 (S. et P. 1893. 1. 273); et *Rép. gén. du dr. fr.*, v° *Algérie*, n. 1041 et s.

faut reconnaître, puisque ces arrêtés lui en donnent le droit, que le Gouverneur général peut expulser aussi les Français. Qui oserait cependant aujourd'hui soutenir que ces derniers puissent en Algérie être l'objet d'une pareille mesure ?

La jurisprudence est, au surplus, depuis longtemps fixée : de nombreux arrêts ont décidé que c'est avec raison que le gouverneur général vise la loi du 3 déc. 1849 dans ses arrêtés d'expulsion ; qu'un arrêté, pris dans ces conditions, est absolument légal (1).

Un récent arrêt de la Cour d'Alger, en date du 16 nov. 1905, mérite particulièrement d'être cité ici, parce qu'il fonde, plus spécialement, le droit du gouverneur de prendre des arrêtés en visant l'art. 7 de la loi du 3 déc. 1849, sur l'un des quatre décrets du 23 août 1898, réglant la haute administration de l'Algérie, lequel contient un art. 3, ainsi conçu : « Le gouverneur général exerce à l'égard des étrangers et des indigènes musulmans les pouvoirs de haute police prévus par la loi du 3 déc. 1849... » (2).

Préfets. — Quant à la question de savoir si, le pouvoir d'expulser, ainsi attribué au Gouverneur général, est exclusif du pouvoir conféré par la loi du 3 déc. 1849 aux préfets des départements-frontières (ce qui est le cas des trois départements algériens), nous ne croyons pas qu'elle doive être tranchée par la négative. Nous pensons, en d'autres termes, que les préfets d'Alger, d'Oran et de Constantine ont,

---

(1) V. not., Alger, 6 févr. 1889 (*J. du dr. int. pr.*, 1891, p. 511), et les renvois ; 3 déc. 1903 (*Rev. algér.*, 1906. 2. 17) et les observations de M. Larcher sous cet arrêt. *Adde* sur la question, la note sous Alger, 10 sept. 1887 (*J. du dr. int. pr.*, 1888, p. 790); et *Rép. gén. du dr. fr.*, v⁰ˢ *Algérie*, n. 163, *Etranger*, n. 206 et s.

(2) V. Alger, 16 nov. 1905 (*Rev. algér.*, 1907. 2. 28).

comme leurs collègues des départements-frontières de la métropole, le droit d'expulser les étrangers non-résidants.

M. Larcher, dans sa note sous l'arrêt de la Cour d'Alger du 16 nov. 1905, précité, estime également que les préfets ont le droit d'expulsion, mais il n'en ajoute pas moins : « A quoi sert, dès lors, d'avoir attribué au gouverneur un pouvoir que d'autres agents ont déjà qualité pour exercer? » — Peut-être faut-il dire qu'on a voulu, de la sorte, appliquer à la lettre notre législation à l'Algérie. On a donné au Gouverneur, qui joue plus particulièrement en Algérie le rôle que joue en France notre ministre de l'Intérieur, le droit d'expulsion, afin que les préfets n'aient à exercer ce droit qu'à l'encontre des non-résidants, tout comme les préfets de nos départements-frontières.

Autres colonies. — Dans les autres colonies, la loi du 3 déc. 1849 a été rendue exécutoire par une loi du 29 mai 1874. L'art. 2 de cette loi confère au gouverneur ou au commandant de la colonie le droit qui appartient en France au ministre de l'Intérieur (1).

Tunisie. — En *Tunisie*, l'expulsion est prononcée par le

---

(1) V. not., Weiss, t. 2, p. 89, note 2, *in fine*; Bès-de-Berc, p. 100; *Rép. gén. du dr. fr.*, v° *Etranger*, n. 208. — C'est, en effet, le gouverneur de la Martinique, M. Foureau, qui a signé l'arrêté d'expulsion pris contre l'ex-président Castro. — La plupart des journaux ont annoncé tout d'abord que l'arrêté émanait du président du Conseil, ministre de l'Intérieur. Dans le *Journal* du 10 avr. 1909, on peut lire notamment : « M. Foureau, gouverneur de la Martinique, a reçu du gouvernement français un câblogramme lui notifiant qu'un arrêté d'expulsion avait été pris par le président du conseil contre M. Castro, ex-président de la République du Vénézuéla, et le chargeant de l'exécution de cet arrêté. M. Foureau a donc tous les pouvoirs pour expulser de notre colonie M. Castro ... M. Foureau a toute latitude pour exécuter l'arrêté du président du conseil; aucun délai ne lui a été fixé ... ». — En réalité, ce câblogramme, visé dans l'arrêté du gouverneur, enjoignait seulement sans doute à ce dernier de prendre un ar-

premier ministre du Bey, en vertu de l'art. 7 du décret beylical du 13 avr. 1898, relatif au séjour des étrangers dans la Résidence (1), contre les étrangers dont la présence est « de nature à compromettre la sécurité publique » ; mais alors, l'arrêté doit être contresigné, aux termes du même article 7, par le Résident général (2).

L'art. 6 du décret accorde d'ailleurs, aux *tribunaux* le droit d'ordonner, après avoir prononcé la peine encourue par les étrangers qui ont omis de faire les déclarations auxquelles le décret les astreint, qu'ils seront transférés à la frontière et expulsés du territoire tunisien (3).

Échelles du Levant. — Nous avons eu déjà l'occasion de dire (4) que, dans les Échelles du Levant et dans les autres pays hors chrétienté, notamment en Extrême-Orient, le droit d'expulser les citoyens français appartient aux consuls et agents diplomatiques de la France. Ils tiennent ce droit des Capitulations (5). Nous ne reviendrons pas sur

---

rêté d'expulsion. — V. d'ailleurs, *infrà*, p. 132, le texte de l'arrêté de M. Foureau.

(1) V. le texte de ce décret dans Zeys, *C. ann. de la Tunisie*, v° *Étranger*, n. 623 et dans la *Rev. algér.*, 1898. 3. 112.

(2) V. Alger, 24 sept. 1906 (*Rev. de dr. int. pr.*, 1907, p. 743; *J. du dr. int. pr.*, 1907, p. 730; *Rev. algér.*, 1907. 2. 59). Dans les notes sous cet arrêt, on fait d'ailleurs observer que l'arrêt a le tort de ne pas indiquer si l'arrêté était contresigné. Mais il est à croire que cette omission est le résultat d'un simple oubli.

(3) V. not., les notes sous Alger, 24 sept. 1906, précité, dans le *J. du dr. int. pr.* et la *Rev. algér.*

(4) V. *suprà*, p. 39 et s.

(5) « On donne le nom de *Capitulations* aux traités de faveur consentis par la Porte ottomane, à l'époque de sa toute puissance et dans la plénitude de ses droits de souveraineté, aux sujets des puissances chrétiennes qui résident temporairement ou d'une manière permanente sur les territoires soumis à sa domination. Cette définition met en lumière la raison d'être des Capitulations : de par sa propre volonté, la Porte a abdiqué une partie de sa souveraineté dans

ce point (1). Nous ferons seulement observer ici que ce droit des consuls et agents diplomatiques ne s'applique pas seulement aux citoyens français, mais à tous les ressortissants

---

l'intérêt des ressortissants étrangers. L'étranger est soumis, en principe, aux lois et aux juridictions du pays dans lequel il se trouve. D'autre part, les consuls sont les protecteurs des intérêts de leurs nationaux ; mais ils ne remplissent, en ce qui les concerne, aucune fonction judiciaire. Or, en vertu des Capitulations, la situation qui précède est absolument intervertie : les Européens sont investis, dans l'empire ottoman, de divers privilèges, dont le principal consiste pour eux à échapper à la juridiction locale et à être jugés par les consuls. Ainsi les Capitulations créent, au point de vue de la souveraineté, une situation manifestement dérogatoire au droit commun.

« Primitivement émané... de la libre volonté du gouvernement ottoman, le régime des Capitulations est aujourd'hui devenu pour ce dernier, une obligation véritable, qui cadre fort bien avec la décadence de la Porte et la nécessité de maintenir des garanties gracieusement concédées autrefois, mais devenues de nos jours indispensables, en présence soit de la faiblesse du pouvoir central vis-à-vis de l'Administration et de la justice, soit de la différence absolue de mœurs, d'institutions et surtout de religion qui sépare l'Islam des confessions chrétiennes. Concession primitive du despotisme oriental, les Capitulations ont aujourd'hui le caractère de contrat bilatéral, dont, au surplus, l'Europe a été souvent obligée d'exiger l'exécution par la force.

« La première Capitulation remonte à février 1535 ; elle fut obtenue par François I de Soliman II le Magnifique ; les deux contractants s'unissaient contre l'ennemi commun : la maison d'Autriche... Les capitulations postérieures... de 1569, de 1581, de 1597, de 1673, et enfin de 1740, augmentèrent constamment les privilèges accordés aux rois de France. Les stipulations intervenues postérieurement se bornèrent à confirmer les privilèges anciens et à régler de façon plus précise les rapports commerciaux entre les parties contractantes. Tel fut le but des traités du 26 juin 1802, du 25 nov. 1838, du 29 avr. 1861, auxquels il convient d'ajouter les protocoles du 9 juin 1868, de mars 1871 et du 12 févr. 1873... » (Mérighnac, *Tr. de dr. publ. intern.*, t. 2, p. 69 et s.). *Adde*, Mérignhac (*Rev. de dr. int. et de lég. comp.*, 1892, p. 152 et s.).

(1) V. au surplus, Féraud-Giraud, *De la jurid. franç. dans les Echelles du Levant*, 2ᵉ éd., t. 1, p. 79, *in fine*, t. 2, p. 87 et s. ; Bry, *Précis de dr. int. publ.*, 5ᵉ éd., p. 375, n. 276 ; Laferrière, *Tr. de la jurid. admin.*, 2ᵉ éd., t. 2, p. 52 ; Fr. Rey, *La protect. diplomat. et consul. dans les Echelles du Levant*, p. 427, et plus spécialement, en ce qui concerne la Corée (*Rev. de dr. int. pr.*, 1908, p. 116-117).

c'est-à-dire, aux *protégés français*. Au *Maroc*, il y a quelques années, il a été fait application de ce principe, à l'égard d'un sujet tunisien dont l'expulsion a eu un certain retentissement (1); — et, en second lieu, que le *Gouvernement égyptien*, à raison d'un accord conclu le 28 avr. 1866, avec tous les représentants des gouvernements étrangers, peut lui-même expulser les étrangers manquant de moyens d'existence et dont la conduite compromet la morale ou la sécurité publique, moyennant le consentement de leurs consuls (2).

---

(1) V. l'expulsion d'*Abd-el-Hakim* (sujet tunisien), conseiller d'État à la Cour du Maroc, par M. Saint-René Taillandier, ministre de France à Tanger, survenue le 22 oct. 1902 (*Rev. gén. de dr. int. publ.*, 1905, p. 551).

(2) C. d'app. mixte d'Alexandrie, 4 mai 1892, *Cristodoulo* (*J. du dr. int. pr.*, 1893, p. 622; 1895, p. 892); et *Rép. gén. du dr.*, v° *Egypte*, n. 244 et s. On se demande parfois si le droit qu'ont les consuls de faire procéder, dans les Échelles du Levant, à l'arrestation de leurs nationaux qui s'y sont réfugiés et de les faire conduire en France où ils sont recherchés, est une conséquence de leur droit d'expulsion. Disons ici d'un mot que la Cour de cassation, après avoir fondé le droit dont s'agit sur *le pouvoir de juridiction et d'expulsion* des consuls, ne l'a établi par suite que sur *leur pouvoir de juridiction*. V. Cass., 1er déc. 1887 (S. 1888. 1. 390). « Si l'autorité consulaire, porte ce dernier arrêt, peut poursuivre les actes délictueux ou criminels commis en pays ottoman par des Français..., elle possède *a fortiori*, sur le territoire où s'exercent ces fonctions, le droit d'assurer directement, et sans aucune intervention du pouvoir local, la capture de ceux de ses nationaux qui sont poursuivis ou mis en jugement pour crimes ou délits commis en France ». C'est, avec raison, que la Cour de cassation a cessé de considérer le droit des consuls de livrer leurs nationaux sans extradition, comme une conséquence du droit d'expulsion qui ne s'applique qu'aux individus qui ont une mauvaise conduite dans les Échelles, ou s'y livrent à des intrigues, mais non à ceux dont la conduite n'y est pas répréhensible, quelque crime qu'ils aient commis en France. V. d'ailleurs la dissertation publiée sur cette question dans la *Rev. gén. de dr. int. publ.*, 1905, p. 570 et s., à propos de la livraison à la France par le consul de Beyrouth (Turquie), du chanoine *Rosenberg*, vicaire général à Tours, missionnaire apostolique à

§ 2.

Procédure de l'expulsion.

C'est au moyen d'un arrêté que l'autorité compétente ordonne l'expulsion.

Mais une instruction à fin d'expulsion précède toujours la prise de l'arrêté.

α) **Instruction à fin d'expulsion.**

Cette instruction, avant la circulaire du ministère de l'Intérieur du 8 déc. 1907 — déclarée applicable le 1ᵉʳ janv. 1908 — était faite par le *préfet*, qu'il s'agît d'individus condamnés ou non. C'était, en effet, le préfet du département sur le territoire duquel l'étranger avait été arrêté, ou était établi, qui recevait les rapports et documents susceptibles de provoquer l'expulsion (1).

Mais aujourd'hui, il convient de distinguer les étrangers condamnés pour crimes ou délits de droit commun d'une part, — des étrangers condamnés pour délits politiques ou faits connexes d'autre part, — auxquels la circulaire assimile, d'ailleurs, « les individus qui ne sont pas détenus, ou qui, après avoir été arrêtés, ont bénéficié d'une ordonnance de non-lieu ou d'un acquittement ».

Étrangers condamnés pour crimes ou délits de droit com-

Chypre, et contre lequel une plainte en escroquerie avait été déposée à Paris, en octobre 1902.

(1) V. au surplus, sur l'instruction à fin d'expulsion, antérieurement à la circulaire du 8 déc. 1907, Brayer, *Procéd. admin. des bureaux de police*, p. 325; Darut, p. 153 et s.

mun. — C'est pour ceux-là que le Préfet a été déchargé de
toute instruction. Les rapports dressés par les *Parquets*,
et les notices individuelles rédigées, en double expédition,
par les *gardiens-chefs des prisons* [1], sont adressés directement au ministère de l'Intérieur. La circulaire du 8 déc.
1907 porte, en effet « ... En vue d'éviter, ou tout au moins
d'abréger, le plus possible, la détention d'individus dont la
peine est expirée, j'estime qu'il convient de simplifier les
errements suivis jusqu'à ce jour. — J'ai décidé, en conséquence, que, à partir du 1er janv. 1908, les dossiers d'expulsion constitués dans les prisons me seraient désormais
adressés sans passer par l'intermédiaire de l'administration
préfectorale... Bien que les inconvénients auxquels cette
nouvelle manière d'opérer a pour but de remédier soient
particulièrement sensibles, quand il s'agit de courtes peines,
il m'a paru qu'il y avait lieu d'unifier le système et de l'appliquer à tous les condamnés de droit commun sans exception, quelle que soit la durée de l'emprisonnement. Cette
extension est de nature à soulever d'autant moins d'objections que les condamnés à de longues peines sont, le plus
souvent, inconnus du préfet qui propose leur expulsion.

---

(1) Cette notice individuelle s'appelle dans la pratique administrative « *ques-
tionnaire des détenus passibles d'expulsion* ».

Elle a été prescrite par une circulaire du ministère de l'Intérieur du 17 déc.
1885.

Elle contient, au *recto*, les nom, prénoms, date et lieu de naissance de l'é-
tranger, le lieu de naissance de ses père et mère, sa situation de famille, s'il a
satisfait à la loi du recrutement ou s'il est déserteur, les motifs de la condamnation, les antécédents; — au *verso*, le signalement anthropométrique et les
observations particulières.

L'exemplaire qui demeure aux mains du gardien-chef est annexé par la suite
au procès-verbal de notification de l'arrêté d'expulsion. V. *infrà*, p. 120.

Subissant, en effet, leur peine dans une maison centrale, ils sont généralement écroués en dehors de leur département d'origine ou du département du crime ou délit. Or, comme le préfet compétent pour proposer l'expulsion est celui du département où le condamné est détenu, il s'ensuit que, dans la plupart des cas, il ne connaîtra ce dernier que par le dossier même de l'administration pénitentiaire. Par suite, il ne sera pas en mesure de m'éclairer de son avis personnel, et ne pourra que s'en rapporter aux renseignements consignés à ce dossier. La suppression de l'intermédiaire restera donc sans influence sur la solution de l'affaire... (1) ».

Étrangers condamnés pour délits politiques. — Étrangers non condamnés. — A leur égard, « il est procédé comme antérieurement ». La circulaire déclare, en termes exprès, que « les nouvelles instructions... ne s'appliquent pas aux condamnés pour délits politiques ou faits connexes, ni aux individus qui ne sont pas détenus ou qui, après avoir été arrêtés, ont bénéficié d'une ordonnance de non-lieu ou d'un acquittement ». Comme par le passé, l'enquête concernant ces étrangers est faite par les autorités locales (sous-préfet, gendarmerie, commissaire de police). Le préfet rédige ensuite son rapport, dans lequel il donne un avis motivé, et l'envoie avec le dossier au ministère de l'Intérieur, sous le timbre de la sûreté générale.

Étrangers non-résidants des départements-frontières. — Rien n'est innové en ce qui les concerne. La circulaire du 8 déc. 1907 a eu le soin de le bien indiquer : « ...Dans les

---

(1) V. Circul. du 8 déc. 1907 (*Bull. du minist. de l'intér.*, 1907, p. 822-823).

départements-frontières de terre ou de mer, les préfets continueront, comme par le passé, à prendre eux-mêmes, s'il y a lieu, comme leur en donne le droit l'art. 7, § 3, de la loi du 3 déc. 1849, les arrêtés d'expulsion se rapportant aux étrangers *non-résidants, quel que soit le motif de cette mesure.* C'est donc à eux, et non pas à mon administration, que seront adressés, par les gardiens-chefs, les dossiers aux fins d'expulsion concernant les condamnés de droit commun qui rentrent dans cette catégorie ».

β) **L'arrêté d'expulsion.**

A quel moment il peut être pris. — D'ordinaire, sitôt l'instruction à fin d'expulsion terminée, l'autorité compétente peut prendre l'arrêté enjoignant à l'étranger de sortir du territoire, si elle juge l'expulsion nécessaire. Cependant il est essentiel de savoir, qu'à l'égard de certains étrangers, la procédure subit un temps d'arrêt, que l'arrêté ne peut être pris qu'après communication des motifs et des documents qui en font foi à leurs agents diplomatiques ou consulaires.

Traités stipulant la communication des motifs d'expulsion et des documents justificatifs aux agents diplomatiques et consulaires. — Des traités conclus par la France avec la Bolivie (1), l'Équateur (2), le Guatémala (3), Costa-Rica (4), le

---

(1) Traité avec la Bolivie, 9 déc. 1834, art. 3, § 2, publié par ordonnance du 26 juill. 1837 (S. *Lois ann.* de 1837, p. 377).

(2) Traité avec l'Équateur, 6 juin 1843, art. 4, § 4, publié par ordonnance du 28 mars 1845 (*Id.*, 1845, p. 12).

(3-4) Traité avec le Guatémala, 8 mars 1848, art. 4, § 4, et Acte d'accession de

MARTINI. 8

Honduras (1), San-Salvador (2), le Pérou (3), et la Bavière (4)
stipulent, en effet, que les citoyens de ces États ne pourront
être expulsés qu'après que cette communication aura été
faite.

Les Français bénéficient naturellement de la même faveur dans ces divers pays : ils ne peuvent en être expulsés
que, si pareille communication a été également faite à leurs
agents diplomatiques ou consulaires. La clause dont s'agit
est réciproque : « Les citoyens *respectifs*, ne pourront être
expulsés... », dit-elle (5). Et, il n'y a qu'à se féliciter de tels
accords qui constituent pour les Français, dans ces États,
une garantie que l'on peut juger nécessaire.

États jouissant du traitement de la nation la plus
favorisée. — D'ailleurs, la disposition de ces traités peut,
en outre, être invoquée par les sujets des États qui jouissent en France, au point de vue du droit de séjour et d'établissement, du *traitement de la nation la plus favorisée,*

Costa-Rica à ce traité le 10 mars 1848, publiés et approuvés par loi du 10 mai
1849 (S. *Lois ann.*, 1849, p. 50).

(1) Traité avec le Honduras, 22 févr. 1856, art. 4, § 4, promulgué par décret
impérial du 17 oct. 1857 (*Id.*, 1857, p. 147).

(2) Traité avec San-Salvador, 2 janv. 1858, art. 5, § 2, promulgué par décret
impérial du 3 mars 1860 (*Id.*, 1860, p. 15).

(3) Traité avec le Pérou, 9 mars 1861, art. 3, § 3, promulgué par décret impérial du 26 févr. 1862 (*Id.*, 1862, p. 15).

(4) Déclaration avec la Bavière, 30 mai 1868, approuvée par décret impérial
du 27 juin 1868 (*Id.*, 1868, p. 320).

(5) V. d'ailleurs, Weiss, t. 2, p. 95 et s.; Audinet, *Princ. du dr. int. pr.*,
2ᵉ éd., n. 213, *in fine*; Despagnet, *Précis de dr. int. pr.*, 4ᵉ éd., n. 37, p. 89;
Bonfils et Fauchille, *Man. de dr. int. publ.*, 5ᵉ éd., n. 442 ; Dudley-Field, *Pro-*
jet d'un Code int. (trad. Léo), sous l'art. 321 ; Bès-de-Berc, p. 87 et s. ; Lescœur,
n. 227 ; Vincent et Penaud, *Dict. de dr. int. pr.*, vᵒ *Expulsion*, n. 40 et s. ;
Rép. gén. du dr. fr., vᵒ *Étranger*, n. 199 et s.

c'est-à-dire par les Allemands, les Anglais, les Monténégrins et les citoyens de diverses Républiques de l'Amérique Latine [1]. Un arrêté d'expulsion ne peut intervenir à leur encontre qu'après que, leurs agents diplomatiques ou consulaires ont eu communication des motifs de l'expulsion et des pièces justificatives.

Absence de motifs précis. — Quant à l'arrêté d'expulsion, qu'il soit pris par le ministre de l'Intérieur ou le préfet d'un des départements-frontières, il n'est pas d'ordinaire spécialement motivé.

---

(1) L'art. 11 du traité *franco-allemand* du 10 mai 1871 s'exprime ainsi : « Les traités de commerce avec les différents États d'Allemagne ayant été annulés par la guerre, le Gouvernement français et le Gouvernement allemand prendront pour base de leurs relations commerciales le régime du traitement réciproque, sur le pied d'égalité de la nation la plus favorisée. Sont compris dans cette règle les droits d'entrée et de sortie, le transit, les formalités douanières, *l'admission et le traitement des sujets des deux nations...* » (S. *Lois ann.* de 1871, p. 48).

La Convention *franco-anglaise* du 28 févr. 1882, concernant les relations commerciales et maritimes, promulguée le 13 mai 1882, dit dans son art. 1er, § 3 : « Il est bien entendu qu'en tout ce qui concerne le transit, l'emmagasinage, l'exportation, *la résidence temporaire ou permanente*, les ressortissants britanniques en France, et les ressortissants français dans le Royaume-Uni, jouiront du traitement de la nation la plus favorisée (S. *Lois ann.* de 1883, p. 504).

Une stipulation analogue se trouve également dans les conventions de commerce signées par la France avec le *Monténégro*, les 18-30 juin 1892 (approuvée par la loi du 30 janv. 1893, S. et P. *Lois ann.* de 1894, p. 717) ; la République de *Colombie*, le 30 mars 1892 (approuvée par la loi du 30 janv. 1893, S. et P. *Lois ann.* de 1894, p. 716); l'*Uruguay*, le 4 juill. 1892 (approuvée le 30 janv. 1893, S. et P. *Lois ann.* de 1894, p. 717) ; le *Paraguay*, le 21 juill. 1892 (approuvée le 30 janv. 1893, S. et P. *loc. cit.*); la *République Argentine* (approuvée le 30 janv. 1893, S. et P. *loc. cit.*) ; la *Serbie*, le 5 juill. 1893 (promulguée le 25 juill. 1893, S. et P. *Lois ann.*, de 1894, p. 715). — V. au surplus, Weiss, t. 2, p. 98, *in fine*-99; Audinet, *loc. cit.;* Despagnet, *loc. cit.;* Bès-de-Berc, p. 91 et s. ; Lescœur, *loc. cit.;* *Rép. gén. du dr. fr., v° cit.,* n. 201 et s.

L'arrêté ministériel est généralement ainsi conçu :

Le ministre de l'Intérieur :

Vu l'art. 7 de la loi du 3 déc. 1849...;

Vu l'art. 8 de la même loi...;

Attendu que X... a été condamné par le tribunal de... (ou la Cour de...), pour...;

Considérant que la présence de l'étranger susdésigné sur le territoire français, *est de nature à compromettre la sûreté publique;*

Arrête :

Art. 1er. — Il est enjoint à X... de sortir du territoire français.

Art. 2. — Le préfet de... est chargé de l'exécution du présent arrêté.

   A Paris, le...   1909 (1).

Et l'arrêté préfectoral est rédigé d'après cet arrêté-type (2).

On explique bien souvent ce laconisme des motifs de l'arrêté d'expulsion par son caractère de mesure de haute police. M. Arthur Desjardins notamment s'exprime ainsi : « ... Il n'y a pas lieu d'exiger du pouvoir exécutif qu'il motive ses arrêtés d'expulsion, comme le pouvoir judiciaire motive ses arrêts... Si l'on impose au Gouvernement, l'obligation de motiver dans tous les cas ces sortes de mesures, il les motivera souvent d'une manière aussi vague, et je me demande ce que les étrangers y auront gagné. Il peut même advenir que, soit dans l'intérêt de l'expulsé, soit dans un intérêt général, il ne faille pas livrer au public le vrai motif de l'expulsion ; ne vaut-il pas mieux, dès lors, ne pas contraindre le Gouvernement à s'expliquer ?... Il serait absurde de

---

(1) Si l'étranger n'a pas été condamné, la phrase concernant la condamnation est naturellement supprimée.

(2) L'arrêté, pris par le gouverneur de la Martinique, le 8 avr. 1909, contre l'ex-président Castro ne contient aucun motif. Il ne porte pas même le considérant traditionnel : « la présence de l'étranger susdésigné est de nature à compromettre la sécurité publique » ! V. *infra*, p. 132, le texte de cet arrêté.

conférer à une autorité quelconque le pouvoir d'annuler une semblable mesure pour insuffisance de motifs. L'arrêté peut être arbitraire et motivé, comme il peut être très légitime et non motivé. Dans ce dernier cas, nul ne peut se plaindre ; dans le premier (mais seulement dans le premier) l'expulsé peut demander aide à sa nation, et celle-ci peut, si le grief est sérieux, le faire valoir... » (1).

Suisse et Brésil. — Certaines législations n'en exigent pas moins que l'arrêté contienne les motifs de l'expulsion. Il en est ainsi notamment des lois *suisses* du 14 oct. 1905 et *brésilienne* du 7 janv. 1907 (2). Le Conseil fédéral suisse a, d'ailleurs, motivé très abondamment certains arrêtés pris à l'encontre d'expulsés de marque (3).

---

(1) V. Arthur Desjardins, *L'expulsion des étrang.*, dans *Quest. soc. et polit.* (1893), p. 109.

(2) L'art. 21 de la loi suisse du 14 oct. 1905 est ainsi conçu : « Les arrêtés d'expulsion devront être motivés, et les faits reprochés spécifiés dans l'arrêté ». L'art. 7 de la loi brésilienne du 7 janv. 1907 porte : « Le pouvoir exécutif fera notifier dans une note officielle à l'étranger qu'il décide d'expulser, les motifs de sa décision... ». V. d'ailleurs, en ce qui concerne le Brésil, Trib. supr. fédér., 30 janv. 1907 (*Rev. de dr. int. pr.*, 1908, p. 821), et la note de M. Al. Martini ; 6 nov. 1907 (*J. du dr. int. pr.*, 1908, p. 891).

(3) V. not., l'arrêté expulsant le prince Kropotkine, le 23 août 1881 : — « Le Conseil fédéral suisse : ... Considérant que le prince Kropotkine est venu en Suisse comme réfugié politique, d'abord sous le faux nom de Levaschoff, après s'être enfui de Russie ; que le gouvernement de Genève l'a simplement toléré sur son territoire et a même rendu contre lui un arrêté d'expulsion pour défaut de papiers de légitimation et pour avoir fait usage d'un faux nom ; que Kropotkine a été incontestablement, depuis 1879, le principal rédacteur et soutien du *Révolté*, organe anarchiste, successeur du journal *l'Avant-Garde*, contre lequel des mesures ont dû être prises en décembre 1878, et dont le rédacteur Brousse a été condamné par les Assises fédérales pour délit contre le droit des gens, et ensuite expulsé de Suisse ; que, sous le nom de Levaschoff, puis aussi sous son vrai nom, Kropotkine a fait à la Chaux-de-Fonds, à Lausanne et à Genève, des discours en public excitant les ouvriers à s'emparer violemment de la

Mode d'exécution. — L'arrêté indique si l'expulsé gagnera librement la frontière ou s'il y sera conduit, et fixe le délai dans lequel il doit quitter le pays.

La circulaire du ministère de l'Intérieur du 8 déc. 1907, précitée, rappelle que les préfets peuvent saisir le ministre de propositions tendant notamment à faire impartir aux individus susceptibles d'expulsion « un délai pour quitter librement le territoire ».

χ) **Notification de l'arrêté d'expulsion.**

L'arrêté prononce l'expulsion ; la notification la rend exécutoire. Sans la notification faite à l'intéressé, l'ordre d'expulsion ne peut sortir effet. La jurisprudence attache à

---

propriété et à bouleverser par la force l'ordre établi, discours qu'il a ensuite publiés dans son journal *le Révolté*; que, le 18 mars 1881, à l'occasion de l'anniversaire de la Commune de Paris, il a tenu, dans une réunion publique à la brasserie Schiess à Genève, un discours glorifiant l'assassinat du czar Alexandre II ; qu'il a été l'instigateur principal d'une proclamation affichée à Genève le 21 avril, et protestant contre l'exécution des assassins du czar, et que ces derniers faits ont été établis avec évidence dans l'enquête judiciaire ordonnée par le Conseil fédéral... ; que, au mois de juillet de cette année, il a pris part, comme délégué du *Révolté*, à un congrès anarchiste-révolutionnaire à Londres, et qu'il y a, d'après son propre journal, tenu des discours et contribué à prendre des résolutions dont le but avoué est d'organiser l'assassinat et de renverser tous les pouvoirs établis, en se servant pour cela « des moyens chimiques et physiques qui ont déjà rendu tant de services à la cause révolutionnaire, et qui sont appelés à en rendre de plus grands encore, comme moyens de défense et d'attaque ! » (*Révolté*, 23 juill. 1881)... ; que tous les renseignements sont d'accord pour le représenter comme un agent actif et influent de la propagande qui a l'anarchie pour but et l'assassinat pour moyen ; que l'autorité fédérale ne saurait tolérer de pareils agissements... — *Arrête* :

1° Le séjour sur le territoire suisse et interdit au prince Kropotkine ;

2° Le présent arrêté sera communiqué... aux gouvernements des autres États confédérés avec invitation de mettre cet arrêté à exécution, dans le cas où Kropotkine se trouverait sur le territoire de l'un des cantons ».

cette formalité une importance capitale. La plupart des jugements et arrêts, rendus pour contravention à l'arrêté, ont soin d'indiquer que la notification avait eu lieu, montrant bien, par là, que l'infraction n'aurait pas été sanctionnée, à défaut de notification.

Qui notifie l'arrêté? et selon quelles formes?

I. **Notification aux expulsés détenus**. — Aux étrangers détenus, la notification est faite par le *gardien-chef*, qui reçoit l'arrêté directement du ministère de l'Intérieur, en ce qui concerne du moins, les condamnés pour crimes et délits de droit commun, depuis la circulaire du 8 déc. 1907, précitée. Elle porte, en effet : « D'après les instructions actuellement en vigueur, c'est aux préfets qu'il appartient de signaler au ministère de l'Intérieur, pour être expulsés, les étrangers subissant, dans les établissements pénitentiaires de leur département, une peine pour délit de droit commun. *Les ampliations des arrêtés d'expulsion pris par mon administration, sont ensuite adressées à ces mêmes préfets, pour notification.* Une semblable procédure demande du temps : d'une part, les documents établis dans les prisons passent par plusieurs échelons avant de me parvenir; d'autre part, les pièces nécessaires à la mise à exécution de mes arrêtés d'expulsion suivent à leur tour la même filière en sens inverse. Il en résulte de trop longs délais qui ont pour conséquence, surtout lorsqu'il s'agit de courtes peines, d'apporter des retards à la mise en liberté normale des détenus. Cet inconvénient se trouve encore aggravé du fait de l'application de la loi de sursis et de la loi sur l'imputation de la détention préventive; fréquemment, en effet, des étrangers passibles d'expulsion sont libérables dès le prononcé de l'arrêt ou du jugement, ou presque immédiatement après, alors que l'expulsion reste en suspens tant que les tribunaux n'ont pas statué. Dans ces conditions, et en vue d'éviter, ou tout au moins d'abréger le plus possible la détention d'individus dont la peine est expirée, j'estime qu'il convient de simplifier les errements suivis jusqu'à ce jour. J'ai décidé, en conséquence, que, à partir du 1er janv. 1908, les dossiers d'expulsion constitués dans les prisons me seraient désormais adressés sans passer par l'intermédiaire de l'administration préfectorale, et que de même *les fonctionnaires et agents de l'administration pénitentiaire seraient directement* chargés de procéder à la notification et à l'exécution de mes arrêtés... »

Procès-verbal. — Signature. — Procès-verbal de la notification est dressé. Le signent le gardien-chef et l'intéressé.

Ce procès-verbal ou certificat de notification est ainsi conçu :

Le gardien-chef de la maison... de... certifie avoir aujourd'hui,
1º Notifié au nommé..... né de... né à... et détenu dans ladite maison, l'arrêté d'expulsion pris contre lui le..., par M. le Ministre de l'Intérieur (ou M. le Préfet).

2º Fait connaître à cet étranger, qu'il lui sera fait application des dispositions de l'art. 20 de la Convention du 9 novembre 1865, conclue entre la France et la Principauté de Monaco, d'après lesquelles tout individu expulsé du territoire de la République et dont l'expulsion aura été notifiée au gouvernement du Prince, ne pourra être admis à résider dans la Principauté.

En conséquence, le susnommé a été prévenu que, si, après son expulsion, il revenait en France, il y serait poursuivi pour infraction à la loi du 3 déc. 1849 et que, s'il était trouvé sur le territoire de la Principauté de Monaco, il y serait poursuivi par les autorités de ce pays, pour infraction à la convention du 9 novembre 1865.

Le présent certificat a été signé, après lecture, par le gardien-chef et l'intéressé.

A..., le..... 1909.

L'intéressé :

Le gardien-chef :

Expulsé illettré. — Si l'intéressé est illettré, deux témoins (un gardien et un détenu) constatent que la notification a été faite.

Traduction. — L'arrêté signifié à un étranger qui ne connaît pas la langue française, doit lui être *traduit*. Il ne paraît pas nécessaire que la traduction en soit faite par écrit (1).

II. **Notification aux expulsés non détenus.** — C'est le *commissaire de police*, ou le *maire* qui fait la notification aux expulsés non détenus. Un procès-verbal dressé et signé dans les mêmes conditions fait foi de la notification.

En *Belgique* et dans le Grand-Duché du *Luxembourg* l'arrêté est notifié par *huissier* (2).

°°°

Expulsion en temps de guerre. — Il ne peut s'agir alors d'arrêtés individuels, ni de notifications individuelles.

Les étrangers sont avertis par voie d'affiches et par la

______

(1) V. Alger, 15 mai 1902, *D'Antonio Antonio* (*J. du dr. int. pr.*, 1903, p. 837, 1904, p. 135. — *Rev. algér.*, 1903. 2. 106). D'après cet arrêt, l'arrêté signifié à un Italien ne parlant que la langue italienne, et qui n'en a reçu aucune traduction, soit orale, soit écrite, laisse subsister son ignorance de la mesure prise contre lui, ainsi que sa bonne foi, exclusive de toute culpabilité.

(2) **N. B.** La loi française du 5 août 1899, sur le casier judiciaire, a déclaré que les arrêtés d'expulsion figureraient sur le bulletin n° 1. V. Le Poittevin, *Le Casier judic.*, (1907), n. 51.

presse. En 1755, c'est le tambour et le clairon qui ont notifié aux Anglais l'arrêté d'expulsion leur enjoignant de sortir du territoire.

De la détention administrative.

D'après ce qui précède, l'on peut voir que la procédure de l'expulsion, relativement simple, nécessite néanmoins un temps assez long.

On n'a pas à craindre que les étrangers condamnés et emprisonnés se soustraient à la mesure qui les attend; mais l'on comprend aisément que, pour empêcher les étrangers qui sont en liberté, de se dérober à cette mesure, l'Administration exerce sur eux une surveillance très étroite, et même les mette en état de détention.

I. **Légitimité de la détention administrative.** — Le principe de cette détention a été, à la vérité, vivement critiqué. On a surtout dit que la loi du 3 déc. 1849 ne la prévoit nullement. « L'Administration, écrit M. R. Hubert, s'inspirant des exigences de la pratique, a fait œuvre de prêteur, et n'a pas hésité à combler de sa propre autorité les lacunes de la loi... Si l'on se trouve en présence d'un étranger suspect, la prudence veut qu'on commence par s'assurer de sa personne, et qu'on lui fasse attendre à l'ombre le résultat de l'enquête à laquelle il sera procédé pour savoir s'il y a lieu de l'expulser. S'il venait à disparaître au cours de l'instruction, on ne pourrait, le cas échéant, lui notifier l'arrêté d'expulsion, dont il serait l'objet, et il ne saurait, dès lors, encourir de pénalité en y contrevenant. Bref, l'Administration se réserve le droit de détenir l'étranger, quand il lui plaît et tant qu'il lui plaît. C'est le seul moyen de faire face à toutes les nécessités de la pratique... Le régime sous lequel l'étranger est placé en France, n'est pas sans offrir, il faut en convenir, quelque analogie avec le système des lettres de cachet qui, par une association d'idées toute naturelle, évoque le souvenir de la Bastille, la lettre de cachet constituant le billet de logement qui assurait une place dans cette sombre hôtellerie. C'est le cas de s'écrier avec Bentham : *What a multitude of things thereare in a law!* Que de choses il y a dans une loi! Oui que de choses même il y a que le législateur ne soupçonne pas ! »[1]

Et cependant, il faut bien reconnaître que cette détention est *légitime*, l'efficacité de l'ordre d'expulsion dépendant directement, de l'aveu même de M. R. Hubert, de l'incarcération : l'individu que les autorités compétentes ont intérêt à éloigner du territoire leur échapperait trop aisément s'il était impossible de le mettre en lieu sûr !

D'ailleurs, le droit de détention qu'exerce ainsi l'Administration n'est pas en contradiction avec l'esprit de la loi du 3 déc. 1849. Dans cette matière de l'expulsion où, tout ne peut être prévu, où, selon l'expression du rapporteur de la loi, M. de Montigny, il est nécessaire de réserver « une latitude de pouvoirs exigée par les *circonstances* », il n'est pas *illégal* de permettre une incarcération que les *circonstances* rendent inévitable [2].

Circulaires des 22 janv. 1852 et 15 avr. 1878. — Deux circulaires notamment, du ministère de l'Intérieur, en date

---

(1) V. R. Hubert (*Gaz. des Trib.* du 1er oct. 1897). Comp. Bès-de-Berc, p. 79.
(2) V. en ce sens, Darut, p. 142 et s.

des 22 janv. 1852 et 15 avr. 1878 reconnaissent formellement ce droit aux préfets.

Sentence arbitrale dans l'affaire Ben Tillett. — M. Arthur Desjardins, dans la sentence qu'il a rendue, comme arbitre, dans l'affaire *Ben Tillett*, dont il a été parlé plus haut (1), a reconnu aussi, en termes particulièrement nets, et le droit de surveillance et le droit d'incarcération. Voici, d'ailleurs, cette partie de sa sentence :

I. *Quant à la surveillance exercée sur la personne de Ben Tillett à la suite du meeting du 21 août 1896, et jusqu'à l'incarcération de ce sujet anglais dans la maison de sûreté d'Anvers :*

« Attendu qu'en reconnaissant à l'Etat le droit d'expulser, on ne saurait lui dénier les moyens d'assurer l'efficacité de ses injonctions;

« Qu'il doit pouvoir *surveiller* les étrangers dont la présence lui paraît dangereuse pour l'ordre public, et, s'il craint que ceux auxquels il interdit son territoire n'échappent à cette surveillance, *les garder à vue*;

« Attendu, en fait, que *Ben Tillett* s'était rendu en Belgique pour y organiser la Fédération internationale des Dockers, et pour y fomenter une grève jugée par le pouvoir royal tout à la fois préjudiciable aux intérêts du port d'Anvers, et menaçante pour la tranquillité publique;...

« Attendu que le Gouvernement ne sortait pas de son rôle et n'excédait pas son droit en s'appliquant à ne pas perdre de vue *Ben Tillett*..., par suite à s'assurer de sa personne après la réunion tenue dans la cour du cabaret Schram;...

« Qu'au surplus..., *Ben Tillett* savait absolument à quoi s'en tenir : on l'avait officiellement avisé, dès son débarquement, que s'il voulait donner le meeting public..., il n'avait qu'à quitter le territoire belge; autrement, il s'exposait à être arrêté et reconduit par la force armée à la frontière...

« Que les arrêtés d'expulsion ne précédant pas en général les événements qui les motivent (2), si l'on ne peut employer des moyens de coercition pour garder à vue pendant quelques heures, jusqu'à ce que

---

(1) V. *suprà*, p. 70.
(2) V. toutefois, sur ce point, *suprà*, p. 4 et s.

la mesure soit officiellement prise, un étranger dont la conduite est devenue une cause de trouble, ce personnage aura le temps de se dérober à la police, et le Gouvernement se trouvera désarmé.

II. *Sur l'incarcération dans une maison de sûreté :*

« Attendu que le Gouvernement britannique reproche aux autorités belges d'avoir extrait *Ben Tillett* du bureau de police, pour le conduire dans une prison, où il s'est trouvé confondu avec des hommes condamnés pour délits de droit commun ou prévenus de délits de droit commun;

« Attendu, en fait, que *Ben Tillett* a été écroué le 21 août 1896, à 8 heures du soir...;

« Que les autorités belges se sont, assurément, conformées au règlement de cet établissement pénitentiaire (la maison de sûreté d'Anvers), selon lequel la maison de dépôt est affectée non seulement aux prévenus, mais encore aux « étrangers à la disposition de l'administrateur de la sûreté publique et à ceux dont l'extradition est demandée par les gouvernements étrangers; qu'il s'agit uniquement de savoir si, le Gouvernement royal, en internant *Ben Tillett* dans un quartier simultanément affecté à ces diverses classes de prisonniers, n'a pas enfreint une obligation de l'ordre international;

« Mais attendu, d'une part, en fait, que *Ben Tillett* a été successivement enfermé dans deux cellules de ce quartier;

« Attendu, d'autre part, en droit, qu'il est impossible d'astreindre un État souverain, soit à construire des établissements particuliers exclusivement affectés à la détention provisoire des étrangers depuis leur arrestation jusqu'au moment où la mesure d'expulsion peut être exécutée, soit même à leur réserver, dans les maisons déjà construites, un quartier spécial; que le Gouvernement belge, en isolant *Ben Tillett*, par suite, en l'empêchant de subir le contact des prévenus, a satisfait aux exigences de la courtoisie internationale ».

Législations étrangères récentes. — Au surplus, les législations récentes sur l'expulsion reconnaissent aux autorités compétentes le droit de détention.

Angleterre. — En *Angleterre*, « l'étranger pour lequel un certificat a été remis par un tribunal dans le but d'aboutir à une ordonnance d'expulsion, est susceptible d'être gardé en prison jusqu'à ce que le secrétaire d'État ait statué sur son cas... » (1). D'après une ordonnance du 5 janv. 1906 du secrétaire d'État, « il peut même être photographié et mensuré de la même façon qu'un prisonnier criminel » (2).

États-Unis. — Aux *États-Unis*, l'art. 20 de la loi du 20 févr. 1907, dispose : « ... Dans l'attente du jugement définitif de son cas, l'étranger mis en état d'arrestation pourra être relâché, en s'engageant, sous une clause pénale d'au moins 500 dollars, avec une garantie approuvée par le Secrétaire du Commerce et du Travail, à comparaître quand il sera requis, tant aux audiences relatives à l'accusation ayant motivé son arrestation, qu'au moment de sa déportation, s'il est considéré comme se trouvant illégalement aux États-Unis. » — S'il peut être *relâché*, c'est donc qu'il peut être *détenu* !

II. **Limites du droit de détention administrative.** — D'ailleurs, ce que l'on critique surtout, c'est moins le principe même de la détention administrative que l'application abusive qui en serait faite bien souvent.

L'on détient ainsi, dit-on, pendant un temps assez long, outre les étrangers suspects, — les individus précédemment détenus judiciairement, dont les agissements n'ont pas paru suffisamment graves ou caractérisés pour motiver des poursuites, — ceux qui bénéficient d'une remise de

---

(1) V. not., Henriques, *L'Aliens Act anglais de 1905* (*Rev. de dr. int. pr.*, 1908, p. 55).

(2) V. *Id.*, 1908, p. 55, note 3.

peine, — les étrangers absous des fins de la plainte ou acquittés ! (1).

Et il est, en effet, de toute nécessité d'abréger *autant que possible*, pour tous ces individus, la durée de la détention administrative.

La circulaire du ministère de l'Intérieur du 8 déc. 1907, citée déjà à plusieurs reprises, et que nous donnons *in extenso* ci-dessous (2), s'est efforcée d'atteindre ce but, à l'é-

---

(1) V. not., Darut, p. 144 et s.

(2) *Circulaire du ministère de l'Intérieur du 8 déc. 1907 :* — « Monsieur le Préfet. D'après les instructions actuellement en vigueur, c'est aux préfets qu'il appartient de signaler au ministère de l'Intérieur, pour être expulsés, les étrangers subissant, dans les établissements pénitentiaires de leur département, une peine pour délit de droit commun. Les ampliations des arrêtés d'expulsion pris par mon administration sont ensuite adressées à ces mêmes préfets, pour notification.

« Une semblable procédure demande du temps : d'une part, les documents établis dans les prisons passent par plusieurs échelons avant de me parvenir ; d'autre part, les pièces nécessaires à la mise à exécution de mes arrêtés d'expulsion suivent à leur tour la même filière en sens inverse.

« Il en résulte de trop longs délais qui ont pour conséquence, surtout lorsqu'il s'agit de courtes peines, d'apporter des retards à la mise en liberté normale des détenus. Cet inconvénient se trouve encore aggravé du fait de l'application de la loi de sursis et de la loi sur l'imputation de la détention préventive ; fréquemment, en effet, des étrangers passibles d'expulsion sont libérables dès le prononcé de l'arrêt ou du jugement, ou presque immédiatement après, alors que l'expulsion reste en suspens tant que les tribunaux n'ont pas statué.

« Dans ces conditions, et, en vue d'éviter, ou, tout au moins d'abréger le plus possible la détention d'individus dont la peine est expirée, j'estime qu'il convient de simplifier les errements suivis jusqu'à ce jour.

« J'ai décidé, en conséquence, que, à partir du 1er janv. 1908, les dossiers d'expulsion constitués dans les prisons me seraient désormais adressés sans passer par l'intermédiaire de l'administration préfectorale, et que de même les fonctionnaires et agents de l'administration pénitentiaire seraient directement chargés de procéder à la notification et à l'exécution de mes arrêtés.

« Bien que les inconvénients auxquels cette nouvelle manière d'opérer a pour but de remédier soient particulièrement sensibles quand il s'agit de courtes

gard des étrangers condamnés dont la peine est expirée,

---

peines, il m'a paru qu'il y avait lieu d'unifier le système, et de l'appliquer à tous les condamnés de droit commun sans exception, quelle que soit la durée de l'emprisonnement. Cette extension est de nature à soulever d'autant moins d'objections que les condamnés à de longues peines sont, le plus souvent, inconnus du Préfet qui propose leur expulsion. Subissant, en effet, leur peines dans une maison centrale, ils sont généralement écroués en dehors de leur département d'origine ou du département du crime ou délit. Or, comme le Préfet compétent pour proposer l'expulsion, est celui du département où le condamné est détenu, il s'ensuit que dans la plupart des cas, il ne connaîtra ce dernier que par le dossier même de l'administration pénitentiaire. Par suite, il ne sera pas en mesure de m'éclairer de son avis personnel et ne pourra que s'en rapporter aux renseignements consignés à ce dossier. La suppression de l'intermédiaire restera donc sans influence sur la solution de l'affaire. .

« Au surplus, il reste bien entendu que vous pourrez toujours, dans le cas où vous jugeriez utile de le faire, me saisir de propositions tendant soit à prononcer une expulsion, soit à ne pas faire à tel étranger déterminé application de la loi du 3 déc. 1849, soit à lui impartir un délai pour quitter librement le territoire.

« Je dois préciser que les nouvelles instructions visent uniquement les étrangers détenus et condamnés pour infraction de droit commun. Elles ne s'appliquent pas aux condamnés pour délits politiques ou faits connexes, ni aux individus qui ne sont pas détenus ou qui, après avoir été arrêtés, ont bénéficié d'une ordonnance de non-lieu ou d'un acquittement. Pour ces dernières classes d'étrangers, vous devrez procéder comme antérieurement.

« J'ajoute que, dans les départements de frontières de terre et de mer, les préfets continueront, comme par le passé, à prendre eux-mêmes, s'il y a lieu, comme leur en donne le droit l'art. 7, § 3, de la loi du 3 déc. 1849, les arrêtés d'expulsion se rapportant aux étrangers *non résidant*, quel que soit le motif de cette mesure. C'est donc à eux, et non pas à mon administration, que seront adressés, par les gardiens chefs, les dossiers aux fins d'expulsion concernant les condamnés de droit commun qui rentrent dans cette catégorie.

« Je vous transmets, en nombre suffisant pour qu'il en soit remis un exemplaire à chacun de MM. les sous-préfets de votre département, la présente circulaire ainsi que les instructions que j'envoie à ce sujet à MM. les directeurs des circonscriptions pénitentiaires, les directeurs des maisons centrales et les gardiens-chefs des maisons d'arrêt et de correction.

« Vous voudrez bien m'en accuser réception et veiller à leur exécution.

Le Président du Conseil, Ministre de l'Intérieur,

G. CLÉMENCEAU ».

en ordonnant que les dossiers d'expulsion seraient transmis directement à l'administration de l'Intérieur, et que l'administration pénitentiaire serait directement chargée de procéder à la notification des arrêtés. Dès 1897, M. R. Hubert, avait proposé, pour remédier à un état de choses contre lequel il s'est toujours énergiquement élevé, de donner compétence aux préfets des départements-frontières — c'est surtout dans ces départements que la détention administrative est d'application fréquente — non seulement à l'égard des étrangers non-résidants, mais encore des étrangers résidants. « Le ministre, disait-il, est généralement d'accord avec le préfet, puisqu'il ne voit que par ses yeux. Pourquoi, dès lors, ne pas donner compétence à ce dernier dans tous les cas, l'humanité y gagnerait, et nous ne voyons pas trop ce que l'intéressé y perdrait, sinon un supplément de prison (1) ».

Droit de détention administrative exercé par les Consuls. — Dans tous les pays où les consuls français ont, à l'égard de leurs nationaux, le droit d'expulsion, ils peuvent user naturellement du droit de détention administrative (2). C'est là une conséquence naturelle de leur droit d'expulsion : il est, en effet, la plupart du temps, nécessaire d'attendre plusieurs jours avant que les Français expulsés puissent prendre passage sur le navire qui doit les rapatrier. —

---

(1) V. R. Hubert (*Gaz. des Trib.* du 1ᵉʳ oct. 1897). *Adde*, Darut, p. 149, *in fine*-150.

(2) V. not., Vincent et Penaud, *Dict. de dr. int. pr.*, vº *Expulsion*, n. 39.

D'ailleurs, l'art. 17. de la loi du 8 juill. 1852 autorise nos consuls en Chine et dans l'Imanat de Mascate à faire embarquer leurs concitoyens expulsés sur des bâtiments nationaux ou étrangers, pour être dirigés, suivant les circonstances, dans l'un des établissements français dans les Indes, ou sur un lieu de station navale française, *lorsqu'il y a urgence et impossibilité de les renvoyer directement en France* (1). — Les Consuls de France, dans le Royaume de Siam ont également le droit de se prévaloir des dispositions de cet article 17, placé dans le titre III de la loi du 8 juill. 1852, puisque les titres I et III de cette loi leur ont été déclarés applicables par la loi du 18 mai 1858 (2).

---

(1) V. not., Trib. de la Seine, 10 août 1878 (*J. du dr. int. pr.*, 1878, p. 495). *Adde*, Vincent et Penaud, *v° cit.*, n. 33.

(2) V. S. *Lois ann.*, de 1858, p. 66. *Adde*, De Clercq et de Vallat, *Guide prat. des Consulats*, 4° éd., t. 1, p. 422-424.

CHAPITRE V

EFFETS DE L'ARRÊTÉ D'EXPULSION.

L'arrêté d'expulsion entraîne naturellement l'expulsion du territoire, et la défense d'y rentrer par la suite. Cet éloignement du territoire et cette interdiction d'y séjourner constituent les effets essentiels de l'arrêté.

§ 1er.

Expulsion du territoire.

L'arrêté d'expulsion a pour effet immédiat l'expulsion du territoire. Voyons : α) comment cette expulsion s'effectue, comment l'arrêté est mis à exécution; β) quelles sont les conséquences qui en résultent. Nous verrons ensuite quelle est la sanction de l'inexécution de l'arrêté.

α) Mise à exécution de l'arrêté.

I. Exécution forcée. —.Exécution volontaire et temporisée.
L'expulsé est conduit à la frontière *sous escorte* ou bien est autorisé à s'y rendre *librement*.

Les étrangers condamnés et ceux qui sont détenus administrativement [1] sont conduits, la plupart du temps, au lieu de leur destination ; mais, il arrive, assez souvent, que les étrangers condamnés eux-mêmes sont autorisés à sortir li-

---

[1] Sur la détention administrative, V. *suprà*, p. 122 et s.

brement du territoire, dans un *délai* qui leur est imparti. Parmi les étrangers que l'on a intérêt à expulser, il y en a un assez grand nombre qui ne sont pas tellement dangereux qu'il faille nécessairement les accompagner aux frontières ; tous, d'ailleurs, ne sont pas indignes de pitié ; certains d'entre eux ont même été paisibles et laborieux jusqu'au jour où ils se sont rendus coupables d'une faute qu'ils ont ensuite regrettée amèrement ; il faut, à leur égard, user de clémence, les laisser du moins s'éloigner sans éclat.

Le *délai* imparti est d'assez courte durée. On accorde, d'ordinaire, vingt-quatre heures, quarante-huit heures ; rarement huit jours. Une circulaire du ministère de l'Intérieur du 10 janv. 1895, recommande aux préfets d'exercer sur les expulsés qui « bénéficient d'un délai » une surveillance active afin qu'ils ne prolongent pas leur séjour en France [1].

---

[1] A l'ex-président Castro, il a été accordé *neuf heures* pour quitter le territoire de la Martinique ! L'arrêté est, en effet, ainsi conçu :

« Le gouverneur de la Martinique, officier de la Légion d'honneur ;

Vu l'ordonnance organique du 9 févr. 1827 et celle du 22 août 1833 ; vu les art. 7 et 8 de la loi du 3 déc. 1849 ; vu le câblogramme ministériel n° 40, en date du 8 avr. 1909, arrête :

Article premier. — Il est enjoint à M. Castro, Cypriano, ancien président de la République du Vénézuéla, d'avoir à quitter le territoire de la Martinique, dans le délai de neuf heures, à compter de la notification du présent arrêté.

Art. 2. — Le commissaire de police de Fort-de-France est chargé de l'exécution, du présent arrêté, qui sera inséré et publié partout où besoin sera.

Fort-de-France, le 8 avr. 1909.

Signé : FOURREAU ».

V. not., le *Journal* du 11 avr. 1909, et l'*Écho de Paris* du même jour.

On n'a accordé un délai si réduit que pour contraindre l'ex-dictateur à s'embarquer sur le transatlantique *Versailles* qui devait quitter Fort-de-France dans la soirée ; mais, on comprend aisément, que certains publicistes aient jugé ce délai par trop bref, d'autant que le gouverneur avait le droit « de faire surveiller de

Législations étrangères. — Certaines législations accordent elles-mêmes un délai à l'effet de sortir du territoire. La loi *belge* du 12 févr. 1897 spécifie qu'un jour franc, au moins doit être laissé à l'expulsé. La loi *brésilienne* du 7 janv. 1907 dit, de son côté : « Le pouvoir exécutif fera notifier dans une note officielle à l'étranger qu'il décide d'expulser, les motifs de sa décision, en lui accordant un délai de trois à trente jours pour quitter le territoire... (1) ».

II. **Désignation de la frontière.** — Mais à quelle frontière l'étranger expulsé est-il conduit ou doit-il se rendre?

Les lois *belge* (2) et *luxembourgeoise* (3) laissent à l'étranger expulsé la faculté de désigner la frontière par laquelle il sortira. Cette désignation ainsi laissée à l'agrément de l'expulsé est assurément très conforme au principe de la liberté individuelle (4). Mais, il faut bien reconnaître que « cela peut présenter un inconvénient sérieux (5). Les États

---

très près M. Castro ». (V. not., Saint-Brice, le *Journal* du 12 avr. 1909). Comp. le *Journal* du 9 du même mois.

(1) L'article continue en déclarant que le Gouvernement pourra comme « mesure de sécurité publique, ordonner sa détention jusqu'au moment du départ ». (L. 7 juill. 1907, art. 7). V. aussi l'art. 5 des Instructions prises pour l'exécution de la loi (*Rev. de dr. int. pr.*, 1908, p. 857).

(2) V. L. 12 févr. 1897, art. 4.

(3) V. L. 30 déc. 1893, art. 11.

(4) V. Féraud-Giraud (*J. du dr. int. pr.*, 1890, p. 423).

(5) Id., *loc. cit.* — C'est, entre autres raisons, parce qu'il n'a pas été donné à l'ex-président du Vénézuéla, de « choisir en toute indépendance sa nouvelle destination », qu'il a adressé la protestation suivante au Gouvernement français, qu'on a pu lire, d'ailleurs, dans le *Journal* du 12 avr. 1909 : — « Je proteste contre l'attitude du Gouvernement français à mon égard. Je proteste parce que je suis malade. parce que m'embarquer dans cet état c'est mettre ma vie en danger. Je proteste parce que je n'ai commis, depuis les quelques jours que je suis ici, aucune faute contre le Gouvernement français, ni contre ses représentants. Je

— on le conçoit aisément — ne sont pas très enchantés

---

proteste enfin parce que le décret d'expulsion qui m'a été communiqué d'avoir à quitter le territoire français m'a été signifié sans égards et d'une façon blessante, et, aussi, *parce que le paquebot qui va m'emporter est à destination d'un port français.*

« Par conséquent, et pour toutes ces considérations, j'en suis arrivé à cette extrémité de voir méconnus à mon égard le droit international et le simple droit des gens.

« Il est inconcevable que sur cette terre qui a vu naître Joséphine de Beauharnais, prêtresse de la liberté et inspiratrice de ce peuple qui a versé pour ce principe des torrents de sang, il y a un siècle à peine, on puisse voir aujourd'hui briser et fouler aux pieds tout ce qui faisait la force des prérogatives consacrées par les droits de l'homme.

Fort-de-France, le 10 avril 1909.

CYPRIANO CASTRO ».

On sait, du moins. que trois médecins, mandés par le gouverneur, ont affirmé que « le voyage ne mettrait pas la vie de M. Castro en danger ». Voici, du reste, en quels termes s'exprimait le journal que nous avons eu sous les yeux : — « Fort-de-France (*via* New-York), 11 avril. — C'est, à la suite d'une nouvelle protestation du général Castro, affirmant qu'il était hors d'état de supporter le voyage que, le gouverneur, M. Foureau, le fit encore examiner, hier soir, par trois médecins, qui déclarèrent què le voyage ne mettrait pas sa vie en danger. Castro, refusant toujours de partir, ordre fut donné de l'enlever de force; les gendarmes se présentèrent à son hôtel et leur présence attira bientôt une foule nombreuse et bruyante. — Le commissaire de police envahit la chambre de Castro avec plusieurs agents. Le général, refusant de s'habiller, on le saisit et on l'emporta sur un matelas, en caleçon et en tricot, la tête bandée, tandis qu'il poussait des plaintes constantes et des gémissements de douleur. — Placé sur une civière, il fut transporté de la sorte jusqu'aux docks de la Compagnie Transatlantique, sous l'escorte des gendarmes que la foule émue suivait lentement. — L'embarquement fut des plus difficiles. Castro faillit tomber de la civière au moment où les porteurs gravissaient l'échelle donnant accès au navire. — Transporté dans une des meilleures cabines du *Versailles*, il y fut déposé. Seul, son frère l'accompagnait. J'obtins de le voir au moment du départ. Il serra la main de son frère, en lui disant : « A bientôt et à la grâce de Dieu ! ». Et il retomba immobile sur sa couchette et, en apparence, résigné.

« Sitôt que l'embarquement de Castro eût été accompli, le *Versailles* qui avait été réquisitionné par le gouverneur, est parti pour Basse-Terre, la Pointe-à-Pitre et Saint-Nazaire ». (Le *Journal* du 12 avr. 1909). Comp. *l'Echo de Paris* du même jour.

de recevoir des individus dont l'État voisin se débarrasse. Il leur suffit de recevoir leurs propres sujets qui ont démérité ; à ceux qui appartiennent à des nations tierces, ils refusent impitoyablement l'accès de leur territoire ; ils les *refoulent* purement et simplement, selon l'expression consacrée [1].

Refoulement des étrangers expulsés. — *Refouler* les étrangers expulsés, c'est les contraindre à retourner sur le territoire d'où ils viennent d'être chassés, à violer par suite l'arrêté, c'est les jeter en prison ! Aussi, dans la pratique, pour éviter aux expulsés un pareil traitement, les dirige-t-on vers leur pays d'origine. Une circulaire très importante, due à M. Allain-Targé, en date du 17 déc. 1885, est formelle à cet égard. S'adressant aux préfets, M. Allain-Targé déclare : « Vous ne devez pas perdre de vue que la plupart des puissances refoulent impitoyablement tous les expulsés autres que leurs nationaux, et qu'il y a nécessité absolue de ne diriger que, tout à fait exceptionnellement, les étrangers soumis à l'expulsion sur des pays autres que leur pays d'origine. Cette ligne de conduite est sévèrement suivie par l'Allemagne, l'Italie, l'Espagne et la Suisse » [2].

En 1891, d'ailleurs, les gouvernements allemand et français ont expressément convenu que les individus de l'un

---

De Saint-Nazaire où le *Versailles* est arrivé le 23 avril, l'ex-président Castro s'est rendu à Paris. « Il compte s'y reposer assez longtemps et se guérir des suites de son opération ». V. le *Journal* du 24 avr. 1909.

(1) V. cep. en ce qui concerne les réfugiés politiques, *infrà*, p. 137 et s.

(2) V. *J. du dr. int. pr.*, 1886, p. 497 ; J. *La Loi* du 25 déc. 1885. — Comp. Mérighnac, *Tr. de dr. publ. int.*, t. 1, p. 252 ; Bry, *Précis de dr. int. publ.*, 5° éd., n. 85, p. 128 ; *Rev. de dr. int. publ.*, 1894, p. 69-70 ; *Rép. gén. du dr. fr.*, v° *Etranger*, n. 172.

ou de l'autre pays, frappés d'une mesure d'expulsion, ne pourront franchir la frontière, qu'autant que leur nationalité résultera de pièces authentiques qu'ils pourront produire. A défaut, elle est établie à la suite d'une correspondance diplomatique(1).

Une circulaire du ministère de la Justice du 2 oct. 1895 a étendu ces prescriptions à tous les étrangers (2). Elles ont été rappelées aux magistrats, en 1904 (3). Mais, déjà, en

---

(1) Voici au surplus la Circulaire du ministre de l'Intérieur du 6 juill. 1891 : « Le soin de s'assurer de la nationalité des Allemands réfugiés en France, incombera aux Parquets. Lorsque des poursuites seront dirigées contre un individu se disant allemand ou présumé tel, il y aura lieu de vérifier cette nationalité d'après les documents authentiques dont il serait possesseur et de les joindre provisoirement au dossier. Lorsque la condamnation sera devenue définitive, le parquet remettra ces pièces au gardien-chef de la prison, en même temps que l'extrait du jugement ou de l'arrêt; elles seront ensuite annexées à l'arrêté d'expulsion, puis restituées au condamné à la frontière, après la production faite à l'autorité allemande. — A défaut de papiers, quand il y a des doutes sur la nationalité, le parquet adressera au Garde des sceaux une commission rogatoire du juge d'instruction à l'effet de rechercher par la voie diplomatique, la nationalité et les antécédents judiciaires ».

(2) *Circulaire du 2 oct. 1895* : — « D'accord avec M. le ministre de l'Intérieur, j'ai décidé d'étendre à tous les individus de nationalité étrangère condamnés en France, les mesures prescrites... en ce qui concerne les sujets allemands. En conséquence, lorsqu'une condamnation prononcée contre un étranger qui devra être frappé d'expulsion, sera devenue définitive, le Parquet remettra au gardien-chef de la prison, en même temps que l'extrait du jugement ou de l'arrêt, toutes les pièces appartenant au condamné et trouvées sur lui au moment de son arrestation. Ces pièces, qui suivront l'étranger dans l'établissement sur lequel il sera dirigé à la suite de l'arrêt ou du jugement rendu contre lui, seront ensuite annexées à l'arrêté d'expulsion et restituées au condamné à la frontière ».

(3) *Note de la Chancellerie* (1904). — « Des étrangers sont souvent reconduits à la frontière de leur pays, sans avoir été remis, au préalable, en possession des pièces d'identité dont ils étaient porteurs et qui leur ont été retirées lors de leur arrestation. — Il peut en résulter des inconvénients sérieux : ces étrangers, après leur sortie de France, demeurent consignés à la disposition des

1852 (le 1ᵉʳ avril), et en 1882 (le 15 septembre), il avait été recommandé aux préfets de ne conduire sur le territoire *italien* que les étrangers dont « la nationalité italienne avait été établie » ; et la même recommandation avait eu lieu, en 1859 (le 7 juin), en ce qui concerne les *Suisses*. — Une convention *franco-bavaroise* du 30 mai 1868 avait également tendu à prévenir le refoulement (1).

Réfugiés politiques et déserteurs. — Quoi qu'il en soit, les *réfugiés politiques* et les *déserteurs* ne sont pas reconduits à leurs frontières nationales (2). Les y reconduire

---

autorités dont ils relèvent, jusqu'à ce que leur identité et leur nationalité aient été établies; parfois même ils sont immédiatement refoulés sur notre territoire. — En vue de prévenir ces inconvénients, M. le Président du conseil, ministre de l'Intérieur, a invité les directeurs et gardiens-chefs des établissements pénitentiaires à restituer aux condamnés libérés, et particulièrement aux étrangers sous le coup de la loi du 3 déc. 1849, les pièces et objets leur appartenant. — Sur sa demande, la Chancellerie rappelle aux magistrats les instructions reçues le 2 oct. 1895 » (V. *Journ. des parquets*, 1904. 3. 44).

(1) Elle est intéressante à connaître : « Lorsque l'un des deux gouvernements, dit-elle, jugera nécessaire d'expulser de son territoire, un individu supposé être un sujet de l'autre, il devra au préalable constater sa nationalité. Cette constatation faite, il communiquera à la légation ou au consulat compétent, soit en original, soit en copie authentique, tous les papiers dont l'expulsé était nanti et qui pourraient aider à établir sa nationalité. A l'avenir, il ne sera plus délivré de passeport à l'expulsé, mais seulement une feuille de route désignant le point de la frontière où il sera tenu de passer pour se rendre dans son pays d'origine. En visant ces feuilles de route, la légation ou le consulat devra indiquer qu'il n'existe aucun obstacle au rapatriement de l'individu soumis à l'expulsion. Cette mention aura toujours lieu dans le cas où les pièces permettent de reconnaître la nationalité de l'expulsé. En cas de doute, la légation ou le consulat en référera à son gouvernement. Les deux gouvernements s'engagent à reprendre tout individu expulsé qui aura été considéré à tort comme sujet du pays auquel il a été rendu, aussitôt que l'erreur aura été reconnue ».

V. au surplus, relativement au refoulement des étrangers expulsés, Darut, p. 175 et s. Comp. Bès-de-Berc, p. 81, note 2, p. 83, *in fine*-84.

(2) Les *réfugiés politiques* peuvent d'ailleurs être expulsés. — En ce qui

serait, en effet, les livrer à leurs juges ; les extrader de façon déguisée, alors que l'extradition n'est point admise en matière politique et pour faits de désertion (1).

---

concerne la *France*, une loi du 21 avr. 1832, après avoir déclaré que « le Gouvernement est autorisé à réunir dans une ou plusieurs villes qu'il désignera, les étrangers réfugiés » (art. 1er), édicte que « le Gouvernement pourra les astreindre à se rendre dans celle de ces villes qui leur sera indiquée ; il pourra leur enjoindre de sortir du Royaume, s'ils ne se rendent pas à cette destination, ou s'il juge leur présence susceptible de troubler l'ordre et la tranquillité publique » (art. 2). — Cette loi, en vigueur pour une année, a été successivement prorogée, notamment les 16 avr. 1833, 1er mai 1834, 26 avr. 1836, 22 juill. 1837, 22 juin 1838, et 3 août 1844 (V. S. 2e vol. des *Lois ann.*, p. 111). — En *Angleterre*, également « les étrangers réfugiés politiques (ou religieux) établis à demeure peuvent être expulsés, dans les mêmes cas que les étrangers ordinaires, non réfugiés, établis à demeure dans le Royaume-Uni » (V. Sibley et Elias, *J. du dr. int. pr.*, 1907, p. 38). — Il est intéressant de savoir que la Commission chargée d'examiner le projet de loi du gouvernement du 4 mars 1882, a adopté, après la première lecture, un amendement de M. Louis Legrand, tendant à ranger les réfugiés politiques dans la même catégorie que les étrangers admis à domicile ; c'est-à-dire que pour eux, comme pour ces derniers, la mesure d'expulsion aurait cessé d'avoir effet, si elle n'avait pas été confirmée dans les deux mois. « Il n'y a rien de téméraire, disait M. Louis Legrand, dans son rapport supplémentaire, à concéder aux victimes des discordes civiles les mêmes égards qu'aux étrangers qui sont présumés honnêtes... On a objecté que la rédaction « ceux qui auront le caractère de réfugiés politiques », donnait au Gouvernement un pouvoir d'appréciation. Cela est vrai. Mais ce pouvoir d'appréciation est inévitable, nécessaire pour faire une juste application de la loi aux espèces multiples qui peuvent se présenter. Il ne sera pas plus délicat de déterminer si un étranger a le caractère de réfugié politique que de décider s'il a compromis notre sécurité ». — V. *J. off.*, Ch. des dép., doc. parl., juin 1882, p. 1511, annexe n. 869.

Sur le point que les anarchistes ne sauraient être considérés comme des réfugiés politiques et traités comme tels, V. Darut, p. 193 et s. Comp. Moore, *Int. law digest* (1906), t. 4, p. 95 et s.; Diena, *Les délits anarchistes et l'extradition* (*Rev. de dr. int. publ.*, 1895, p. 306 et s.).

(1) V. not., Féraud-Giraud (*J. du dr. int. pr.*, 1890, p. 422, *in fine*-423) ; Bès-de-Berc, p. 81 ; Darut, p. 184 et s.; et *Rép. gén. du dr. fr.*, v° cit., n. 172. — *Hugo Nanni*, le secrétaire des groupements socialistes italiens en France,

L'expulsion ne doit jamais dégénérer en une extradition.
— D'ailleurs, il est de règle aujourd'hui que l'expulsion ne doit jamais dégénérer en une extradition, qu'elle ne saurait lui équivaloir.

L'individu, conduit, à la suite d'un arrêté d'expulsion, à la frontière du pays où il est recherché pour crime ou délit, n'est point poursuivi en justice. Sa rentrée, d'une part, n'est pas volontaire, et son extradition, d'autre part, n'ayant pas été demandée, il ne peut être considéré comme régulièrement extradé. La jurisprudence (1), et la doctrine sont d'accord sur ce point (2).

---

dont il a été question déjà (V. *suprà*, p. 73), n'a pas été reconduit à la frontière italienne, mais en Suisse (V. *J. du dr. int. pr.*, 1907, p. 878). V. cep. Cass.-Rome, 13 oct. 1893, *Cozensa* (*Id.*, 1897, p. 198); C. d'app. de Gand, 21 déc. 1898, *Min. publ. C. Ameloot* (*Id.*, 1900, p. 816).

(1) V. not., Cass. 5 févr. 1857 (S. 1857. 1. 220); et Bordeaux, 3 févr. 1904, *Jabouille* (*Pand. fr.*, 1904. 5. 41. — *Rev. de dr. int. pr.*, 1905, p. 704). De l'irrégularité de l'arrestation, ce dernier arrêt déduit la nullité du jugement de condamnation, « ainsi que de toute la procédure qui l'a précédé ou suivi ».

(2) V. not., Guyho (*Rev. crit.*, 1857, p. 315 et s.); la chronique sur l'aff. *Jérôme* (*J. du dr. int. pr.*, 1887, p. 594 et s.); celle sur le cas du général Boulanger en Belgique (*Id.*, 1889, p. 70 et s.); Leboucq, *De l'extrad. dans les rapports entre la Grèce et la France* (*Id.*, 1902, p. 437 et s.); Vincent et Penaud, *Dict. du dr. int. pr.*, v° *Crimes et délits*, n. 101 et s. *Adde*, *Rev. du dr. int. publ.*, 1894, p. 159-160. Comp. la note de M. Leboucq sous Bordeaux, 3 févr. 1904, dans la *Rev. de dr. int. pr.*, 1905, p. 706 et s.
Le *baron de Hammerstein*, ancien chef du parti conservateur allemand, ancien rédacteur en chef de la *Gazette de la Croix*, poursuivi pour faux et abus de confiance, a été toutefois l'objet d'une extradition déguisée. Expulsé de Grèce, il fut embarqué pour Brindisi; à Corfou, un agent de police l'empêcha de quitter le bâtiment; et à Brindisi, l'Italie le livra à l'Allemagne, où le 22 avr. 1896, la première chambre du Landgericht de Berlin le condamna à trois ans de détention, 1.500 marcs d'amende et cinq ans de privation de droits civiques. Mais V. la chronique par l'un de ses défenseurs, M. Raetzell, au *J. du dr. int. pr.*, 1896, p. 562 et s. (trad. de Trigant-Geneste). V. aussi la note de

Étrangers expulsés refusés par tous les États. — Les étrangers expulsés, qu'aucun État ne consent à recevoir, ont été envoyés en Algérie durant une très courte période de temps. Une circulaire du 31 mars 1858, prescrivant leur transport dans cette colonie, a été rapportée, dès le 3 sept. 1859. En vertu de cette dernière circulaire, les étrangers expulsés, refusés par tous les États, sont envoyés à *Cayenne* (1).

Français expulsés par les Consuls. — Les Français expulsés par leurs Consuls, sont ramenés en France; mais, à leur arrivée, ils doivent être laissés en liberté. L'art. 83 de l'Edit de 1778, qui dispose : « Nos Consuls, en faisant embarquer un sujet dangereux, donneront un ordre par écrit au capitaine ou maître du navire de le remettre au premier port de notre Royaume, à l'intendant de la marine ou au principal officier d'administration du port, qui le fera détenir, jusqu'à ce qu'il ait reçu à cet égard les ordres du secrétaire d'État ayant le département de la marine; à cet effet, enjoignons à tous capitaines et maîtres de navires d'exécuter ponctuellement les ordres des Consuls sous peine d'interdiction », — n'est pas compatible « avec nos idées actuelles », et est considéré comme n'étant plus en vigueur (2).

L'autorité maritime doit se borner à donner au capitaine

---

la rédaction à la suite de cette chronique. Comp., sur cette affaire du *baron de Hammerstein*, les observations dans la *Rev. du dr. int. publ.*, 1896, p. 338 et s.

(1) V. not., Darut, p. 183-184, p. 187.

(2) V. not., Féraud-Giraud, t. 1, p. 80, t. 2, p. 87-88 ; Vincent et Penaud, v° *cit.*, n. 36; *Rép. gén. du dr. fr.*, v° *Echelles du Levant*, n. 358.

du navire qui a rapatrié l'individu ainsi ramené en France, la décharge dont il a besoin, et à faire conduire l'expulsé, s'il le demande, « devant l'autorité compétente pour lui accorder l'assistance que sa position d'indigent pourrait lui permettre de réclamer »(1).

β) Conséquences résultant de la mise à exécution de l'arrêté.

Perte du domicile ou de la résidence. — L'étranger expulsé perd désormais en France tout domicile ou résidence, puisque, ainsi que nous allons le voir bientôt (2), « sa présence sur le territoire de la République constitue un délit ».

Le contraire, a été jugé, par la Cour de cassation, le 1er juill. 1895, à propos de la succession du duc de Brunswick ; mais, il convient de remarquer qu'il s'agissait, en l'espèce, non d'un arrêté individuel d'expulsion, mais d'une expulsion consécutive à l'arrêté du préfet de police du 28 août 1870, c'est-à-dire selon l'expression de M. Pillet, dans sa note au *Sirey* sous cet arrêt, « d'une de ces expulsions à effet purement momentané et qui n'ont rien d'inconciliable dès lors avec le maintien du domicile dans le lieu même que la personne se voit contrainte d'abandonner pour un temps... ». Voici d'ailleurs, sur le point qui nous intéresse les motifs de cet arrêt célèbre :

« LA COUR : — Attendu qu'il résulte de l'arrêt attaqué (Paris, 19 juin 1894) que le duc de Brunswick, après sa déchéance du pouvoir et son

---

(1) V. Vincent et Penaud, *v° cit.*, n. 37.
(2) V. *infrà*, p. 148.

expulsion de ses États, est venu, vers la fin de l'année 1832, se fixer à Paris; que son intention d'y établir son domicile s'est manifestée d'abord par une déclaration faite le 31 janv. 1833, à la mairie de l'arrondissement; qu'elle s'est affirmée, en outre, par l'acquisition d'un hôtel à l'avenue des Champs-Élysées, remplacé plus tard par l'hôtel de la rue Beaujon, dont le duc de Brunswick a fait le lieu de son principal établissement; que le long séjour du duc de Brunswick à Paris, et les circonstances caractéristiques relevées par l'arrêt, ne permettent pas de douter qu'il n'y ait conservé son domicile jusqu'à son décès; que si, lors des événements de 1870, et pour obéir à un arrêté d'expulsion qui frappait tous les Allemands résidant en France, il a été forcé de s'éloigner du territoire Français pour aller à Genève, ce déplacement obligé n'impliquait pas de sa part l'intention d'abandonner, sans esprit de retour, le domicile qu'il s'était choisi à Paris; qu'il est constaté, au contraire, que, dé septembre 1870 au jour de son décès, il est resté à Genève, sans installation définitive, allant d'un hôtel à un autre, réglant ses dépenses à la semaine, et y vivant comme un voyageur qui passe, tandis qu'il conservait son luxueux hôtel de la rue Beaujon à Paris, où il continuait à payer sa cote mobilière et personnelle; qu'enfin, actionné devant le tribunal de Genève par un créancier, au mois de décembre 1871, il en déclinait la compétence, en déclarant que son seul et vrai domicile était à Paris, et faisait reconnaître, par ce même tribunal, le bien fondé de son exception; — Attendu qu'à ses constatations souveraines, le pourvoi oppose vainement les termes du § 2 de l'art. 12 de la loi du 18 mai 1871 dont les dispositions visent uniquement les sujets allemands, qui, antérieurement à la guerre de 1870, avaient obtenu l'autorisation exigée par les lois françaises pour fixer leur domicile en France, ou qui avaient déjà fait un stage en vue d'obtenir leur naturalisation (1); que cet article

---

(1) L'art. 12 du traité du 18 mai 1871, ratifiant le traité définitif de paix conclu entre la République française et l'Empire d'Allemagne est ainsi conçu : « Tous les Allemands expulsés conserveront la jouissance pleine et entière de tous les biens qu'ils ont acquis en France. — Ceux des Allemands qui avaient obtenu l'autorisation exigée par les lois françaises pour fixer leur domicile en France sont réintégrés dans tous leurs droits et peuvent, en conséquence, établir de nouveau leur domicile sur le territoire français. — Le délai stipulé par les lois françaises pour obtenir la naturalisation sera considéré comme n'étant pas interrompu par l'état de guerre pour les personnes qui profiteront de la faculté ci-dessus mentionnée de

est sans aucune application dans la cause, où il s'agit non d'une admission à domicile, mais de la détermination pure et simple pour le duc de Brunswick d'un domicile de fait et des conséquences de l'établissement de ce domicile, au point de vue de l'ouverture de sa succession; que c'est donc, à bon droit, que la Cour d'appel de Paris ayant apprécié, d'après les faits, documents et circonstances de la cause, que le duc de Brunswick avait conservé à Paris son principal établissement, a décidé que, c'est à Paris que sa succession s'était ouverte, et que, par suite, le tribunal civil de la Seine était compétent pour connaître de la demande en pétition d'hérédité, liquidation et partage... ».

D'ailleurs, si la solution de cet arrêt est généralement approuvée [1], elle n'est pas sans soulever de critiques [2].

---

revenir en France dans un délai de six mois, après l'échange des ratifications de ce traité ; il sera tenu compte du temps écoulé entre leur expulsion et leur retour sur le territoire français, comme s'ils n'avaient jamais cessé de résider en France... ».

(1) V. not., Pillet (S. et P. 1896. 1. 225 — S. chr. refondu): « ... Il peut, à la vérité, sembler étrange d'assigner Paris comme dernier domicile à une personne qui n'y avait pas reparu durant les trois années qui précédèrent sa mort ; cette appréciation pourtant concorde bien avec les circonstances de la cause. Un point cependant... mérite d'être retenu. La Cour d'appel et la Cour de cassation ont décidé qu'un arrêté d'expulsion tel que celui qui a été rendu, en sept. 1870, contre les sujets allemands résidant à Paris, n'entraîne pas nécessairement perte de leur domicile en France pour les personnes sujettes à son application. A cette occasion, on a écarté l'argument que l'on tirait en sens contraire de l'art. 12 de la loi du 18 mai 1871, en décidant que cet article n'était applicable qu'aux sujets allemands qui possédaient antérieurement à la guerre un domicile autorisé en France. Cette interprétation doit être approuvée. Les expulsions de ce genre sont des mesures à effet purement momentané, et qui, dès lors, n'ont rien d'inconciliable avec le maintien du domicile dans le lieu même que la personne se voit contrainte d'abandonner pour un temps. Elle est conforme à l'esprit général de la jurisprudence, d'après lequel les questions de domicile doivent se juger exclusivement sur le fait de la présence dans un lieu déterminé du principal établissement de la personne domiciliée ». — Comp. la note de M. Al. Martini (*Rev. de dr. int. pr.*, 1907, p. 187 et s.).

(2) V. not., la note sous Cass., 1er juill. 1895, au *J. du dr. int. pr.*, 1895. p. 1084 : « Il paraît impossible d'admettre qu'un simple Allemand, non admis à

Cas fortuit. — Résiliation du bail. — En tout cas, l'arrêté d'expulsion étant considéré comme constituant un fait du prince, un événement de force majeure, le bail qu'un individu, expulsé par la suite, pourrait avoir passé, est résilié de plein droit, sans qu'il y ait lieu à aucun dédommagement[1].

Mais, bien que l'étranger expulsé perde le *droit* de résider en France, si, en *fait*, il continue à y résider, on ne saurait tenir cette résidence pour inexistante. C'est ce qu'a décidé le tribunal civil de Narbonne, le 8 nov. 1900, dans une espèce intéressante. Un ouvrier italien, victime d'un *accident du travail*, avait, quoique expulsé, continué à résider en France ; sous le prétexte qu'il n'avait pas le *droit* d'y résider, son patron prétendit qu'il pouvait se libérer à son égard, en lui versant, comme l'art. 3 de la loi du 9 avr. 1898 le déclare, en ce qui concerne les ouvriers étrangers titulaires d'une rente « qui cessent de résider sur le territoire français », un capital égal à trois fois la rente allouée. Mais le tribunal a rejeté cette prétention par la raison que « les exceptions sont de droit étroit :

---

domicile, a pu, après les événements de 1870-71, conserver en France, un domicile de fait, bien qu'il eût quitté la France au début de la guerre, et qu'il n'y soit jamais revenu, alors que, s'il avait obtenu précédemment l'admission à domicile, il aurait dû venir se fixer à nouveau en France pour y réacquérir le domicile qu'il avait perdu par l'effet de la guerre et de son départ de France ».

(1) V. not., Paris, 29 avr. 1872 (S. 1872. 2. 238, D. P. 1872. 2. 145); Trib. d'Anvers, 18 juin 1890 (*J. du dr. int.pr.*, 1891, p. 592). *Adde,* Baudry-Lacantinerie et Wahl, *Louage,* 3e éd., t. 1, n. 557; Guillouard, *Tr. du louage,* t. 1, n. 436; Jessionesse (*Rev. prat.*, t. 31, p. 481 et s.); *Rép. gén. du dr. fr.*, v^{is} *Bail (en gén.),* n. 2098 et s.; *Bail à loyer,* n. 332 et s.; et *C. civ. ann.*, art. 1736, n. 29 et s.

qu'on ne saurait dès lors décider que Bossola (l'ouvrier), qui était, au moment de l'accident, sous le coup d'un arrêté d'expulsion, a cessé de résider en France par le seul fait qu'il n'avait pas le droit d'y résider, — d'autant que par *résidence*, il faut entendre une habitation de fait, et qu'il est reconnu qu'en réalité, Bossola n'a pas cessé d'habiter Narbonne, que, même à l'expiration de la peine subie par lui, à la suite de la condamnation qu'il avait encourue pour infraction à l'arrêté, il n'a pas été reconduit à la frontière(1) »

γ) Sanction de l'inexécution de l'arrêté.

Application de l'art. 8 de la loi du 3 déc. 1849. — Qu'advient-il si l'arrêté d'expulsion n'est pas mis à exécution, si l'étranger contre lequel il a été pris, s'est dérobé, et n'a pu, de la sorte, être transporté ou se rendre à la frontière?

La question ne peut faire doute. Il y a infraction à l'arrêté, et l'expulsé trouvé sur le territoire, encourt la peine édictée par l'art. 8 de la loi du 3 déc. 1849. La Cour de Paris a eu l'occasion de le déclarer le 13 nov. 1897, à propos de la demoiselle Alice Laime. Les prescriptions, a-t-elle dit en substance, édictées par l'art. 8 de la loi du 3 déc. 1849, pour le cas d'infraction à un arrêté d'expulsion s'appliquent non

---

(1) V. Trib. de Narbonne, 8 nov. 1900 (*J. du dr. int. pr.*, 1901, p. 108). *Adde*, Serre, *Les ouvr. étrang. et la législ. franç. sur les accid. du trav.* (*Id.* 1902, p. 982). — Aujourd'hui, d'ailleurs, la question ne peut plus se poser, du moins dans les rapports entre la France et l'Italie, une convention entre ces deux États ayant stipulé pour leurs ressortissants respectifs, relativement aux accidents du travail, l'égalité de traitement avec leurs nationaux. V. Al. Martini (*Rép. de dr. int. pr.*, v° *Accid. du trav.*, n. 130).

seulement à l'étranger qui a été conduit hors de la frontière, mais encore à l'étranger qui, ayant reçu notification de l'arrêté, s'y est soustrait et n'a pas franchi la frontière (1).

L'arrêt porte : « Cela résulte du texte comme de l'esprit de la loi qui a voulu, dans tous les cas, punir le séjour sur le territoire français de l'étranger qui a été l'objet d'un arrêté d'expulsion non rapporté ».

On ne saurait mieux dire. L'art. 8 de la loi du 3 déc. 1849 prévoit, en effet, les deux hypothèses : 1° le cas de l'étranger qui se sera soustrait à l'exécution des mesures énoncées en l'art. 7, c'est-à-dire le cas de l'étranger auquel il aura été enjoint de sortir de la France et qui n'aura pas obéi à l'injonction; et 2° le cas de l'étranger qui, après être sorti de France, y rentre sans l'autorisation du Gouvernement. Une simple lecture de l'art. 8 suffit pour s'en convaincre. Cet article est ainsi conçu : « Tout étranger qui se sera soustrait à l'exécution des mesures énoncées dans l'article précédent..., **ou qui,** après être sorti de France par suite de ces mesures, y serait rentré sans la permission du Gouvernement, sera traduit devant les tribunaux et condamné à un emprisonnement d'un à six mois ».

Quant aux travaux préparatoires, ils confirment effectivement cette interprétation. On lit dans le rapport de M. de Montigny notamment : « ... Ainsi, dans aucun cas, l'étranger qui aura été expulsé du territoire, ou auquel il aura

______

(1) V. Paris, 13 nov. 1897 (S. et P. 1898. 2. 70. — S. chr. refondu. — D. P. 1899. 2. 75. — *J. du dr. int. pr.*, 1898, p. 730).

été enjoint d'en sortir, ne pourra impunément braver l'autorité nationale » (1).

Le Tribunal de la Seine, pour renvoyer des fins de l'infraction, la demoiselle Laime, s'était contenté de dire, le 26 juin 1897, « que le fait de porter à la connaissance d'un individu qu'une mesure est prise contre lui ne saurait être considéré comme l'exécution de cette mesure, et que l'interdiction du territoire français doit être suivie de l'expulsion de fait hors de ce territoire, avant que l'étranger puisse tomber sous le coup des pénalités de la loi » ! (2).

Absence de notification. — Bien entendu, celui à qui l'arrêté n'aurait pas été notifié, échappe à toute pénalité. L'arrêté, nous l'avons dit, ne devient exécutoire que par la notification ; tant qu'il n'a pas été notifié, il est considéré comme non avenu (3).

Signalons qu'en *Russie*, en vertu de la loi du 26 mai 1903 (4), les étrangers dont l'expulsion n'a pas eu lieu « par suite de l'inexécution par eux de l'obligation de quitter la Russie, au cas où ils ne seraient pas passibles d'expulsion sous escorte,... peuvent être, sur l'ordre du ministre de l'Intérieur, *internés à demeure* dans une des localités à ce désignées... ». — La France, à l'expiration de leur peine, les envoie simplement, comme ceux qui sont rentrés sans la permission du gouvernement, à la frontière (L. 3 déc. 1849, art. 8. *in fine*).

----

(1) V. *Mon. off.*, 1849, Doc. parl., p. 3681.

(2) V. au surplus la note de M. Despagnet sous Douai, 21 déc. 1893 (D. P. 1894. 2. 251); et *Rép. gén. du dr. fr.*, *v° cit.*, n. 176 et s.

(3) V. *suprà*, p. 118 et s.

(4) V. *Ann. de lég. étrang.*, 1903, p. 561.

§ 2.

Interdiction de rentrer en France.

I. Pénalité. — L'interdiction de rentrer en France constitue le second effet essentiel de l'arrêté d'expulsion. Nous venons de dire, d'ailleurs, que l'étranger qui enfreint cette prohibition, est passible, de par l'art. 8 de la loi du 3 déc. 1843, d'une peine d'un mois à six mois d'emprisonnement.

On conçoit, sans difficulté, que, pour être efficace, la défense ainsi faite aux expulsés, doit être sanctionnée par une peine relativement sévère [1] — La loi du 28 vendémiaire an 6 n'édictait cependant aucune pénalité. La loi du 1er mai 1834, prorogeant celle du 21 avr. 1832, relative aux réfugiés étrangers, déclarait bien dans son art. 2 « Tout réfugié étranger qui n'obéira pas à l'ordre qu'il aura reçu de sortir du Royaume..., ou qui, ayant été expulsé, rentrera sans autorisation, sera puni d'un emprisonnement d'un mois à six mois »; mais cette disposition ne s'appliquait qu'aux réfugiés politiques. Et le Tribunal de la Seine, a, d'ailleurs expressément jugé, le 26 févr. 1836 [2], que l'étranger, qui, après avoir été reconduit à la frontière par ordre du gouvernement, était rentré en France, n'était pour ce fait punissable d'aucune peine [3]. — L'art. 272, C. pén., d'après lequel les individus déclarés vagabonds par jugement peu-

---

(1) V. le projet de l'Institut de droit international (Genève, 1892), art. 8.
(2) J. *Le Droit* du 27 févr. 1836.
(3) V. au surplus, Vincent et Penaud, *v° cit.*, n. 10 et s.

vent être expulsés, n'apporte lui non plus aucune sanction à l'infraction de l'arrêté (1).

Algérie. — Nous n'avons pas à revenir sur le point de savoir si la peine applicable à l'étranger qui a enfreint l'arrêté pris à son encontre, en Algérie, est celle édictée par notre article 8 de la loi du 3 déc. 1849 ou celle prévue par l'arrêté du gouverneur général du 14 juin 1841 (3 mois à 2 ans). Nous avons déjà dit que la loi du 3 déc. 1849 s'applique à l'Algérie; c'est donc, en cas de contravention à l'arrêté, l'art. 8 qui doit recevoir application (2).

Législations étrangères. — En *Belgique* et dans le *Grand-Duché de Luxembourg*, l'infraction à l'arrêté est punie d'un emprisonnement de 15 jours à six mois (3). — En *Italie*, le maximum de la peine est également de six mois. — *La Suisse* condamne à une amende, mais, « dans

----

(1) V. not., Bès-de-Berc, p. 48, *in fine*. — La peine édictée par l'art. 8 de la loi du 3 déc. 1849 s'applique aussi lorsque l'expulsion est prononcée à la suite d'une condamnation pour vagabondage; elle a remplacé, dans ce cas, la peine portée par l'art. 45, C. pén., laquelle, antérieurement à la loi du 3 déc. 1849, était la sanction de l'art. 272, C. pén. V. *Rép. gén. du dr. fr.*, *v*° *cit.*, n. 175.

(2) V. *suprà*, p. 103 et s. — L'individu expulsé d'Algérie, ne peut, d'ailleurs, rentrer en France, et, inversement, l'individu, expulsé de la France, ne peut aller en Algérie.

Le ministère de l'Intérieur considère, au surplus, l'arrêté pris à l'encontre d'un étranger par un gouverneur d'une colonie, comme emportant interdiction de rentrer en France. Ce n'est, d'après les bureaux de ce ministère, que, par pure tolérance, que ces étrangers ne sont pas poursuivis en France. — Des réserves doivent être faites en ce qui concerne l'arrêté pris en Tunisie par le Premier ministre du Bey et le Résident général, la Tunisie étant un pays de protectorat. Et cependant, nous avons vu, il y a quelques années (en 1905), un expulsé de Tunisie, autorisé à résider temporairement à Marseille, l'arrêté étant jugé par l'Administration, à tort selon nous, valoir pour la France.

(3) V. pour la Belgique, L. 12 févr. 1897, art. 6; et pour le Grand-Duché, L. 30 déc. 1893, art. 14. Ce dernier article ajoute, d'ailleurs «... et d'une amende de 50 à 500 francs... ».

les cas graves » à la prison pour une durée maxima de deux ans [1]. — La loi brésilienne du 7 janv. 1907 porte : « L'étranger qui reviendra sur le territoire... sera puni d'une peine d'emprisonnement d'un à trois ans... » (art. 9). — Quant à l'*aliens Act anglais* du 11 août 1905, il dispose que l'individu coupable d'infraction à l'ordre d'expulsion, sera, « si c'est en Écosse ou en Irlande », passible d'un emprisonnement avec *hard labour* d'une durée qui ne pourra excéder trois mois, et, « si c'est en Angleterre », qu'on le considérera comme vagabond au sens du *Vagrancy Act* de 1824 (art. 4), et qu'en conséquence, « tout juge de paix pourra faire conduire le délinquant à la maison de correction » (sa culpabilité étant établie par son aveu ou par la déclaration sous serment d'un ou plusieurs témoins dignes de foi) « pour y être assujetti au *hard labour* pendant une durée qui ne peut excéder trois mois » [2]. D'ailleurs, en Angleterre, le maître du navire sur lequel l'étranger a été amené, est tenu de payer au secrétaire d'État, comme dette due à la Couronne, toutes les sommes que le secrétaire d'État peut avoir payées, notamment pour l'entretien du délinquant jusqu'à son départ [3].

Circonstances atténuantes. — La loi du 3 déc. 1849 déclare

---

(1) V. Chantre (*J. du dr. int. pr.*, 1894, p. 984). — Expulsé d'un canton, on conserve, en Suisse, la faculté d'habiter les autres. V. décision du Cons. fédér., 28 juill. 1893 (*Id.*, 1893, p. 1294). On peut même, en Suisse, n'être expulsé que d'une commune (*Id.*, 1903, p. 446).

(2) V. l'*Aliens Act* du 11 août 1905, art. 3, *in fine* (*Rev. de dr. int. pr.*, 1905, p. 911). *Adde*, Henriques (*Id.*, 1908, p. 57).

(3) V. l'*Aliens Act* du 11 août 1905, art. 4 (*Id.*, 1905, p. 913). *Adde*, Henriques (*Id.*, 1908, p. 56). — Comp., en ce qui concerne la législation des États-Unis, Salvy, *L'immigrat. aux État-Unis et les lois fédérales*, p. 189, *in fine* 190.

dans son art. 9 que « les peines prononcées (par la présente
loi) pourront être réduites conformément aux dispositions
de l'art. 463, C. pén. ». En fait, les tribunaux accordent, très
souvent, aux contrevenants aux arrêtés d'expulsion, les circonstances atténuantes, et les condamnent à quelques jours
de prison seulement. L'on regrette parfois l'indulgence
dont les juges font preuve. En 1888, M. Bès-de-Berc, dans
l'ouvrage que nous avons si souvent cité au cours de cette
étude, écrivait : « Les étrangers expulsés de France ne sont
en aucune façon arrêtés par la peine légère dont ils seront
frappés s'ils violent l'arrêté pris contre eux. Aussi voyons-
nous, dans la pratique, une quantité d'expulsés condamnés
trois ou quatre fois, souvent plus, pour être rentrés en
France. Il serait à désirer que la peine énoncée dans l'art. 9
soit sensiblement augmentée. Cette mesure empêcherait les
étrangers de violer constamment la loi et permettrait à l'État
d'éviter les énormes dépenses qu'il fait, soit en retenant
dans les prisons les condamnés étrangers, soit en les faisant ensuite reconduire à la frontière (1) ».

Application de l'art. 58, C. pén. (L. 26 mars 1891). —
On doit cependant remarquer que la plupart des législations se contentent d'une peine égale à la nôtre, ou même
inférieure, — et, en outre, que l'inconvénient signalé est
sensiblement atténué aujourd'hui, puisque, par application
de l'art. 58, C. pén., modifié par la loi du 26 mars 1891, en
cas de récidive, si les juges estiment qu'il n'y a pas lieu
d'accorder le bénéfice des circonstances atténuantes, la
peine peut être portée à une année (2).

---

(1) V. Bès-de-Berc, p. 115, *in fine*-116.
(2) V. not., R. Hubert (*Gaz. des Trib.* du 1er oct. 1897).

Application de la loi de sursis (Loi Bérenger). — D'ailleurs, si la loi du 26 mars 1891, peut entraîner pour les expulsés récidivistes une aggravation de la peine encourue, — il est utile de dire que les délinquants primaires — ceux qui ont été expulsés sans avoir subi aucune condamnation à l'emprisonnement pour crime ou délit de droit commun — peuvent bénéficier de cette même loi du 26 mars 1891 qui a introduit, d'autre part, dans notre législation, la notion bienfaisante du sursis. La loi de sursis, la loi *Bérenger*, comme on l'appelle communément, est, en effet, applicable aux infractions aux arrêtés d'expulsion. La Cour d'Alger l'a jugé, en propres termes, le 4 mai 1901 [1]. Mais le point ne pouvait faire difficulté : il est de règle que la loi de sursis s'applique aux infractions prévues par les lois spéciales [2].

II. Retour à la frontière. — A l'expiration de la peine, l'étranger est de nouveau conduit à la frontière (L. 3 déc. 1849, art. 8, *in fine*).

Législations étrangères. — Cette disposition se trouve dans les lois étrangères que nous avons citées plus haut.

Angleterre. — Mentionnons seulement, de façon toute spéciale, l'obligation que les *Anglais*, avec leur sens pratique, ont imposée aux *maîtres des navires*, de reconduire, à leurs frais, les étrangers auxquels la permission de débarquer, en qualité d'immigrants a été refusée, et qui sont ex-

---

(1) V. Alger, 4 mai 1901 (S. et P. 1903. 2. 297. — D. P. 1903. 2. 143).

(2) V. not., Cass. 22 déc. 1892, *Adm. des forêts C. Terpreau* (S. et P. 1893. 1. 103. — S. chr. refondu. — D. P. 1893. 1. 157); 22 déc. 1892, *Proc. gén. de Lyon et Adm. des douanes C. Beatrix* (S. et P. 1893. 1. 104. — S. chr. refondu. — D. P. 1893. 1. 157); Amiens, 3 janv. 1903 (S. et P. 1904. 2. 36); Trib. corr. de Lyon, 23 juin 1904 (S. et P. 1904. 2. 319), et les renvois.

pulsés dans les six mois de leur dernière entrée dans le Royaume-Uni [1].

Russie. — En *Russie*, les expulsés qui reviennent une troisième fois, peuvent, aux termes de l'art. 10 de la loi du 26 mai 1903, être astreints à la *résidence forcée*. Les étrangers astreints à cette résidence, sont placés sous la surveillance de la police, et ne peuvent quitter le district qui leur est assigné. Ils sont soumis aux taxes et contributions; ils ne peuvent cependant faire le commerce ou s'adonner à une industrie, qu'autorisés par le gouverneur (art. 12). Mais au bout de cinq ans, ils peuvent solliciter de faire partie de la classe urbaine ou rurale à laquelle ils ont été incorporés, et y être admis, après s'être fait naturaliser sujets russes!

Conditions du délit d'infraction à l'arrêté d'expulsion.

Mais, pour que l'expulsé soit condamné pour infraction à un arrêté d'expulsion, il faut : 1°) que son retour en France ait été *volontaire*; et 2°) que l'arrêté le concernant ait été *légalement* pris, c'est-à-dire par l'autorité compétente contre un individu susceptible d'être expulsé, en principe contre un étranger [2].

I. **Retour volontaire.** — La première de ces deux conditions a été très nettement exprimée par la Cour de cassation dans un arrêt du 3 mai 1900, aff. *Vicedo*. Cet arrêt déclare,

---

(1) V. l'*Aliens Act* du 11 août 1905 (*Rev. de dr. int. pr.*, 1905, p. 913). *Adde*, Henriques (*Id.*, 1908, p. 56); Sibley et Elias (*J. du dr. int. pr.*, 1907, p. 37-38); Monnier, *Les indésirables*, p. 229. — Comp., en ce qui concerne la législation des États-Unis, Salvy, p. 191.

(2) Ce n'est qu'exceptionnellement en effet que les Français peuvent être l'objet d'un arrêté d'expulsion. V. *suprà*, p. 37 et s.

en effet, que l'étranger qui ne rentre en France (dans l'espèce, en Algérie), pour prendre part aux opérations du recrutement militaire, que sur la convocation même du fonctionnaire qui lui a précédemment notifié l'arrêté d'expulsion, n'est point coupable de délit pour rupture de l'arrêté.

On ne peut dire, dans ce cas, que l'arrêté soit enfreint. Le retour n'étant pas volontaire, il n'y a aucune intention délictuelle de la part de l'agent, permettant de prononcer une condamnation. D'ailleurs, il ressort, à l'évidence, des termes mêmes de l'art. 8 de la loi du 3 déc. 1849 que l'infraction n'est commise que tout autant que l'étranger rentre en France *proprio motu*, sans permission. « Tout étranger... porte l'art. 8, qui, après être sorti de France..., y serait rentré sans la permission du gouvernement, sera traduit... » (1).

Les étrangers refoulés ne sauraient être considérés

(1) Voici, d'ailleurs, le texte de l'arrêt : — « La Cour ; — Attendu que Vicedo, poursuivi pour infraction à l'art. 8 de la loi du 3 déc. 1849, a été acquitté par arrêt de la Cour d'Alger, en date du 27 mai 1899, et que cet arrêt ayant été cassé le 22 juill. suivant. et l'affaire renvoyée devant la Cour de Montpellier, Vicedo a été encore acquitté ; — Attendu qu'il résulte des constatations nouvelles de l'arrêt attaqué que Vicedo, inscrit d'office sur les listes de recrutement de la commune de Sidi-Bel-Abbès, a été, à la suite de cette inscription, invité à se présenter à la mairie de cette commune au bureau de recrutement ; que cette invitation lui a été notifiée le 28 sept. 1898, par le même fonctionnaire qui, deux ans avant, lui avait notifié l'arrêté d'expulsion ; que, c'est pour y satisfaire, que Vicedo est rentré en Algérie, et qu'il s'est effectivement présenté, le jour de la réunion du conseil de revision, à la mairie de Sidi-Bel-Abbès, où il a répondu à l'appel de son nom, et où son arrestation seule l'a empêché de subir l'examen du Conseil ; — Attendu que, dans de telles conditions, la Cour de Montpellier a pu légalement juger que Vicedo n'était pas coupable du délit prévu par l'art. 8 de la loi du 3 déc. 1849 ... Rejette, etc. ».

Du 3 mai 1900. — Ch. crim.

comme rentrés volontairement. — C'est, pour cette même raison, que les étrangers refoulés, lorsqu'ils reviennent sur le territoire de la nation qui les a expulsés, ne doivent pas être poursuivis pour infraction à l'arrêté. On ne saurait dire, en ce cas, que leur retour est volontaire. La France ne s'est jamais départie de cette règle. Le refoulé, dit M. Darut, est reconduit en prison, en vertu d'un ordre d'écrou signé du préfet du département-frontière ; il y demeure jusqu'au jour où il a fait connaître sa véritable identité. Parfois, aussi, le préfet accorde au refoulé un délai de 48 heures pour choisir la frontière de l'État, par les autorités duquel il pense être accepté, et s'y rendre... » (1).

II. **Légalité de l'arrêté.** — Il faut, en second lieu, pour que l'expulsé soit considéré comme ayant enfreint l'arrêté, que l'arrêté ait été *légalement* pris.

Illégalement pris, l'arrêté ne saurait en effet obliger celui contre lequel il est intervenu ; et les tribunaux correctionnels doivent relaxer le prévenu. Il en est ainsi, lorsque l'arrêté a été pris par un préfet de département non-frontière, ou par un préfet de département-frontière à l'égard d'un étranger résidant (2), ou encore lorsque l'arrêté s'applique à un Français (3). De nombreux jugements et arrêts ont eu à examiner notamment ce moyen de défense, tiré par les contrevenants à l'arrêté, de leur qualité de Français.

---

(1) Darut, p. 178.

(2) V. not., Vincent et Penaud, *v° cit.*, n. 56 et s.; et *Rép. gén. du dr. fr.*, v° *Étranger*, n. 186.

(3) En ce qui concerne les voies de recours ouvertes contre les arrêtés d'expulsion, V. d'ailleurs, *infrà*, p. 167 et s.

Toutes les fois, d'ailleurs, que cette qualité est invoquée, c'est au ministère public à faire la preuve de l'extranéité, « cette extranéité étant l'un des éléments essentiels du délit (1) ».

C'est au ministère public à faire la preuve de l'extranéité du contrevenant à l'arrêté. — Le ministère public établira assez aisément la qualité d'étranger pour l'individu qui n'est point né en France; mais il lui sera plus difficile d'établir la qualité d'étranger pour celui qui est né sur notre territoire de parents dont la nationalité est inconnue. Cet individu étant présumé Français jusqu'à preuve contraire (C. civ., art. 8, al. 2), le ministère public devra, en effet, pour faire tomber cette présomption, justifier de l'extranéité du père, et apporter également la preuve de la naissance de la mère à l'étranger. Cette preuve est nécessaire; car l'on sait que si la mère, étrangère, était née en France, l'enfant serait Français, faute par lui de n'avoir point décliné cette qualité dans l'année qui suit sa majorité (2). La difficulté tient surtout à ce que le ministère public ne peut invoquer que les actes de naissance des père et mère. Les rapports de police, les présomptions, la preuve testimoniale elle-même sont inopérants ! (3)

---

(1) V. not., Paris, 11 juin 1883, *Gillibert* (S. 1883. 2. 177); Trib. de Nice, 6 janv. 1893 (D. P. 1893. 2. 345, et la note de M. Dupuis); Trib. de Bayonne, 15 mai 1900 (*J. du dr. int. pr.*, 1900, p. 965); Cass., 28 mai 1903 (*Id.*, 1904, p. 689); Paris, 30 juin 1905 (*Id.*, 1907, p. 730). *Adde*, Féraud-Giraud (*Id.*, 1890, p. 426); Darut, p. 217; Vincent et Penaud, *v° cit.*, n. 89; et *Rép. gén. du dr. fr.*, *v° cit.*, n. 187 et s. V. aussi la note *in fine*, sous Trib. de la Seine, 16 mars 1897, aff. *Driessens* (J. *La Loi* du 6 avr. 1897).

(2) V. *suprà*, p. 31.

(3) V. d'ailleurs, sur ce point, la note de M. Dupuis sous Trib. de Nice, 6 janv. 1893, précité.

Caractère du délit d'infraction
à l'arrêté d'expulsion.

Intérêt de la question. — Quel est le caractère du délit d'infraction à l'arrêté d'expulsion? Ce délit est-il instantané ou continu? Il y a un intérêt capital à déterminer le caractère du délit dont s'agit. L'on sait, en effet, que pour les infractions instantanées, la prescription de l'action publique court du jour où le fait incriminé a été commis, tandis que pour les infractions continues ou successives, elle court seulement du jour où le délit a cessé, sans qu'il y ait à tenir compte de celui où il a commencé. Si l'étranger qui rentre en France, ou qui néglige d'en sortir, en dépit de l'arrêté d'expulsion, commet un délit instantané, il ne peut plus être poursuivi, passé trois années; il peut l'être, ce délai écoulé, si le délit qui lui est reproché est un délit continu ou, en d'autres termes, successif.

La question est définitivement tranchée. D'un arrêt de la Cour de Douai du 21 déc. 1893, que nous reproduisons en note (1), il résulte que l'infraction à l'arrêté d'expulsion est

---

(1) « LA COUR ; — ... Attendu que la loi du 3 déc. 1849, en donnant à l'autorité administrative le droit d'expulser les étrangers voyageant ou résidant en France, et en édictant des peines contre les étrangers expulsés qui seraient rentrés en France, sans autorisation, a entendu interdire le *séjour* des étrangers dont la présence sur le territoire français pourrait être nuisible à l'intérêt public ; que le délit d'infraction à un arrêté d'expulsion ne consiste pas uniquement dans le fait du retour en France de l'étranger expulsé, et n'est pas définitivement consommé dès que cet étranger a passé la frontière, mais est un délit successif qui se continue pendant tout le temps du séjour de l'expulsé en France en contravention à l'arrêté pris contre lui ; — Qu'en effet, la prohibition édictée par l'art. 8 de la loi susvisée s'applique non seulement à l'étranger conduit hors de la frontière, mais aussi à celui qui s'est soustrait à un arrêté d'expulsion et a continué à rési-

un délit successif qui ne consiste pas uniquement dans le fait du retour en France de l'étranger expulsé, mais qui se continue pendant tout le temps du séjour de l'étranger en France, contrairement à l'arrêté pris contre lui. Les auteurs [1], d'ailleurs, approuvent cette jurisprudence ; il nous suffira dès lors d'en indiquer brièvement les raisons.

Le caractère de continuité de l'infraction résulte notamment :

α) *Des termes de l'art. 8 de la loi du 3 déc. 1849*, d'après lequel : « Tout étranger qui se serait *soustrait* à l'exécution des mesures énoncées dans l'article précédent, ou qui, après être sorti de France par suite de ces mesures, y serait rentré sans la permission du Gouvernement, sera traduit devant les tribunaux... ». *Se soustraire* implique bien « le fait de dissimuler sa présence sur le sol français, d'y résider, plus ou moins longtemps, clandestinement. Le terme employé supprime toute équivoque sur l'interprétation des mots : « *ou qui y serait rentré* » et, prouve jusqu'à l'évidence que ce n'est pas seulement le retour que le législa-

---

der en France sans avoir franchi la frontière, d'où il résulte que c'est bien le *séjour* sur le territoire français et pas seulement le *retour* en France que le législateur a entendu prohiber ; — Attendu, en fait que S...., expulsé par arrêté ministériel du 13 sept. 1877 et rentré en France sans autorisation en 1891, se trouvait en état d'infraction à l'arrêté pris contre lui, au moment où il aurait commis en 1892 les attentats à la pudeur relevés à sa charge ; — Que, par suite, il y a connexité, aux termes de l'art. 227, C. instr. crim., entre le crime d'attentat à la pudeur et le délit prévu et puni par l'art. 8 de la loi du 3 déc. 1849, ces deux infractions ayant été commises dans le même trait de temps ; — Par ces motifs, etc. ». — Douai, 21 déc. 1893.

(1) V. not., Despagnet, note au *Dalloz*, 1894. 2. 251, sous l'arrêt de Douai, 21 déc. 1893, précité; R. Hubert (*J. du dr. int. pr.*, 1899, p. 724 et s.); Darut, p. 217 et s.; Lacoste, *De la chose jugée*, 2ᵉ éd., n. 923, note 1. *Adde*, Besançon, 24 oct. 1904 (*Rev. de dr. int. pr.*, 1906, p. 739).

teur a entendu réprimer, mais encore les conséquences
de ce retour dans le séjour lui-même (1) ». S'il y a délit continu dans le fait d'un étranger qui se soustrait à l'expulsion, il doit y en avoir un aussi dans le fait de rester en
France, après y être rentré sans permission, nonobstant
l'arrêté. « On ne voit pas comment le séjour serait un délit
continu dans le premier cas, et ne le serait pas dans le
second » (2).

β) *De la nature même du délit.* — Si le propre des infractions continues est de consister « dans un état permanent
de criminalité, dans une violation successive et non interrompue de la loi pénale » (3), comment ne pas reconnaître
que l'infraction à l'arrêté d'expulsion constitue un délit continu ?

Ce délit, en effet, a un caractère plus continu que le délit
de port illicite de décoration, qui est, cependant, le délit-type
des délits continus. On peut sortir quelquefois de chez soi,
sans la décoration dont on se pare indûment ; il y a là une
certaine discontinuité dans le délit, dont on chercherait en
vain l'équivalent dans le délit d'infraction à l'arrêté d'expulsion.

C'est bien le cas de dire, que ce dernier délit « existant
au moment où le fait incriminé est accompli, se continuant
tant que l'action se continue, et ne prenant fin que lorsque
celle-ci vient à cesser » (4), est incontestablement continu.

---

(1) V. R. Hubert, *J. du dr. int. pr.*, 1899, p. 726.
(2) V. Despagnet, note sous Douai, 21 déc. 1893, précité.
(3) V. Garçon, *C. pén. ann.*, art. 1, n. 56.
(4) V. Garçon, *C. pén. ann.*, art. 1, n. 56.

DE L'AUTORITÉ DES SENTENCES RELATIVES AU SÉJOUR EN FRANCE DES ÉTRANGERS EXPULSÉS.

I. Sentences d'acquittement. — Soit un jugement acquittant un individu pour infraction à un arrêté d'expulsion, par le motif tiré de sa qualité de Français, ou par la raison « qu'il n'est rentré en France que pour répondre à la vocation de la loi, et y contracter un engagement volontaire », quelle sera l'autorité attachée à cette sentence ? Cet individu pourra-t-il être de nouveau poursuivi au cours de son séjour en France, ou bien est-il assuré que son séjour ne pourra plus être incriminé comme illicite, alors qu'il n'est que la continuation d'un même séjour déclaré licite par cette sentence passée en force de chose jugée ?

Autorité absolue et définitive. — La jurisprudence déclare qu'une première sentence, ainsi passée en force de chose jugée, produit un effet absolu et définitif, qu'une nouvelle poursuite est irrecevable. C'est ce qui résulte des deux jugements suivants, très connus des spécialistes, rendus dans les affaires *Gallo* et *Sarzotti.*

Le premier (aff. *Gallo*), du tribunal correctionnel de Marseille en date du 8 déc. 1898 est ainsi conçu :

« Le Tribunal ; — Attendu que Gallo est poursuivi pour infraction à un arrêté d'expulsion pris contre lui le 17 août 1894 ; — Attendu qu'en 1897 Gallo a été poursuivi pour le même délit, et acquitté le 18 nov. 1897 par arrêt de la Cour d'Aix qui lui a reconnu la qualité de Français ; — Attendu que cet arrêt est devenu définitif ; qu'il y a donc chose jugée en sa faveur ; qu'on ne saurait, dès lors, exercer à nouveau des poursuites contre lui, en vertu du même arrêté d'expulsion, sans porter atteinte à l'autorité de la chose jugée; — Par ces motifs, etc. » (1).

Le second jugement a été rendu dans l'affaire *Sarzotti*, par le tribunal correctionnel de Nice, le 13 janv. 1899. Il porte :

« LE TRIBUNAL; — Attendu que Sarzotti, né à Nice, le 19 janv. 1878, de parents étrangers, a été expulsé de France, par arrêté ministériel en date du 8 juin 1896; — Attendu que, par arrêt de la Cour d'Aix, en date du 23 avr. 1898, il a été acquitté du chef d'avoir contrevenu audit arrêté d'expulsion, par application de l'art. 8, § 4, C. civ., motifs pris de ce qu'il affirmait être rentré en France pour répondre à la vocation de la loi et contracter un engagement militaire en France; — Attendu que, depuis, les intentions du prévenu n'ont pas changé, qu'il a réclamé son inscription sur les tableaux de recrutement; — En droit : — Attendu qu'il excipe de la chose jugée ; — Qu'après une sentence d'acquittement, l'existence d'un fait nouveau à la charge du prévenu est une condition essentielle de recevabilité de l'action publique; — Que cet élément fait absolument défaut dans l'espèce; — Qu'il y a identité absolue entre le fait à raison duquel Sarzotti a été acquitté, et celui qui fait l'objet de la poursuite actuelle; — Qu'il est superflu d'examiner si, comme le soutient le prévenu, le délit qui lui est imputé est, suivant la terminologie juridique, un délit instantané qui aurait été consommé au moment même de son retour en France; — Qu'à supposer, en effet, qu'à raison de son caractère permanent, le fait incriminé constituât une infraction continue, en sorte que ce fût le séjour lui-même, et non pas seulement le retour en France, qui dût être considéré comme délictueux, l'absence d'un fait nouveau n'en resterait pas moins nettement caractérisée ; — Qu'aux termes de la jurisprudence de la Cour de cassation (Cass.-crim., 3 janv. 1885), l'action publique, même en matière de délit continu, est épuisée par un seul jugement; — Qu'en conséquence, la continuation, postérieurement à un acquittement du même fait permanent à raison duquel cet acquittement est intervenu, ne saurait constituer un fait nouveau; — Que le séjour actuel du prévenu ne saurait être incriminé comme illicite, puisqu'il n'est que la continuation du même séjour qui a

____

(1) V. d'ailleurs, les conclusions déposées dans cette affaire par M⁰ E. Garnier, reproduites dans le *J. du dr. int. pr.*, 1899, p. 731, *in fine*-732.

été déclaré licite par un arrêt passé en force de chose jugée ; — Qu'il y a indivisibilité entre le séjour antérieur à l'acquittement et le séjour postérieur ; — Par ces motifs, etc... » (1).

Voilà qui est net ! C'est bien, en effet, du caractère de continuité du délit que résulte l'unité de poursuite. Le délit continu ne consistant qu'en une seule infraction, il est logique de déclarer l'action publique épuisée, dès qu'elle a été une fois exercée. Comment, d'ailleurs, la mettre de nouveau en mouvement pour un séjour qui n'est que la continuation du séjour qu'une sentence d'acquittement vient de déclarer parfaitement licite ?

Il ne peut y avoir sur ce point aucun doute. Et il paraît acquis que la continuation du séjour en France, après une pareille sentence, ne constituant pas un fait nouveau, ne saurait donner lieu à des poursuites nouvelles (2).

Un second arrêté peut-il être pris contre un individu renvoyé des fins de la poursuite pour violation d'un précédent arrêté ? — Mais on se demande si, l'Administration prenant un nouvel arrêté, pourrait tourner l'obstacle résultant de l'absence de fait nouveau, et faire de la sorte comparaître une seconde fois devant le tribunal correctionnel, avec succès peut-être, l'étranger précédemment absous.

Bien que le moyen soit jugé d'une « incontestable légalité » (3), l'Administration n'y a pas recours, lorsque le con-

---

(1) L'avocat de *Sarzotti* était Mᵉ R. Hubert, dont on lira, avec profit, l'étude qu'il a consacrée au cas de son client et de *Gallo* (*J. du dr. int. pr.*, 1899, p. 724 et s.).

(2) V. not., R. Hubert, *ubi suprà* ; Darut, p. 219 et s. ; Lacoste, *loc. cit.*

(3) V. not., R. Hubert, *loc. cit.*, p. 728 ; Darut, p. 223, *in fine*-224. Comp. Lacoste, *loc. cit.*

trevenant a été renvoyé des fins de la poursuite, en sa qualité de Français. En agissant autrement, l'Administration porterait un grave échec au principe de l'autorité de la chose jugée, qu'elle doit respecter, elle aussi, comme un principe essentiellement nécessaire au maintien de l'ordre social. — L'Administration doit s'incliner, avec d'autant plus de bonne grâce, qu'au moment où le tribunal a déclaré l'arrêté illégal, comme pris à l'encontre d'un Français, le ministère public était là, représentant la société, et avec sa qualité de contradicteur légitime (1).

Cela n'est vrai, d'ailleurs, que dans le cas où l'arrêté a été déclaré illégal, comme pris à l'encontre d'un Français. Il convient, en effet, de remarquer que, si le renvoi des fins de la poursuite avait eu lieu par la simple raison que l'arrêté était illégal, comme pris par une autorité incompétente, — l'autorité compétente pourrait naturellement, sans porter préjudice à l'autorité de la chose jugée, prendre, par la suite, un nouvel arrêté, rendant passible de nouvelles poursuites, l'individu précédemment expulsé par une autorité qui n'avait point qualité. Par exemple, l'étranger *résidant*, expulsé par un préfet de département-frontière, — et l'étranger expulsé par un préfet de département non-frontière, et acquittés pour infraction à l'arrêté, peuvent être expulsés après coup par le ministre de l'Intérieur. Le vice du premier arrêté étant, dans ces hypothèses, tout rela-

____

(1) V. au surplus, R. Hubert, *loc. cit.*, p. 728 et s. ; et Darut, p. 223 et s.

Sur le point de savoir si la chose jugée au criminel relativement aux questions d'état est définitive, ou si elle peut, au contraire, être de nouveau débattue devant les tribunaux civils, V. *infrà*, p. 170 et s.

tif et contingent, pourquoi l'Administration ne pourrait-elle pas y porter remède?

II. Sentences de condamnation. — *Quid* si l'expulsé a été, non plus acquitté, mais *condamné* pour infraction à l'arrêté dont il a été l'objet? Pourra-t-il être de nouveau poursuivi, s'il continue, à l'expiration de sa peine, à résider en France, ou s'il y rentre, après en être sorti une seconde fois?

Dans une opinion, l'on enseigne qu'il y a lieu de distinguer. Si l'inculpé, dit-on, a reçu l'ordre d'avoir à quitter, dans un certain délai, le territoire français, il pourra être l'objet de nouvelles poursuites; — il ne pourra plus, au contraire, être poursuivi, s'il n'a reçu aucune injonction, s'il a été relâché purement et simplement (1).

Cette distinction se justifie encore, dit-on, par le caractère du délit d'infraction à l'arrêté. Ce délit étant continu, « une seconde poursuite peut être repoussée, par la maxime *non bis in idem*, lorsqu'elle est fondée sur le maintien de l'état délictueux, constitutif du délit continu qui a déjà fait l'objet d'une première répression; il faut donc une nouvelle mise en demeure pour donner naissance à un nouvel état de choses susceptible de poursuites nouvelles » (2).

Nous doutons de l'exactitude de ce raisonnement.

La condamnation n'a puni que l'état délictueux antérieur au jugement; elle ne peut absoudre, d'avance, l'état délic-

---

(1) V. en ce sens, R. Hubert, *loc. cit.*, p. 728, note, *in fine*; Lacoste, n. 923, note 1; et la note sous Besançon, 24 oct. 1904 (*Rev. de dr. int. pr.*, 1906, p. 739).

(2) V. la note, *in fine*, sous Besançon, 24 oct. 1904, précité.

tueux postérieur, ni en subordonner la répression à un nouvel arrêté ou à une nouvelle injonction. Si un individu est condamné pour port illégal de décoration, il ne peut pas ensuite porter impunément le ruban. S'il le porte, il sera en récidive ! Et c'est, bien plutôt, comme tel que devra être considéré, à notre avis, l'individu qui est resté en France, après avoir purgé une condamnation pour infraction à l'arrêté.

En tout cas, la Cour de Besançon par un arrêt en date du 24 oct. 1904, n'a pas hésité à prononcer une seconde condamnation, dans l'hypothèse que nous examinons, sans se préoccuper du point de savoir si, une nouvelle injonction d'avoir à quitter le territoire, avait été ou non donnée. Voici, d'ailleurs, cet arrêt : — « LA COUR : — Attendu que Masmejan soutient, qu'en vertu de l'art. 3 de la loi du 8 août 1893, c'est le fait de rentrer en France après en avoir été expulsé, et non le fait d'y séjourner, qui constitue la contravention; qu'ayant été condamné définitivement par le tribunal de Chalon-sur-Saône, le 26 août 1904, pour infraction à l'arrêté d'expulsion du 9 mai 1890, constituée par son dernier retour sur le territoire français, il ne pouvait être condamné par le tribunal de Dôle, le 5 oct. 1904, parce que, bien que le jugement rendu sur opposition d'un jugement du 16 déc. 1902, se réfère à un fait remontant à cette époque, il n'est pas sorti de France et y a séjourné sans interruption depuis le commencement de 1902, époque de sa dernière rentrée; qu'il n'y a donc qu'un seul retour en France et qu'il ne peut être prononcé deux condamnations pour réprimer cet unique retour, une par le tribunal de Chalon-sur-Saône et une par le tribunal de Dôle et la Cour de Besançon; — Mais attendu que le texte de l'art. 3 de la loi du 8 août 1893 doit être complété par celui de l'art. 8 de la loi du 3 déc. 1849,... et a entendu interdire et punir, non uniquement le retour, mais le séjour en France de l'étranger expulsé, et a fait de l'infraction à un arrêté d'expulsion un délit successif qui se perpétue pendant tout le temps que l'étranger réside en France, au mépris d'un arrêté d'expulsion;... — Par ces motifs,... confirme le jugement entrepris, etc. » (1).

____

(1) **V.** d'ailleurs, cet arrêt dans la *Rev. de dr. int. pr.*, 1906, *loc. cit.*

CHAPITRE VI

VOIES DE RECOURS.

Nous avons eu occasion d'indiquer déjà [1], que l'individu poursuivi pour infraction à l'arrêté d'expulsion peut exciper devant le tribunal correctionnel de l'*illégalité* de l'arrêté dont il a été l'objet et obtenir son renvoi des fins de la plainte, s'il fait la preuve que l'arrêté a été effectivement pris en violation de la loi, c'est-à-dire contre un Français ou par une autorité incompétente.

Mais cette défense du prévenu ne constitue pas, à vrai dire, une voie de recours. C'est, au moment seulement où il est poursuivi, qu'il fait valoir cette exception tirée de l'illégalité de la mesure prise à son encontre. Aussi tous les auteurs qui ont écrit sur la matière sont-ils unanimes pour déclarer « qu'il est absolument contraire aux principes du droit moderne et au respect de la liberté individuelle qu'une personne soit obligée de subir l'emprisonnement pour faire valoir ses droits » [2].

Et cependant, ainsi que nous allons le voir bientôt [3],

---

(1) V. *suprà*, p. 155.

(2) De Lalande (*Rev. prat. de dr. int. pr.*, 1892, p. 66, *in fine*). *Adde*, Darut, p. 205-206; Vincent et Penaud, *Dict. de dr. int. pr.*, v⁰ *Expulsion*, n. 81.

(3) V. *infrà*, p. 176 et s.

pendant longtemps, cette sorte de voie de recours a été la seule que l'étranger ait eu à son service. Ce n'est que, depuis quelques années, en effet, qu'une voie de recours, au sens strict du mot, a été ouverte aux intéressés, le Conseil d'État ayant enfin reconnu qu'il avait compétence pour prononcer l'annulation d'un arrêté entaché d'excès de pouvoir ou d'un vice de forme.

Il nous faut donc étudier :

1° le droit qu'ont les tribunaux correctionnels de vérifier l'illégalité des arrêtés d'expulsion, prétendue devant eux;

2° le droit pour le Conseil d'État de prononcer pour la même cause la nullité desdits arrêtés.

Dans un troisième paragraphe, nous dirons pour quelle raison ni les tribunaux judiciaires, ni le Conseil d'État ne sauraient connaître de la validité des *motifs* de l'expulsion, — et quelle autorité peut en connaître.

Enfin, nous verrons si une action en dommages-intérêts doit. être accordée à ceux qui ont souffert d'une expulsion *illégale* ou *injustifiée*.

§ 1er.

Du droit des tribunaux correctionnels de vérifier l'illégalité prétendue des arrêtés d'expulsion.

Fondement de ce droit. — Le droit pour les tribunaux correctionnels de vérifier la légalité des arrêtés d'expulsion dont ont été l'objet ceux qui sont poursuivis devant eux pour les avoir enfreints, n'a jamais été contesté. Il est de principe, en effet, que la juridiction compétente pour statuer sur l'infraction doit être également compétente pour apprécier la légalité de l'acte qui sert de base à la poursuite. Si l'acte est illégal, il n'y a pas d'infraction, il n'y a pas lieu, par suite, de prononcer une condamnation. Lors donc, que le prévenu excipe de l'illégalité de la mesure, le tribunal correctionnel doit, avant toutes choses, contrôler les dires de l'inculpé, examiner si vraiment l'arrêté a été pris, ainsi qu'il est allégué, contre un Français ou par une autorité incompétente, par exemple, par un préfet de département non-frontière, ou par un préfet de département-frontière à l'égard d'un étranger résidant. Sur ce point, il n'y a aucune difficulté. Les décisions de jurisprudence sont nombreuses[1], et les auteurs sont unanimes [2].

---

(1) V. not., Douai, 25 juill. 1853 (D. P. 1857. 2. 67); Paris, 11 juin 1883, *Gillibert* (S. 1883. 2. 177 — *J. du dr. int. pr.*, 1883, p. 505); Cass., 7 déc. 1883, même affaire (S. 1885. 1. 89 — D. P. 1884. 1. 209); Paris, 6 févr. 1884 (S. 1885. 2. 215); Alger, 2 déc. 1886 (*Rev. algér.*, 1886, p. 449); Trib. de Nice, 6 janv. 1893 (D. P. 1893. 2. 345); Paris, 22 mai 1896 (*J. du dr. int. pr.*, 1897, p. 134); Alger, 26 oct. 1899 (S. et P. 1903. 2. 11); Aix, 6 déc. 1900, *Crotogli* (S. et P. 1902. 2. 17); Alger, 30 janv. 1902 (*J. du dr. int. pr.*, 1903, p. 838). Comp. Cons. d'État, 14 mars 1884, *Morphy* (S. 1886. 3. 2); 14 mars 1890, *Ribès* (S. 1892. 3. 85. — D. P. 1891. 3. 92) — Et ce ne sont là que quelques-unes des décisions qui expriment en termes formels le principe; plus nombreuses encore sont celles qui, le tenant pour acquis, examinent simplement, pour l'admettre ou le rejeter, le moyen tiré de l'illégalité de l'arrêté.

(2) V. not., Weiss, *Tr. de dr. int. pr.*, 2ᵉ éd., t. 2, p. 92, note 2; Féraud-Giraud (*J. du dr. int. pr.*, 1890, p. 425); Arthur Desjardins, *L'expuls. des étrang.* dans *Quest. soc. et polit.* (1893), p. 108; Laferrière, *Tr. de la jurid. admin.*, 2ᵉ éd., t. 2, p. 53, note 4, p. 480; Ducrocq, *Cours de dr. admin.*, 7ᵉ éd., t. 3, n. 1135, p. 496; R. Hubert (*J. du dr. int. pr.*, 1899, p. 85, note 1; Bès-de-Berc, *De l'expuls. des étrang.*, p. 66 et s.; Darut, *Id.*, p. 205-206; De Lalande (*Rev. prat. de dr. int. pr.*, 1892, p. 63); Al. Martini (*Rev. de dr. int. pr.*, 1908, p. 829, *in fine*-830); Lescœur, *La condit. lég. des étrang.* et particulièrement des *Allemands en France*, p. 149, n. 224, *in fine*; Vincent et Penaud, *Dict. de dr. int. pr.*, vᵒ *Expulsion*, n. 86 et s.; et *Rép. gén. du dr. fr.*, vᵒ *Etranger*, n. 186 et s.

*Autorité au civil de la sentence correctionnelle ren-
voyant l'inculpé des fins de la plainte, en qualité de Français.* — Un point plus délicat est celui de savoir quelle est
au juste l'autorité de la décision du tribunal correctionnel
renvoyant ainsi l'inculpé des fins de la plainte, en sa qualité
de Français. Est-ce que la question de nationalité résolue
par le tribunal correctionnel a une autorité définitive et
absolue, lie-t-elle la juridiction civile elle-même, — ou bien
cette dernière, le cas échéant, pourra-t-elle l'examiner à
nouveau?

La Cour d'Aix a jugé, le 6 déc. 1900, que le tribunal civil
ne peut plus dénier la qualité de Français à celui qui a été
acquitté, en cette qualité, du chef d'infraction à un arrêté
d'expulsion; en d'autres termes, que la chose jugée au
criminel liait le civil [1]. Dans l'espèce, l'inculpé qui avait
été absous, comme citoyen français, de l'infraction à l'arrêté d'expulsion, avait assigné le Préfet des Bouches-du-
Rhône devant le tribunal civil de Marseille, à l'effet de faire
reconnaître sa qualité et de se faire réintégrer sur le
tableau de recensement d'où il avait été rayé, comme
étranger, par le conseil de revision.

La Cour d'Aix fonde son opinion sur ce que la décision
du tribunal correctionnel, relative à la question de nationalité ayant été la cause immédiate de l'acquittement de
l'inculpé, il est impossible de ne pas appliquer le principe
d'après lequel les décisions des tribunaux répressifs ont
erga omnes l'autorité de la chose jugée.

Les juges de première instance avaient cependant été

---

[1] V. Aix, 6 déc. 1900, *Crotogli* (S. et P. 1902. 2. 17).

d'un avis contraire et avaient examiné à nouveau la question de nationalité. Et, il faut bien avouer que de puissantes considérations militent en faveur de cette dernière opinion. Elles ont été mises en relief par un auteur, justement apprécié, qui fait autorité en la matière, le regretté professeur Lacoste. Dans sa note au *Sirey*, sous l'arrêt d'Aix, M. Lacoste enseigne, en effet, que « si une question d'état est résolue incidemment par une juridiction répressive, les tribunaux civils conservent leur pleine liberté, même quand cette question concerne une condition essentielle de l'infraction à la loi pénale. Lorsqu'une personne est condamnée, dit M. Lacoste, par un tribunal de répression, pour avoir fait disparaître la preuve de la célébration d'un mariage, et que cette preuve résulte de la condamnation, l'art. 198, C. civ., défend de révoquer en doute devant les tribunaux civils la célébration dont il s'agit; il y a là une question d'état qui a été tranchée souverainement par le tribunal répressif; mais le délit consistait précisément dans la suppression de la preuve de la célébration dont on voudrait contester l'existence. Si, au contraire, une question d'état résolue par un tribunal de répression, au lieu d'être la question principale soumise à ce tribunal, a été soulevée devant lui d'une manière incidente, la solution qu'il en a donnée ne lie pas le juge civil, alors même que la question d'état porterait sur une condition essentielle du délit ou de la punition, alors même que la décision du tribunal civil pourrait contredire complètement une condamnation ou un acquittement...

« D'ailleurs, quelque large que soit l'influence sur le civil de la chose jugée au criminel, cette influence, ajoute

M. Lacoste, n'est pas sans limites. Le principe qui lie les tribunaux civils en face d'une sentence pénale comporte des tempéraments. Il y en a un qui est généralement adopté : la décision du tribunal de répression sur les questions civiles soulevées incidemment devant lui n'a pas autorité au civil quand ces questions ne jouaient dans le procès pénal qu'un rôle secondaire; car, ordinairement, le tribunal de répression n'en aura fait qu'un examen sommaire. En matière d'état des personnes, nous allons plus loin, puisque nous écartons l'influence du criminel sur le civil, même dans le cas où une question civile résolue incidemment était un point capital du procès pénal. Mais les questions d'état sont des questions particulièrement graves par les intérêts en jeu, et où, en même temps, la preuve est particulièrement difficile et délicate... Nous reconnaissons que, dans ce cas, le tribunal de répression ne se sera pas borné à un examen sommaire, comme dans l'hypothèse où elle était purement secondaire pour lui. Mais si elle n'est pas résolue uniquement au point de vue du procès pénal, elle va se trouver résolue à l'égard de personnes qui n'ont pas été parties dans ce procès, car les jugements criminels qui ont autorité au civil y ont autorité à l'égard de tous. On arrivera à ce résultat que, par exemple, la décision d'un tribunal correctionnel acquittant comme Français un individu poursuivi pour contravention à un arrêté d'expulsion aura pour effet de faire régler la dévolution de sa succession mobilière par la loi française. Or, le tribunal correctionnel qui l'a déclaré Français n'a entendu à l'encontre de ses allégations que les arguments du ministère public; et peut-être les personnes qui se prétendent ses héritiers d'après la loi étrangère ont-elles de meilleurs arguments à faire valoir, et démontreraient-elles son extranéité.

« Dans l'affaire sur laquelle a statué la Cour d'Aix, précise M. Lacoste, le procès civil mettait en présence les mêmes parties que celles entre lesquelles avait eu lieu le procès pénal ; dans l'un et l'autre, l'individu en question avait pour adversaire la société, représentée dans le premier par le ministère public, dans le second, par le préfet. Mais la société figurait dans les deux procès pour la protection d'intérêts très différents ; elle n'y plaidait pas, peut-on dire, en la même qualité. Et la qualité en laquelle la société figure dans un procès n'est pas indifférente au point de vue de la recherche de la vérité. Pour nous en tenir à la matière de la nationalité, il sera plus grave de laisser un étranger s'introduire comme concitoyen dans les rangs de l'armée française, que de le laisser se soustraire aux suites d'un arrêté d'expulsion. Il pourrait résulter de là que le représentant de la société combattît la prétention d'un individu au titre de Français d'une manière plus énergique, et avec des moyens plus décisifs, dans le procès engagé au civil en vue de l'inscription sur le tableau de recensement, que dans la poursuite engagée pour infraction à la loi de 1849.

« Il faut songer aussi, qu'en matière pénale, le doute doit profiter à l'inculpé ; une question d'état qui est incidemment soumise à un tribunal de répression, peut, de la sorte, se trouver résolue tout autrement par ce tribunal qu'elle ne le serait par une juridiction civile. Voilà un individu qui, poursuivi pour contravention à un arrêté d'expulsion, soutient qu'il est Français ; en cas de doute sur sa nationalité, le tribunal correctionnel devra le traiter comme un Français, et l'acquitter. Supposons qu'ensuite cet individu, rayé comme il l'avait été dans l'affaire, du tableau de recensement, saisisse le tribunal civil. Si le tribunal civil avait le droit d'examiner de nouveau la question de nationalité, le demandeur devrait prouver qu'il est Français ; en cas de doute sur sa nationalité, il serait traité comme un étranger, et ne pourrait pas faire rétablir son nom sur le tableau de recensement. Le juge civil est-il, au contraire, lié par la décision du tribunal de répression, ce juge sera forcé pour respecter la sentence d'acquittement, de voir dans le demandeur un Français, et... de le déclarer tel, malgré les raisons de douter apparaissant dans les considérants mêmes du jugement criminel. L'armée sera ainsi obligée d'ouvrir ses rangs à un individu dont la qualité de Français n'est pas démontrée.

« Il paraît découler de ces observations que des questions aussi graves que les questions d'état ne doivent jamais être considérées comme résolues définitivement par les tribunaux répressifs, du [moins lorsqu'elles se sont présentées devant eux d'une manière incidente. Si une question d'état est la question principale du procès pénal, si l'état d'une personne, au lieu d'être seulement une condition de l'existence du fait délictueux, est l'objet même du délit, comme cela a lieu dans l'hypothèse de l'art. 198, C. civ., où le délit consiste dans la suppression de la preuve de l'état d'époux, le législateur a pu penser qu'il y avait un lien par trop étroit entre la décision de la juridiction de répression sur cet état et la sentence de condamnation ou d'acquittement, pour qu'elle ne jouît pas de l'autorité absolue de la sentence elle-même. Mais quand la juridiction de répression n'a statué qu'incidemment sur une question d'état, le juge civil doit toujours conserver sa pleine liberté.

« Cette opinion n'est pas contrairé aux textes : aucun article n'enchaîne ici le juge : l'art. 198, C. civ., concerne une question d'état qui n'est pas incidente...

Et, le savant professeur termine, en répondant à l'objection qu'aucun texte ne peut être invoqué en faveur de sa doctrine : « Assurément, dit-il, nous n'avons d'autre part, aucun texte à invoquer à l'appui de notre opinion, et au premier abord un texte semblerait nécessaire, puisqu'il s'agit d'une dérogation au principe de l'influence du criminel sur le civil. Mais sur quoi repose cette influence? Sur cette considération que l'ordre public ne permet pas à un tribunal civil de rendre un jugement contredisant une sentence pénale. Or n'est-il pas encore plus contraire à l'ordre public que des questions extrèmement importantes, comme le sont les questions d'état, soient tranchées souverainement par une juridiction répressive, après un examen qui, faute de la participation aux débats de personnes destinées cependant à subir l'effet de la décision, sera plus d'une fois incomplet, ou après un examen qui recevrait devant le tribunal civil, c'est-à-dire devant le juge normal des questions dont nous parlons, une conclusion diamétralement opposée à celle du tribunal de répression? La théorie que nous combattons n'est-elle pas particulièrement dangereuse en matière de nationalité? N'est-il pas essentiel que des étrangers ne pénètrent pas dans l'armée sous le titre de Français et avec les prérogatives des nationaux ? N'est-il pas essentiel que des étrangers ne jouissent pas dans notre pays des droits politiques, et ne puissent pas influer par leur vote sur la composition du Parlement et des assemblées locales ?... »

Quoi qu'il en soit, si la sentence du tribunal correctionnel renvoyant des fins de la poursuite pour infraction à l'arrêté, et fondée sur la qualité de Français de l'individu expulsé, n'a pas une autorité plus fermement établie, plus indiscutée au civil, c'est une raison de plus pour permettre à ceux qui excipent de l'illégalité de la mesure prise à leur encontre, d'user du recours, ouvert d'ordinaire, devant le Conseil d'Etat à ceux qui souffrent d'excès de pouvoir commis par l'Administration.

§ 2.

Du droit pour le Conseil d'État d'annuler les arrêtés d'expulsion entachés d'excès de pouvoir ou de vice de forme.

Le droit pour le Conseil d'État d'annuler un arrêté pris illégalement, paraît incontestable. Il est tout naturel, en effet, que celui au préjudice de qui un arrêté d'expulsion est intervenu dans de telles conditions, puisse l'attaquer par la voie ordinaire de recours ouverte contre les actes administratifs entachés d'excès de pouvoir. Et cependant, ainsi que nous l'avons dit, au début du présent chapitre, le Conseil d'État s'est pendant longtemps refusé à accueillir les recours dirigés contre les arrêtés d'expulsion, par des individus qui prétendaient, en leur qualité de Français, être soustraits à la mesure dont ils avaient été l'objet.

Il suffit de citer ici les principaux arrêts rendus par le Conseil d'État, en 1836, 1853, 1867 dans les affaires *Naundorff* [1],

____

(1) Aff. *Naundorff*. — Cons. d'État, 4 août 1836. — « Considérant que les actes contre lesquels est dirigé le pourvoi appartiennent à la haute police du

De Solms [1] et *Radziwill* [2]. Ce n'est que, plus tard, que le Conseil d'État a reconnu que la formule employée dans ces arrêts était trop absolue et qu'il y avait lieu de ne pas exclure « complètement » le recours contentieux pour excès de pouvoir. Dans une affaire *Morphy*, par arrêt du 14 mars 1884 [3], le Conseil d'État, à la vérité, a encore

---

Royaume, et ne peuvent, dès lors, nous être déférés par la voie contentieuse... ».

[1] Aff. *de Solms*. — Cons. d'État, 8 déc. 1853. — « Considérant que l'arrêté du 19 févr. 1853, par lequel le ministre de la police générale a prononcé l'expulsion de la dame de Solms est une mesure de police et d'ordre public, prise dans la limite des attributions dudit ministre, et qui ne peut être attaquée par la voie contentieuse... ».

[2] Aff. *Radziwill*. — Cons. d'État, 22 janv. 1867. — « Considérant... qu'en enjoignant au requérant de sortir du territoire, notre ministre de l'Intérieur n'a fait qu'user du droit qu'il tient des dispositions... de la loi du 3 déc. 1849 ; que, dès lors, ledit requérant n'est pas recevable à se pourvoir pour excès de pouvoirs... ». — Comp. Cons. d'État, 15 mars 1855, *Yomtob-Levy* (*Rec. des arr. du Cons. d'État*, p. 195); 8 déc. 1882, *Laffon* (*Id.*, p. 983).

[3] Aff. *Morphy*. — Cons. d'Etat, 14 mars 1884. — « Considérant qu'il résulte des termes mêmes de la requête que l'arrêté par lequel le ministre de l'Intérieur a enjoint au sieur Morphy de sortir du territoire français n'a été déféré au Conseil d'État qu'au cours de poursuites dirigées contre le requérant par le ministère public devant le tribunal correctionnel de la Seine, à raison de l'infraction que ledit sieur Morphy aurait commise à l'arrêté précité ; — Considérant que l'autorité judiciaire, compétente pour statuer sur les poursuites exercées en vertu de l'art. 8 de la loi du 3 déc. 1849, l'est également pour apprécier les moyens de défense que le prévenu croit pouvoir tirer de l'illégalité prétendue de l'arrêté pris contre lui par le ministre de l'Intérieur, et qu'il n'appartient pas au Conseil d'État de statuer sur le mérite desdits moyens de défense par la voie du recours pour excès de pouvoir ; — Considérant, d'ailleurs, que l'arrêté attaqué a été notifié au sieur Morphy le 30 déc. 1880, qu'il a reçu son exécution les 28 janv. 1881 et 13 avril 1882, et que le recours ci-dessus visé n'a été enregistré au secrétariat du contentieux du Conseil d'État que le 20 nov. 1883, après l'expiration du délai de trois mois fixé par l'art. 11 du décret de 1806 ; qu'il suit de là que la requête doit être rejetée comme non recevable ; — Art. 1er. La requête du sieur Morphy est rejetée ».

rejeté le recours formé contre l'arrêté, mais il résulte des circonstances de la cause et des considérants même de l'arrêt, qu'il l'eût accueilli, si *Morphy* l'avait saisi en temps utile, et si la juridiction répressive, compétente pour statuer sur les poursuites ordonnées par le ministère public contre l'intéressé, ne lui eût pas, au surplus, paru également compétente pour apprécier les moyens de défense que le prévenu croyait pouvoir tirer de l'illégalité de l'arrêté. Les conclusions présentées par le commissaire du Gouvernement, M. Le Vavasseur de Précourt, dans cette affaire *Morphy*, méritent d'ailleurs d'être lues attentivement [1].

---

(1) *Observations de M. le commissaire du Gouvernement, Le Vavasseur de Précourt, dans l'affaire Morphy :* — «... Un arrêté d'expulsion fut pris par le ministre de l'Intérieur, à la date du 10 déc. 1880, contre le sieur Morphy, sujet anglais, auquel il fut notifié le 30. C'est cet arrêté qui est déféré, pour excès de pouvoir, au Conseil d'Etat. Le sieur Morphy soutient qu'étant né en France, pouvant, dès lors, à l'époque de sa majorité, réclamer la qualité de Français, en vertu de l'art. 9, C. civ., il ne saurait être considéré comme un étranger proprement dit, dans le sens de la loi du 3 déc. 1849; il est, en effet, suivant l'expression imagée de Merlin, un Français commencé, et l'option, qu'il a le droit de faire, aura un effet rétroactif (cette conséquence de l'option serait des plus contestables). La difficulté ainsi soulevée par le sieur Morphy aurait pu être certainement examinée par l'autorité judiciaire pénale, statuant sur une contravention à l'arrêté d'expulsion; une question semblable, soulevée par un mineur Suisse né en France, le sieur Frischknecht, vient d'être tranchée par la Cour de Paris, par arrêt du 6 févr. 1884, dans un sens contraire aux prétentions du requérant. L'arrêt établit une distinction entre l'étranger né en France d'un père né en pays étranger, et l'individu né en France d'un étranger, qui lui-même y est né, et qui, par le bénéfice de la loi du 7 févr. 1851, est réputé jusqu'à sa majorité Français sous condition résolutoire, sauf à lui à réclamer à cette époque la qualité d'étranger.

« La même question peut-elle être déférée au Conseil d'Etat par la voie du recours pour excès de pouvoir? Le sieur Morphy est-il recevable à former un recours de cette nature? Il est nécessaire, pour la solution de la question, de rappeler les faits antérieurs à l'instance actuelle. A la suite d'une première contravention à l'arrêté d'expulsion, le sieur Morphy a été condamné par le tribu-

Elles constituent le point de départ d'une jurisprudence

---

nal de police correctionnelle de la Seine, le 28 janv. 1881; une seconde condamnation a été prononcée le 19 avr. 1882. A cette date, le sieur Morphy a soutenu le système qu'il reproduit aujourd'hui; le président du tribunal l'a interrompu en disant : « Jusqu'à votre majorité, vous êtes étranger, et l'arrêté est légal; vous verrez à le faire annuler lorsque vous serez majeur ». L'organe du ministère public fit observer que le sieur Morphy n'établissait même pas le fait de sa naissance en France : ce fait est aujourd'hui prouvé par le requérant et non contesté par le ministre de l'Intérieur. Enfin, lors d'une troisième poursuite dirigée contre lui, le 11 oct. 1883, le sieur Morphy ayant annoncé l'intention de se pourvoir au Conseil d'État contre l'arrêté d'expulsion, le président du tribunal de police correctionnelle a remis l'affaire et ordonné la mise en liberté provisoire du prévenu. Il résulte de cet exposé que le Conseil d'État n'est pas saisi d'une demande d'interprétation d'un acte administratif, sur renvoi ou arrêt de sursis de l'autorité judiciaire. Il y a eu simple remise de l'affaire devant le tribunal, et, dès lors, la requête pour excès de pouvoir formée au Conseil d'État est soumise, comme toute requête, à la déchéance résultant de l'art. 11 du décret du 22 juill. 1806, si elle n'a pas été formée dans les trois mois de la notification de la décision attaquée. Or, la notification est du 30 déc. 1880 : en admettant même que l'arrêté d'expulsion, tant qu'il n'est pas exécuté, ne soit qu'une simple mise en demeure, et que le délai d'appel ne doive courir que de l'exécution, il y a eu exécution de l'arrêté au mois de janvier 1881 ; donc la requête formée le 20 nov. 1883 est non recevable comme tardivement présentée.

« A un autre point de vue, cette requête nous paraîtrait devoir être écartée par une seconde fin de non recevoir, tirée de ce que l'autorité judiciaire a déjà statué sur la situation du sieur Morphy, et est même, aujourd'hui encore, saisie de la question. Nous savons que la jurisprudence admet le recours au Conseil d'État, pour excès de pouvoir, lorsque, pour faire juger la question de légalité de l'arrêté attaqué par l'autorité judiciaire, l'intéressé est tenu de commettre une contravention à cet arrêté; on ne peut obliger un particulier à donner l'exemple de la violation d'un arrêté, pour en faire juger la légalité. Mais, si l'autorité judiciaire a été saisie de la contravention, si elle a statué, nous ne comprenons plus l'utilité du recours au Conseil d'État, qui apparaît comme une sorte d'appel contre la décision de l'autorité judiciaire portée devant la juridiction administrative, et de nature à créer des conflits entre les deux juridictions. On pourrait dans ce cas repousser le recours pour excès de pouvoirs sans porter atteinte à aucun droit; on devrait surtout le repousser, lorsque, comme dans l'affaire actuelle, il est introduit au cours de poursuites dirigées devant l'autorité pénale compétente pour apprécier la légalité de l'arrêté d'expulsion. Il dépendra toujours d'une partie diligente de déférer, pour excès de pouvoirs, au Conseil d'Etat,

nouvelle. Il est admis aujourd'hui, sans conteste, que les

---

un arrêté qui lui paraîtra illégal, avant d'avoir été poursuivie pour contravention à cet arrêté.... L'étranger expulsé peut-il porter devant la juridiction civile la question de la légalité de l'arrêté d'expulsion? Nous reconnaissons que la question de liberté individuelle est essentiellement sous la sauvegarde de l'autorité judiciaire et rentre dans le domaine de la compétence des tribunaux... Mais l'action qui pourrait appartenir, dans ce cas, à la victime d'une expulsion illégale, ne serait pas, comme devant le Conseil d'État, une action en nullité de l'arrêté d'expulsion, mais une simple action en indemnité, en réparation du préjudice, et de plus, elle serait exposée à se heurter, soit à des jugements d'incompétence, soit à des arrêtés de conflit. C'est une action en indemnité de cette nature, que le prince Jérôme-Napoléon Bonaparte a intentée, en 1872, à la suite de son expulsion du territoire français, contre le ministre de l'Intérieur et le préfet de police. Le tribunal de la Seine, par jugement du 19 févr. 1873, la Cour de Paris, par arrêt du 29 janv. 1876 se sont déclarés incompétents pour en connaître, par le motif qu'il s'agissait d'un acte gouvernemental accompli par le pouvoir exécutif dans l'exercice de la puissance publique. Il est vrai que la chambre des requêtes de la Cour de cassation a rendu, sur le pourvoi du prince Napoléon, un arrêt d'admission, le 25 mars 1878. Il est vrai aussi que la question qui se poserait sur la violation de la loi de 1849, relative aux étrangers, serait différente; mais le recours judiciaire ne serait jamais qu'un recours en indemnité, et n'aurait pas, comme le recours pour excès de pouvoirs, pour résultat possible de faire annuler l'arrêté d'expulsion.

« *Le recours pour excès de pouvoir au Conseil d'Etat nous paraît, d'ailleurs, le seul efficace au cas où, l'arrêté d'expulsion n'étant pas exécuté, l'intéressé voudrait, néanmoins, le faire annuler, pour ne pas être exposé à son application imprévue, en soutenant, par exemple, qu'il a été incompétemment pris par un préfet d'un département non frontière, et également au cas où l'intéressé aurait été expulsé, et ne pourrait pas matériellement rentrer en France.* Ce recours nous paraît d'autant plus devoir être réservé aux parties intéressées que, deux fois déjà, le Conseil d'État a statué sur des requêtes de cette nature, et les a rejetées au fond, mais sans opposer l'incompétence de la juridiction administrative. — Par décision du 8 déc. 1853, le Conseil d'État a rejeté un recours formé par Mme de Solms contre un arrêté d'expulsion du 17 mai 1853. La requérante soutenait qu'elle était Française, et demandait un sursis jusqu'à ce que l'autorité judiciaire eût statué sur sa nationalité. Le Conseil d'Etat a considéré que l'arrêté attaqué était une mesure de police et d'ordre public, prise par le ministre dans la limite de ses attributions, et ne pouvait être attaqué par la voie contentieuse. *La formule* employée *nous semble trop absolue.* En outre, l'arrêt aurait pu ajouter qu'il n'y avait pas lieu

arrêtés d'expulsion peuvent faire l'objet d'un recours en annulation devant le Conseil d'État, s'ils sont entachés d'excès de pouvoir ou de vice de forme [1].

Il y a lieu naturellement de se féliciter de ce revirement de jurisprudence, qui repose sur une appréciation plus exacte du caractère propre de l'expulsion, laquelle est, on le sait [2], une mesure de police, un acte de haute administration, selon l'expression de M. le professeur Laîné, et non pas un acte de gouvernement, au sens strict du mot, et comme tel, insusceptible de tout recours [3].

à renvoi à l'autorité judiciaire, parce qu'il est de toute évidence, sans discussion possible, que la femme française qui épouse un étranger non naturalisé perd sa nationalité par application de l'art. 19, C. civ. — La seconde décision du Conseil d'Etat, du 24 janv. 1867 concerne le prince Guillaume Radzivill. Le requérant se bornait à soutenir que la mesure d'expulsion prise à son égard était arbitraire ; le Conseil d'Etat a rejeté son recours, sa qualité d'étranger n'étant pas contestée.

« *Nous estimons* donc *qu'il y a lieu de ne pas exclure complètement le recours pour excès de pouvoir en cette matière.* Mais, dans l'affaire actuelle, la requête nous paraît non recevable: en premier lieu, comme tardivement formée; en second lieu, parce que la question a été soulevée au cours de poursuites dirigées devant le tribunal correctionnel pour contravention à l'arrêté d'expulsion, et que, dès lors, c'était à ce tribunal seul, et non au Conseil d'État, qu'il appartenait de statuer sur le moyen de défense du sieur Morphy, tiré de l'illégalité de l'arrêté.

« Nous concluons, par ces motifs, au rejet de la requête comme non recevable ».

(1) V. not., Laferrière, t. 1, p. 530-531, t. 2, p. 53, note ; Ducrocq, t. 3, n. 1135 ; Bès-de-Berc, p. 75 et s. ; Darut, p. 206 et s. ; Féraud-Giraud (*J. du dr. int. pr.*, 1890, p. 424) ; De Lalande (*Rev. prat. de dr. int. pr.*, 1892, p. 65, *in fine* et s. ; Vincent et Penaud, v° cit., n. 83 et s. ; *Rép. gén. du dr. fr.*, v° cit., n. 181 et s. V. aussi la note au *Sirey* sous Cons. d'État, 14 mars 1890, *Ribès* (1892. 3. 85). Dans l'espèce de cet arrêt, la requête a été rejetée ; mais le réclamant, après avoir prétendu être Français, a reconnu être né d'un père étranger, et « n'a excipé d'aucun acte de nature à lui faire attribuer la qualité de Français » ! *Adde*, la note au *J. du dr. int. pr.*, 1891, p. 202.

(2) V. *suprà*, p. 8.

(3) Sur les actes de gouvernement, V. not., Hauriou, note sous Cons. d'État,

Mais il convient de remarquer que ce recours au Conseil d'État présente quelques désavantages. Il doit être exercé à bref délai, et, en outre, il ne dispense pas de recourir aux tribunaux civils, lorsque la question d'état offre un caractère contentieux, fait l'objet d'un doute sérieux; car, le Conseil d'État est incompétent, en ce cas, pour trancher de telles questions [1].

Du recours aux tribunaux civils. — Aussi, croyons-nous qu'il est encore préférable de s'adresser directement au tribunal civil, juge de droit commun en la matière. M. Darut dit bien que la jurisprudence ne fournit aucun exemple d'un recours pratiqué dans ces conditions; mais nous ne voyons pas s'il était pratiqué, à l'encontre du ministère public, comment le tribunal pourrait décliner sa compétence. Et si le tribunal reconnaît que le demandeur est Français, l'arrêté tombe du coup! Il y a là, semble-t-il, pour l'expulsé qui estime avoir été chassé illégalement, étant donnée sa qualité de citoyen français, un moyen indirect mais, très pratique de faire cesser les effets de l'arrêté.

Brésil. — D'ailleurs, dans les pays où le législateur a limité le droit d'expulsion, n'est-ce pas aux tribunaux de l'ordre judiciaire qu'il appartient de vérifier notamment : 1° si la mesure n'atteint pas en réalité un étranger que la loi a soustrait à toute expulsion, ou 2° si elle n'a pas été pro-

---

18 déc. 1891, *Vandelet et Faraud* (S. et P. 1893. 3. 129. — S. chr. refondu); et Nézard (*Rép. du dr. int. pr.,* v° *Acte de gouvernement*). — D'ailleurs, la théorie des actes de gouvernement est elle-même très entamée. V. not., Berthélemy, *Tr. de dr. admin.,* 5ᵉ éd., p. 105 et s.; Brémond (*Rev. crit.,* 1888, p. 561 et s.); et Michoud (*Annales de l'enseign. supér.* de Grenoble, t. 1, n. 2).

(1) V. not., Laferrière, t. 1, p. 515; De Lalande, p. 66; Darut, p. 210; Vincent et Penaud, v° *cit.,* n. 85; *Rép. gén. du dr. fr., v°* *cit.,* n. 183.

noncée en dehors des causes édictées? Dans l'une et l'autre hypothèse, la mesure est illégale; et l'illégalité est déclarée par le juge de droit commun qui rend au *Brésil* notamment, une ordonnance d'*habeas corpus* annulant l'ordre d'expulsion et assurant à l'étranger contre lequel il a été pris qu'il ne sera point inquiété (1).

Pays-Bas. — De même, aux *Pays-Bas*, l'individu dont l'expulsion a été ordonnée par le juge de paix peut recourir à la Cour de cassation, dans le cas où il prétendrait qu'il n'est pas étranger, ou qu'il se trouve dans un cas excepté par la loi. — « Dans le cas où c'est la Couronne qui a ordonné l'expulsion, l'étranger peut également recourir à la Cour de cassation, mais seulement dans les deux cas indiqués plus haut (2) ».

Il y a, d'ailleurs, aujourd'hui un précédent. Abd-el-Hakim, ce conseiller d'État à la Cour du Maroc, qui avait été expulsé en 1902, par M. Saint-René Taillandier, ministre de France à Tanger, et dont nous avons déjà parlé (3), a, en effet, demandé au tribunal civil de la Seine, de décider que l'arrêté avait été pris sans droit, étant donné qu'il n'était ni Tunisien, ni protégé français, mais Marocain. Le ministre des Affaires étrangères a répondu par des conclusions d'incompétence; il a prétendu que les tribunaux judiciaires français étaient incompétents pour connaître de la demande, pour deux raisons : « d'abord,

---

(1) V. not., loi brésilienne du 7 janv. 1907, art. 8 (*Rev. de dr. int. pr.*, 1908, p. 856); et Trib. supr. fédér., 30 janv. 1907, et Trib. fédér. de deuxième instance, 11 févr. 1907 (*Id.*, 1908, p. 821), et la note, § 2, de M. Al. Martini sous ces décisions.

(2) V. Jitta (*J. du dr. int. pr.*, 1902, p. 68, *in fine*-69).

(3) V. *suprà*, p. 109.

parce que, si ces tribunaux sont compétents pour décider si quelqu'un est Français ou n'est pas Français, ils ne le sont pas pour décider si quelqu'un est Tunisien ou n'est pas Tunisien ; ensuite, parce qu'une instance en déclaration de nationalité ne peut être introduite devant eux par voie principale, mais seulement par voie d'exception, c'est-à-dire comme moyen préjudiciel de défense à l'occasion d'un procès, par exemple à l'occasion d'une poursuite pour infraction à un arrêté d'expulsion ». Mais, contrairement à ces conclusions, le tribunal civil de la Seine se déclara compétent, le 8 mars 1904, et son jugement a été confirmé, en termes particulièrement nets, le 10 août de la même année [1] par la Cour de Paris : « *Attendu, porte cet arrêt, que, pour que la nationalité d'un individu puisse être légalement établie en France, la préexistance d'un litige soit d'ordre administratif, soit d'ordre judiciaire, à l'occasion duquel serait née la question d'extranéité n'est pas nécessaire ; qu'il suffit que le demandeur ait un intérêt, soit matériel, soit purement moral, né et actuel, à opposer son extranéité à un défendeur ayant de son côté un intérêt également né et actuel à la contester...* [2] ».

Effet non suspensif du recours. — Est-il besoin d'ajouter que la voie de recours n'a pas, en notre matière, un caractère suspensif ? L'expulsion étant une mesure essentiellement préventive, prise dans le but de mettre obstacle au dommage ou au désordre que pourrait causer la présence

---

(1) Trib. de la Seine, 8 mars 1904, et Paris 10 août 1904 (*J. du dr. int. pr.*, 1905, p. 180).

(2) V. au surplus, la chronique de cette affaire *Abd-el-Hakim*, dans la *Rev. de dr. int. publ.*, 1905, p. 551 et s.

sur le territoire, satisfaction doit d'abord être donnée aux prescriptions de l'autorité administrative. Un recours ne doit pas les entraver, permettre au dommage ou au désordre de se produire ou de s'aggraver (1).

§ 3.

Les tribunaux de l'ordre judiciaire et le Conseil d'État ne connaissent pas des motifs de l'expulsion.

Compétents pour connaître de la *légalité* des arrêtés d'expulsion, les tribunaux de l'ordre judiciaire, et le Conseil d'État lui-même, sont incompétents pour apprécier les *motifs*, sur lesquels ces arrêtés se fondent. La jurisprudence (2) et la doctrine (3) sont, en effet, d'accord pour déclarer que « le bien ou mal fondé » de la mesure d'expulsion ne peut être « débattu » ou « querellé » devant une

---

(1) V. d'ailleurs, sur ce point, de Lalande, p. 63.

(2) V. not., Cons. d'État, 4 août 1836, *Naundorff* (S. 1836. 2. 445); 8 déc. 1853, *de Solms* (S. 1854. 2. 409. — D. P. 1854. 3. 85); 15 mars 1855, *Yomiob-Lévy* (*Rec. des arr. du Cons. d'Etat*, p. 195); 24 janv. 1867, *Radziwill* (*Rec. des arr. du Cons. d'Etat*, p. 94); Paris, 29 janv. 1876 (S. 1876. 2. 297); Trib. de la Seine, 10 août 1878 (*J. du dr. int. pr.*, 1878, p. 495); Cons. d'État, 8 déc. 1882, *Laffon* (*Rec. des arr. du Cons. d'Etat*, p. 983); 14 mars 1884, *Morphy* (S. 1886. 3. 2 — D. P. 1885. 3. 9); 8 août 1888, *Richard* (*Rec. des arr. du Cons. d'Etat*, p. 775); 26 déc. 1902, *Rapi* (S. et P. 1906. 3. 96 — *Rev. de dr. int. pr.*, 1905, p. 529 — *J. du dr. int. pr.*, 1903, p. 619). Comp. Cons. d'État, 14 mars 1890, *Ribès* (S. et P. 1892. 3. 85), et la note sous cet arrêt.

(3) V. not., Weiss, t. 2, p. 92, note 2; Laferrière, t. 1, p. 530, t. 2, p. 53; Féraud-Giraud (*J. du dr. int. pr.*, 1890, p. 424); De Lalande (*Rev. prat. de dr. int. pr.*, 1892, p. 63, *in fine*); Teissier, *La responsab. de la puiss. publ.*, n. 129, p. 150; Arthur Desjardins, *L'expuls. des étrang.* dans *Quest. soc. et polit.* (1893), p. 107; Bès-de-Berc, p. 33, 64 et s.; Darut, p. 27 et s., 202; Al. Martini (*Rev. de dr. int. pr.*, 1908, p. 829, *in fine*-830); *Rép. gén. du dr. fr.*, *v° cit.*, n. 179.

juridiction ; que, *seule, l'Administration est juge des motifs* qui l'ont rendue nécessaire.

Raison de cette incompétence. — Il est aisé, d'ailleurs, de justifier cette incompétence des tribunaux en notre matière. Comment, en effet, pourraient-ils être juges des motifs qui ont nécessité une expulsion, ces motifs se rattachant souvent à des questions qui intéressent la tranquillité et l'ordre publics, la sécurité nationale ? Comment apprécieraient-ils en pleine connaissance de cause la mesure intervenue ? « Imagine-t-on qu'une discussion s'engage, dit M. Arthur Desjardins, entre le ministère public et les avocats, non plus sur une question de culpabilité, mais sur une question de haute administration ? Faudra-t-il apporter à la barre les rapports confidentiels des préfets, révéler à l'audience certains périls intérieurs, peut-être même des périls extérieurs, au risque d'inquiéter toute la nation, d'arrêter certaines transactions ou d'empêcher la bonne issue des graves négociations diplomatiques ? Faudra-t-il raconter aux juges ce qu'un ministre des Affaires étrangères, s'il est prudent, tairait quelquefois à la représentation nationale elle-même ? » (1). Il est impossible de les faire participer ainsi à la direction politique des affaires, de les constituer arbitres des questions de sécurité publique.

Le Conseil d'État lui-même ne doit pas connaître de pareilles questions. Lorsque, en 1836, Mᵉ Crémieux, dans une plaidoirie restée célèbre, l'exhortait à se déclarer compétent et à annuler l'arrêté dont *Naundorff* était « la victime », il demandait au Conseil d'État moins un examen des motifs

---

(1) Arthur Desjardins, *ubi suprà.*

qui avaient poussé le ministre à agir, que la constatation de l'*illégalité* dont l'arrêté était entaché, « le demandeur étant en instance devant les tribunaux compétents pour réclamer son état et sa qualité de Français (1) ».

Législations étrangères. — La France, d'ailleurs, n'est pas le seul État qui n'admette pas de voie de recours fondée sur la fausseté ou l'inanité des motifs allégués par l'Administration. La plupart des États, et notamment l'*Allemagne*, le *Luxembourg*, l'*Espagne*, et l'*Angleterre*, ne permettent pas aux étrangers expulsés de discuter devant les tribunaux, les motifs de l'arrêté (2).

Même dans les pays où le droit d'expulsion a été limité et réglementé, au *Brésil* notamment, les tribunaux n'ont pas pour mission d'apprécier la valeur intrinsèque, la consistance des motifs d'expulsion. L'autorité judiciaire examine là-bas, si le requérant, qui a été expulsé, à raison soit d'une condamnation prononcée par un tribunal étranger, soit de deux condamnations prononcées par un tribunal brésilien, rentre effectivement dans « l'une de ces deux

---

(1) V. l'analyse de la plaidoirie de M⁰ Crémieux au *Sirey* (1836. 2. 446). Comp. Chausse, *Rev. crit.*, 1892, p. 295 et s.

(2) V. pour l'Allemagne, D⁰ Haenel (*J. du dr. int. pr.*, 1884, p. 480, *in fine* 482); pour le Luxembourg, (L. 30 déc. 1893, art. 9, al. 2); pour l'Espagne, Torrès Campos (*J. du dr. int. pr.*, 1902, p. 245); et pour l'Angleterre, Henriques, l'*Aliens Act* de 1905 (*Rev. de dr. int. pr.*, 1908, p. 54).

Ce n'en est pas moins, en invoquant l'exemple de l'Angleterre (*sic*), qu'une proposition de loi, ainsi conçue : — Art. 1⁰⁰. « Tout étranger résidant en France, auquel est signifié un arrêté d'expulsion, peut se pourvoir contre cet arrêté devant le tribunal de sa résidence ». — Art. 2. « L'assistance judiciaire... est... de droit », — a été déposée par M. Sembat et plusieurs de ses collègues, sur le bureau de la Chambre des députés, le 1⁰⁰ juin 1908 ! V. cette proposition de loi au *J. off.*, Ch. des dép., Doc. parl., 1908, annexe, n. 1747.

catégories »; s'il ne rentre ni dans la première, ni dans la seconde, le tribunal ordonne son *habeas corpus;* mais, à aucun moment, le tribunal n'est juge de l'utilité ou de l'inutilité de la mesure prise à l'encontre du requérant : il ne pourrait pas, par exemple, décider que les condamnations à raison desquelles l'arrêté est intervenu ne sont pas suffisamment graves pour nécessiter l'expulsion du territoire. D'ailleurs, lorsque l'expulsion est fondée sur l'art. 1er de la loi, d'après lequel : « l'étranger qui, pour un motif quelconque, compromet la sécurité nationale ou la tranquillité publique peut être expulsé de tout ou partie du territoire national... », l'étranger, aux termes mêmes de l'art. 8, « ne peut exercer un recours que devant le pouvoir qui a ordonné son expulsion » (1).

De ce que les tribunaux ne connaissent point des motifs de l'expulsion, il ne faut pas, au surplus, conclure, comme on le fait parfois, que l'expulsion sera le plus souvent arbitraire.

Il ne faut pas oublier, en effet, que le Gouvernement, demeure responsable devant le Parlement et les autres nations de la façon « dont il entend le droit d'expulsion, de la manière dont il apprécie les actes portant atteinte à l'ordre public (2) ».

La Chambre des députés, notamment, exerce chez nous

---

(1) V. d'ailleurs, Trib. supr. fédér., 30 janv. 1907, et Trib. fédér. de deuxième instance, 11 févr. 1907, précités, et la note de M. Al. Martini ; Trib. supr. fédér., 29 juill. 1908 (*O Direito*, 1909, p. 506). — V. cep., en ce qui concerne la Suisse, la loi du 14 oct. 1905, art. 22 et s. (*Ann. de lég. étrang.*, t. 35, année 1906, p. 413); et, en ce qui concerne la Hollande, Fiore, *Le dr. pén. int.*, 4e éd. (trad. Antoine), t. 1, n. 289, p. 316, et *Nouv. dr. int. publ.*, 2e éd. (trad. Antoine), t. 1, n. 699 700.

(2) V. Canonico (*J. du dr. int. pr.*, 1890, p. 221).

son contrôle de façon très étroite : diverses expulsions ont donné lieu devant elle à de très importants débats, au cours desquels le droit du Parlement a été toujours nettement et hautement affirmé (1).

Les autres nations empêcheront, d'ailleurs, un État d'user arbitrairement du droit d'expulsion. L'État qui ferait de ce droit un usage inconsidéré s'exposerait à des réclamations diplomatiques (2); et l'abus entraînerait fatalement des difficultés internationales, en suscitant des rancunes et en appelant des actes de rétorsion (3).

Que s'il arrive qu'un étranger soit expulsé par erreur et sans droit, le consul du pays auquel il appartient lui prêtera aide et protection; et son intervention suffira pour faire rapporter un arrêté inconsidérément pris (4).

En tout cas, l'on ne peut guère reprocher à la France de mésuser du droit d'expulsion. A part quelques cas où l'Administration s'est peut-être montrée d'une sévérité excessive, il faut bien reconnaître que les étrangers que l'on expulse, l'ont presque toujours mérité par une conduite immorale, des idées subversives ou leurs délits (5).

---

(1) **V.** not., à propos de l'expulsion de l'abbé Delsor, le passage suivant du discours de M. Ribot : « (Le préfet) vous en a-t-il référé? A-t-il pris vos instructions? Vous a-t-il rendu compte des *motifs* de sa conduite? *Vous devez nous les apporter* » (*J. off.*, Ch. des dép., Déb. parl., janv. 1904, p. 6, *in fine*).

(2) V. not., Pillet, *Princ. de dr. int. pr.*, n. 76, p. 188, note; Bonfils et Fauchille, *Man. de dr. int. publ.*, 5e éd., n. 442; Bluntschli, § 384, p. 233, *in fine;* Heffter, § 62, p. 143.

(3) V. Piédelièvre, *Précis de dr. int. publ.*, t. 1, n. 210, p. 182.

(4) V. en ce sens, Pradier-Fodéré (*J. du dr. int. pr.*, 1878, p. 599).

(5) V. au surplus, Al. Martini (*Rev. de dr. int. pr.*, 1908, p. 830-831).

§ 4.

Des dommages-intérêts peuvent-ils être alloués aux individus qui ont souffert d'une expulsion illégale ou injustifiée ?

Expulsion illégale. — Dans ses conclusions dans l'affaire *Morphy* dont il a été déjà question (1), M. le commissaire du Gouvernement, Le Vavasseur de Précourt, a admis, en principe, que des dommages-intérêts pouvaient être alloués à l'individu contre lequel un arrêté d'expulsion aurait été illégalement pris. « L'action, a-t-il dit, qui pourrait appartenir, au civil, à la victime d'une expulsion illégale, serait une simple action en indemnité, en réparation du préjudice... (2) ».

Et de fait, on ne voit pas en vertu de quelle raison, une telle action serait refusée à l'individu dont l'expulsion a été déclarée illégale par le Conseil d'État, ou à celui qui aurait été renvoyé par le tribunal correctionnel des fins de la plainte pour infraction à l'arrêté intervenu à son encontre. Il a subi, à tort, un préjudice ; réparation lui est due. La mesure dont il a été l'objet, l'a atteint de façon illégale ; ce n'est que justice qu'il reçoive une indemnité ; du fait de l'expulsion, un dommage sérieux peut être résulté, c'est bien le moins que ce Français, expulsé sans droit, ou même cet étranger chassé par une autorité incompétente, obtienne une juste compensation du dommage subi.

Dira-t-on que le tribunal civil, saisi d'une action en indemnité, devra se déclarer incompétent, parce qu'il s'agit, en l'espèce, « d'un acte de gouvernement, accompli dans

---

(1) V. *suprà*, p. 177 et s.
(2) V. *suprà*, p. 180, note.

l'exercice de la puissance publique [1] » ? — Mais, en admettant qu'il s'agisse d'un pareil acte, — ce qui n'est pas établi, l'expulsion constituant tout au plus un acte d'administration, de haute police [2] —, le tribunal ne saurait se déclarer incompétent, puisque, au moment où l'action en indemnité est exercée, l'acte est annulé, par hypothèse, par le Conseil d'État, comme illégal, — ou paralysé dans ses effets par la sentence du tribunal correctionnel renvoyant l'inculpé des fins de la plainte !

Si le ministre ou le préfet n'a commis aucune faute lourde, c'est l'État qui devra nécessairement supporter les conséquences pécuniaires de l'arrêté indûment pris ; — si, au contraire, il est établi qu'une telle faute a été commise soit par l'un soit par l'autre, la responsabilité de l'État ne saurait être tenue comme engagée, et les conséquences pécuniaires de l'illégalité par eux commise devront être laissées à leur compte. Les art. 114 et 117, C. pén.[3],

____

(1) V. not., Laferrière, t. 1, p. 530-531 ; Féraud-Giraud (*J. du dr. int. pr.*, 1890, p. 425) ; Teissier, n. 129, p. 150.

(2) V. *suprà*, p. 181.

(3) Art. 114, C. pén. — « Lorsqu'un fonctionnaire public, un agent ou un préposé du Gouvernement, aura ordonné ou fait quelque *acte arbitraire* et *attentatoire*, soit à la *liberté individuelle*, soit aux droits civiques d'un ou de plusieurs citoyens, soit à la Charte, il sera condamné à la peine de la dégradation civique. — Si néanmoins, il justifie qu'il a agi par ordre de ses supérieurs pour des objets du ressort de ceux-ci, sur lesquels il leur était dû obéissance hiérarchique, il sera exempt de la peine, laquelle sera, dans ce cas, appliquée seulement aux supérieurs qui ont donné l'ordre ». — Art. 117, C. pén. — « Les *dommages-intérêts* qui pourraient être prononcés a raison des attentats exprimés dans l'article 114 seront demandés, soit sur la poursuite criminelle, soit *par la voie civile*, et seront réglés, eu égard aux *personnes*, aux *circonstances* et au *préjudice* souffert, sans qu'en aucun cas, et quel que soit l'individu lésé, lesdits dommages-intérêts puissent être au-dessous de 25 francs pour chaque jour de détention illégale et arbitraire, et pour chaque individu ».

peuvent, d'ailleurs, être formellement invoqués à l'appui de notre opinion (1).

Nous savons que l'on invoque contre cette doctrine, un jugement du tribunal civil de la Seine du 19 févr. 1873, confirmé par arrêt de la Cour de Paris, en date du 29 janv. 1876, rappelé, d'ailleurs par M. Le Vavasseur de Précourt, dans ses conclusions précitées (V. *suprà*, p. 180, note), rendu à propos de l'expulsion du prince Jérôme-Napoléon par le ministre de l'Intérieur, « sur l'ordre du Président de la République, le conseil des ministres entendu », et d'après lequel « les tribunaux ordinaires sont incompétents pour connaître d'une demande en dommages-intérêts intentée contre le ministre, auteur de l'arrêté, et les agents qui l'ont mis à exécution » (2).

------

(1) V. d'ailleurs, dans notre sens, De Lalande, p. 64; Bès-de-Berc, p. 35, *in fine*-36, 73 et s.; Darut, p. 211 et s.; Vincent et Penaud, *v° cit.*, n. 92 et s.; *Rép. gén. du dr. fr.*, *v° cit.*, n. 191 et s. Comp. C. d'app. mixte d'Alexandrie, 4 mai 1892 (*J. du dr. int. pr.*, 1893, p. 622, 1895, p. 892). V. aussi, Chausse, *Rev. crit.*, 1892, p. 296-297.

(2) Voici, d'ailleurs, d'une part, l'arrêté du 10 oct. 1872 pris à l'encontre du prince Jérôme-Napoléon : — « Nous, ministre de l'Intérieur; — D'après les ordres de M. le Président de la République; — Le Conseil des ministres entendu, — Considérant que le prince Jérôme-Napoléon Bonaparte est entré en France sans en avoir obtenu l'autorisation du Gouvernement; — Considérant que la présence du prince Jérôme-Napoléon Bonaparte peut, dans les circonstances actuelles, devenir une occasion de troubles ; — Arrêtons : Art. 1er. Le prince Jérôme-Napoléon Bonaparte sera immédiatement reconduit à la frontière. — Art. 2 : M. Georges Patinot, chef du cabinet de M. le préfet de police est chargé de notifier la présente décision et d'en assurer l'exécution ». — Et voici, d'autre part, le jugement du tribunal civil de la Seine, du 19 févr. 1873 — : « Attendu que les lois des 16-24 août 1790 et 16 fruct. an III portent défense expresse aux tribunaux de connaître des actes d'administration, quels qu'ils soient, c'est-à-dire des actes accomplis par l'État ou ses représentants dans l'exercice de la puissance publique; —

Mais il convient de remarquer, qu'en l'espèce, l'arrêté n'avait pas, au préalable, été déclaré illégal, par l'autorité que l'on considère, d'ordinaire, comme seule capable de l'annuler à ce titre, c'est-à-dire par le Conseil d'État; et, en outre, selon la remarque faite par M. Le Vavasseur de Précourt, qu'il s'agissait d'une expulsion prononcée dans des circonstances exceptionnelles, selon une procédure spéciale, en dehors même de la loi du 3 déc. 1849. Ajoutons enfin que le jugement et l'arrêt dont s'agit, ont suscité au *Sirey* de justes critiques de M. Labbé que nous reproduisons en note dans leur partie essentielle (1).

Attendu que l'arrêté du ministre de l'Intérieur du 10 oct. dernier, aux termes duquel le prince Napoléon devait être immédiatement reconduit à la frontière, a été pris par l'ordre du Président de la République, le conseil des ministres entendu, et qu'il est motivé sur ce que la présence du prince en France pourrait, dans les circonstances actuelles, devenir une occasion de troubles; — *Attendu que cet arrêté constitue un acte gouvernemental, accompli par le pouvoir exécutif dans l'exercice de la puissance publique*; qu'il échappe par sa nature à la connaissance et à l'appréciation de l'autorité judiciaire; — Que, dès lors, le tribunal ne saurait rechercher, sans méconnaître le principe de la séparation des pouvoirs, s'il contient, comme le prétend le demandeur, une violation du droit en sa personne, et une atteinte portée à sa liberté individuelle; — Attendu qu'il en est de même des autres faits relevés par le prince Napoléon dans sa demande, lesquels ont eu pour but et pour résultat d'assurer son expulsion...; qu'ils participent de la nature de l'arrêté et qu'ils constituent comme lui des actes dont la connaissance échappe à l'autorité judiciaire ; — Par ces motifs ».

(1) « Un Français qui jouit de ses droits civils et politiques est, par ordre du Gouvernement français, expulsé du territoire de la France. — Contre cet acte une voie de recours est-elle ouverte devant la justice?

« ... Ce Français résidait hors de France depuis un certain temps, venait d'y rentrer avec un passeport qui lui avait été délivré pour un cas déterminé, sans relation avec le voyage actuel. — Ce Français était parent et de la famille officielle d'un souverain qui avait régné sur la France et contre lequel une déchéance avait été prononcée peu d'années auparavant.

« La justice... ordinaire, saisie d'une action en responsabilité contre le ministre signataire de l'ordre d'expulsion est-elle compétente?

« La négative est décidée. Cette solution repose sur le principe de la séparation des pouvoirs. — Ce principe est salutaire; en tout cas, il fait partie de notre Constitution... Le pouvoir judiciaire ne doit pas empiéter sur le pouvoir législatif, ni sur le pouvoir exécutif. Mais le pouvoir exécutif ne doit pas non plus excéder les limites de son domaine. Séparation des pouvoirs ne signifie pas que les excès de l'un ne trouveront pas un obstacle dans l'autorité de l'autre.

« Le pouvoir exécutif est-il, dans la circonstance présente, sorti de ses attributions? Si oui, qui peut l'y ramener, qui protègera le particulier lésé dans un de ses droits?

« .....

« Le Gouvernement a des attributions déterminées;... dans certaines limites où sont contenus ses pouvoirs, il peut agir de façon discrétionnaire, et sans encourir d'autre responsabilité qu'une responsabilité politique;... mais s'il dépasse les bornes légales de ses attributions, il n'est pas inouï, disons mieux, il est *moral* quand il s'agit de la protection de la liberté individuelle, de le voir soumis à un débat porté devant l'autorité judiciaire.

« Cela étant, devons-nous admettre que le Gouvernement puisse, en dehors de ses attributions régulières, en invoquant la raison d'État, imprimer à une mesure quelconque un caractère exceptionnel, la couvrir d'une immunité extra-légale, en enlever la connaissance aux tribunaux? Le Gouvernement qui a, d'après la loi, des fonctions précises, peut-il sortir du cercle tracé par les lois constitutionnelles, toutes les fois que l'intérêt général lui paraît l'exiger, et en déclarant qu'il fait un acte politique, mettre obstacle au cours de la justice? — Malgré d'illustres contradictions (Aucoc, concl. aff. *du duc d'Aumale*, Cons. d'Etat, 9 mai 1867, S. 1867. 2. 124), la négative ne nous semble pas douteuse. Elle ne nous paraît pas surtout comporter d'hésitation, sous un régime... où le pouvoir exécutif est établi, organisé, même déféré par un pouvoir supérieur, l'assemblée représentative de la Nation, assemblée qui exprime la volonté nationale, source de la souveraineté dans l'ordre politique...

« N'exagérons rien. Quoi que l'on décide, nous ne redoutons pas de voir renaître aujourd'hui les abus du régime des lettres de cachet. Alors même que l'accès de la justice serait fermé, il resterait une voie ouverte, une responsabilité sérieuse; c'est la voie de pétition adressée aux assemblées représentatives de la Nation; c'est l'appel à l'opinion publique par la presse périodique. L'obligation pour le ministre, qui a pris ou contresigné la décision exorbitante, de justifier sa conduite devant les Chambres, le contrôle de l'opinion publique provoqué par la presse périodique sont des garanties qui n'existaient pas dans l'Ancien Régime. On peut avoir la certitude que les excès de pouvoir... ne seront commis que dans des circonstances rares et par des raisons majeures — Soit! Mais cela ne satisfait pas la raison du jurisconsulte...

« Irons-nous jusqu'à soutenir que le salut de la société n'exige jamais une déro-

gation aux lois établies? Nous voudrions pouvoir le soutenir. Mais l'absolu n'est
pas de ce monde. Les institutions humaines sont toujours imparfaites. Elles ap-
pellent parfois des remèdes extraordinaires. Il ne faut pas que la société périsse
par le respect de la légalité. Admettons-le. Dans notre organisation, s'il existe
un pouvoir qui puisse déroger aux lois établies,... c'est le pouvoir législatif...
Le pouvoir législatif est le pouvoir d'établir des règles générales applicables à
l'avenir. Il ne renferme pas le pouvoir de légitimer une infraction particulière,
encore moins de ratifier après coup une infraction particulière aux lois établies.
Mais, enfin, *s'il appartient à quelqu'un d'approuver un acte exorbitant du
droit commun, c'est aux assemblées qui semblent avoir... la souveraineté
de la Nation... Lorsque l'urgence décide un ministre à prendre à l'égard
d'un particulier une mesure illégale, il le fait à ses risques et périls, sous
sa responsabilité non seulement politique, mais encore judiciaire. Il doit
obtenir... une ratification des Chambres législatives. Les tribunaux ordinaires, saisis d'une demande... en dommages-intérêts, ne sont pas incompétents. L'acte en lui-même est illégal; il peut en motiver une condamnation contre son auteur, au profit de la partie blessée dans ses droits. Si la
question de ratification, portée devant les Chambres, y est encore pen-
dante, les tribunaux doivent seulement surseoir à statuer. Mais le procès
ne s'arrêtera définitivement que lorsque le pouvoir législatif aura approuvé
et confirmé l'acte exceptionnel du pouvoir exécutif.*

« ...*Le pouvoir législatif doit couvrir par une décision formelle l'irrégularité commise ;... sinon la justice a son cours.*

« Dans l'espèce, le ministre... signataire de l'acte ne peut se soustraire à la responsabilité politique ou judiciaire que cet acte est de nature à faire encourir.

« Les art. 114 et s., C. pén., confirment énergiquement (cette) opinion. « Lorsqu'un fonctionnaire public, un agent ou un préposé du Gouvernement aura ordonné ou fait quelque acte arbitraire et attentatoire soit aux droits civiques...
soit à la liberté individuelle, il sera condamné » soit à une peine (art. 114) soit,
par la voie civile, à des dommages-intérêts (art. 117).

« ...Ne résulte-t-il pas de ces articles : 1° que l'acte arbitraire fait encourir une responsabilité à son auteur, sans distinguer s'il a été accompli ou non dans une intention
honorable, et pour sauver la société... alors même qu'il aurait été qualifié acte du
gouvernement...; 2° que cette responsabilité pénale ou tout au moins civile donne lieu
à poursuite devant l'autorité judiciaire. Les tribunaux ordinaires sont compétents.

« ...Il ne suffit pas au Gouvernement d'invoquer la raison d'Etat pour légitimer
des actes arbitraires attentatoires à la liberté individuelle...

« Nous avançons dans cette discussion avec une double hésitation. Nous craignons parfois d'une part, de nous évertuer à prouver l'évidence et à réunir, avec
une naïveté candide, des preuves pour convaincre ceux qui n'ont pas besoin de
l'être. — Quand nous voyons, d'autre part, affirmer que les actes touchant à la

Expulsion injustifiée. — Par contre, il a été jugé avec raison, croyons-nous, qu'un tribunal, n'ayant pas compétence pour apprécier les faits qui ont motivé un arrêté (1), ne saurait connaître d'une action en dommages-intérêts fondée sur la fausseté des motifs allégués (2).

Dans ce cas, c'est à l'État auquel ressortit l'expulsé, de réclamer une indemnité à l'État, auteur de l'expulsion, s'il juge l'expulsion arbitraire et les conditions dans lesquelles elle s'est effectuée vexatoires. Ainsi que le remarque, M. le

---

haute police de l'Etat ne peuvent être abandonnés à la discussion publique devant un tribunal (Aucoc, *aff. du duc d'Aumale*, Cons. d'Etat, 9 mai 1867, S. 1867. 2. 124; — David, concl. *aff. Chérac*, Cons. d'Etat, 5 juin 1875, S. 1876. 2. 89), quand nous voyons les magistrats... refuser de connaître des actes constituant l'action gouvernementale, déterminés par la raison d'Etat, nous nous demandons si nous sommes le jouet de quelque illusion troublant notre esprit, et l'empêchant d'apercevoir les conditions essentielles de l'ordre dans l'Etat.

« Au surplus, MM... Aucoc et David... réservent à l'autorité judiciaire compétence sur les actes portant atteinte à la propriété et à la liberté personnelles des particuliers... (Ils) distinguent et soustraient à tout examen contentieux les actes arbitraires, qui sont d'ordre politique et gouvernemental, pourvu qu'ils ne violent ni la propriété, ni la liberté individuelles. Où est cette distinction? Elle a le tort d'être assez arbitraire et même obscure. Pour un Français, être reconduit à la frontière, être empêché de rentrer en France... est-ce souffrir un attentat à sa liberté individuelle? Nous ne savons quelle serait la décision de MM... Aucoc et David ; mais si pour eux cet acte est un attentat à la liberté, et si, par conséquent, ils reconnaîtraient, en ce cas, la compétence de la justice ordinaire, telle n'est pas la manière de voir des magistrats du tribunal de la Seine et de la Cour de Paris. Plus logiques..., ils ont montré le danger de la doctrine émise sur les actes d'ordre politique et gouvernemental; ils ont montré que la raison d'Etat, une fois admise comme obstacle à l'exercice du pouvoir judiciaire, ne comportait pas d'exception. Nous aimons la logique, même dans ce qui nous semble être l'erreur; elle rend la réfutation plus facile... ». V. *Sirey*, 1876. 2. 297. — Comp. Weiss, t. 2. p. 92, note 2; Darut, p. 212, note 2; Vincent et Penaud, *v° cit.*, n. 94 et s.; et la note au *Dalloz*, 1876. 2. 41. V. aussi, la note de M. Labbé sous Cass. 3 août 1874 et 8 févr. 1876 (S. 1876. 1. 193).

(1) V. *suprà*, p. 185 et s.

(2) V. Trib. de la Seine, 10 août 1878 (*J. du dr. int. pr.*, 1878, p. 495).

doyen Bry, dans son *Précis de droit international public*,
« l'Angleterre, par exemple, réclame toujours des indem-
nités, lorsque ses nationaux sont expulsés des États étrangers, dans des circonstances et pour des raisons qu'elle ne
consent pas à approuver (1) ». Et si, dans l'affaire *Ben Tillet*,
dont il a été parlé à différentes reprises, sa réclamation a
été rejetée par l'arbitre, M. Arthur Desjardins c'est parce
que notamment « la durée de la détention n'avait pas été
exagérée et que le traitement subi dans la maison de sûreté.
ne révélait aucune faute : les cellules occupées par *Ben
Tillet*, déclare la sentence, n'étaient pas humides, étaient
suffisamment aérées, propres, sans odeur, *Ben Tillet* n'a-
vait pas revêtu le costume de la prison, et avait eu toutes
les facilités pour se procurer un supplément de nourriture...;
les troubles mentaux dont *Ben Tillet* se plaignait étaient
dus à un surmenage prolongé et non à son séjour dans
la prison... ».

---

(1) V. Bry, *Précis de dr. int. publ.*, 5ᵉ éd., n. 345, p. 460.

N. B. — Notons ici que si, un individu, condamné pour infraction à un arrêté d'expulsion, vient, par la suite, lors d'une seconde poursuite pour nouvelle
contravention à l'arrêté, à faire reconnaître sa qualité de Français, — la **revision** du premier jugement de condamnation peut être demandée : l'établissement de la nationalité française constitue le *fait nouveau* « de nature à établir
l'innocence du condamné », exigé par l'art. 443, C. instr. crim. La jurisprudence
est fixée en ce sens. V. not., Cass., 22 avr. 1898 (S. et P. 1899. 1. 473); 6 juill.
1899 (S. et P. 1901. 1. 297).

Dans ce cas, d'ailleurs, la Cour de cassation casse *sans renvoi* : il n'y a plus
rien à juger, la constatation de la véritable qualité du condamné faisant disparaître le corps du délit. C'est en ce sens que se prononce, après quelques hési-
tations, la Cour suprême. V. Cass., 6 juill. 1899, précité. V. au surplus la note
de M. Roux sous cet arrêt. *Adde*, la note de M. Roux sous Cass., 22 avr. 1898,
précité; et Leboucq, *De l'erreur sur la nationalité des extradés* (*J. du dr.
int. pr.*, 1903, p. 271 et s., 280 et s.).

CHAPITRE VII

CESSATION DE L'EXPULSION.

L'expulsion prend fin, soit par la volonté de l'autorité qui
l'a ordonnée, soit à la suite d'une modification dans l'état
de l'individu qui en a été l'objet, par exemple lorsque la
femme expulsée épousant un Français devient Française
(C. civ., art. 12, al. 1), ou lorsque le mineur expulsé devient
Français, grâce à la naturalisation obtenue par son père (C.
civ., art. 12, al. 3).

En d'autres termes, la cessation de la mesure d'expulsion
est facultative ou de droit. Étudions successivement la cessation facultative et la cessation de droit de cette mesure.
C'est à propos de la cessation de droit, que nous examine-
rons la délicate question de savoir si, à l'égard des individus appelés à devenir Français par le bienfait de la loi (individus nés en France de parents étrangers, — individus
nés en France ou à l'étranger de parents dont l'un a perdu
la qualité de Français), l'arrêté pris à leur encontre avant
qu'ils aient acquis cette qualité, tombe *de plano* à un
moment donné, ou si sa cessation est, au contraire, subordonnée, dans une certaine mesure, à l'appréciation de l'Administration. La question est difficile ; elle divise les tribunaux et les Cours d'appel, ainsi que la Cour de cassation
elle-même.

§ 1er.

Cessation facultative de l'expulsion.

Il est permis ici d'être bref.

Rapport de l'arrêté. — Il va de soi que l'autorité qui a ordonné l'expulsion, peut, en France, de même que dans les autres États, la faire cesser, si les circonstances qui l'ont fait prononcer s'étant elles-mêmes modifiées, paraissent le permettre. L'expulsion n'est pas nécessairement un état définitif, et l'arrêté peut être *rapporté* soit par le ministre, soit par le préfet qui l'a rendu [1].

Une demande est adressée à cet effet par l'intéressé. Une enquête est ordonnée, et est effectuée notamment par les soins des commissaires de police. Si les conclusions en sont favorables à l'expulsé, l'arrêté est assez souvent rapporté.

Absence de rapport tacite. — Dans aucun cas, d'ailleurs, l'arrêté n'est considéré comme tacitement rapporté. Il a été jugé notamment que le service, même prolongé, dans la légion étrangère, n'entraînait pas révocation implicite de la mesure d'expulsion [2].

Suspension de l'arrêté. — L'arrêté n'est pas toujours rapporté, lorsque la demande en est faite; bien souvent ses effets ne sont que *suspendus*. Il est permis, en ce cas, à

---

[1] V. not., Cass. 8 janv. 1885 (*J. du dr. int. pr.*, 1885, p. 672); Darut, *De l'expuls. des étrang.*, p. 135; et *Rép. gén. du dr. fr.*, v° *Étranger*, n. 174.

[2] V. not., Besançon, 9 mars 1892, *Fatta* (*J. du dr. int. pr.*, 1892, p. 960 — *Gaz. des Trib.* du 17 mars); Trib. de la Seine (ch. corr.), sept. 1908, L...; et *Rép. gén. du dr. fr.*, *loc. cit.*

l'étranger de rentrer en France, et d'y demeurer pendant un certain délai, trois mois, six mois d'ordinaire. Cette autorisation temporaire de séjour, révocable *ad nutum*, est d'ailleurs renouvelable ; et, par la suite, si l'étranger justifie la faveur qui lui a été faite, l'arrêté est naturellement rapporté.

Sursis à l'exécution de l'arrêté. — Il arrive, en outre, parfois, que l'arrêté est suspendu avant même d'avoir été exécuté. En raison de circonstances exceptionnelles, l'individu contre qui l'arrêté est intervenu peut recevoir une autorisation de séjour valable « jusqu'à nouvel ordre », c'est-à-dire tant que sa conduite ne suscitera aucun reproche.

Lorsque l'expulsion a été ordonnée par le ministre, c'est le ministre lui-même qui accorde ce *sursis* ; mais le préfet, peut, s'il le juge à propos, en attendant la décision du ministre, accorder un sursis de trente jours. Si la décision ministérielle n'intervient pas dans ce délai, le préfet peut renouveler le sursis, mais en ayant soin d'indiquer le lieu où l'expulsé devra résider [1].

§ 2.

Cessation de droit de l'expulsion.

α) **Étrangères expulsées épousant un Français.**

Par leur mariage, elles deviennent Françaises (C. civ., art. 12, al. 1ᵉʳ) ; la mesure dont elles ont été l'objet, alors qu'elles étaient étrangères, tombe de plein droit. Nous avons déjà eu d'ailleurs l'occasion d'indiquer ce point [2] qui ne

---

(1) V. sur ce point, Darut, p. 173-174.
(2) V. *suprà* p. 26, note.

fait pas de difficulté, il est donc inutile d'insister ici (1). Disons seulement qu'il en est ainsi, alors même qu'il pourrait être établi qu'elles ont contracté mariage dans le seul but de se soustraire aux effets de l'arrêté ; il ne saurait être question de leur appliquer la maxime « *Fraus omnia corrumpit* ». (2) « Assurer l'impunité d'un passé à l'aide d'une nationalité acquise dans une vue intéressée, ne semble pas un idéal juridique ; cependant le sentiment général, ou mieux l'ordre public en souffre moins que de voir un national, si politique que soit sa conversion, traité en étranger » (3).

β) Mineurs expulsés devenus Français par la naturalisation de leur père, ou mère survivante.

L'art. 12, al. 3, C. civ., dispose : « Deviennent Français les enfants mineurs d'un père ou d'une mère survivante qui se font naturaliser Français, à moins que, dans l'année qui suivra leur majorité, ils ne déclinent cette qualité... » (4). Si donc un arrêté d'expulsion a été pris antérieurement à leur encontre, il tombe de plein droit (5).

---

(1) V. not., Despagnet, *Précis de dr. int. pr.*, 4ª éd., n. 37, p. 89, *in fine* ; Féraud-Giraud (*J. du dr. int. pr.*, 1890, p. 420-421) ; Cohendy, note au *Dalloz* (1891. 2. 169), sous Lyon, 10 nov. 1890 et Douai, 6 déc. 1890.

(2) V. cep. Bès-de-Berc, *De l'expuls. des étrang.*, p. 71-72.

(3) V. la chronique sur la demoiselle de Sombreuil au *J. du dr. int. pr.*, 1889, p. 247.

(4) Sur le point que les enfants mineurs deviennent Français de plein droit par la naturalisation de leur père, V. not., Weiss, *Tr. de dr. int. pr.*, 2ᵉ éd., t. 1, p. 419 et s. ; Surville et Arthuys, *Cours de dr. int. pr.*, 4ᵉ éd., n. 73 et s. ; Audinet, *Princ. de dr. int. pr.*, 2ᵉ éd., n. 89 ; Gruffy, *De l'unité de nationalité dans la famille*, p. 107 et s., et *J. du dr. int. pr.*, 1894, p. 472 et s. ; *Rép. gén. du dr. fr.*, vº *Nationalité-naturalisation*, n. 860 et s. ; *C. civ. ann.*, *Suppl.*, art. 12, n. 15 et s.

(5) V. not., Cohendy, note précitée sous Lyon, 10 nov. 1890 et Douai, 6 déc. 1890.

C'est un moyen pour le père, ou la mère survivante, de permettre à ses enfants, expulsés en minorité, de rentrer en France. Le Gouvernement ne pourrait écarter la naturalisation des enfants et leur retour, qu'en refusant au père, ou à la mère survivante, la naturalisation sollicitée; mais « la mesure, ainsi que l'écrit M. Despagnet peut être inique, si le père est digne, alors que ses enfants ne le sont pas » (1).

Pour éviter la rentrée des enfants expulsés, il faudrait déclarer dans la loi que les enfants mineurs conservent leur patrie primitive, malgré le changement de nationalité du père, ou tout au moins décider que le décret de naturalisation pourra ne point leur profiter, à l'exemple de la législation allemande dont l'art. 41 du Code civil (loi d'introduction) dispose : « *Sauf disposition contraire contenue dans le décret de concession de nationalité*, celle-ci s'étend en même temps à la femme et à ceux des enfants mineurs dont la représentation légale appartient à l'admis ou au naturalisé en vertu de la puissance paternelle... ». Mais ceux qui tiennent avant tout au principe salutaire de l'unité de nationalité dans la famille disent que l'art. 12, al. 3, C. civ., est parfait tel qu'il est, et qu'il ne doit recevoir aucune modification !

Quid des enfants majeurs de l'étranger naturalisé? — Quant aux enfants *majeurs* de l'étranger naturalisé, ils ne deviennent Français, d'après l'art. 12, al. 2, C. civ., en règle générale, qu'en vertu d'une naturalisation dont les conditions sont rendues plus faciles, mais qui résulte toujours d'une libre concession du chef de l'État; et, par exception, s'ils se trouvent dans les termes de 'art. 9, C. civ.,

---

(1) V. Despagnet, n. 37, p. 90.

c'est-à-dire s'ils sont âgés de moins de 23 ans, en faisant la déclaration prévue par ledit article, que le gouvernement peut, d'ailleurs, refuser d'enregistrer d'après la loi du 22 juill.•1893, pour cause d'indignité. — Il n'y a donc pas, en ce qui les concerne, à craindre que l'arrêté d'expulsion, dont ils peuvent avoir été l'objet, tombe de droit, grâce à la naturalisation obtenue par leur père. Il ne cessera de produire effet que si le Gouvernement le juge convenable, reçoit leur demande de naturalisation ou ne s'oppose pas à l'enregistrement de leur déclaration.

Quid de la femme de l'étranger naturalisé ? — La femme de l'étranger naturalisé est traitée, par la jurisprudence du moins, comme ses enfants majeurs. Elle ne devient Française qu'en vertu d'une naturalisation dont les conditions sont également rendues plus faciles, — ou, si elle a moins de 23 ans, qu'en vertu de la déclaration de l'art. 9, C. civ., enregistrée. C'est ce qui résulte d'un arrêt de la Cour de cassation, en date du 3 mai 1901, qui a décidé que la déclaration dont s'agit, n'était inopérante et n'avait pu, en conséquence, faire cesser les effets de l'arrêté dont la dame *Bacro* avait jadis été l'objet, qu'à raison de l'âge de l'intéressée qui avait dépassé, depuis quelques années déjà, l'âge fixé par l'art. 9, C. civ.

Cette solution a, d'ailleurs, été critiquée au *Sirey*, par M. Audinet. Le savant professeur y a soutenu, *qu'à aucune époque*, la femme d'un étranger naturalisé ne pouvait devenir Française en faisant la déclaration prévue par l'art. 9, C. civ.; que, malgré les termes apparemment très clairs de l'art. 12, al. 2, d'après lequel « La femme mariée à un étranger qui se fait naturaliser Français, et les enfants ma-

jeurs de l'étranger naturalisé *pourront, s'ils le demandent,*
obtenir la qualité de Français, sans condition de stage, soit
par le décret qui confère cette qualité au mari, ou au père ou
à la mère, soit comme conséquence de la déclaration qu'ils
feront dans les termes et sous les conditions de l'art. 9 », —
le droit de *réclamer* la nationalité française, au moyen
de cette déclaration, n'appartient qu'aux enfants majeurs,
âgés de moins de 23 ans, de l'étranger naturalisé, et non à
sa femme. Nous donnons en note la partie essentielle des
observations de M. Audinet. Elles sont intéressantes à lire :
elles jettent un jour lumineux à la fois sur la situation de
la femme et des enfants majeurs de l'étranger naturalisé (1).

---

(1) « L'art. 12, al. 2, dispose : « La femme mariée à un étranger qui se fait
naturaliser Français et les enfants majeurs de l'étranger naturalisé pourront, s'ils
le demandent, obtenir la qualité de Français, sans condition de stage, soit par le
décret qui confère cette qualité au mari, ou au père ou à la mère, soit comme
conséquence de la déclaration qu'ils feront dans les termes et dans les conditions de l'art. 9 ».

« L'art. 12, al. 2 établit donc deux moyens... 1° comme règle générale, une
naturalisation, dont les conditions sont rendues plus faciles, mais qui résulte toujours d'une concession libre du chef de l'État; 2° par exception, une déclaration,
à la suite de laquelle la nationalité est acquise de droit, sauf la faculté qui appartient au Gouvernement, d'après la loi du 22 juill. 1893, d'en refuser l'enregistrement, pour cause d'indignité.

« Dans l'espèce (de l'arrêt de Cass. du 3 mai 1901), une femme prétendait être
devenue Française par une déclaration jointe à celle que son mari avait faite,
pour son propre compte, en vertu de l'art. 10, C. civ... ».

Après avoir établi que la déclaration de nationalité a, à l'égard de la femme
et des enfants, les mêmes effets que la naturalisation proprement dite, M. Audinet continue : « La Cour de cassation et la Cour d'appel ont... admis, d'une
façon implicite, que l'art. 12, al. **2**, *in fine*, donne à la femme de l'étranger naturalisé, aussi bien qu'à ses enfants majeurs, le droit de réclamer la nationalité
française, dans les conditions prévues par l'art. 9, C. civ. Il ne semble même
pas que la question ait fait l'objet d'aucun débat. C'est aussi l'opinion suivie
presque unanimement dans la doctrine. Cependant... M. Cohendy est d'un avis

contraire (J. *Le Droit*, 2-3 nov. 1889). Suivant lui, le droit de *réclamer* la nationalité française n'appartiendrait qu'aux enfants majeurs de l'étranger naturalisé, et non pas à sa femme. Cette solution... nous paraît la plus exacte...

« La disposition finale du 2ᵉ al. de l'art. 12 se rattache, par ses origines, à la loi du 7 févr. 1851. D'après l'art. 2 de cette loi, les enfants mineurs d'un étranger naturalisé étaient admis à réclamer la nationalité française, dans l'année qui suivait leur majorité, et les enfants majeurs dans l'année qui suivait la naturalisation de leur père. Le législateur de 1889 a cru devoir retirer, en principe, cette faculté aux individus déjà majeurs, et leur faciliter seulement la naturalisation. Mieux vaut, en effet, que la condition du père et celle de ses enfants majeurs soient indépendantes l'une de l'autre ; il peut y avoir des raisons pour refuser à ceux-ci la nationalité française dont celui-là a été jugé digne. Toutefois la loi nouvelle n'a pas complètement abrogé le système établi par celle de 1851 ; il subsiste,... à titre d'exception. L'enfant majeur peut encore réclamer la nationalité française, pourvu qu'il remplisse les conditions de l'art. 9, c'est-à-dire pourvu qu'il n'ait pas encore achevé sa 22ᵉ année : en effet, aux termes de cet article, c'est avant l'âge de 22 ans que doit être faite la soumission d'établir le domicile en France, première manifestation de la volonté d'acquérir la nationalité française. Ainsi, les enfants de l'étranger naturalisé ont-ils plus de 22 ans ? Ils n'ont, pour devenir Français, d'autre ressource que la naturalisation. Ont-ils plus de 21 et moins de 22 ans ? Ils peuvent choisir entre la naturalisation et la déclaration de nationalité, et ils préféreront vraisemblablement cette dernière. C'est là une combinaison peu satisfaisante ; elle manque de simplicité ; elle introduit, entre les enfants majeurs, une distinction qui n'est peut-être pas assez justifiée. D'ailleurs, ou le système de la loi de 1851 était bon, et alors pourquoi l'avoir supprimé ? Ou bien il était mauvais, et alors pourquoi l'avoir maintenu en partie ? On peut cependant entrevoir les motifs qui ont conduit le législateur à établir une règle spéciale pour les enfants déjà majeurs, mais qui n'ont pas dépassé 22 ans ; ils sont le plus souvent domiciliés avec leur père ; leur existence est encore liée à la sienne plus qu'elle ne le sera à un âge plus avancé ; en outre, en réclamant alors la qualité de Français, ils se soumettent aux obligations militaires, et il est juste, à ce point de vue, que la loi leur confère cette nationalité plus facilement qu'à ceux qui, en raison de leur âge, en auraient les bénéfices, tout en échappant à ses charges.

« Mais ces considérations, quelle qu'en soit la valeur, ne concernent évidemment pas les femmes d'étrangers naturalisés, et l'on cherche vainement un motif pour distinguer entre elles, et ne pas leur appliquer une règle uniforme. — En effet, la femme de l'étranger naturalisé ne pourrait réclamer la nationalité française que si elle était âgée de moins de 22 ans ; c'est précisément ce que décide l'arrêt du 3 mai 1901... ; mais, est-il rationnel d'attribuer, en cette matière, une influence quelconque à l'âge de la femme ? C'est la communauté d'existence entre elle et son mari qui rend utile de lui conférer la nationalité française, ou, du moins, de lui en faciliter l'acquisition; or, cette communauté est la même, quel que soit son âge; et si le législateur a jugé bon de laisser le chef de l'État souverain appréciateur de la demande formée par la femme, et libre de l'accorder ou de la refuser, il n'y a pas même l'apparence d'un motif pour que les droits ainsi reconnus au Gouvernement diffèrent d'étendue suivant qu'elle a plus ou moins de 22 ans. Il faut, ou reconnaître à toutes les femmes mariées à des étrangers naturalisés le droit d'acquérir la nationalité française par voie de déclaration, ou le refuser à toutes également. Toute autre solution manque de logique...

« ... Quoi qu'on en pense..., le sens de l'art. 12 (al. 2) nous paraît... très douteux... On doit convenir qu'il est mal rédigé. On ne voit pas très bien à quoi se rapportent les mots : « *ils feront* »; grammaticalement, ils désigneraient le père ou la mère dont il vient d'être parlé, tout aussi bien, sinon mieux, que la femme ou les enfants majeurs. Nous pensons, pour notre part, que ces mots se rapportent uniquement aux enfants majeurs, dont il a été question au début de l'alinéa, et non pas à la femme; les travaux préparatoires de la loi de 1889 nous paraissent démontrer que telle a été l'intention du législateur. La loi avait d'abord été votée par le Sénat. Dans la rédaction adoptée, la condition de la femme et celle des enfants majeurs était toujours la même :... une naturalisation, dispensée de toute condition spéciale de stage, était le seul moyen d'acquérir la nationalité nouvelle du père ou du mari. C'est la Commission de la Chambre des députés qui voulut rendre l'art. 9 applicable au cas prévu par l'art. 12. Voici comment s'exprime à ce sujet, le rapport de M. Dubost (*J. off.*. Doc. parl., déc. 1887, p. 231) : « Votre Commission a pensé, comme le Sénat, que, dans ce cas, il était utile de leur donner (à la femme et aux enfants majeurs) la faculté d'acquérir la nationalité du mari ou du père, sans avoir à subir les longues formalités préliminaires de la naturalisation. Même votre Commission vous propose de rendre l'art. 9 applicable aux enfants majeurs qui seraient encore dans les délais pour réclamer la qualité de Français. Le texte de votre Commission est ainsi rédigé:

« La femme mariée à un étranger qui se fait naturaliser Français et les enfants mineurs de l'étranger naturalisé Français pourront être naturalisés, s'ils le demandent, sans condition de stage, par le décret qui confère la qualité de Français au mari, au père ou à la mère. — Les enfants majeurs pourront même devenir Français, en faisant la déclaration prescrite par l'art. 9, s'ils n'ont pas passé l'âge de 22 ans accomplis ».

« C'était donc seulement aux enfants majeurs qu'il s'agissait d'appliquer les dispositions de l'art. 9 : les termes employés étaient parfaitement clairs... Mais par une singularité..., dans le texte complet du projet de loi qui suit le rapport, la rédaction de l'art. 12 (al. 2) n'est pas celle que le rapporteur avait annoncée...:

elle en diffère en ce que l'alinéa ne contient plus qu'une seule phrase, et avant de parler de l'art. 9, ne répète plus les mots : *enfants majeurs* qui sont remplacés par le pronom « *Ils* ». C'est le texte qui a été voté définitivement et qui a pris place dans le Code. Comment expliquer cette différence entre les deux rédactions? Faut-il croire, qu'après avoir adopté le système énoncé dans le rapport, et qui restreignait aux enfants majeurs l'application de l'art. 9, la Commission, changeant d'avis, ait voulu l'étendre à la femme? Mais est-il vraisemblable, qu'un changement aussi grave se soit produit sans qu'il en ait été donné aucune explication, soit dans un rapport supplémentaire, soit au cours des débats? et si la modification subie a passé inaperçue, n'est-ce pas plutôt que l'on n'y a vu, à tort du reste, qu'un changement de pure forme, sans aucune importance quant au fond, destiné à rendre plus concis le texte adopté par la Commission, mais sans en altérer le sens et sans en changer la portée?... ».

« ... Si l'on admet, contrairement à notre opinion, que la femme de l'étranger naturalisé peut, aussi bien que ses enfants majeurs, *réclamer* la nationalité française, il est certain que les droits de la femme ne sont pas plus étendus que ceux des enfants. Or, dans notre espèce, lorsque la femme avait fait la déclaration..., elle avait déjà dépassé de plusieurs années, l'âge de 22 ans. La Cour d'appel a cependant reconnu la validité de cette déclaration tardive. Aux termes de son arrêt, tandis que l'art. 12, al. 2, ne permettrait aux enfants de réclamer la nationalité française qu'autant qu'ils seraient encore dans l'année qui suit leur majorité, il accorderait, au contraire, ce même droit à la femme sans aucune limite d'âge. Nous avons, en effet, fait observer qu'il est absolument arbitraire de rendre, pour la femme, l'acquisition de la nationalité française plus ou moins facile, suivant qu'elle a ou non dépassé 22 ans; c'est bien ce que la Cour d'appel a senti, et c'est là... ce qui explique sa décision : elle a aperçu, dans l'interprétation généralement donnée à l'art. 12, l'inconséquence que nous avons signalée; mais pour y échapper, elle a méconnu complètement le texte de la loi.

« Si l'art. 12 donne à la femme, comme aux enfants majeurs, le droit de réclamer la nationalité française, c'est à la charge de remplir les mêmes conditions : ces conditions sont celles que l'art. 9 détermine, et d'après le premier alinéa de cet article, c'est avant l'âge de 22 ans qu'il faut manifester l'intention d'acquérir la nationalité française.

« Cependant, la Cour de cassation, qui l'a ainsi jugé..., nous paraît être allée trop loin en disant que la déclaration..., n'est recevable que dans l'intervalle de la 21ᵉ à la 22ᵉ année. D'après l'art. 9, c'est la soumission de fixer le domicile en France qui doit intervenir au cours de cette période, et elle est le point de départ d'un nouveau délai d'un an, qui peut ainsi se prolonger presque jusqu'à la 23ᵉ année, et pendant lequel doit être faite, devant le juge de paix, la déclaration de nationalité ». V. d'ailleurs, *Sirey*, 1902. 1. 105.

γ) **Étrangers expulsés admis à domicile et dont le décret d'admission n'a pas été rapporté dans les deux mois de la notification de l'arrêté.**

L'arrêté à l'égard des étrangers admis à domicile « cesse d'avoir effet », aux termes mêmes de l'art. 7 de la loi du 3 déc. 1849, « si l'autorisation (d'admission à domicile) n'a pas été révoquée, après un délai de deux mois ».

Le délai court à partir de la notification de l'arrêté. Tant qu'il n'est pas notifié, en effet, l'arrêté est considéré comme non avenu (1).

Question controversée :

L'ARRÊTÉ D'EXPULSION CESSE-T-IL DE DROIT, A UN MOMENT DÉTERMINÉ, D'AVOIR EFFET A L'ÉGARD DES INDIVIDUS APPELÉS A DEVENIR FRANÇAIS PAR LE BIENFAIT DE LA LOI?

Les étrangers, appelés à devenir Français par le bienfait de la loi, sont : — d'une part, les individus nés en France de parents étrangers ; et — d'autre part, les individus, nés en France ou à l'étranger, de parents dont l'un au moins a perdu la qualité de Français.

On dit que ces étrangers sont appelés à devenir Français par le bienfait de la loi, parce que la loi leur a facilité l'obtention de la nationalité française.

Pour les premiers, c'est-à-dire les individus nés en France de parents étrangers, elle décide : — s'ils sont *domiciliés* en France à l'époque de leur majorité, qu'ils sont Français, « à moins que, dans l'année qui suit leur

---

(1) V. d'ailleurs, sur l'expulsion des étrangers admis à domicile, *suprà*, p. 25 et s. ; et sur ce point que l'arrêté est non avenu tant qu'il n'a pas été notifié, *suprà*, p. 118 et s.

majorité,... ils n'aient décliné la qualité de Français et prouvé qu'ils ont conservé la nationalité de leurs parents... » (C. civ., art. 8, 4°); — et, s'ils n'y sont *pas domiciliés*, qu'ils acquerront la nationalité française, en faisant, « jusqu'à l'âge de vingt-deux ans accomplis leur soumission de fixer leur domicile en France », en l'y établissant dans l'année à compter de l'acte de soumission, et en réclamant la qualité de Français par une déclaration dont l'enregistrement au ministère de la justice ne peut être refusé que si l'intéressé n'est pas dans les conditions requises par la loi ou est indigne (C. civ., art. 9, L. 22 juill. 1893).

Quant aux individus nés en France ou à l'étranger de parents dont l'un a perdu la qualité de Français, ils peuvent, aux termes de l'art. 10, C. civ., réclamer cette qualité, *à tout âge*, aux conditions édictées par l'art. 9, précité.

Or, on sait que les uns et les autres, les individus nés en France de parents nés à l'étranger, et les individus nés en France ou à l'étranger, de parents dont l'un a perdu la qualité de Français, peuvent être expulsés [1]. La question qui se pose et qui est si vivement débattue, est celle de savoir si, nonobstant l'arrêté pris à leur encontre, ils pourront rentrer en France, pour se prévaloir des dispositions de la loi et acquérir la nationalité française.

Trois opinions sont enseignées et reçoivent chacune application dans la jurisprudence. Nous allons les indiquer ; examiner successivement les raisons sur lesquelles elles

---

[1] V. *suprà*, p. 21 et s., p. 25 et s.

s'appuient; et dire celle qui nous paraît en définitive devoir être préférée (1).

---

(1) Nous négligeons ici l'opinion qui a été jadis sanctionnée notamment par la Cour de Paris, le 6 févr. 1884 (S. 1885. 2. 215), dans l'affaire *Frischknecht*, et d'après laquelle, si l'individu né en France d'un étranger acquiert, même rétroactivement, par la déclaration passée dans les termes de l'art. 9, C. civ., la qualité de Français, il pourrait néanmoins, après cette déclaration, être condamné pour infraction à l'arrêté pris contre lui en qualité d'étranger, l'infraction ayant été commise alors qu'il n'avait pas encore fait la déclaration prescrite par l'art. 9, C. civ. — M. Laîné, dans sa dissertation, parue, en 1897-1898, au *J. du dr. int. pr.*, sur l'expulsion des étrangers appelés à devenir Français par le bienfait de la loi, en a fait justice dans les termes suivants :

« ... Frischknecht, né à Lyon de parents suisses, le 14 nov. 1862, avait été, le 4 avr. 1882, frappé d'expulsion. Rentré en France, et arrêté le 22 déc. 1883, il avait été condamné par le tribunal de la Seine, le 27 déc., à deux mois d'emprisonnement. Il interjeta appel, et, le 2 févr. 1884, avant sa comparution devant la Cour, se présentant à un officier de l'état civil, il réclama la qualité de Français. Alors, en appel, il prétendit que, grâce à l'effet rétroactif de sa réclamation, il était Français du jour de sa naissance, que, par conséquent, il n'y avait pas eu contre lui ni arrêté d'expulsion ni condamnation valable. La Cour, adoptant un moyen terme, reconnut que Frischknecht avait acquis la qualité de Français, même rétroactivement, le 2 févr. 1884, mais ajouta que, néanmoins le 22 déc. 1883, date de son arrestation, il était encore un étranger régulièrement expulsé de France, et avait commis le délit prévu par l'art. 8 de la loi de 1849. Elle confirma donc en principe le jugement, sauf à réduire la peine à un emprisonnement de 24 heures. Dans une hypothèse analogue, le Tribunal de Mostaganem (approuvé par la Cour d'Alger), dit qu'il n'avait pas à se préoccuper de la déclaration, mais que, d'ailleurs, eût-elle conféré au prévenu la qualité de Français, cet individu ne pouvait s'en prévaloir qu'à sa date, et demeurait responsable du délit qu'il avait commis.

« Ces décisions ont rencontré d'abord quelque approbation dans la doctrine. M. Lenoble, les accentuant plus que ne l'avaient fait les juges, a même pensé et soutenu qu'elles offraient la meilleure solution du problème. Il lui a semblé que la loi du 3 déc. 1849 et la loi civile pouvaient, chacune dans sa sphère, sans se contrarier mutuellement, recevoir l'application qui leur est propre. Il faut, a-t-il dit, que la peine prononcée par l'art. 8 de la loi de 1849 soit subie, lorsqu'elle a été encourue; mais, d'autre part, il n'importe pas moins que l'individu bénéficiaire de l'art. 9 ou de l'art. 10, C. civ., ne soit pas destitué de son droit à acquérir la nationalité française. V. Lenoble (J. *La Loi* du 30 nov. 1895).

α) PREMIER SYSTÈME : l'arrêté cesse de droit d'avoir effet.

(*Système de la Chambre civile de la Cour de cassation*).

Dans une première opinion, qui est celle de la Chambre civile de la Cour de cassation, on admet que les individus, appelés à devenir Français par le bienfait de la loi, peuvent, en dépit de l'arrêté dont ils ont été l'objet, réaliser les conditions légales auxquelles est subordonnée pour eux l'acquisition de la nationalité française; en d'autres termes, qu'ils peuvent purement et simplement rentrer en France, nonobstant l'arrêté pris à leur encontre. La Chambre civile de la Cour de cassation l'a ainsi jugé, le 27 oct. 1891, en ce qui concerne du moins les individus nés en France ou à l'étranger de parents dont l'un a perdu la qualité de Français. Elle a, en effet, déclaré, dans l'affaire *Thiry*, que le ministre de l'Intérieur ne peut, par un arrêté d'expulsion, enlever aux personnes nées d'un ex-Français le droit d'user du bénéfice de l'art. 10, C. civ., lequel constitue une *vocation légale* à la qualité de Français, dont une mesure de police ne peut les dépouiller. Voici, d'ailleurs, le texte de cet important arrêt :

« Ainsi, grâce à cette distinction, les deux lois en présence pourraient être conciliées. — Mais c'est là une illusion : si l'on admet que l'art. 8 de la loi de 1849 ait son effet, si l'on reconnaît au retour en France, même de la part d'un étranger bénéficiaire de l'art. 9 ou de l'art. 10, C. civ. le caractère de délit, on ne peut pas, sans être illogique, permettre à cet étranger d'acquérir la qualité de Français ; car, ayant commis un délit en rentrant en France, il ne saurait y posséder un domicile régulier ; sa présence même y est illicite ; et, d'ailleurs, le Gouvernement a le droit, toujours en vertu de la loi de 1849, à l'expiration de sa peine, de le faire reconduire à la frontière ». V. Laîné (*J. du dr. int. pr.*, 1897, p. 456 et s.). — Comp. Darut, p. 87, 89 et s.

La Cour; — Sur le moyen unique du pourvoi : — Attendu que, si l'arrêté d'expulsion pris contre Thiry le 12 avr. 1890 a été légalement pris, puisqu'à ce moment Thiry était incontestablement étranger, il est également vrai que Thiry, étant né de parents dont l'un avait perdu la qualité de Français, était autorisé par l'art. 10, C. civ., à réclamer à tout âge cette qualité, à la seule condition : 1° de faire sa soumission de fixer son domicile en France; 2° de l'y établir effectivement dans l'année; — Attendu que Thiry a rempli la première de ces conditions, mais que suivant le pourvoi, il lui est légalement impossible de remplir la seconde à raison de l'arrêté qui lui interdit l'accès du territoire français; — Mais attendu qu'il résulte des termes de l'art. 7 de la loi du 3 déc. 1849 que le droit du ministre de l'Intérieur d'enjoindre à tout étranger voyageant ou résidant en France de sortir immédiatement du territoire français n'est absolu qu'en ce qui concerne les étrangers que rien n'a encore préparés à acquérir plus tard la qualité de Français; qu'ainsi, un étranger, pour peu qu'il ait obtenu l'autorisation d'établir son domicile en France, ne peut être légalement expulsé pendant plus de deux mois, sauf au Gouvernement à révoquer dans l'intervalle ou à modifier ladite autorisation, après avoir pris l'avis du Conseil d'Etat; qu'en présence de cette restriction, portant sur une catégorie d'étrangers qui ne tiennent leurs droits éventuels à la naturalisation que de la faveur du Gouvernement, *on ne saurait admettre que la loi de 1849 ait attribué à celui-ci le pouvoir d'enlever aux personnes nées d'un ex-Français le droit d'user du bénéfice de l'art. 10, C. civ.; que ce bénéfice constitue une vocation légale à la qualité de Français, dont une mesure de police ne pourrait dépouiller ces personnes qu'autant que la loi s'en serait clairement expliquée;* — D'où il suit... — Rejette, etc. ».

Cette jurisprudence a, d'ailleurs, été appliquée aux individus, nés en France, de parents étrangers, par divers tribunaux et cours d'appel, et notamment, assez récemment encore, par le tribunal civil de Nice, le 28 déc. 1904[1], et la Cour d'appel de Paris (chambre correctionnelle), le 18 nov. 1907[2]. Il n'y a, en effet, ainsi que nous aurons l'occasion

---

[1] V. Trib. civ. de Nice, 28 déc. 1904 (*Rev. de dr. int. pr.*, 1908, p. 647).
[2] V. Paris, 18 nov. 1907 (*Id., loc. cit.*).

de le dire plus longuement[1], aucune raison de distinguer entre les deux catégories d'individus appelés à devenir Français par le bienfait de la loi. « Les art. 10 et 8, § 4, subordonnent tous deux l'acquisition de la qualité de Français à une condition identique, qui est celle d'un domicile en France. Le moment où cette condition doit être remplie, n'est pas le même dans les deux cas; mais la question qu'elle soulève est absolument la même. Elle consiste toujours à savoir si un arrêté d'expulsion n'exclut pas la possession d'un domicile en France. Admettre cette conclusion dans le cas de l'art. 8, § 4, et la repousser dans le cas de l'art. 10, ou inversement, serait contradictoire. Dans l'un et l'autre cas, il faut que l'arrêté d'expulsion produise les mêmes effets ou n'en produise aucun... »[2].

Cette première opinion, qui est partagée par d'éminents auteurs [3], invoque à son appui différents arguments, dont

---

(1) V. *infrà*, p. 224 et s.

(2) V. Accarias, rapport dans l'affaire *Lorent*, devant la Chambre criminelle (*Rev. crit.*, 1896, p. 104).

(3) V. not., Cohendy, note sous Lyon, 10 nov. 1890, *Beffa*, et Douai, 6 déc. 1890, *Thiry* (D. P. 1891. 2. 169); Weiss, note sous Cass., 27 oct. 1891, *Thiry*, et Cass., 19 déc. 1891, *Casana* (*Pand. fr.*, 1892. 1. 1); de Bœck, note sous Cass., 27 oct. 1891, *Thiry* (D. P. 1892. 1. 41); Dupuy, note sous Cass., 19 déc. 1891, *Casana* (D. P. 1893. 1. 329); Audinet, n. 42, 74; Glard, *De l'acquis. et de la perte de la national. franç.*, p. 237; Larcher, note sous Alger, 16 nov. 1905, *Noto-Assi* (*Rev. algér.*, 1907. 2. 28). *Adde*, Cabouat, note sous Cass., 31 janv. 1896 (D. P. 1896. 1. 337); Durand, rapport dans l'affaire *Lorent* devant les chambres réunies de la Cour de cassation, sous Cass.-réun., 9 déc. 1896 (S. et P. 1897. 1. 297); Manau, conclusions dans la même affaire au *Dalloz*, 1897. 1. 161; R. Hubert, dissertation dans la *Gaz. des Trib.* du 16 mai 1908, et mémoire dans l'affaire *Ghio* (Trib. de Nice, 30 mars 1908), p. 4 et s.; Chervet, note sous Aix, 27 janv. 1906 (*Rev. de dr. int. pr.*, 1906, p. 528 et s.); et *Rép. gén. du dr. fr.*, v° *Nationalité-Naturalisation*, n. 281 et s.

les deux principaux figurent, d'ailleurs, dans l'arrêt du 27 oct. 1891, ci-dessus reproduit.

Raisons invoquées dans ce système. — α) Les individus appelés à devenir Français par le bienfait de la loi ont un *droit absolu* d'acquérir la nationalité française. Ce sont des « Français commencés », selon l'expression de Merlin, que la loi elle-même a investis, — sous la seule condition d'avoir leur domicile en France, soit à leur majorité pour ceux nés en France de parents étrangers, soit à tout âge pour ceux nés en France ou à l'étranger de parents dont l'un a perdu la qualité de Français —, du droit d'acquérir pleinement la qualité de citoyens français. Et cette *vocation*, qu'ils tiennent de la loi elle-même, ne saurait être paralysée par un arrêté d'expulsion préfectoral ou ministériel, un arrêté ne pouvant mettre en échec une loi. C'est cependant ce qui arriverait si l'on déclarait qu'un tel arrêté les empêche d'établir leur domicile en France, ce domicile étant la condition *sine quâ non* de la réalisation de leur vocation.

β) On ne peut pas traiter plus défavorablement, d'ailleurs, ces étrangers appelés à devenir Français par le bienfait de la loi que les étrangers admis à domicile. Or, à l'égard de ces derniers « qui ne tiennent leur droit éventuel à la naturalisation que de la faveur du Gouvernement », l'arrêté cesse d'avoir effet, si le décret d'admission à domicile n'a pas été rapporté dans les deux mois[1]. Comment comprendre que l'arrêté ait un effet définitif et inéluctable vis-à-vis d'étrangers qui tiennent leur droit à la qualité de Français de la loi elle-même?

---

(1) V. *suprà*, p. 208.

x) On remarque, en outre, parfois, que ce n'est pas là le seul cas où l'arrêté d'expulsion cesse de droit de produire effet. « Lorsqu'une étrangère, qui a été expulsée, épouse un Français, elle devient, de l'avis de tous, dit M. le conseiller Durand, Française, par application de l'art. 12, § 1ᵉʳ, C. civ., et l'arrêté d'expulsion tombe immédiatement. Quand des enfants ont été expulsés pendant leur minorité, et que leur père ou leur mère, qui étaient alors étrangers se font ensuite naturaliser, ils acquièrent, en vertu du § 3 du même article, tout le monde en convient encore, la qualité de Français, malgré la mesure d'expulsion dont ils ont été l'objet. Pourquoi en serait-il autrement de ceux qui sont nés en France d'un étranger ou des enfants d'un ex-Français? Quelle raison peut-il y avoir de distinguer? N'est-ce pas toujours le bienfait de la loi qui opère, et la situation de l'étranger n'est-elle pas la même dans tous les cas? » (1).

δ) On ajoute enfin, en ce qui concerne l'individu né en France de parents étrangers : « Ce jeune homme, généralement âgé de dix-huit à vingt ans, qu'une mesure d'expulsion déracine brusquement du sol sur lequel il est né, du pays où il a été élevé, n'est rattaché par aucun lien à la patrie originaire de ses parents; il en ignore la langue, les mœurs, les habitudes, il n'y a, le plus souvent, ni famille, ni relation, ni protection. Comment pourra-t-il y vivre et y demeurer? Aussi on aura beau le conduire à la frontière, il reviendra fatalement et toujours vers les lieux qui lui sont coutumiers. Traqué, pourchassé, il prendra un faux

----

(1) V. Durand, rapport précité, *loc. cit.*, 7ᵉ col. *Adde*, Weiss, et Manau, *ubi suprà*; Cohendy, *loc. cit.*

état civil, et ira grossir le contingent des récidivistes, il deviendra un dangereux *heimatlos*. Au contraire, reconnu Français, maintenu dans les cadres de la vie nationale, il se fût peut-être amendé sous l'influence de la discipline militaire » [1].

β) DEUXIÈME SYSTÈME : l'arrêté continue à produire ses effets, et constitue un obstacle insurmontable à l'acquisition de la nationalité française.

(Système primitif de la Chambre criminelle de la Cour de cassation).

Dans une seconde opinion, qui a été pendant plusieurs années celle de la Chambre criminelle de la Cour de cassation, qui a été et est encore souvent appliquée par des tribunaux et des cours d'appel[2], et qui compte, d'ailleurs de nombreux partisans[3], on estime, au contraire, que les in-

---

(1) V. Chervet, *loc. cit.*, p. 533, *in fine*. — Comp. Cohendy, *loc. cit.*

(2) V. not., Trib. civ. de Bastia, 19 déc. 1890 (*J. du dr. int. pr.*, 1891, p. 946); Paris, 29 juin 1893, *Beisser* (D. P. 1894. 2. 361); Alger, 16 nov. 1905, *Noto Assi* (*Rev. de dr. int. pr.*, 1908, p. 647. — *Rev. algér.*, 1907. 2. 28); Aix, 27 janv. 1906 (*Rev. de dr. int. pr.*, 1906, p. 525); Montpellier, 10 mai 1906 (*Id.*, 1908, p. 650, *in fine*-651); Trib. civ. de Nice, 30 mars 1908, précité, et Aix, 18 juin 1908, arrêt confirmatif de ce dernier jugement. *Adde*, Douai, 9 déc. 1908, *Barbey*.

(3) V. not., Lainé, *De l'expulsion des étrangers appelés à devenir Français par le bienfait de la loi* (*J. du dr. int. pr.*, 1897, p. 458 et s., 701 et s.); Tainturier, conclusions devant la cour de Douai, aff. *Thiry*, 6 déc. 1890 (*Rev. prat. de dr. int. pr.*, 1890-1891, p. 137 et s.); Sallantin, rapport devant la Chambre criminelle, aff. *Casana* (S. et P. 1892. 1. 107); L. S. note sous Cass.-crim. 22 déc. 1894, *Pomezano* (D. P. 1895. 1. 136); Accarias, rapport devant la Chambre criminelle, aff. *Lorent*, 31 janv. 1896 (*Rev. crit.*, 1896, p. 95 et s.); Villey, note au *Sirey*, 1896. 1. 537, sous cette même affaire; Surville et Arthuys, n. 39,

dividus appelés à devenir Français par le bienfait de la loi, et qui ont été expulsés de la France, ne peuvent plus y rentrer, à l'effet d'y réaliser les conditions auxquelles est subordonnée l'acquisition de la nationalité française. L'arrêté constitue pour eux un obstacle insurmontable à l'acquisition de cette qualité.

La Chambre criminelle l'a ainsi jugé, le 19 déc. 1891, à l'égard de l'individu né en France de parents étrangers, au rapport de M. le conseiller Sallantin (aff. *Casana*)[1], et le 31 janv. 1896, à l'égard de l'individu né en France ou à l'étranger de parents dont l'un a perdu la qualité de Français, au rapport de M. le conseiller Accarias (aff. *Lorent*)[2]. Voici, du reste, ces deux arrêts :

Arrêt du 19 déc. 1891 :

La Cour : ... — Attendu que les frères Casana sont mineurs ; que leur père n'ayant pas réclamé pour eux le bénéfice de l'art. 9, § 2, C. civ., ils n'ont pas acquis la qualité de Français et sont demeurés étrangers ; que, dès lors, l'arrêté d'expulsion dont ils ont été l'objet, a été régulièrement pris, et qu'ils ne pouvaient rentrer en France sans la permission du Gouvernement ; — Attendu que l'arrêt attaqué soutient vainement qu'il n'appartenait pas à l'Administration de les priver l'un

---

p. 65, p. 68, *in fine* et s. ; Surville (*Rev. crit.*, 1896, p. 209 et s., 1897, p. 193 et s.) ; Despagnet, n. 37, p. 89, *in fine* et s., et note au *Dalloz* sous Paris, 29 juin 1893, précité ; Baudry-Lacantinerie et Houques-Fourcade, *Pers.* 3ᵉ éd., t. 1, n. 396 ; Roche-Agussol, note au *Pand. fr.* (1907. 1. 255), sous Cass.-crim., 20 juin 1906, *Cini* ; Campistron, *Comm. prat. des lois sur la national.*, n. 75. Comp. Gruffy, *De la naturalisation automatique* (J. *La Loi* du 31 oct. 1901). — V. d'ailleurs, *C. civ. ann. Suppl.*, art. 10, n. 28 et s.

(1) V. Cass.-crim., 19 déc. 1891 (S. et P. 1892. 1. 107. — S. chr. refondu — D. P. 1893. 1. 329 — *J. du dr. int. pr.*, 1892, p. 690).

(2) V. Cass.-crim., 31 janv. 1896 (S. et P. 1896. 1. 537. — S. chr. refondu. — D. P. 1896. 1. 337. — *J. du dr. int. pr.*, 1896, p. 386).

et l'autre du droit de devenir Français, puisque, par suite de la mesure
de police dont ils ont été frappés, il leur sera interdit d'avoir leur domicile en France, au moment où ils accompliront leur majorité; — Attendu que l'art. 7 de la loi du 3 déc. 1849 confère au ministre de
l'Intérieur le pouvoir d'enjoindre à tout étranger voyageant ou résidant
en France, de sortir immédiatement du territoire français; que ce droit,
qui est attribué au Gouvernement dans un intérêt de haute police, est
général et absolu; qu'il s'étend à tous les étrangers quels qu'ils soient,
même à ceux qui ont obtenu l'autorisation d'établir leur domicile en
France; que si, à l'égard de ces derniers, la mesure doit cesser d'avoir
effet après un délai de deux mois, à moins que l'autorisation n'ait été
révoquée, on n'en saurait induire que les étrangers mineurs, qui se trouvent dans le cas prévu par l'art. 8, § 4, C. civ., doivent échapper à la
surveillance de l'Administration; que, *s'ils peuvent être appelés à devenir Français, cette vocation, qui n'est d'ailleurs qu'éventuelle, ne leur
constitue aucun privilège et ne change pas leur qualité d'étranger;*
qu'à raison de cette qualité, le pouvoir exécutif a sur eux la même autorité qu'à l'égard de tous autres étrangers; que, pour qu'il en fût
autrement, il faudrait une disposition législative spéciale et formelle, disposition qui ne se trouve ni dans la loi du 26 juin 1889, qui a modifié
les art. 7 et s., C. civ., ni dans aucune loi postérieure; que, dès lors,
les sieurs Casana avaient encouru la peine édictée par l'art. 8 de la loi
du 3 déc. 1849, et qu'en déclarant que cette loi ne leur était pas applicable, l'arrêt attaqué a violé ledit art. 8 et faussement interprété l'art. 8,
§ 4, C. civ.; — Casse et annule, dans l'intérêt de la loi seulement, et
sans qu'il y ait lieu à renvoi, l'arrêt rendu par la Cour d'appel de Montpellier le 8 mai 1891, etc. ».

Arrêt du 31 janv. 1896 :

La Cour : — Sur le moyen pris de la violation des art. 7 et 8 de la
loi du 3 déc. 1849; — Vu ces articles, dont l'un autorise le ministre de
l'Intérieur à expulser tout étranger voyageant ou résidant en France,
et dont l'autre punit l'infraction à l'arrêté d'expulsion d'un emprisonnement d'un mois à six mois; — Vu aussi les art. 9 et 10, C. civ., d'après
lesquels l'étranger né d'un ex-Français peut, à tout âge, réclamer la
qualité de Français, à condition d'avoir préalablement fait sa soumission
de fixer son domicile en France et de l'y fixer dans l'année; — Attendu que Lorent, né en Belgique, en 1841, d'un père qui avait cessé

d'être Français en 1814, par la séparation de la France et du Hainaut, a été l'objet d'un arrêté d'expulsion pris le 11 juin 1894 ; que, le 11 avril 1895, il a fait devant notre vice-consul à Mons, sa soumission de fixer son domicile en France ; qu'il est ensuite rentré sur le territoire français, et que, poursuivi pour ce fait, il a été acquitté par le tribunal correctionnel de Valenciennes, dont la décision a été confirmée par l'arrêt attaqué ; — Attendu que, pour acquitter Lorent, la Cour de Douai s'est fondée sur ce qu'ayant, par un acte de soumission, manifesté l'intention de bénéficier de sa vocation légale à réclamer la qualité de Français, il ne pouvait être empêché, par une mesure de police, de remplir les conditions auxquelles la loi elle-même subordonne l'effet de cette vocation, et, par conséquent, d'établir son domicile en France ; — Mais attendu que, ni les art. 9 et 10, C. civ., ni les lois du 26 juin 1889 et du 22 juill. 1893, qui les ont modifiés, n'ont posé de règles spéciales, relativement au domicile de l'étranger qui veut user du bénéfice de l'art. 10 ; que, dès lors, *cet étranger reste,* comme les autres, *soumis au régime déterminé par la loi du 3 déc. 1849 ; qu'il peut donc être l'objet d'un arrêté d'expulsion, et que, tant que cette mesure subsiste, il est incapable d'avoir en France ni domicile, ni résidence, au sens légal du mot, puisque sa présence même sur le territoire français constitue un délit ;* — D'où il suit que la Cour de Douai n'a pu renvoyer Lorent des fins de la poursuite qu'en violant les art. 7 et 8, susvisés; — Casse et annule l'arrêt de la Cour de Douai, chambre correctionnelle, en date du 5 nov. dernier, et, pour être à nouveau statué sur l'appel du jugement du tribunal correctionnel de Valenciennes du 13 août 1895, renvoie devant la Cour d'Amiens, etc. ».

D'ailleurs, en ce qui concerne l'individu né en France de parents étrangers, la Chambre criminelle a confirmé notamment sa jurisprudence, le 22 déc. 1894, dans l'affaire *Pomezano* (1).

Dès ce dernier arrêt, dans lequel la Chambre criminelle exposait en termes très nets sa doctrine : — « Si le domicile doit entraîner, y est-il dit, lors de la majorité des étran-

____

(1) V. Cass.-crim., 22 déc. 1894 (S. et .1895. 1. 155. — S. chr. refondu. — D. P. 1895. 1. 136. — *J. du dr. int. pr.*, 1895, p. 386).

gers nés en France, certaines conséquences au point de vue de la nationalité, ce n'est qu'une pure *éventualité* prévue et réglée par le législateur; mais aucune disposition légale n'ouvre à ces étrangers un droit particulier quant à l'établissement de leur domicile; ils restent soumis au régime déterminé par la loi du 3 déc. 1849; l'étranger expulsé ne saurait avoir en France ni domicile ni résidence au sens légal du mot, puisque sa présence seule sur le territoire de la République constitue un délit »; — il était certain que son système était absolument contraire à celui de la Chambre civile, et que le jour où l'occasion se présenterait de statuer sur le sort de l'individu né en France ou à l'étranger de parents dont l'un a perdu la qualité de Français, elle ne s'en départirait point. Néanmoins, avant que l'occasion ne se fût présentée, c'est-à-dire antérieurement au 31 janv. 1896, M. Lenoble, dans un article resté célèbre, a tenté de concilier les deux doctrines des Chambres civile et criminelle, en se fondant sur la différence des hypothèses en vue desquelles avaient été rendus, d'un côté, l'arrêt du 27 oct. 1891, de l'autre, l'arrêt du 22 déc. 1894. Son idée est ingénieuse; elle mérite d'être rappelée, bien qu'aujourd'hui l'on soit d'accord pour assimiler les deux hypothèses.

Conciliation proposée par M. Lenoble. — « Pour nous, dit l'auteur de l'article [1], le prétendu dualisme entre la Chambre civile et la Chambre criminelle de la Cour de cassation n'existe pas; il n'est qu'apparent, et si l'on examine les espèces tranchées par les deux arrêts, on voit qu'elles diffèrent essentiellement. — Dans l'affaire *Thiry*, la Cham-

---

(1) V. J. *La Loi* des 15-16-17 sept. 1895.

bre civile a fait l'application des art. 9 et 10, C. civ., la Chambre criminelle, dans l'affaire *Pomezano* fait l'application de l'art. 8, § 4; et nous estimons que les art. 9, § 1er et 10, d'une part, l'art. 8, § 4, d'autre part, sont deux modes de naturalisation absolument dissemblables. — *Réclamation* de la qualité de Français, dans le premier cas; *acquisition* de cette qualité dans l'autre; ce sont, à notre avis, deux situations distinctes. — Tout d'abord, elles ne produisent pas les mêmes effets: la déclaration souscrite en vertu des art. 9 et 10, C. civ., n'a pas d'effets rétroactifs (art. 20, C. civ.); l'acquisition de la qualité de Français en vertu de l'art. 8, § 4 opère, au contraire, avec rétroactivité... — En outre et surtout, il faut remarquer la différence d'origine des articles du Code civil auxquels on semble donner généralement le même fondement juridique. L'art. 8, § 4, est de droit nouveau; il a été inspiré directement par l'art. 8 du C. civ. italien,... c'est une des dispositions législatives par lesquelles la France... a essayé d'absorber les individus nés sur son territoire, de les faire siens, de les incorporer, bon gré mal gré, dans sa population et aussi dans son armée; ce n'est pas, je crois, dans une présomption de volonté qu'il faut chercher le fondement de l'art. 8, § 4, car s'il repose sur une telle présomption ce n'est qu'indirectement;... c'est bien moins selon nous, une naturalisation volontaire qu'une naturalisation forcée, imposée à l'étranger né sur notre sol et y résidant à sa majorité, parce que le législateur n'a pas voulu créer entre cet individu et le Français de naissance, une inégalité choquante en lui permettant de se soustraire à la charge du service militaire, et lui conférer les avantages réservés aux nationaux sans lui imposer sa part d'obligations ; le législateur l'a déclaré Français à l'âge de 21 ans, à moins de réclamation de sa part dans l'année suivante, accompagnée de justifications de son extranéité souvent difficiles à réunir. — Et, si l'on cherche à expliquer rationnellement pourquoi l'individu né sur le territoire de la République est déclaré Français *de plano*, lorsqu'il se trouve domicilié en France à l'âge de 21 ans, c'est que le concours de ces deux circonstances fait présumer qu'il a dû résider en France dans l'intervalle de sa naissance à sa majorité, c'est-à-dire pendant toute la période de l'adolescence, que sous l'influence de l'éducation française qu'il y a reçue, il s'est pénétré de nos idées, de nos mœurs, de notre civilisation et qu'elles ont fini par émousser en lui l'influence héréditaire et lui faire oublier ses traditions de famille (Geouffre de Lapradelle, *La national. d'origine*, p. 205) ; la naissance sur le sol, par elle-même ne signifie rien, c'est l'éducation en France qui lui donne sa valeur, et, quand le législateur a exigé cette condition que l'individu né en France y fût domicilié à sa majorité, pour acquérir à ce moment la qualité de Français, il n'a entendu, cela est généralement admis, parler que d'un domicile de fait, d'une résidence, mais, du moins, il a entendu imposer une résidence d'une certaine durée, une résidence habituelle, permettant d'invoquer cette présomption d'assimilation et non pas seulement une résidence accidentelle. — Et quand la Chambre criminelle a dénié à l'étranger expulsé le droit de devenir Français en vertu de l'art. 8, § 4, elle a considéré que la résidence de cet individu en France, illégale et incertaine, ne pouvait avoir le caractère de continuité exigé par la loi pour l'acquisition de la qualité de Français ; elle a pu ne pas tenir compte de la volonté opiniâtrement manifestée, à diverses reprises par cet individu, d'établir son domicile en France et dire que le droit de *Pomezano* de devenir Français, n'était pas écrit dans la loi, cette volonté ne pouvant se manifester utilement dans le cas de l'art. 8, § 4, puisqu'il s'agit non pas d'établir son domicile en France, mais d'avoir à l'époque de sa majorité un domicile établi.

« De semblables considérations ne peuvent être mises en avant, quand il s'agit soit de l'art. 9, § 1er, soit de l'art. 10, C. civ., qui existaient déjà dans le Code de 1804; tandis que l'étranger né en France et qui justifie à sa majorité d'une résidence habituelle sur notre territoire *acquiert* de plein droit la qualité de Français, celui qui n'y est pas domicilié est obligé de manifester expressément sa volonté, de *réclamer* la qualité de Français, et, pour manifester son attachement à notre pays, de transporter sur notre sol le siège de ses affaires, son principal établissement; le sens du mot « domicile » ici est bien différent de celui que nous donnions à ce mot tout à l'heure dans le cas de l'art. 8, § 4 : il suffira à l'individu qui invoque soit l'art. 9, soit l'art. 10, d'un domicile de fait même accidentel, c'est pour l'avenir qu'on lui demande de venir s'établir chez nous; à la différence de ce qui a lieu pour l'acquisition de la qualité de Français, on ne tient pas compte ici du passé, parce que cet individu n'est pas présumé être attaché à nous par son éducation; le législateur lui reconnaît seulement, de par sa naissance, une vocation à devenir Français, il veut lui faciliter l'obtention de notre nationalité, mais il n'y a point de présomption assez forte pour qu'on puisse la lui imposer, pour ainsi dire, comme dans le cas de l'art. 8, § 4;

c'est à cet individu qu'il appartient de s'attacher ou non à notre pays, et il manifestera son intention par l'établissement de son domicile pour l'avenir... C'est conformément à ces principes... qu'a été rendu l'arrêt *Thiry* (Cass.-civ., 27 oct. 1891), lequel reconnaît à un étranger expulsé, le droit d'établir son domicile en France, et de réclamer, en conséquence, la qualité de Français, quand sa naissance lui en donne la vocation.

« Ainsi s'explique le dualisme apparent des décisions de la Cour de cassation, en cette matière : l'hypothèse envisagée par la Chambre civile n'est pas la même que celle envisagée par la Chambre criminelle ; les conditions d'acquisition de la qualité de Français, et celles de réclamation de ladite qualité ne sont pas identiques : le mot « domicile » n'a pas dans les art. 9, § 1er, et 10, C. civ., le même sens que dans l'art. 8, § 4... » (1).

Impossibilité d'une conciliation. — L'événement est venu infirmer tout ce raisonnement : le 31 janv. 1896, la Chambre criminelle, ainsi que nous l'avons dit (2), a nettement déclaré que le mot « domicile » dans ces divers articles avait un sens identique, et que l'individu expulsé, né en France ou à l'étranger de parents dont l'un a perdu la qualité de Français, ne pouvait pas plus rentrer en France que l'individu expulsé, né en France de parents étrangers. « Comment admettre d'ailleurs, qu'à quelques lignes de distance, dans l'art. 8 et dans l'art. 9, le législateur ait pris le

---

(1) Comp. la note sous Cass.-crim., 22 déc. 1894 (S. et P. 1895. 1. 155. — S. chr. refondu).

(2) V. *suprà*, p. 218 et s.

mot « domicile » dans des sens différents, qu'il ait considéré le domicile tantôt comme une simple résidence, prolongée dans le passé, tantôt dans l'acception légale?

D'autre part, il est inexact, selon l'observation qui en a été faite par M. Weiss, « d'attribuer à l'octroi de la nationalité française, dans l'hypothèse prévue par l'art. 8, § 4, une autre base que celle de l'art. 9. Que l'on ne parle pas de naturalisation forcée! Ici, comme là, le fils d'étranger devient Français par un acte de sa volonté, puisqu'il dépend de lui toujours de ne pas l'être. Dès lors, il n'y a aucun motif pour mettre obstacle à l'exercice de cette volonté dans un cas, pour lui laisser toute liberté dans l'autre. Bien plus : le fils d'étranger qui a longtemps vécu dans notre pays, qui y a ses intérêts et ses affections, et qui en a été expulsé peut-être à la veille de ses vingt et un ans, mérite, semble-t-il, plus de bienveillance que celui qui n'a fait que passer parmi nous, qui n'a et ne peut avoir aucun attachement à la France. Et cependant, c'est à ce dernier (dans la thèse de M. Lenoble) que seraient réservées toutes les faveurs de la loi! Seul, il pourrait, par un retour opportun en France, faire échec à l'arrêté d'expulsion qui l'a frappé, et y fixer son domicile! »(1).

Raisons invoquées dans le second système — et réfutation du premier. — Toute conciliation étant impossible entre les

---

(1) V. Weiss, t. 1, p. 190, note 1. *Adde*, Laîné, *loc. cit.*, p. 462-463, et note au *Dalloz*, 9 févr. 1904 (1905. 1. 440), aff. *Lovera*; Surville et Arthuys, n. 39, p. 71; Accarias, *loc. cit.*, p. 104; R. Hubert (*Gaz. des Trib.* du 16 mai 1908). Comp. Surville (*Rev. crit.*, 1897, p. 205, *in fine*). V. égal., *suprà*, p. 212 et s.

systèmes de la Chambre civile et de la Chambre criminelle de la Cour de cassation, voyons sur quelles raisons la Chambre criminelle fonde sa doctrine.

α) Il suffit de parcourir les arrêts des 19 déc. 1891, 22 déc. 1894 et 31 janv. 1896, pour se rendre compte que la raison essentielle qui décide la Chambre criminelle consiste à déclarer que les étrangers appelés à devenir Français par le bienfait de la loi, n'ont pas, contrairement au dire de la Chambre civile, un droit absolu, un droit acquis à acquérir la nationalité Française. L'acquérir, n'est pour eux qu'une pure *faculté*, subordonnée à certaines conditions, et notamment à leur établissement en France, à une époque donnée. S'ils ne peuvent réaliser ces conditions, cette faculté disparaît du même coup.

Et, de fait, il faut bien reconnaître qu'aucun texte ne donne aux étrangers dont nous nous occupons, un droit absolu à acquérir la nationalité française. — M. le procureur général Manau, devant les Chambres réunies de la Cour de cassation, a bien fait remarquer la généralité des termes employés par l'art. 10, C. civ. « Tout individu né en France ou à l'étranger de parents dont l'un a perdu la qualité de Français, pourra *réclamer* cette qualité... » « *Tout individu...* pourra *réclamer. Réclamer* ! On ne réclame pas une faveur, a dit M. le procureur général. On réclame un droit. Et comme ce droit, tout individu le tient de la loi, la loi seule peut lui enlever!... » — N'empêche qu'il n'y a pas là droit acquis! L'individu né d'un ex-Français, ne peut, d'après le texte même invoqué par M. le procureur général, réclamer les avantages attachés à la nationalité Française, qu'autant qu'il a rempli les conditions imposées par la loi.

L'art. 10, C. civ., continue, en effet : «... *aux conditions fixées* par l'art. 9... ». Et, lorsqu'un arrêté d'expulsion a été pris, il y a une de ces conditions, l'établissement en France, qui est impossible! (1).

Qu'on ne dise pas surtout, qu'alors une « *mesure de police* » fait échec à la loi, qu'il n'y a aucune loi, autorisant le Gouvernement à enlever leur droit (*sic*), aux individus dont il s'agit (2). — Ce n'est pas l'arrêté, à proprement parler, qui empêche, en effet, ces individus de rentrer en France, mais bien notre loi du 3 déc. 1849, elle-même, dont l'art. 8 dispose : « Tout étranger qui y serait rentré (en France), sera traduit devant les tribunaux et condamné à un emprisonnement d'un mois à six mois ». Il est donc exact d'affirmer, d'une part, que ce n'est pas l'arrêté qui tient en échec les dispositions du Code civil, et, d'autre part, qu'il y a une loi de sûreté générale qui met obstacle à la réalisation de la vocation que les étrangers appelés à devenir Français par le bienfait de la loi, tiennent des art. 8, 9 et 10, C. civ. (3).

D'ailleurs, puisque les individus nés en France de parents étrangers (pour ne parler que d'eux) — peuvent s'opposer à la réalisation de la condition à laquelle est subordonnée l'acquisition de la nationalité française, — et ce, en quittant la France durant leur minorité, ou en remplissant les formalités nécessaires à l'effet de conserver la nationalité de

---

(1) V. not., Surville, *Rev. crit.*, 1897, p. 197, *in fine*-198.

(2) Ce sont les termes mêmes employés par M. le procureur général Manau, le 9 déc. 1896, devant les Chambres réunies de la Cour de cassation, à propos de l'affaire *Lorent*.

(3) V. not., Lainé, note précitée sous l'arrêt *Lovera* ; et Surville, *ubi suprà*.

leur père, — pourquoi, de son côté, la France n'aurait-elle pas le droit de s'opposer à la réalisation de cette condition, en leur faisant passer ses frontières, lorsqu'ils ont démérité? C'est là, nous semble-t-il, une juste idée que la Cour de Montpellier, dans un arrêt en date du 10 mai 1906, aff. *Cini*, a nettement mis en évidence (1).

(1) « LA COUR ; — Attendu que l'appelant soutient qu'il est Français, et, à ce titre ne peut être considéré comme ayant contrevenu à un arrêté d'expulsion et qu'il abrite sa prétention sous l'art. 8, § 4, C. civ. ; — Attendu qu'il est hors de contestation que Cini, fils d'étranger, est né en Algérie, territoire qui, au point de vue de la nationalité, est assimilé à la France, et que toute la difficulté est de savoir si l'appelant se trouve dans les autres conditions prévues au texte précité : — Or, attendu que, pendant sa minorité, Cini, à la suite d'un délit grave qui a motivé contre lui une condamnation correctionnelle, a fait l'objet d'un arrêté d'expulsion du gouverneur d'Algérie ; que le droit d'expulser, durant leur minorité, les fils d'étrangers nés en France ne saurait être sérieusement contesté à l'autorité administrative, ces fils d'étrangers restant eux-mêmes étrangers jusqu'au moment où toutes les conditions prévues par le texte précité sont accomplies ; que si la loi crée à leur profit *une sorte de vocation* à la nationalité française, cette vocation ne peut être assimilée à un droit ; que l'arrêté d'expulsion rendu contre Cini est inattaquable ; qu'étant expulsé de France au moment précis où il devenait majeur, il n'a pu y fixer de domicile, que, fût-il venu en France à cette époque, il serait impossible d'attribuer des conséquences de droit à cet acte qualifié délit par la loi ; que, dès lors, Cini n'ayant pas eu de domicile en France à sa majorité ne peut invoquer le texte précité ; — Attendu que le *droit* d'expulser les fils d'étrangers nés en France pendant leur minorité a été taxé à tort d'exorbitant, en ce qu'il met obstacle à l'acquisition de la nationalité française, dans les termes de l'art. 8, § 4, C. civ. ; qu'en effet, si ce texte a dispensé de toute formalité extérieure la transformation des fils d'étrangers nés en France en citoyens français, *il n'a pas moins réservé, en fait, le consentement des parties contractantes, puisqu'il dépend de l'intéressé, et même de ses parents, de le mettre en dehors des cas prévus et qu'on conçoit fort bien un droit corrélatif au profit de l'État français, nanti, par l'effet du droit d'expulsion, de la faculté d'écarter de la nationalité française le fils d'étranger qui s'en est montré indigne avant de l'avoir atteinte* ; — Attendu qu'on peut dire assez exactement que le fils d'étranger né en France détient une vocation à obtenir la nationalité française, si on veut définir l'état incertain de cet enfant au point de vue national, mais que ces expressions seraient absolument fausses, sion leur attribuait le sens d'un droit déjà né et intangible ; que Cini, n'étant que

La vérité est que les individus appelés à devenir Français par le bienfait de la loi ont tout au plus *une sorte de vocation* à la nationalité française ; à condition de satisfaire aux rigueurs de la loi, ils réaliseront cette vocation ; mais ils n'ont nullement un droit né et intangible à la qualité de Français ; ce sont simplement des *candidats* à la nationalité française, selon l'originale expression des partisans du système de la Chambre civile, et le domicile en France qui constitue la condition essentielle, exigée d'eux, lorsqu'ils veulent acquérir la qualité de citoyen français « n'est qu'une pure *éventualité* réglée par le législateur qui ne leur confère aucun droit particulier quant à son établissement ».

β) Quant à l'argument tiré de la prétendue situation inférieure faite aux fils d'étrangers, nés en France, par rapport à celle que la loi du 3 déc. 1849 ménage aux étrangers simplement admis à domicile, — il a été réfuté, dès le 19 déc. 1891, par M. le conseiller rapporteur Sallantin : « L'étranger, a dit M. le conseiller rapporteur, qui a sollicité l'autorisation de fixer son domicile en France, a justifié de sa moralité et de ses moyens d'existence ; ceux auxquels s'applique l'art. 8 n'ont fait aucune justification de ce genre ; c'est le hasard de leur naissance qui a établi le lien par lequel ils pourront peut-être un jour être unis à la France. Quoi d'étonnant que le premier soit plus avantageusement traité que les seconds ? » [1]. Et l'arrêt a pris soin de déclarer :

---

dans une seule des conditions indispensables pour l'application de l'art. 8 § 4, C. civ., n'est pas Français et doit être démis de son appel ; — Par ces motifs, etc. ».

Montpellier, 10 mai 1906. — V. d'ailleurs, *Rev. de dr. int. pr.*, 1908, p. 650, *in fine*-651, 659.

(1) V. Sallantin, rapport dans l'aff. *Casana*, Sirey, 1892. 1. 112. *Adde*, Ac-

« Attendu que si, à l'égard de ces derniers (les étrangers admis à domicile), la mesure doit cesser d'avoir effet après un délai de deux mois, à moins que l'autorisation n'ait été révoquée, on n'en saurait induire que les étrangers mineurs, qui se trouvent dans le cas prévu par l'art. 8, § 4, C. civ., doivent échapper à la surveillance de l'Administration.... ».

x) En ce qui concerne la troisième objection faite à la doctrine de la Chambre criminelle, consistant à dire : — « Quand une femme étrangère qui a été expulsée, épouse un Français, elle devient Française, et l'arrêté tombe aussitôt; lorsque des enfants ont été expulsés pendant leur minorité, et que leur chef de famille, qui était alors étranger, se fait ensuite naturaliser, ces enfants deviennent *ipso facto* Français par contre-coup de la naturalisation de leur père; l'arrêté d'expulsion est impuissant à paralyser cet effet. Pourquoi en serait-il autrement de ceux qui sont nés en France d'un étranger, ou des enfants d'un ex-Français? », — M. Surville répond parfaitement : « Le motif de la différence provient des conditions dissemblables dans lesquelles se produit l'acquisition par le bienfait de la loi. Dans les deux hypothèses signalées, cette acquisition de la nationalité résulte du mariage ou de la naturalisation du chef de famille, sans qu'il y ait à parler d'un établissement habituel, de résidence en France de la part de l'expulsé. Au contraire, en supposant le cas de l'enfant d'un ex-Français, parmi les conditions que veut ici le bienfait de la loi, il s'en

---

carias, *loc. cit.*, p. 102; Surville, *loc. cit.*, p. 204; Villey, note précitée au *Sirey* sous Cass.-crim., 31 janv. 1896.

est trouvé une, l'établissement de domicile, que l'intéressé expulsé ne peut pas remplir »[1].

δ) Reste l'argument pratique invoqué par M. Chervet[2]. Il a son importance; mais il ne suffit pas à lui seul à entraîner une conviction, d'autant qu'il n'est pas *démontré* que ces fils d'étrangers expulsés deviendraient gens honnêtes, s'ils entraient ouvertement en France, conscients d'y demeurer toujours quoi qu'il advienne, au lieu de s'y infiltrer. Il n'est pas certain, « que ces individus ne seront guère à redouter, lorsqu'ils seront noyés dans la masse de la nation française, ou même qu'ils finiront par prendre les sentiments français sous l'influence du milieu où ils sont destinés à vivre ».

Individus nés en France de parents étrangers, — emprisonnés à leur majorité. — Bien entendu, le fils d'étrangers, né en France, qui s'y trouve *emprisonné* lors de sa majorité, ne saurait être considéré comme y étant domicilié, et ayant réalisé, par suite, la condition imposée par l'art. 8, § 4, à l'acquisition de la nationalité française. La Chambre criminelle l'a expressément déclaré dans l'arrêt *Pomezano.* « On ne voit pas, en effet, pour quelle raison cet individu serait mieux traité que son camarade qui, délinquant plus précoce, ou condamné à une moindre peine, serait déjà hors la frontière au jour de sa majorité; on ne peut pas dire qu'il a un *domicile* en France, il y est *emprisonné...* » [3].

---

(1) V. Surville, *loc. cit.*, p. 205. *Adde*, Despagnet, note sous Paris, 22 juin 1893, précité.

(2) V. *suprà*, p. 215, *in fine*-216.

(3) V. en ce sens, Al. Martini (*Rev. de dr. int. pr.*, 1908, p. 660, *in fine*-

x) TROISIÈME SYSTÈME : Les individus appelés à devenir Français par le bienfait de la loi, et qui ont été l'objet d'un
arrêté d'expulsion, peuvent rentrer en France en se conformant aux prescriptions édictées par l'art. 9, C. civ.,
mais l'Administration peut s'opposer à leur acquisition de
la qualité de Français, en refusant l'enregistrement de
leur déclaration de nationalité pour cause d'indignité.

*(Système des Chambres réunies — et de la Chambre
criminelle de la Cour de cassation).*

D'après cette opinion transactionnelle, l'individu, né en
France ou à l'étranger d'un ex-Français, ainsi que l'individu, né en France de parents étrangers, peuvent bien rentrer en France, — dans l'année qui suit leur soumission,
faite à l'étranger, devant l'autorité compétente, d'établir
leur domicile sur notre territoire, — à l'effet d'y « réclamer
la qualité de Français, par une déclaration qui doit, à peine
de nullité, être enregistrée au ministère de la Justice »; —
mais, leur rentrée n'est que conditionnelle : ils doivent de-
rechef quitter la France, si, conformément au droit qu'il
tient de l'art. 9, C. civ., modifié par la loi du 22 juill. 1893,
le Gouvernement leur refuse, pour cause d'indignité, par
décret, rendu sur l'avis conforme du Conseil d'État, l'enregistrement de leur déclaration.

Les Chambres réunies de la Cour de cassation, — saisies
sur nouveau pourvoi de l'affaire *Lorent*, la Cour d'Amiens,
cour de renvoi, ayant statué dans le même sens que l'arrêt
de la Cour de Douai, précédemment cassé par la Chambre

____

661). V. cep. Aix, 19 déc. 1894, *Pascherio* (*J. du dr. int. pr.*, 1895, p. 386);
Trib. civ. de Nice, 28 déc. 1904 (*Rev. de dr. int. pr.*, 1908, p. 647).

criminelle, le 31 janv. 1896, — ont donné cette solution à propos des individus nés en France ou à l'étranger d'un ex-Français; et, depuis cet arrêt solennel, en date du 9 déc. 1896, la Chambre criminelle elle-même a donné la même solution en ce qui concerne les individus nés en France de parents étrangers.

Voici, d'ailleurs, l'arrêt des Chambres réunies, et quelques-uns des arrêts rendus par la Chambre criminelle :

— Cass.-réun., 9 déc. 1896 :

La Cour ; — Sur le moyen pris de la violation des art. 7 et 8 de la loi du 3 déc. 1849 : — Attendu qu'aux termes de l'art. 10, C. civ., l'individu, né à l'étranger de parents dont l'un a perdu la qualité de Français, peut réclamer cette qualité à tout âge, à la condition de faire sa soumission de fixer en France son domicile, et de l'y établir dans l'année à compter de l'acte de soumission; qu'*investi ainsi par la loi du droit de devenir Français par un acte de sa volonté, le réclamant est légalement apte, par cela même, à accomplir les conditions auxquelles la réalisation de cette volonté est subordonnée; qu'il ne saurait donc être empêché, par une mesure de police, d'établir son domicile en France, ni, par suite, quand il a été expulsé, d'y rentrer après avoir fait sa soumission de s'y fixer;* que, depuis la loi du 22 juill. 1893, sa déclaration doit, à la vérité, être enregistrée au ministère de la Justice, à peine de nullité, et que l'enregistrement, qui doit être refusé en cas d'inexistence des conditions requises, peut l'être pour cause d'indignité, même quand elles sont remplies; mais que *cette disposition implique précisément le droit du réclamant, et en est la confirmation;* qu'en donnant, en effet, au Gouvernement le pouvoir d'annuler après coup la déclaration par refus d'enregistrement, elle suppose nécessairement qu'il ne peut l'empêcher ; qu'elle eût été inutile, si l'arrêté d'expulsion, en mettant obstacle à l'établissement en France du domicile du réclamant, paralysait son droit; — Attendu, en fait, que Lorent est né en Belgique, en 1841, d'un père qui avait perdu la qualité de Français en 1814, lors de la séparation de la France et du Hainaut; qu'expulsé de France par un arrêté du ministre de l'Intérieur, en date du 11 juin 1894, il a, le 13 avr. 1895, fait, devant notre vice-consul à Mons, sa soumission de fixer son domicile en

France; qu'il y est ensuite rentré, et, suivant acte passé devant le juge de paix du canton nord de Valenciennes, a, le 4 nov. 1895, déclaré qu'il réclamait la qualité de Français, en vertu de l'art. 10, C. civ.; qu'en décidant, dans ces circonstances, que sa présence en France n'était pas délictueuse, et en le renvoyant, en conséquence, des fins de la poursuite dont il était l'objet, la Cour d'Amiens n'a pas, dès lors violé les articles de loi ci-dessus mentionnés; — Rejette, etc. ».

— Cass.-crim., 30 mars 1898, aff. *Lang :*

La Cour; — Sur le moyen unique, pris de la violation de l'art. 8, n. 4, C. civ., et de la fausse application des art. 7 et 8 de la loi du 3 déc. 1849 : — En droit : — Attendu que l'art. 8, n. 4, C. civ., dispose que tout individu né en France d'un étranger, et qui, à l'époque de sa majorité, est domicilié en France, est Français, à moins que dans l'année qui a suivi sa majorité, il n'ait décliné la qualité de Français ; qu'il résulte de cette disposition que c'est le domicile établi en France au moment de la majorité qui fait acquérir à cet individu la qualité de Français ; que sans l'accomplissement de cette condition, sa nationalité est déterminée par sa filiation, et que, dès lors, il est et reste étranger ; — Attendu que l'art. 7 de la loi du 3 déc. 1849 confère au ministre de l'Intérieur le pouvoir d'enjoindre à tout étranger voyageant ou résidant en France de sortir immédiatement du territoire français ; que ce droit, qui est attribué au Gouvernement, dans un intérêt de haute police, est général et absolu, et qu'il s'étend à tous les étrangers quels qu'ils soient ; — En fait : — Attendu qu'il résulte de l'arrêt attaqué (Paris, 4 févr. 1898) que Lang est né en France d'un étranger, le 29 oct. 1872 ; qu'il a atteint sa majorité le 28 oct. 1893, et que, dès avant cette époque, à la date du 10 janv. 1893,... il a été frappé d'un arrêté d'expulsion...; — Attendu que ledit arrêt constate, en outre, que, contrairement à ses prétentions, Lang ne rapporte pas la preuve qu'il fût domicilié en France à l'époque de sa majorité; que, d'autre part, étant expulsé, il ne pouvait avoir en France, à cette époque, ni domicile, ni résidence, au sens légal du mot, puisque sa présence seule sur le territoire de la République eût constitué un délit; et qu'enfin, *il ne s'est pas, même après cette époque, et dans les délais fixés par l'art. 9, C. civ., conformé aux prescriptions édictées par ledit article pour réclamer la qualité de Français ;* — D'où il suit que l'arrêt

attaqué a fait à Lang une juste application des dispositions de la loi
susvisées ; — Rejette, etc. ».

Par cet arrêt, en date du 30 mars 1898 [1], la Chambre criminelle tempère sa doctrine primitive : elle décide bien
toujours que l'intéressé n'a pas acquis la qualité de Français,
en rentrant *de plano* en France, et ne saurait être soustrait
aux sanctions de la loi du 3 déc. 1849 ; mais elle indique
nettement qu'une solution différente eût été donnée, si le
prévenu s'était mis en devoir de satisfaire aux conditions
requises pour devenir Français. Et depuis, à diverses reprises, elle a rendu des arrêts conçus dans le même sens [2].
Nous ne donnons ici que le texte des deux plus récents :

— Cass.-crim., 20 févr. 1908, *Jacopini* :

La Cour ; — Statuant sur le pourvoi du procureur général près la
Cour d'appel d'Aix, contre un arrêt rendu, le 4 déc. 1907, par ladite Cour,
qui a relaxé le nommé Jacopini de la prévention d'infraction à un arrêté
d'expulsion ; — Sur le moyen unique du pourvoi pris de la violation des
art. 7 et 8 de la loi du 3 déc. 1849 : — Vu lesdits articles, ensemble
l'art. 8, § 4, C. civ., — Attendu que l'art. 7 de la loi du 3 déc. 1849 confère au ministre de l'Intérieur, sous les sanctions portées par l'art. 8 de
la même loi, le pouvoir d'enjoindre à tout étranger voyageant ou résidant en France, de sortir immédiatement du territoire français ; que ce
droit, attribué au Gouvernement dans un intérêt de haute police et de
sécurité nationale, est général et absolu ; qu'il s'étend à tous les étrangers sans distinction ; — Attendu que si, aux termes de l'art. 8, § 4, C.
civ., le domicile doit entraîner, lors de la majorité des étrangers nés en
France, l'acquisition de la qualité de Français, ce n'est là qu'une *pure
éventualité* réglée par le législateur, mais qui ne confère à ces étrangers
aucun droit particulier quant à l'établissement de leur domicile ; qu'ils

---

(1) Cass.-crim., 30 mars 1898 (S. et P. 1899. 1. 111. — D. P. 1899. 1. 324).
(2) V. not., Cass.-crim., 22 juill. 1899 (S. et P. 1901. 1. 417) ; 2 avr. 1903
(*Bull. crim.*, n. 145) ; 17 juill. 1903 (*Id.*, n. 267).

restent soumis au régime déterminé par les art. 7 et 8 de la loi du 3 déc.
1849. *à moins qu'ils ne manifestent leur volonté de devenir immédiatement et irrévocablement Français, en réclamant cette qualité conformément aux dispositions de l'avant-dernier alinéa de l'art. 9, C. civ., auquel cas l'enregistrement de la déclaration souscrite à cet effet peut
être refusé, s'il y a lieu, pour cause d'indignité du réclamant;* qu'il suit
de là, qu'à défaut de cette réclamation, les individus nés en France d'é-
trangers qui ont été expulsés, ne sauraient rentrer en France pendant leur
minorité, et, par suite, y avoir, au moment de leur majorité, ni domicile,
ni résidence au sens légal du mot, puisque leur seule présence sur le territoire de la République constitue un délit; — Attendu qu'il résulte de
l'arrêt attaqué que Jacopini est né en France d'un étranger le 24 avr.
1887, qu'à la date du 28 déc. 1905, il a été frappé d'un arrêté d'expulsion qui lui a été régulièrement notifié; que, reconduit à la frontière, et
bien que déjà condamné le 4 nov. 1906 pour infraction audit arrêté d'expulsion, il est une seconde fois rentré en France sans autorisation dans
le courant de l'année 1907; qu'en refusant, dans ces conditions de faire
au prévenu l'application de l'art. 8 de la loi du 3 déc. 1849, par ce motif
que celui-ci puisait dans l'art. 8, § 4, C. civ. le droit de rentrer en France,
nonobstant un arrêté d'expulsion, afin d'y avoir un domicile effectif,
condition nécessaire pour devenir Français au jour de sa majorité, l'arrêt
attaqué a violé le premier de ces articles et faussement appliqué le second, ... — Casse, etc. ».

— Cass.-crim., 28 janv. 1909, *Barbey* :

La Cour; — Sur le moyen unique pris de la violation des art. 8, § 4,
C. civ., 7, 8 et 9 de la loi du 3 déc. 1849 : — Attendu qu'il résulte de
l'arrêt attaqué (Douai, 9 déc. 1908) que Barbey, né en France de parents étrangers, a été frappé durant sa minorité, d'un arrêté d'expulsion...
— Attendu (ce qui suit est conforme à l'arrêt ci-dessus, jusqu'aux mots
« puisque leur seule présence sur le territoire de la République constitue
un délit »); L'arrêt continue : — Attendu, dès lors, qu'en déclarant le
demandeur coupable d'infraction à un arrêt d'expulsion, l'arrêt attaqué
n'a violé aucun des textes invoqués au moyen; — Rejette, etc. ».

Ainsi donc, la jurisprudence des Chambres réunies et
celle de la Chambre criminelle, contrairement à l'opinion

généralement reçue, se trouvent être conformes en fait.
L'une et l'autre permettent aux individus appelés à devenir
Français par le bienfait de la loi de rentrer en France, à
condition de se soumettre aux dispositions de l'art. 9,
C. civ., et subordonnent, en dernière analyse, leur droit d'y
demeurer définitivement à l'agrément du Gouvernement,
qui a la faculté de s'opposer à la prolongation de leur séjour en refusant l'enregistrement de leur déclaration !

**Justification de ce troisième système. — Raisons de le
préférer.** — La raison invoquée par cette troisième opinion transactionnelle est extrêmement simple. Elle est
nettement indiquée dans l'arrêt des Chambres réunies :
« Depuis la loi du 22 juill. 1893, la déclaration, porte cet
arrêt, doit, à la vérité, être enregistrée au ministère de la
Justice, à peine de nullité, et... l'enregistrement... peut être
refusé pour cause d'indignité... ; mais cette disposition implique précisément le droit du réclamant ;... en donnant au Gouvernement le pouvoir d'annuler après coup la déclaration
par refus d'enregistrement, elle suppose nécessairement
qu'il ne peut l'empêcher ; elle eût été inutile, si l'arrêté d'expulsion, en mettant obstacle à l'établissement en France
du domicile du réclamant, paralysait son droit... » (1).

L'argument nous paraît décisif. Il eût été inutile, en effet,
d'accorder au Gouvernement de faire disparaître les effets de
la déclaration, en refusant l'enregistrement, si le législateur
avait estimé, en 1893, que l'arrêté suffisait par lui-même à
mettre obstacle à l'établissement en France de l'individu
expulsé, appelé à devenir Français par le bienfait de la loi !

____

(1) V. *suprà*, p. 233.

C'est, d'ailleurs, pour empêcher cet individu, — qui pouvait *de plano* rentrer en France, en s'appuyant sur la jurisprudence de la Chambre civile de la Cour de cassaticn, telle qu'elle résultait de son arrêt du 27 oct. 1891 (aff. *Thiry*), — de s'imposer à la France, que ce droit de refuser l'enregistrement de sa déclaration, pour cause d'indignité, a été accordé au Gouvernement par le législateur de 1893. Les travaux préparatoires de la loi sont suffisamment clairs à cet égard [1].

Quoi qu'il en soit, il est bien certain qu'aujourd'hui, en présence de l'art. 9, C. civ., tel qu'il a été modifié par la loi du 22 juill. 1893, cette opinion transactionnelle paraît s'imposer. Il est difficile de soutenir, d'une part, que les individus dont nous nous occupons ne peuvent pas rentrer en France en se conformant aux dispositions de l'art. 9 ; et, d'autre part, que le Gouvernement ne pourra pas les renvoyer en refusant l'enregistrement de leur déclaration.

Cette opinion mérite, en outre, d'être préférée, parce qu'elle permet, seule, de faire un départ entre les individus dignes d'être appelés à la qualité de Français et les malfaiteurs avérés que la France n'a aucun intérêt à s'attacher.

Objections élevées contre ce système. — Après un nouvel examen, les objections qui ont été faites à ce système, ne modifient point notre sentiment :

Ces objections peuvent se résumer ainsi :

α) La faculté laissée au Gouvernement de refus   enre-

---

[1] V. d'ailleurs les conclusions de **M.** le procureur général Manau devant les Chambres réunies (D. P. 1897. 1. 161).

gistrement de la déclaration de nationalité n'implique pas forcément que les individus dont il s'agit doivent pouvoir rentrer en France, en se conformant aux dispositions de l'art. 9. « La faculté accordée au Gouvernement, dit-on, a une portée pratique, même si l'on refuse à ces individus de faire la soumission d'établissement de domicile. L'art. 9, § 4, s'appliquera aux individus, plus ou moins tarés, n'ayant pas commis de fautes assez monstrueuses pour entraîner une expulsion. Il s'appliquera encore à ceux qui, ayant été l'objet d'un arrêté d'expulsion, n'auront pas été conduits à la frontière, à ceux, en d'autres termes, contre lesquels l'arrêté, régulièrement pris, parce qu'ils étaient étrangers à ce moment, n'aura pas été exécuté avant l'accomplissement par eux des conditions d'acquisition de la naturalité française par le bienfait de la loi » (1).

β) « L'étranger, rentré en France, et couvert, désormais, contre le danger de l'expulsion par sa candidature à la nationalité française, pourra, en toute sécurité, pendant une année, se livrer aux agissements qui l'avaient antérieurement fait expulser. Il lui suffira de côtoyer habilement la marge du Code pénal pour éviter des poursuites judiciaires, et, quant à l'expulsion, il n'aura pas plus à s'en inquiéter que s'il était Français, l'Administration se trouvant désarmée. Il aura même encore après avoir fait, à la dernière heure, sa déclaration, le bénéfice du délai nécessaire à l'instruction de la demande d'indignité soumise au Conseil d'État » (2).

---

(1) V. Surville (*Rev. crit.*, 1897, p. 203-204).
(2) V. Lainé (*J. du dr. int. pr.*, 1898, p. 678, *in fine*).

Réponse à ces objections. — A la première objection, nous répondrons que si la loi du 22 juill. 1893 ne devient pas « incompréhensible » dans la doctrine qui dénie aux individus en question le droit de faire leur soumission, — il faut bien avouer que son domaine est réduit d'autant. Pour donner au texte une portée pratique, on est obligé d'imaginer des hypothèses plus ou moins « exceptionnelles », où il aura occasion de jouer! — Et puis, ce qui serait intéressant, serait précisément de dire pourquoi l'art. 9, al. 5, qui ne fait aucune distinction, ne recevrait pas application dans l'hypothèse autrement « pratique » dont nous nous occupons.

L'objection tirée du danger que les individus dont il s'agit vont constituer sur le territoire, peut impressionner un moment; et, il faut reconnaître que, ni le Gouvernement ni les tribunaux ne peuvent obliger l'intéressé à faire sa déclaration « sans retard », afin de bien établir par là « que sa présence a pour but unique et non équivoque l'accomplissement des conditions prescrites par la loi pour la réclamation définitive de la qualité de Français »; [1] « il y aurait là une violation d'un droit écrit dans la loi; l'interprète ne peut pas rendre les conditions plus rigoureuses que ne les a faites le législateur » [2]. — Mais, nous estimons, malgré tout, que le danger n'est point aussi pressant qu'on peut le croire à première vue : pendant l'année où il doit être statué sur leur sort, les candidats à la nationalité française n'ont-ils pas tout intérêt à ne pas attirer sur eux l'attention, à ne commettre aucun délit?

---

[1] V. en ce sens, Laîné, *loc. cit.*, p. 688-689; Weiss, t. 1, p. 119-120, note; Lenoble, J. *La Loi* des 20-21 déc. 1895.

[2] V. Laîné, Weiss et Lenoble, *ubi suprà.*

Ajoutons que ce système transactionnel, qui concilie les droits et les intérêts en présence, ne favorise point « les rentrées arbitraires ». Seuls, les individus expulsés pour des péchés véniels verront leurs déclarations enregistrées par la Chancellerie dont on reconnaît, d'ordinaire, l'indépendance et l'esprit d'équité[1].

o°o

Nous rangeant à cette opinion transactionnelle, il nous est impossible d'approuver la doctrine d'un arrêt de la Chambre civile de la Cour de cassation en date du 9 févr. 1904 (aff. *Lovera*), qui a décidé que l'individu né en France de parents étrangers, nés eux-mêmes à l'étranger, peut être déclaré Français par application de l'art. 9, § 11, C. civ., lorsqu'il a été inscrit, à la demande de son père, sur les tableaux de recrutement et qu'il s'est présenté devant le conseil de révision[2].

Cet arrêt, nous semble-t-il, a méconnu la portée exacte de l'arrêt solennel du 9 déc. 1896, et le véritable sens de l'art. 9, § 11, C. civ.

Il a méconnu la portée exacte de l'arrêt des Chambres réunies. Car les Chambres réunies ont subordonné, malgré tout, à l'agrément du Gouvernement l'obtention de la qualité de Français. Il faut que l'enregistrement de la déclaration de nationalité n'ait pas été refusé pour cause d'indignité, pour que l'individu qui l'a souscrite, soit considéré

---

(1) V. au surplus, sur la question, notre note dans la *Rev. de dr. int. pr.*, 1908, p. 656-663. — Comp. Darut, p. 87 et s.

(2) V. Cass., 9 févr. 1904 (S. et P. 1905. 1. 393 — D. P. 1905. 1. 441).

comme citoyen français. Et la Chambre civile, en assimilant le simple fait de prendre part aux opérations du recrutement à une déclaration de nationalité proprement dite, prive l'Administration d'un droit qu'elle tient de la loi (et affirmé par les Chambres réunies elles-mêmes), de s'opposer à la déclaration de nationalité !

D'ailleurs, l'arrêt du 9 févr. 1904 méconnaît, en second lieu, le sens véritable de l'art. 9, § 11, C. civ. Cet alinéa, ainsi conçu : « Il (l'individu né en France de parents étrangers qui eux-mêmes n'y sont pas nés) devient également Français si, ayant été porté sur le tableau de recensement, il prend part aux opérations de recrutement sans opposer son extranéité » —, n'institue pas au profit de l'individu dont il s'agit une vocation à la qualité de Français, « en ce sens que cet individu n'est pas en droit de provoquer par un acte de sa volonté sa participation aux opérations du recrutement ». Cet art. 9, § 11, n'est applicable, en d'autres termes, qu'aux fils d'étrangers qui se trouvent normalement en France, n'en ayant point été expulsés. C'est ce qu'a très nettement établi le regretté professeur Laîné, dans sa note au *Dalloz*, sous l'arrêt *Lovera*. Nous ne pouvons mieux faire que de donner ici la partie essentielle de ses lumineuses observations :

« Le pourvoi, disait le savant professeur, invoque que Lovera expulsé pendant sa minorité par un arrêté légalement pris, n'a pu rentrer en France, pour participer aux opérations du recrutement, sans commettre par ce fait même un délit, qui suffit à vicier ses actes ultérieurs et à leur enlever toute portée juridique utile. Le mémoire reconnaît bien que l'arrêt rendu, le 9 déc. 1896, par les Chambres réunies a décidé qu'une mesure de police ou un acte de l'Administration ne saurait faire échec au droit conféré par la loi à un individu de devenir Français par un acte de sa volonté. Mais il estime que le principe posé par cet arrêt et appliqué par lui aux déclarations acquisitives de nationalité ne doit pas trouver son application dans le cas différent prévu par l'art. 9, § 11. Car cette dernière disposition n'institue pas au profit de l'individu né en France d'un étranger qui n'y est pas né lui-même une vocation à la qualité de Français, en ce sens que cet individu n'est pas en droit de provoquer par un acte de sa volonté sa participation aux opérations du recrutement ».

« Cette argumentation me paraît très juste. Le tribunal n'en tint pas compte, les motifs de son jugement n'y font même pas allusion. La Cour d'appel n'y répondit pas non plus. M. le conseiller Falcimaigne, plus scrupuleux, l'a jugée digne d'attention. Il déclare d'ailleurs ne pas admettre que le raisonnement présenté, sur ce point, à l'appui du pourvoi soit fondé. « Le pourvoi, dit-il, objecte que, dans l'espèce, Lovera, expulsé de France en vertu d'un arrêté légalement pris, n'a pu rentrer sur notre territoire, pour participer aux opérations du recrutement, sans commettre un délit qui vicie tous ses actes ultérieurs. Mais le pourvoi ne peut guère se dissimuler que cette objection vient se briser contre votre jurisprudence. Par l'arrêt des Chambres réunies du 9 déc. 1896, rendu au rapport de M. le conseiller Durand, et sur les conclusions de M. le procureur général Manau, vous avez décidé, à l'égard d'un individu susceptible d'acquérir la qualité de Français par voie de déclaration : « qu'investi par la loi du droit de devenir Français par un acte de sa volonté, le réclamant est légalement apte, par cela même, à accomplir les conditions auxquelles la réalisation de cette volonté est subordonnée ; qu'il ne saurait donc être empêché par une mesure de police d'établir son domicile en France, ni, par suite, quand il a été expulsé, d'y rentrer, après avoir fait sa soumission de s'y fixer ». C'est en vain que le demandeur en cassation prétend écarter l'application de cette doctrine à la cause actuelle. Suivant une expression employée par tous les auteurs et qui se retrouve dans la loi elle-même (art. 11, § 2, loi du 15 juill. 1889), le fait de prendre part aux opérations du recrutement, sans exciper de leur extranéité, équivaut, pour des fils d'étrangers nés en France, à la déclaration prévue par l'art. 9, C. civ. Si donc l'étranger expulsé peut, comme vous l'avez jugé, rentrer en France pour souscrire une déclaration acquisitive de la nationalité française, il peut, par identité de motifs, y rentrer pour se présenter devant le conseil de révision ». Et, conformément à cette doctrine, la Chambre civile a dit : « Lovera était en droit de souscrire la déclaration prescrite par l'art. 9, § 1, C. civ. ; son acceptation du service militaire équivaut pour lui à cette déclaration ». La Chambre civile, par conséquent, a décidé que le principe posé par l'arrêt de 1896 est applicable à l'individu qui rentre en France, au mépris de l'arrêté d'expulsion, pour prendre part aux opérations du recrutement, comme à celui qui vient y faire une déclaration de volonté.

« Je ne crains pas d'affirmer que, de la sorte, on a cru répondre à l'argumentation du pourvoi, mais que l'on n'y a pas répondu. Le pourvoi signalait une différence entre les

deux modes d'acquérir la nationalité française qu'organise
l'art. 9, C. civ.; on ne l'a pas discutée. On ne l'a pas discutée, parce qu'on l'a perdue de vue. M. le conseiller Falcimaigne, après avoir analysé tout d'un trait le mémoire
fourni par le préfet des Bouches-du-Rhône, expose avec des
développements étendus ses propres « observations », et
c'est en les terminant qu'il réfute, au sujet de la présente
question, l'argumentation du pourvoi. Mais alors il n'en a
plus les termes mêmes sous les yeux. Dans le mémoire il
était dit : « Cette dernière disposition (l'art. 9, § 11) n'institue pas au profit de l'individu né en France d'un étranger
qui n'y est pas né lui-même, une vocation à la qualité de
Français, en ce sens que cet individu n'est pas en droit de
provoquer par un acte de sa volonté sa participation aux
opérations du recrutement ». Or, ce n'est pas cette proposition qu'en répondant au mémoire on examine, on l'omet
entièrement; le seul point auquel on s'attache est l'assimilation faite par la loi du 15 juill. 1889 [1] des deux modes d'acquérir la nationalité française institués par l'art. 9, C. civ.
En d'autres termes, il y a entre ces deux modes une différence et une ressemblance; le pourvoi signalait la différence;
on lui a répondu en affirmant la ressemblance; et c'est
ainsi, par suite de cette méprise, que l'argument tiré de la
différence est resté sans réponse. Or, c'était un argument
décisif.

« Assurément les deux procédures indiquées par l'art. 9,
C. civ., à savoir une déclaration de volonté devant un juge

___

[1] La loi sur le recrutement, du 21 mars 1905, ne contient rien qui soit de
nature à modifier les conclusions de M. Lainé.

de paix et la participation aux opérations du recrutement sans résistance fondée sur leur extranéité, aboutissent pour les étrangers nés en France qui les ont suivies au même résultat : l'acquisition de la nationalité française. En ce sens, on peut dire, soit avec l'art. 11 de la loi du 15 juill. 1889 pour les individus légalement inscrits en vertu de cet article, soit aussi avec l'arrêt du 9 févr. 1904 pour les individus indûment inscrits, comme l'avait été le sieur Lovera, qui ne résidait pas en France, que l'acceptation du service militaire équivaut à la déclaration de volonté. Elle vaut même plus, puisque la déclaration de volonté subit le contrôle organisé par la loi du 22 juill. 1893 et peut être annulée, tandis que l'acceptation du service militaire n'y est pas soumise et que l'acquisition de la nationalité française par cette voie demeure définitive, quelque indigne qu'en soit le bénéficiaire. Mais si, sous cette réserve, les deux procédures aboutissent au même résultat, et de ce point de vue sont assimilables, ce n'est pas à dire qu'elles aient le même caractère. Celle qui consiste pour l'étranger né en France, mais n'y résidant pas, à venir y fixer son domicile, puis à se présenter devant un juge de paix pour déclarer qu'il veut acquérir la nationalité française, est autorisée par la loi et par conséquent est vraiment la mise en œuvre d'un droit. Celle qui consiste pour le même étranger à se faire inscrire sur les tableaux de recensement, puis à se présenter aux opérations de recrutement pour y prendre part n'est rien de moins que la violation d'une loi, celle du 15 juill. 1889, qui, dans son art. 3, déclare : « Nul n'est admis dans les troupes françaises, s'il n'est Français ou naturalisé Français ». Cette disposition, en effet, non seulement écarte expressément du service militaire les étrangers qui, les opérations du recrutement closes, ont encore cette qualité, mais implique aussi la défense de prendre part à ces opérations signifiée aux individus qui sont étrangers au moment même où elles s'ouvrent; car il serait dérisoire que des hommes inaptes à servir la France fussent aptes à remplir les formalités auxquelles est subordonnée l'entrée dans ce service. Il est vrai que la loi du 15 juill. 1889, dans son art. 11, ordonne d'inscrire sur les tableaux de recensement et par conséquent invite aux opérations du recrutement deux classes d'individus qui ne sont pas entièrement ou même ne sont pas du tout Français : 1° ceux qui, étant nés en France de parents étrangers nés eux-mêmes dans notre pays, possèdent la qualité de Français, mais peuvent l'abdiquer dans l'année de leur majorité; 2° ceux qui, simplement nés d'étrangers en France, y sont en outre domiciliés. Mais c'est par exception que la loi militaire traite ainsi ces jeunes gens. Considérant le double lien qui les unit à la France, le législateur a cru pouvoir, dans la loi militaire, qui sur ce point modifie la loi civile, les mettre dès maintenant en demeure ou de consolider ou de rompre ce lien par l'acceptation ou le refus du service. Quant aux étrangers nés en France, mais ne s'y rattachant en outre ni par la naissance de leurs parents ni par leur domicile, ils demeurent sous l'empire de la règle : ne pouvant être admis dans les troupes françaises, ils n'ont pas le droit de se faire appeler et de prendre part aux opérations du recrutement. Ont-ils été inscrits, soit sur leur demande, soit d'office, leur inscription n'est que le résultat d'une erreur et, s'ils se présentent, ils peuvent et doivent être exclus. M. le conseiller rapporteur et la Cour de cassa-

tion l'ont eux-mêmes reconnu dans les termes les plus caté-
goriques. « Les erreurs commises par les maires dans l'établissement des tableaux, a dit M. Falcimaigne, peuvent
être redressées, soit au moment du tirage au sort, soit encore au moment de la revision. Il paraît donc certain que
le sous-préfet, reconnaissant qu'un fils d'étranger né en
France a été inscrit à tort, parce qu'il n'était pas domicilié
sur notre territoire, pourrait refuser de l'admettre au tirage
au sort et que, si l'erreur n'avait pas été corrigée à ce moment, elle pourrait l'être encore au jour de la revision par
le conseil, qui serait en droit d'éliminer le conscrit indûment porté au tableau ». De même la Cour : « Il résulte
sans doute des termes de l'art. 11, § 2, de la loi du 15 juill.
1889 que les individus nés en France d'étrangers, mais qui
ne résident pas sur notre territoire, ne doivent pas être
portés sur les tableaux de recensement; que, s'ils ont été
inscrits par une erreur du maire, ultérieurement découverte,
ils peuvent être exclus des opérations du recrutement, soit
au moment du tirage au sort, soit au moment de la revision ». Ce sont là des déclarations bien formelles. J'y ajoute
encore que l'erreur dont il s'agit non seulement peut, mais
doit être redressée, puisque la loi défend d'admettre les
étrangers dans les troupes françaises.

« Dès lors, la conclusion s'impose, et c'est que, si les étrangers appelés à devenir Français par le bienfait de la loi sont
autorisés à faire pour le devenir une déclaration de volonté,
ils ne le sont pas à se faire inscrire sur les tableaux de recensement et à prendre part aux opérations de recrutement.
Procèdent-ils suivant le premier mode, ils exercent un droit :
recourent-ils au second c'est, au contraire, une illégalité

qu'ils commettent. Voilà quelle était la thèse du mémoire
produit à l'appui du pourvoi. Et même il était parfaitement
exact de dire que l'art. 9, § 11, « n'institue pas au profit de
l'individu né en France d'un étranger qui n'y est pas né
lui-même une vocation à la qualité de Français », car l'invitation à revêtir la qualité de Français ne va pas sans
le mode d'y répondre tracé par la loi ; ce sont deux choses
inséparables ; et le seul mode légal de répondre à l'invitation légale, pour l'étranger non domicilié en France à sa
majorité, c'est la déclaration de volonté faite à l'autorité
compétente. Voilà pourquoi le demandeur en cassation
prétendait que le principe posé par l'arrêt de 1896 n'était
pas, dans l'espèce, applicable. Il le prétendait à juste titre.
Voilà pourquoi il n'est pas exact, à ce point de vue, d'assimiler les deux cas prévus par l'art. 9, § 11, C. civ. On ne
peut pas dire de l'étranger qui veut mettre à profit la dernière disposition de ce texte ce que l'on dit de celui qui se
prévaut de la première : « investi par la loi du droit de
devenir Français par un acte de sa volonté, il est légalement
apte par cela même à accomplir les conditions auxquelles
la réalisation de sa volonté est subordonnée ». On ne peut
pas le dire, puisque la base du raisonnement est l'existence
d'un droit et qu'ici tout droit fait défaut.

« Qu'est-ce, en somme, que signifie le § 11 de l'art. 9?
Pour moi, ceci simplement : s'il arrive qu'un individu
appelé, grâce à quelque modalité de sa naissance, à devenir Français par une déclaration de volonté vienne, par
erreur, à être inscrit sur les tableaux de recensement et à
prendre part aux opérations du recrutement sans exciper
de son extranéité, il obtient, en récompense de son bon vou-

loir à servir la France, la qualité de Français, comme s'il
avait suivi, à cet effet, la voie normale. Mais il est nécessairement sous-entendu qu'il n'en sera ainsi que si cette procédure, déjà irrégulière à raison de la qualité de l'intéressé,
mais absoute en quelque sorte après coup de cette irrégularité par la loi elle-même, n'est pas en outre affectée d'une
autre cause de nullité. C'est l'application d'un principe
général. Or, dans le cas où l'intéressé, pour suivre cette procédure, s'est mis en contravention avec l'art. 8 de la loi de
1849, la cause de nullité, c'est qu'il a commis un délit en
rentrant sans l'autorisation du Gouvernement en France.
Il en résulte que sa présence était illicite, partant équivalait
à son absence. La condition de l'acquisition de la nationalité française était que l'intéressé prît part aux opérations
du recrutement. L'intéressé n'y a pas pris part. Il n'est
donc pas devenu Français. Et ce serait vainement qu'on
tenterait, au moyen de la doctrine de la Cour suprême d'effacer le délit, cause première de cette situation ; car la doctrine de la Cour suprême a pour point de départ un droit,
qui, dans l'espèce, n'existait pas. Les faits prévus par l'art. 9,
C. civ., ne sont pas la mise en œuvre d'un droit; ce sont des
faits irréguliers, fondés sur une erreur, aboutissant, s'ils
ne sont pas entachés d'un autre vice radical, à une faveur » (1).

---

(1) Voici, d'ailleurs l'arrêt de la Chambre civile du 9 févr. 1904 : — « LA COUR ;
— Sur le moyen unique du pourvoi : — Attendu que le jugement, dont les motifs ont été adoptés par l'arrêt attaqué, constate que Lovera est né à Marseille,
le 24 sept. 1880, de parents étrangers, nés eux-mêmes à l'étranger ; qu'il a été
frappé d'un arrêté d'expulsion qui lui a été notifié les 1er juin et 18 oct. 1901,
et que, par suite, il n'avait en France ni domicile ni résidence, au moment où il

a atteint sa majorité; que, néanmoins, à la demande de son père, il a été inscrit à Marseille sur les tableaux de recensement, comme faisant partie de la classe de 1901 : qu'il a fait défaut au tirage au sort; mais qu'il s'est présenté devant le conseil de revision, qui, après avoir reconnu son aptitude physique, l'a ajourné jusqu'à la décision à intervenir quant à sa nationalité; — Attendu qu'il appert de ces constatations que Lovera, ayant été porté sur le tableau de recensement, a pris part aux opérations du recrutement, sans opposer son extranéité; que, toutes les conditions requises par l'art. 9, § 11, C. civ., se trouvant ainsi réunies, c'est à bon droit que l'arrêt attaqué a reconnu que Lovera était devenu Français, par application de cette disposition légale; — Attendu qu'en vain le pourvoi prétend que l'inscription de Lovera sur les tableaux de recensement a été le résultat d'une erreur qui peut être rectifiée jusqu'à la clôture définitive des listes; qu'il résulte sans doute des termes de l'art. 11, § 2, de la loi du 15 juill. 1889 que les individus nés en France d'étrangers, mais qui ne résident pas sur notre territoire, ne doivent pas être portés sur les tableaux de recensement; que, s'ils ont été inscrits par une erreur du maire, ultérieurement découverte, ils peuvent être exclus des opérations du recrutement, soit au moment du tirage au sort soit au moment de la revision; que, s'ils sont, au contraire, admis à participer à ces opérations, et s'ils les subissent, sans exciper leur qualité d'étrangers, la naturalisation de faveur accordée, pour ce cas, par l'art. 9, § 11, C. civ., leur est définitivement acquise, sans que l'autorité judiciaire ait le pouvoir de leur en refuser le bénéfice; — Attendu que vainement encore le pourvoi objecte que la rentrée de Lovera en France, au mépris de l'arrêté d'expulsion pris contre lui, constitue un délit qui ne lui permettait pas de prendre part régulièrement aux opérations du recrutement; — Mais, attendu que Lovera était en droit de souscrire la déclaration prescrite par l'art. 9, § 1er, C. civ.; que son acceptation sans réclamation du service militaire équivaut pour lui à cette déclaration; qu'investi par la loi du droit de devenir Français par un acte de sa volonté, il était légalement apte par cela même à accomplir les conditions auxquelles la réalisation de cette volonté était subordonnée et qu'il n'en pouvait être empêché par une mesure de police; d'où il suit qu'en statuant comme il l'a fait, l'arrêt attaqué a exactement appliqué la loi; — Par ces motifs, rejette, etc. ».

On rapprochera avec intérêt des observations de M. Laîné, celles que M. Chervet a consacrées également à cet arrêt *Lovera*, dans la *Rev. de. dr. int. pr.*, 1906, p. 532-533, à propos d'un arrêt d'Aix, du 27 janv. 1906, qu'il annotait dans cette *Revue*. Le distingué substitut du procureur général à la Cour d'Aix y défend la doctrine de la Chambre civile de la Cour de cassation. — V. aussi, R. Hubert, *Gaz. des Trib.* du 17 mai 1908. Comp. R. Hubert, *J. du dr. int. pr.*, 1902, p. 24 et s.

o^oo

Nous voilà parvenu au terme de notre étude. La conclu-sion qu'il convient d'en tirer ne nécessite pas de longs dé-veloppements. En quelques mots, nous croyons pouvoir dire qu'il résulte des pages qui précèdent, qu'il n'est ni nécessaire, ni même utile et désirable que le droit d'expul-sion soit un jour limité et réglementé.

Limité et réglementé, ce droit, selon l'expression de M. Laîné, « perdrait la presque totalité de sa force » [1].

Il n'y a pas à craindre, d'ailleurs, que l'État mésuse de son pouvoir. Le contrôle incessant des Chambres et de la presse, la nécessité du maintien des bonnes relations in-ternationales, constituent, en somme, des garanties sérieu-ses et efficaces contre les abus que l'on redoute tant! — Il y aurait, au surplus, un moyen bien simple de réduire encore la part d'arbitraire que l'on reproche si vivement à l'Admi-nistration : ce serait d'instituer, au ministère de l'Intérieur, une commission qui proposerait elle-même au ministre, du moins pour ce qui rentre dans le domaine du droit com-mun, les mesures d'expulsion. Les propositions de cette commission présenteraient encore plus de garanties que les décisions prises par un seul homme, fût-il le plus cons-ciencieux et le plus impartial de tous les hommes.

Mais, à part, cette modeste réforme, réalisable sans au-cune difficulté, nous estimons, avec notre regretté maître

---

[1] Laîné (*J. du dr. int. pr.*, 1897, p. 710). — Comp. Mérighnac (*Rev. de dr. int. et de lég. comp.*, 1892, p. 150 et s.).

Darras « que les intérêts supérieurs de l'État devant l'emporter sur les intérêts individuels de tels ou tels étrangers » (1), on aurait grand tort de restreindre et de réglementer, en France, le droit que l'Administration tient de la loi du 3 déc. 1849. Nous risquerions de jouer un rôle de dupes ; car il n'est pas sûr que, demain. les autres États nous suivraient dans cette voie. — Si l'on veut, à tout prix, restreindre et réglementer ce droit, qu'on ne le fasse pas du moins en vertu d'une loi interne, mais bien, par des conventions librement consenties entre les nations.

---

(1) A. Darras (*Bull. de la soc. de législ. comp.*, t. 18, années 1888-1889, p. 292).

TABLE ANALYTIQUE DES MATIÈRES [1]

CHAPITRE PREMIER

NATURE ET CARACTÈRES
FONDEMENT ET LÉGITIMITÉ DU DROIT D'EXPULSION

Énoncé des dispositions applicables en la matière, p. 1.

§ 1er.

Nature et caractères essentiels du droit d'expulsion, p. 3.

---

(1) Cette table des matières, qui constitue un résumé de l'ouvrage, a été faite par mon ami, M. ANDRÉ CHENOT, *avocat, docteur en droit,* collaborateur à la *Refonte* du Recueil Sirey. — Je lui en exprime toute ma reconnaissance et mes plus vifs remerciements.

§ 2.

Fondement et légitimité du droit d'expulsion, p. 8.

CHAPITRE II

QUELLES SONT LES PERSONNES QUI PEUVENT ÊTRE EXPULSÉES.

§ 1er.

Tous les étrangers peuvent être expulsés, p. 20.

§ 3.

Législations étrangères, p. 42.

I. Législations semblables à la législation française.

Allemagne. — Le droit d'expulsion n'est limité par aucune loi, p. 42. — *Italie*. — La loi du 30 juin 1889 concède largement le droit d'expulsion, p. 43. — *Suisse*. — Tous les étrangers peuvent être expulsés, p. 43. — *Angleterre*. — L'*Aliens Act* du 11 août 1905 permet d'expulser tout étranger, dans des cas déterminés, p. 43. — *Roumanie*. — La loi roumaine du 7 avr. 1881 dispose que tout étranger peut être expulsé. Les israélites indigènes sont considérés comme étrangers, p. 144.

II. Législations limitatives du droit d'expulsion.

Belgique. — La loi belge du 12 févr. 1897 soustrait au droit d'expulsion certains étrangers, p. 45. — Il en est de même pour la loi *luxembourgeoise* du 30 déc. 1893, et la loi *néerlandaise,* p. 47. — *Brésil*. — La loi brésilienne du 7 janv. 1907 conditionne aussi le droit d'expulsion, p. 47. — *Vénézuéla*. — Seuls, les étrangers de passage peuvent être expulsés, p. 48. — *États-Unis et Mexique*. — Les étrangers ne peuvent être expulsés que durant les trois ans qui suivent leur arrivée, p. 48.

III. Critique des législations limitatives du droit d'expulsion.

Il n'est pas souhaitable que les exemptions prévues par certaines lois étrangères trouvent place dans notre législation, p. 49. — Le *projet de l'Institut de droit international* (Genève, 1892), tend à réglementer le droit d'expulsion, sans le limiter, p. 50. — Le *projet de loi français du 4 mars 1882* de MM. Goblet et Humbert n'affranchit aucun étranger de la mesure d'expulsion, p. 51. Néanmoins, d'après ce dernier projet, cette mesure peut cesser d'avoir effet, non seulement vis-à-vis de l'étranger admis à domicile, mais encore à l'égard de l'étranger résidant en France depuis plus de trois ans, p. 51. Cette faveur faite à l'étranger résidant ne paraît pas justifiable, p. 52.

CHAPITRE III

CAUSES D'EXPULSION

la sûreté intérieure ou extérieure, légitiment, en tous pays, l'expulsion, p. 68.

Sont notamment des causes d'expulsion :

Les *menécs anarchistes*, *l'apologie de l'assassinat*, les *excitations malsaines* : expulsion de Suisse en 1881, du *prince Kropotckine*; en 1895, des socialistes anarchistes italiens, p. 69; expulsion de Belgique, de *Laurent Tailhade*, de *Ben Tillet*, et des délégués des agents des postes français (25 avr. 1909), p. 70. — La *suspicion d'espionnage* : expulsion de France, de *Hofmann*; de Suisse du *baron de Richthofen*, p. 70. — Les *intrigues et complots contre l'État*, qui ont entraîné l'expulsion d'ambassadeurs eux-mêmes, p. 71. — Les *intrigues et complots contre les tierces puissances* : cas du *général Boulanger ;* du *comte de Chambord ;* expulsion de l'ex-président Castro, p. 71. — La *résistance aux lois* : expulsion du *nonce apostolique*, en 1884, de la République Argentine; expulsion de *Mgr Montagnini* (1906), p. 72. — *L'antimilitarisme violent* : expulsion de France de *Hugo Nanni ;* du père Forbes (1892), p. 73. — Les *cris séditieux* : expulsion d'Italiens par la Suisse (1901), p. 74. — La *lacération de drapeaux* : expulsion de France, de *Ghio*, p. 74. — En France, et antérieurement à la loi du 1er juill. 1901, *l'adhésion à l'Association internationale des travailleurs* (L. du 14 mars 1872), p. 74.

Somme toute, l'arrêté d'expulsion doit être motivé par des *faits précis* faisant appréhender un *véritable danger*, p. 75. — A cet égard, l'expulsion de l'*abbé Delsor,* fondée sur de simples présomptions, a été au moins inutile, p. 76; — l'expulsion de *Mgr Montagnini*, décrétée sans qu'ait été vidée l'instruction ouverte contre lui a été justement critiquée, p. 78 (article de M. Challamel aux *Débats,* rapporté p. 80 et 81).

Est-il possible de dresser une liste des motifs légitimes d'expulsion ? p. 82. — La chose a été faite dans l'*Aliens Act* anglais *de 1905*, p. 82; — la *loi brésilienne*, p. 83. — Mais ces énumérations sont *inutiles*, parce que les motifs compris dans l'énumération sont toujours assez nombreux pour laisser en définitive au Gouvernement une entière liberté de décision, p. 84 ; tel est le cas en ce qui concerne le projet de l'Institut de droit international (1892), p. 85. — Elles sont d'ailleurs *impossibles*, l'expulsion devant demeurer affaire de circonstances, p. 86.

§ 3.

De l'expulsion en temps de guerre, p. 87.

L'expulsion en masse est légitimée au cas de danger imminent, p. 87. — Au reste, la déclaration de guerre n'est pas une cause essentielle d'expulsion, p. 88. — Le libre séjour a été concédé aux Français et aux Anglais par la Russie pendant la *guerre de Crimée*, p. 88; — Aux Autrichiens par la France pendant la *guerre d'Italie* (1859), p. 89. — Durant la *guerre franco-allemande,* le préfet de police, à Paris, ordonna que tout sujet allemand, eût à demander un permis de séjour, sous peine d'arrestation immédiate, p. 89. — La mesure a été critiquée, comme prise sans motif plausible; M. Pillet, la légitime en se basant sur le grand nombre d'Allemands résidant alors en France, et constituant par leur seule présence un vrai danger, p. 90. — Les Chinois et les Japonais, pendant la guerre *sino-japonaise,* se sont réciproquement concédé le paisible séjour, p. 92. — Pendant la guerre *russo-japonaise,* la Russie a expulsé, sans leur accorder de délai, les Japonais de la Lieutenance d'Extrême-Orient. Les Japonais n'ont rien fait de semblable. Il faut, d'ailleurs, noter que, chez eux, les Russes ne pouvaient pas constituer un danger, p. 93. — La Turquie, durant la guerre *gréco-turque* (1897), n'a permis chez elle le séjour des Grecs qu'à la condition qu'ils adoptent la nationalité turque, p. 93. — Le Transvaal, dans la *guerre anglo-boër*, a décrété l'expulsion des Anglais, dans un délai de 48 heures, p. 94.

CHAPITRE IV

QUI A QUALITÉ POUR PRONONCER L'EXPULSION. PROCÉDURE DE L'EXPULSION.

§ 1ᵉʳ.

Autorités compétentes pour prononcer l'expulsion, p. 95.

C'est en *France*, le *ministre de l'Intérieur* à l'égard de tout étranger voyageant ou résidant en France, ou bien admis à domicile, p. 95. — Les *préfets* des *départements frontières* à l'égard des étrangers *non-résidants*, p. 95.

§ 2.

Procédure de l'expulsion, p. 110.

α) Instruction à fin d'expulsion, p. 110.

Avant la circulaire du ministère de l'Intérieur du 8 déc. 1907, elle était toujours faite par le *préfet*, p. 110. — Actuellement, c'est le *ministre de l'Intérieur*, au vu des rapports des Parquets et des notices individuelles dressées par les gardiens-chefs des prisons, qui instruit le cas des *étrangers condamnés pour crimes ou délits de droit commun*, p. 110-111. — Les *préfets* demeurent chargés de l'instruction concernant les *étrangers condamnés pour délits politiques*, les *étrangers non condamnés* et les *étrangers non-résidants des départements-frontières*, p. 112.

β) L'arrêté d'expulsion, p. 113.

Il peut être pris, sitôt après l'instruction, p. 113. — Néanmoins, un certain nombre de *traités* ont stipulé la communication des motifs d'expulsion et des documents justificatifs aux agents diplomatiques et consulaires, p. 113. — Ces dispositions qui régissent l'expulsion dans les rapports de la *France* avec la *Bolivie*, l'*Equateur*, le *Guatémala*, *Costa-Rica*, le *Honduras*, *San-Salvador*, le *Pérou* et la *Bavière*, sont étendues de droit aux *États* qui jouissent du traitement de *la nation la plus favorisée*, p. 114-115.

L'arrêté d'expulsion n'est d'ordinaire *pas spécialement motivé*, p. 115. — Modèle d'arrêté, p. 116. — L'absence de motifs se légitime, en ce que la mesure d'expulsion est une mesure de haute police, p. 116. — Cependant, les lois *suisse* (14 oct. 1905) et *brésilienne* (7 janv. 1907) prescrivent de *motiver* l'expulsion, p. 117.

L'arrêté indique le *mode d'exécution* de l'expulsion, p. 118.

γ) Notification de l'arrêté d'expulsion, p. 118.

La notification rend l'arrêté exécutoire, p. 118.

Aux *étrangers détenus*, c'est le *gardien-chef* qui notifie l'arrêté, depuis la circulaire du ministère de l'Intérieur du 8 déc. 1907, p. 119. — Modèle du procès-verbal de la notification, p. 120. — Deux témoins

CHAPITRE V

EFFETS DE L'ARRÊTÉ D'EXPULSION

§ 1er.

Expulsion du territoire, p. 131.

α) *Mise à exécution de l'arrêté*, p. 131.

---

(1) Les réfugiés politiques peuvent être expulsés : loi du 21 avr. 1832, plusieurs fois prorogée. — Assimilation, par le projet du 4 mars 1882, des réfugiés politiques aux étrangers admis à domicile, p. 137, *in fine*-138, note.

gers, en *Russie*, sont *internés à demeure*, p. 147. — Ils sont, en France, simplement conduits à la frontière, p. 147.

§ 2.

Interdiction de rentrer en France, p. 148.

I. *Pénalité.* — L'art. 8 de la loi du 3 déc. 1849 édicte pour le cas ou l'expulsé rentre en France, une peine d'emprisonnement de un à six mois, p. 148. — L'expulsé réfractaire encourt la même peine en *Algérie*, p. 149 (1). — Les *lois étrangères* (Belgique, Luxembourg, Italie, Suisse, Brésil), appliquent une peine analogue, p. 149. — L'*aliens Act anglais de 1905* condamne le délinquant à la prison avec « hard labour », et le maître du navire qui a amené l'expulsé, est tenu de payer au Trésor les frais faits pour l'entretien de cet expulsé jusqu'à son départ, p. 150.

La loi française de 1849 déclare que la peine encourue peut être mitigée par les *circonstances atténuantes*, p. 150. — Au reste, au cas de *récidive*, la peine peut être portée à un an (art. 58, C. pén.), p. 151. — La loi de *sursis* est également applicable, p. 151.

II. *Retour à la frontière.* — A l'expiration de la peine, l'étranger est reconduit à la frontière, p. 152. — Les maîtres des navires doivent, en *Angleterre*, reconduire, à leurs frais, les étrangers non admis comme immigrants, p. 152. — En *Russie*, l'expulsé qui revient une troisième fois, peut être astreint à la résidence forcée, et devenir russe, sous certaines conditions, p. 153.

III. *Conditions du délit d'infraction à l'arrêté d'expulsion.* — *A.* Le retour en France, doit avoir été *volontaire* (aff. *Vicedo*), p. 153. — Les étrangers *refoulés* ne sont pas considérés comme rentrés volontairement, p. 154. — *B.* L'arrêté doit être *légal*, p. 155. — La preuve de l'extraneité du contrevenant, base essentielle de l'arrêté, est à la charge du ministère public, p. 156.

IV. *Caractère du délit d'infraction à l'arrêté d'expulsion.* — C'est un délit *continu*, dont la prescription ne court qu'au moment où il a cessé,

---

(1) L'arrêté pris pour la France vaut pour l'Algérie, et inversement. — L'arrêté pris pour les Colonies vaut pour la France. — Réserves en ce qui concerne la Tunisie, p. 149, note 2.

L'arrêté emporte interdiction de la Principauté de Monaco, p. 120.

CHAPITRE VI

VOIES DE RECOURS

§ 1er.

**Du droit des tribunaux correctionnels de vérifier l'illégalité
prétendue des arrêtés d'expulsion, p. 168.**

fins de la plainte en qualité de Français. — Elle est, pour certains, *absolue* : aff. *Crotogli* (Aix, 6 déc. 1900), p. 170-171. — D'autres, au contraire, estiment qu'une telle décision du tribunal correctionnel ne saurait lier les tribunaux civils. Il y a là une dérogation au principe de l'influence du criminel sur le civil, qui n'est basée sur aucun texte, mais qui est imposée par la haute portée des questions d'état, p. 171-176.

§ 2.

Du droit pour le Conseil d'État, d'annuler les arrêtés d'expulsion entachés d'excès de pouvoir ou de vice de forme, p. 176.

Le Conseil d'État s'est longtemps refusé à exercer ce droit : aff. *Naundorff* (4 août 1836), *de Solms* (8 déc. 1853), *Radziwill* (22 janv. 1867), p. 176-177. — Plus tard, le Conseil d'État a déclaré qu'il y avait lieu de ne pas exclure « complètement » le recours contentieux pour excès de pouvoir, p. 177. — Il eût probablement accueilli ce recours, dans l'affaire *Morphy* (14 mars 1884), s'il eût été saisi à temps et si la juridiction répressive ne lui eût pas paru compétente pour apprécier, dans l'espèce, les moyens de défense tirés de l'illégalité de l'arrêté, p. 177 *in fine*-178 : c'est ce qui ressort des conclusions de M. Le Vavasseur de Précourt, p. 178-181. — Ce revirement de jurisprudence se légitime par le caractère administratif de l'arrêté d'expulsion, p. 181. — Néanmoins, le recours au Conseil d'État devant être exercé à bref délai et le Conseil d'État devant surseoir à statuer, lorsqu'il y a des doutes sérieux sur la question d'état (p. 181-182), il serait préférable de recourir, dès l'abord, aux *tribunaux civils* lorsque le demandeur se prétend Français : s'il est, par eux, reconnu Français, l'arrêté tombe de plein droit, p. 182. — C'est d'ailleurs aux tribunaux que le *Brésil* laisse l'appréciation de la légalité de l'arrêté d'expulsion qui, s'il est reconnu illégal, est annulé par un « habeas corpus » garantissant le libre séjour à l'étranger, p. 182, *in fine*-183. — Aux *Pays-Bas,* la Cour de cassation admet, dans certains cas, le recours contre les ordres d'expulsion signifiés par le juge de paix ou par la Couronne, p. 183. — Au reste, en *France,* le tribunal de la Seine (8 mars 1904) et, sur appel, la Cour de Paris (10 août 1904), se sont déclarés compétents pour examiner directement, sans exiger la préexistence d'un litige administratif ou judiciaire sur ce point, la question d'extranéité soulevée par un expulsé : aff. *Abd-el-Hakim*, p. 183-184.

Le *recours* au Conseil d'État ou aux tribunaux *n'est pas suspensif*, p. 184 *in fine*-185.

§ 3.

Les tribunaux de l'ordre judiciaire et le Conseil d'État ne connaissent pas des motifs de l'expulsion, p. 185.

Seule, l'Administration est juge de ces motifs, p. 186. — Les tribunaux, ni le Conseil d'Etat ne sauraient apprécier ces motifs qui intéressent le plus souvent l'ordre public et la sécurité nationale, p. 186. — Le pourvoi formé au Conseil d'État, dans l'affaire *Naundorff*, s'est borné à exciper de l'illégalité de l'arrêté, p. 186. — Les législations de l'*Allemagne*, du *Luxembourg*, de l'*Espagne*, de l'*Angleterre* ne laissent pas non plus aux tribunaux la connaissance des motifs de l'expulsion, p. 187. — Dans les pays même où le droit d'expulsion a été *limité*, notamment au *Brésil*, le tribunal examine simplement si le requérant se trouve dans les catégories d'individus pouvant être expulsés. Si l'expulsion se base sur un motif qui intéresse l'ordre public ou la sécurité nationale, le recours n'est admis, d'ailleurs, d'après la loi brésilienne, que devant le pouvoir qui a ordonné l'expulsion, p. 187 *in fine*-188.

Du reste, à défaut des tribunaux, le Parlement, les autres nations, les consuls des intéressés, pourront faire rapporter les arrêtés pris sans justes motifs, p. 188-189.

§ 4.

Des dommages-intérêts peuvent-ils être alloués aux individus qui ont souffert d'une expulsion illégale ou injustifiée? p. 190.

A. — *Expulsion illégale.* — Des dommages-intérêts sont dûs, soit par l'Etat, soit par le ministre ou le préfet auxquels serait imputable une faute lourde (art. 114 et 117, C. pén.) : conclusions conformes de M. Le Vavasseur de Précourt dans l'affaire *Morphy*, p. 190-191. — Cependant, le tribunal de la Seine (19 févr. 1873) et la Cour de Paris (29 janv. 1876) se sont déclarés incompétents pour connaître de l'action en dommages-intérêts intentée par le *prince Jérôme-Napoléon*, p. 192. — Il est vrai, qu'en l'espece, l'arrêté d'expulsion n'avait pas été déclaré illégal, et, d'ailleurs, n'avait même pas été basé sur la loi de 1849, p. 193. — M. Labbé a critiqué ces décisions : la raison d'État invoquée par le Gouvernement légitimerait, si leur doctrine était suivie, tous les actes arbitraires attentatoires à la liberté individuelle, p. 193-196.

B. — *Expulsion injustifiée.* — Ici, le tribunal ne saurait connaître de l'action en dommages-intérêts, p. 196. — C'est à l'État auquel ressortit l'expulsé de réclamer une indemnité à l'État, auteur de l'expulsion : aff. *Ben Tillet*, p. 196-197.

L'individu reconnu Français, postérieurement à une condamnation prononcée contre lui, pour violation d'un arrêté d'expulsion, peut bénéficier du *recours en revision*, la nationalité française établie après coup, constituant un *fait nouveau* (art. 443, C. instr. crim.); et, en ce cas, la Cour de cassation casse sans renvoi, p. 197, note.

CHAPITRE VII

CESSATION DE L'EXPULSION

Elle est facultative ou de droit, p. 198.

§ 1ᵉʳ.

Cessation facultative de l'expulsion, p. 199.

Rapport de l'arrêté. — L'arrêté d'expulsion peut être rapporté, après enquête, sur la demande de l'intéressé. — Il n'y a pas de rapport tacite, p. 199.

Suspension de l'arrêté. — C'est une mesure de faveur, révocable *ad nutum*, p. 199, *in fine*-200.

Sursis à l'exécution de l'arrêté. — Il peut être accordé par le ministre; le préfet peut lui-même, en attendant la décision ministérielle accorder, un sursis de trente jours, renouvelable, p. 200.

§ 2.

Cessation de droit de l'expulsion, p. 200.

A. — *Étrangères expulsées épousant un Français.* — Elles deviennent Françaises (C. civ., art. 12, al. 3), se fussent-elles mariées uni-

____

(1) Une quatrième opinion sanctionnée par la Cour de Paris, le 6 févr. 1884 (aff. *Frischknecht*) est à négliger. Elle enseigne que ces individus deviennent Français rétroactivement, et cependant que, rentrés en France, ils peuvent être condamnés pour infraction à l'arrêté, p. 210-211, *ad notam*.

Cour de cassation. L'arrêté continue à produire ses effets et constitue un obstacle insurmontable à l'acquisition de la nationalité française : aff. *Casana* (Cass.-crim., 19 déc. 1891) et *Lorent* (Cass.-crim., 31 janv. 1896), p. 217-219 ; aff. *Pomezano* (Cass.-crim., 22 déc. 1894), p. 219-220.

Tentative de *conciliation* entre ces deux opinions, fondée sur la diversité des espèces qu'avaient eu à juger la Chambre civile (C. civ., art. 9 et 10) et la Chambre criminelle (C. civ., art. 8, 4°), p. 220-224.

Mais la conciliation proposée n'a pas été adoptée : la Chambre criminelle a fait application de son système à l'hypothèse prévue par les art. 9 et 10, C. civ. : aff. *Lorent* (31 janv. 1896).

Raisons de ce second système et réfutation du premier. — La Chambre criminelle déclare, contrairement à la Chambre civile, que les étrangers appelés à devenir Français par le bienfait de la loi n'ont pas un droit absolu à acquérir la nationalité française, p. 226. — Au reste, la France a le droit de s'opposer à la réalisation de la condition, grâce à laquelle est acquise la nationalité française : ce droit est consacré par l'art. 8 de la loi du 3 déc. 1849 : aff. *Cini* (Montpellier, 10 mai 1906), p. 227-228. — Les étrangers dont il s'agit sont simplement *candidats* à la nationalité française, p. 229. — Il est, au surplus, logique de mieux traiter les étrangers admis à domicile que les fils d'étrangers nés en France, p. 229-230. — On ne peut, d'ailleurs, tirer argument de la situation qui est faite à la femme étrangère expulsée, qui épouse un Français, et aux mineurs étrangers expulsés dont le père obtient la naturalisation française, p. 230. — Enfin, il n'est pas démontré que les fils d'étrangers expulsés appelés à devenir Français par le bienfait de la loi, deviendraient gens honnêtes en rentrant *de plano* en France, p. 231.

Les individus nés en France de parents étrangers —, emprisonnés à leur majorité, ne sont pas au surplus considérés comme étant domiciliés en France, aff. *Pomezano* (Cass.-crim., 22 déc. 1894), p. 231.

Troisième système (*Système des Chambres réunies, et de la Chambre criminelle de la Cour de cassation*). — Les individus appelés à devenir Français par le bienfait de la loi, et qui ont été l'objet d'un arrêté d'expulsion, peuvent rentrer en France en se conformant aux prescriptions édictées par l'art. 9, C. civ., mais l'Administration peut s'opposer à leur acquisition de la qualité de Français en refusant l'en-

● °
°

ANNEXES

SECTION I

LÉGISLATION FRANÇAISE

I. Lois et décrets.

Édit de juin 1778,

portant règlement sur les fonctions judiciaires et de police
qu'exercent les consuls de France en pays étrangers (1).

Art. 82. — Dans tous les cas qui intéresseront la politique ou la sûreté du commerce de nos sujets dans les pays étrangers, pourront nos consuls faire arrêter et renvoyer en France, par le premier navire de la nation, tout Français qui, par sa mauvaise conduite et par ses intrigues, pourrait être nuisible au bien général. Dans ce cas, nos consuls rendront un compte exact et circonstancié au secrétaire d'État ayant le département de la marine, des faits et des motifs qui les auront déterminés.

Décret du 24 vendémiaire an II,

contenant des mesures pour l'extinction de la mendicité.

Titre II

Art. 6. — Tout mendiant reconnu étranger sera conduit sur les fron-

---

(1) V. Isambert, *Recueil général des anciennes lois françaises*, t. 25, n. 903, p. 347.

tières de la République aux frais de la nation ; il lui sera passé trois. sous par lieue, jusqu'au premier village du territoire étranger (1).

Code pénal.

Art. 272. — Les individus déclarés vagabonds par jugement, pourront, s'ils sont étrangers, être conduits, par les ordres du Gouvernement, hors du territoire du Royaume.

Loi du 21 avril 1832,

relative aux étrangers réfugiés qui résideront en France.

Art. 1ᵉʳ. — Le Gouvernement est autorisé à réunir dans une ou plusieurs villes, qu'il désignera, les étrangers réfugiés qui résideront en France.

Art. 2. — Le Gouvernement pourra les astreindre à se rendre dans celle de ces villes qui leur sera indiquée ; il pourra leur enjoindre de sortir du Royaume, s'ils ne se rendent pas à cette destination, ou s'il juge leur présence susceptible de troubler l'ordre et la tranquillité publique.

Art. 3. — La présente loi ne pourra être appliquée aux étrangers réfugiés qu'en vertu d'un ordre signé par un ministre.

Art. 4. — La présente loi ne sera en vigueur que pendant une année, à compter du jour de sa promulgation (2).

Loi du 1ᵉʳ mai 1834,

qui proroge celle du 21 avril 1832 relative aux réfugiés étrangers.

Art. 1ᵉʳ. — La loi du 21 avril 1832, relative aux réfugiés étrangers, est prorogée jusqu'à la fin de la session de 1836.

Art. 2. — Tout réfugié étranger, qui n'obéira pas à l'ordre qu'il aura reçu de sortir du Royaume, conformément à l'art. 2 de ladite loi, ou qui,

(1) V. S. 1ᵉʳ vol. des *Lois ann.*, p. 266.

(2) Cette loi a été successivement prorogée par les lois du 16 avr. 1833, du 1ᵉʳ mai 1834 (pour deux ans), du 26 avr. 1836, du 22 juill. 1837, du 22 juin 1838, du 24 juill. 1839, du 15 juill. 1840, du 12 juin 1841, du 11 juin 1842, du 27 juin 1843, et du 3 août 1844.

ayant été expulsé, rentrera sans autorisation, sera puni d'un emprisonnement d'un mois à six mois.

Toutefois, le tribunal pourra, s'il y a lieu, appliquer les dispositions de l'article 463 du Code pénal.

Cette peine sera appliquée, dans le premier cas, par le tribunal de police correctionnelle du lieu où le réfugié avait sa résidence quand il a reçu l'ordre de sortir, et dans le second cas, par le tribunal de police correctionnelle du lieu où le réfugié aura été arrêté.

Loi du 28 mai 1836,

relative à la poursuite et au jugement des contraventions, délits et crimes commis par des Français dans les Échelles du Levant et de Barbarie.

. . . .

Art. 82. — Sont abrogés les articles 39 et suivants, jusques et compris l'article 81 de l'Édit de juin 1778.

Loi du 24 juillet 1839,

relative aux étrangers réfugiés.

Art. 1er. — Les lois du 21 avril 1832 et 1er mai 1834, relatives aux étrangers réfugiés, sont prorogées jusqu'à la fin de 1840.

Art. 2. — Toutefois, les étrangers réfugiés qui auront demeuré en France ou servi sous les drapeaux pendant cinq années, et qui n'auront subi aucune condamnation criminelle ou correctionnelle, pourront, en donnant avis préalable de leur déplacement au préfet du département, changer de résidence sans l'autorisation du Gouvernement.

Cette autorisation continuera de leur être nécessaire pour résider dans le département de la Seine et dans un rayon de seize myriamètres de la frontière des Pyrénées.

Loi du 3 décembre 1849,

sur la naturalisation et le séjour des étrangers en France.

Art. 7. — Le ministre de l'Intérieur pourra, par mesure de police, enjoindre à tout étranger voyageant ou résidant en France, de sortir immédiatement du territoire français et le faire conduire à la frontière. — Il aura le même droit à l'égard de l'étranger qui aura obtenu l'autorisation d'établir son domicile en France; mais après un délai de deux mois, la mesure cessera d'avoir effet, si l'autorisation n'a pas été révoquée suivant la forme indiquée dans l'article 3 (1).

Art. 8. — Tout étranger qui se serait soustrait à l'exécution des mesures énoncées dans l'article précédent ou dans l'article 272 du Code pénal, ou qui, après être sorti de France par suite de ces mesures, y serait rentré sans la permission du Gouvernement, sera traduit devant les tribunaux et condamné à un emprisonnement d'un mois à six mois. — Après l'expiration de sa peine, il sera conduit à la frontière.

Art. 9. — Les peines prononcées par la présente loi pourront être réduites conformément aux dispositions de l'art. 463 du Code pénal.

Loi du 8 juillet 1852,

relative à la juridiction des consuls de France en Chine
et dans les États de l'Iman de Mascate.

TITRE III

Art. 16. — Les consuls de France en Chine et dans les États de l'Iman de Mascate seront investis du droit de haute police conféré aux consuls de France dans les Échelles du Levant par les articles 82 et 83 de l'Édit de 1778.

Art. 17. — En cas d'urgence, et s'il y a impossibilité absolue de renvoyer directement en France le Français expulsé en vertu de ce droit, le Français pourra être embarqué sur bâtiments nationaux ou étrangers, pour être dirigé, suivant les circonstances, sur l'un des Établissements français dans les Indes ou dans l'Océanie, ou sur un lieu de station navale française.

Loi du 18 mai 1858,

relative à la juridiction des consuls de France en Perse
et dans le Royaume de Siam.

Art. 1er. — Les dispositions des lois et règlements concernant la juri-

(1) L'art. 3 dispose : « Tant que la naturalisation n'aura pas été prononcée, l'autorisation accordée à l'étranger d'établir son domicile en France pourra toujours être révoquée ou modifiée par décision du Gouvernement, qui devra prendre l'avis du Conseil d'État ».

diction des consuls de France dans les Échelles du Levant et dans les
États barbaresques, notamment celles de l'Édit de 1778, juridiction civile,
et de la loi du 28 mai 1836, en matière correctionnelle et criminelle,
sont applicables aux consuls de France en Perse.

Les fonctions attribuées aux consuls de France en Perse, en vertu des
dispositions de la présente loi seront remplies à Téhéran par l'officier que
l'Empereur aura désigné.

Art. 2. — Les dispositions des titres I et III .... de
la loi du 8 juillet 1852, relative à la juridiction civile, criminelle et de
haute police des consuls de France en Chine, sont applicables aux consuls
de France dans le Royaume de Siam.

Loi du 29 mai 1874.

*Loi qui déclare applicables aux colonies les lois du 3 décembre 1849
et du 29 juin 1867, sur la naturalisation et le séjour des étrangers en
France.*

Art. 1er. — Les lois du 3 décembre 1849 et du 29 juin 1867 sur la
naturalisation et le séjour des étrangers en France, sont déclarées applicables aux colonies.

Art. 2. — Les droits conférés au ministre de l'Intérieur par l'article 7
de la loi du 3 décembre 1849 seront exercés aux colonies par le gouverneur ou le commandant (1).

Décret du 2 octobre 1888,
relatif aux étrangers résidant en France.

Art. 1er. — Tout étranger, non admis à domicile, qui se proposera
d'établir sa résidence en France devra, dans le délai de 15 jours à
partir de son arrivée, faire à la mairie de la commune où il voudra fixer
cette résidence une déclaration énonçant : — 1º ses nom et prénoms,
ceux de ses père et mère ; — 2º sa nationalité ; — 3º le lieu et la date de
sa naissance ; — 4º le lieu de son dernier domicile ; — 5º sa profession

---

(1) Depuis qu'a été imprimée la partie de l'ouvrage où il est question du droit
d'expulsion des gouverneurs des colonies, la *Revue de droit international
privé et de droit pénal international* a publié une étude d'une consciencieuse
et solide analyse juridique, dûe à M. Fr. Rey, sur la récente expulsion de M. Castro. V. *Rev. de dr. int. pr.*, 1909, p. 413 et s.

ou ses moyens d'existence; — le nom, l'âge et la nationalité de sa femme et de ses enfants mineurs, lorsqu'il sera accompagné par eux. — Il devra produire toutes pièces justificatives à l'appui de sa déclaration. S'il n'est pas porteur de ces pièces, le maire pourra, avec l'approbation du préfet du département, lui accorder un délai pour se les procurer. — Un récépissé de sa déclaration sera délivré gratuitement à l'intéressé.

Art. 2. — Les déclarations seront faites à Paris au préfet de police, et à Lyon au préfet du Rhône.

Art. 3. — En cas de changement de domicile, une nouvelle déclaration sera faite devant le maire de la commune où l'étranger aura fixé sa nouvelle résidence.

Art. 4. — Il est accordé aux étrangers résidant actuellement en France et non admis à domicile un délai d'un mois pour se conformer aux prescriptions qui précèdent.

Art. 5. — Les infractions aux formalités édictées par le présent décret seront punies des peines de simple police, sans préjudice du droit d'expulsion qui appartient au ministre de l'Intérieur, en vertu de la loi du 3 décembre 1849, article 7.

Loi du 8 août 1893,

relative au séjour des étrangers en France et à la protection
du travail national.

Art. 1er. — Tout étranger, non admis à domicile, arrivant dans une commune pour y exercer une profession, un commerce ou une industrie, devra faire à la mairie une déclaration de résidence en justifiant de son identité dans les huit jours de son arrivée. Il sera tenu, à cet effet, un registre d'immatriculation des étrangers suivant la forme déterminée par un arrêté ministériel. — Un extrait de ce registre sera délivré au déclarant dans la forme des actes de l'état civil, moyennant les mêmes droits. — En cas de changement de commune, l'étranger fera viser son certificat d'immatriculation dans les deux jours de son arrivée à la mairie de sa nouvelle résidence.

. . . .

Art. 3. — L'étranger qui n'aura pas fait la déclaration imposée par la loi dans le délai déterminé, ou qui refusera de produire son certificat à la première réquisition, sera passible d'une amende de 50 à 200 francs. — Celui qui aura fait sciemment une déclaration fausse ou inexacte, sera passible d'une amende de 100 à 300 francs, et s'il y a lieu, de l'interdiction temporaire ou indéfinie du territoire français. — L'étranger expulsé du territoire français, et qui y serait rentré sans l'autorisation du Gouvernement, sera condamné à un emprisonnement de 1 à 6 mois. Il sera, après l'expiration de sa peine, reconduit à la frontière. — L'article 463 du Code pénal est applicable aux cas prévus par la présente loi.

. . . .

II. Circulaires ministérielles.

Des circulaires nombreuses ont été rendues relativement à l'expulsion des étrangers. Quelques-unes ont été reproduites *in extenso* dans le corps de l'ouvrage. V. notamment :

1° La circulaire du *26 mars 1887*, de M. Goblet, édictant une surveillance spéciale à l'égard des mendiants : p. 60.

2° La circulaire du *6 juillet 1891*, de M. Constans, tendant à éviter le refoulement des étrangers expulsés : p. 136.

3° La circulaire du *20 juillet 1893*, de M. Ch. Dupuy, relative à l'instruction aux fins d'expulsion des étrangers condamnés : p. 55-56.

4° La circulaire du *2 octobre 1895*, de M. Trarieux, tendant à éviter le refoulement des étrangers expulsés : p. 136.

5° La circulaire du *8 décembre 1907*, de M. Clémenceau, modificative de la procédure d'expulsion : p. 127-128 (1).

III. Projets et propositions de loi.

1° **Proposition de loi** tendant à ne rendre applicables qu'en temps de guerre étrangère ou de guerre civile, les articles 7, 8 et 9 de la loi des 3-11 décembre 1849, sur la naturalisation et le séjour des étrangers en France, présentée par M. Alfred Naquet, député, à la séance de la Chambre des députés du **13 févr. 1882.**

Article unique. — A partir de la promulgation de la présente loi, les dispositions des articles 7, 8 et 9 de la loi des 3-11 décembre 1849 ne seront applicables que dans les circonstances suivantes :

1° En cas de guerre déclarée entre la France et une puissance étrangère;

(1) *Adde,* sur cette dernière circulaire, la note de M. Al. Martini dans la *Rev. de dr. int. pr.,* 1909, p. 422 et s.

2º En cas d'insurrection à main armée dans une portion quelconque du territoire de la République et jusqu'à ce que l'ordre soit rétabli. » (1).

2º **Projet de loi** ayant pour objet de modifier le paragraphe 1er de l'article 7 de la loi des 3-11 décembre 1849, sur la naturalisation et le séjour des étrangers en France, présenté au nom de M. Jules Grévy, président de la République française, par M. René Goblet, ministre de l'Intérieur, et par M. Humbert, garde des Sceaux, ministre de la Justice et des Cultes, déposé à la séance de la Chambre des députés du **4 mars 1882**.

Article unique. — Le § 1er de l'article 7 de la loi des 3-11 décembre 1849 est ainsi modifié :

« Le ministre de l'Intérieur pourra enjoindre, par mesure de police, à tout étranger voyageant ou résidant en France, de sortir du territoire français et le faire conduire à la frontière, lorsque cet étranger aura été condamné par les tribunaux français ou étrangers pour crimes ou délits de droit commun.

« Tout étranger qui compromettrait la sécurité de l'État, pourra être également expulsé, en vertu d'un décret rendu en Conseil des ministres » (2).

(1) V. *J. off.*, Chambre des députés, doc. parl., févr. 1882, p. 372, annexe, nº 419.

(2) V. *J. off.*, Chambre des députés, doc. parl., mars 1882, p. 485, annexe, nº 524. — Après examen de la Commission chargée d'étudier : 1º le projet de loi du Gouvernement ; 2º la proposition de loi de M. Alfred Naquet, le texte se trouva ainsi rédigé :

Projet de loi. — Article unique. — Les §§ 1 et 2 de l'article 7 de la loi des 3-11 décembre 1849 sont ainsi modifiés :

« Le ministre de l'Intérieur pourra enjoindre, par mesure de police, à tout étranger voyageant ou résidant en France, de sortir du territoire français et le faire conduire à la frontière, lorsque cet étranger aura été condamné par les tribunaux français ou étrangers pour crimes ou délits de droit commun.

« Tout étranger qui compromettrait la sécurité de l'État, pourra être également expulsé, en vertu d'un décret rendu en Conseil des ministres.

« Toutefois, à l'égard de l'étranger qui aura obtenu l'autorisation d'établir son domicile en France ou qui y résidera d'une façon permanente depuis plus de trois ans, la mesure d'expulsion cessera d'avoir effet, après un délai de deux mois, si elle n'a pas été confirmée par décision du Gouvernement, rendue après avis du Conseil d'État » (V. rapport de M. Louis Legrand [de Valenciennes], *J. off.*, Chambre des députés, doc. parl., avril 1882, p. 946-947, annexe, n. 656).

On lira, avec intérêt, la première délibération sur le projet de loi du Gouvernement et la proposition de M. Alfred Naquet. Elle a eu lieu à la Chambre des

3° Proposition de loi de M. Paul Constans et plusieurs de ses collègues, tendant à l'abrogation de l'article 7 de la loi du 3 décembre 1849, déposée à la séance de la Chambre des députés du **14 janvier 1904.**

Article unique. — L'article 7 de la loi du 3 décembre 1849 est abrogé **(1)**.

4° Proposition de loi de MM. Flourens et Gauthier (de Clagny) tendant à déclarer inapplicables les dispositions de la loi du 3 décembre 1849, aux individus nés de parents français dans un pays qui, au moment de leur naissance, était français, — déposée à la séance de la Chambre des députés du **14 janvier 1904.**

Article unique. — L'article 7 de la loi du 3 décembre 1849 n'est pas applicable aux individus nés de parents français dans un pays qui, **au** moment de leur naissance, était **français (2).**

députés, les 10 et 11 mai 1882. V. *J. off.*, Chambre des députés, déb. parl., mai 1882, p. 550 et s., 569, *in fine*, et s.

A la suite de cette délibération, et après un nouvel examen de la Commission, le texte se trouva ainsi modifié :

Projet de loi. — Article unique. — L'article 7 de la loi des 3-11 décembre 1849 est ainsi modifié :

« Le ministre de l'Intérieur pourra, par mesure de police, enjoindre à tout étranger voyageant ou résidant en France de sortir du territoire français, et le faire conduire à la frontière, lorsque cet étranger aura été condamné par les tribunaux français ou étrangers pour crimes ou délits de droit commun.

« Tout étranger qui compromettrait la sécurité de l'État, pourra être également expulsé, en vertu d'un décret rendu en conseil des ministres.

« Toutefois, à l'égard de l'étranger qui aura obtenu l'autorisation d'établir son domicile en France ou qui y aura établi sa résidence d'une façon permanente depuis plus de trois ans, ou qui aura le caractère de réfugié politique, la mesure d'expulsion cessera d'avoir effet après un délai de deux mois, si elle n'a pas été confirmée par décision du Gouvernement, rendue après avis du Conseil d'État.

« Dans les départements-frontières, le préfet aura le droit d'expulser tout étranger non résidant, à la charge d'en référer immédiatement au ministre de l'Intérieur » (V. rapport supplémentaire de M. Louis Legrand, *J. off.*, Chambre des députés, Doc. parl., juin 1882, p. 1511-1512, annexe, n. 869).

La deuxième délibération se produisit le 29 juin 1882. — L'ensemble de l'article unique fut adopté; mais l'addition des mots « ou qui aura le caractère de réfugié politique », fut repoussée par 207 contre 152. V. *J. off.*, Chambre des députés, Déb. parl., juin 1882, p. 1086 et s.

(1) V. *J. off.*, Chambre des députés, doc. parl., avril 1904, p. 22, annexe, n° 1438. — La même proposition a été reprise, le **14 juin 1906**, par M. Paul Constans (V. *J. off.*, Chambre des députés, doc. parl., août-sept. 1906, p. 587, annexe, n° 103).

(2) V. *J. off.*, Chambre des députés, Déb. parl., janvier 1904, p. 10. — V. sur

5° **Proposition de loi** sur l'extradition et l'expulsion des étrangers, présentée par M. Flourens, à la séance de la Chambre des députés du 25 janvier 1904.

Art. 1ᵉʳ. — Le droit d'expulser les étrangers prévu par l'article 7 de la loi du 3 décembre 1849, et le droit de les extrader établi par les conventions et usages diplomatiques, réciproquement observés, ne peuvent être exercés qu'après décisions des juridictions organisées par la présente loi.

Art. 2. — L'expulsion ne peut être opérée qu'en vertu d'une sentence du juge de paix du lieu de résidence ou de passage de l'étranger.

Art. 3. — Le juge de paix statue sans délai et sans frais. Si l'étranger ne se présente pas, sa décision peut être rendue exécutoire, nonobstant opposition.

Art. 4. — La sentence du juge de paix peut, dans les 24 heures, être frappée d'appel soit par le ministère public, soit par l'étranger.

Art. 5. — L'appel est suspensif.

Art. 6. — L'appel ne peut être valablement formé dans l'intérêt de l'étranger que par une requête signée de quatre citoyens français, domiciliés dans le canton, qui se portent cautions de tous torts et dommages que pourrait occasionner la prolongation de séjour de l'étranger.

Art. 7. — L'appel est porté devant une Cour, instituée à Paris, spécialement pour prononcer sur les recours contre les sentences des juges de paix en matière d'expulsion et sur les demandes d'extradition adressées au Gouvernement français, en vertu des traités, conventions et usages diplomatiques en matière d'extradition.

Art. 8. — La Cour est constituée par un conseiller à la Cour de Paris, désigné par le garde des sceaux, assisté de deux assesseurs avec voix délibérative, choisis l'un par le ministre des Affaires étrangères, et l'autre par le ministre de l'Intérieur.

Les fonctions du ministère public sont exercées par un avocat général près la Cour de cassation, assisté de deux substituts désignés l'un par le ministre des Affaires étrangères et l'autre par le ministre de l'Intérieur.

La procédure est écrite et sommaire; mais en matière d'extradition, les parties intéressées peuvent se faire représenter devant la Cour par des avocats. — En ce cas seulement, l'audience est publique.

cette proposition, le rapport sommaire de M. du Périer de Larsan, déposé à la séance du 29 janv. 1904, *J. off.*, Chambre des députés, Doc. parl., avr. 1904, p. 55, annexe 1473.

Art. 9. — Les membres de la Cour et du parquet de la Cour sont nommés pour un an. — Leur mandat peut être renouvelé.

Art. 10. — Les décisions de la Cour ne sont pas sujettes à recours en cassation.

Art. 11. — Les sentences du juge de paix ou les décisions de la Cour ne constituent, en matière d'expulsion, aucun droit acquis en faveur de l'étranger en cas de poursuites nouvelles auxquelles pourrait donner lieu son séjour en France (1).

6° **Proposition de loi** relative à la condition des étrangers en France, présentée par M. SEMBAT et plusieurs de ses collègues, à la séance de la Chambre des députés, du 1er **juin 1908.**

Article premier. — Tout étranger résidant en France auquel est signifié un arrêté d'expulsion peut se pourvoir contre cet arrêté devant le tribunal de sa résidence.

Art. 2. — L'assistance judiciaire lui est accordée de plein droit tant en première instance qu'en appel (2).

(1) V. *J. off*. Chambre des députés, Doc. parl., avril 1904, p. 49-50, annexe, n° 1461.

(2) V. *J. off.*, Chambre des députés, Doc. parl., juin 1908, p. 427, annexe, n° 1747.

SECTION II

RÉSOLUTION DE L'INSTITUT DE DROIT INTERNATIONAL

(SESSION DE GENÈVE, 1892).

Nous donnons le texte *in extenso* de cette importante Résolution. Les États qui ont essayé de réglementer le droit d'expulsion, s'en sont plus ou moins directement inspirés.

RÈGLES INTERNATIONALES SUR L'ADMISSION ET L'EXPULSION DES ÉTRANGERS, PROPOSÉES PAR L'INSTITUT DE DROIT INTERNATIONAL ET ADOPTÉES PAR LUI A GENÈVE, LE 9 SEPTEMBRE 1892 (1).

(Texte définitif).

CHAPITRE PREMIER

Dispositions préliminaires.

Art. 1ᵉʳ. — Sont étrangers, dans le sens du présent Règlement, tous ceux qui n'ont pas un droit actuel de nationalité dans l'État, sans distinguer ni s'ils sont simplement de passage ou s'ils sont résidants ou domiciliés, ni s'ils sont des réfugiés ou s'ils sont entrés dans le pays de leur plein gré.

Art. 2. — En principe, un État ne doit pas interdire l'accès ou le séjour sur son territoire soit à ses sujets, soit à ceux qui, après avoir perdu leur nationalité dans ledit État, n'en ont point acquis une autre.

Art. 3. — Il est désirable que l'admission et l'expulsion des étrangers soient réglées par des lois.

CHAPITRE II

Des conditions auxquelles est subordonnée l'admission des étrangers.

Art. 4. — Les cas de représailles et de rétorsion ne sont pas soumis

(1) *Annuaire de l'Institut de droit international*, 1892-1894, t. XII, p. 218.

aux règles suivantes. Toutefois, les étrangers domiciliés dans le pays avec l'autorisation expresse du gouvernement, ne peuvent être expulsés à titre de représailles ou de rétorsion.

Art. 5. — Sont également exceptées des règles suivantes les colonies où la civilisation européenne n'est pas encore dominante.

Art. 6. — L'entrée libre des étrangers sur le territoire d'un État civilisé ne peut être prohibée, d'une manière générale et permanente, qu'à raison de l'intérêt public et de motifs extrêmement graves, par exemple, à raison d'une différence fondamentale de mœurs ou de civilisation, ou à raison d'une organisation ou accumulation dangereuse d'étrangers qui se présenteraient en masse.

Art. 7. — La protection du travail national n'est pas, à elle seule, un motif suffisant de non-admission.

Art. 8. — L'État conserve le droit de restreindre ou de prohiber temporairement l'entrée des étrangers, en temps de guerre, de troubles intérieurs ou d'épidémie.

Art. 9. — Chaque État doit fixer par des lois ou par des règlements, publiés dans un délai suffisant avant leur mise en vigueur, les règles de l'admission ou de la circulation des étrangers.

Art. 10. — L'entrée ou le séjour des étrangers ne peut être subordonné à la perception de taxes excessives.

Art. 11. — Tous changements essentiels dans les conditions d'admission et de séjour des étrangers, y compris les modifications aux taxes qui les concernent, doivent être communiqués dans le plus bref délai aux gouvernements des États dont les ressortissants y sont intéressés.

Art. 12. — L'entrée du territoire peut être interdite à tout individu étranger en état de vagabondage ou de mendicité, ou atteint d'une maladie de nature à compromettre la santé publique, ou fortement suspect d'infractions graves commises à l'étranger contre la vie ou la santé des personnes ou contre la propriété ou la foi publique, ainsi qu'aux étrangers condamnés à raison desdites infractions.

Art. 13. — Un État peut, à titre exceptionnel, n'admettre des étrangers que temporairement et sous défense pour eux de se domicilier dans le territoire, pourvu que, autant que faire se pourra, la défense soit notifiée individuellement et par écrit.

L'interdiction cesse d'avoir effet si elle n'est pas répétée périodiquement dans des délais n'excédant pas deux ans.

CHAPITRE III

Des conditions auxquelles est subordonnée l'expulsion des étrangers.

I. Règles générales.

Art. 14. — L'expulsion ne doit jamais être prononcée dans un intérêt privé, pour empêcher une concurrence légitime ni pour arrêter de justes revendications ou les actions et recours régulièrement portés devant les tribunaux ou autorités compétentes.

Art. 15. — Les mesures d'expulsion et d'extradition sont indépendantes l'une de l'autre; le refus d'extradition n'implique pas la renonciation au droit d'expulsion.

Art. 16. — L'expulsé réfugié sur un territoire pour se soustraire à des poursuites au pénal, ne peut être livré, par voie détournée, à l'État poursuivant sans que les conditions posées en matière d'extradition aient été dûment observées.

Art. 17. — L'expulsion, n'étant pas une peine, doit être exécutée avec tous les ménagements possibles, en tenant compte de la situation particulière de la personne.

Art. 18. — Il peut être enjoint à un étranger d'habiter un certain lieu ou de ne pas sortir d'un certain lieu, sous peine d'expulsion s'il contrevient à cet ordre.

Art. 19 — Les expulsions, soit individuelles, soit extraordinaires doivent être portées, aussitôt que possible, à la connaissance des gouvernements dont elles concernent les ressortissants.

Art. 20. — Il est rendu compte périodiquement, soit à la représentation nationale, soit par le moyen d'une publication officielle, de toutes les expulsions, y compris celles qui ont été infirmées ou révoquées.

Art. 21. — Tout individu expulsé a le droit, s'il se prétend indigène ou soutient que son expulsion est contraire soit à une loi, soit à un traité international qui l'interdit ou l'exclut expressément, de recourir à une Haute Cour judiciaire ou administrative, jugeant en pleine indépendance du Gouvernement.

Mais l'expulsion peut être exécutée provisoirement, nonobstant le recours.

Art. 22. — L'État peut assurer l'effet des arrêtés d'expulsion en soumettant les expulsés qui y contreviennent, à des poursuites devant les tribunaux et à des peines à l'expiration desquelles le condamné est conduit à la frontière par la force publique.

II. Des diverses espèces d'expulsion.

Art. 23. — L'expulsion *extraordinaire* (ou *en masse*) *définitive*, s'applique à des catégories d'individus; quand elle a été prononcée, les expulsés ne sont pas libres de revenir dans le pays après un délai **déterminé** d'avance.

Art. 24. — L'expulsion *extraordinaire* (ou *en masse*) *temporaire*, s'applique à des catégories d'individus, à raison d'une guerre ou de troubles graves survenus sur le territoire; elle ne produit son effet que pour la durée de la guerre ou pour un délai déterminé.

Art. 25. — L'expulsion *ordinaire* est purement individuelle.

Art. 26. — L'expulsion extraordinaire définitive exige une loi spéciale ou du moins une ordonnance spéciale du pouvoir souverain. La loi ou l'ordonnance, avant d'être mise à exécution, sera publiée d'avance dans un délai convenable.

Art. 27. — L'expulsion extraordinaire temporaire peut, à l'expiration de la guerre ou du délai fixé, être convertie en expulsion ordinaire ou en expulsion extraordinaire définitive.

Le délai fixé primitivement peut être prolongé une fois.

III. Des personnes qui peuvent être expulsées.

Art. 28. — Peuvent être expulsés :

1° Les étrangers qui sont entrés sur le territoire frauduleusement, en violation des règlements sur l'admission des étrangers; mais s'il n'y a pas d'autres motifs d'expulsion, ils ne peuvent plus être expulsés après avoir séjourné six mois dans le pays;

2° Les étrangers qui ont établi leur domicile ou leur résidence dans les limites du territoire, en violation d'une défense formelle;

3° Les étrangers, qui, au moment où ils ont franchi la frontière, étaient atteints de maladies de nature à compromettre la santé publique;

4° Les étrangers en état de mendicité et de vagabondage, ou à la charge de l'assistance publique;

5° Les étrangers condamnés par les tribunaux du pays pour des infractions d'une certaine gravité;

6° Les étrangers condamnés à l'étranger ou s'y trouvant sous le coup de poursuites pour des infractions graves qui, selon la législation du pays ou d'après les traités d'extradition conclus par l'État avec d'autres États, pourraient do nner lieu à leur extradition ;

7° Les étrangers qui se rendent coupables d'excitations à la perpétration d'infractions graves contre la sécurité publique, bien que ces excitations, comme telles, ne soient pas punissables selon la loi territoriale et que les infractions ne doivent se consommer qu'à l'étranger;

8° Les étrangers qui, sur le territoire de l'État, se rendent coupables ou fortement suspects d'attaques, soit par la presse, soit autrement, contre un État ou un souverain étranger, ou contre les institutions d'un État étranger, pourvu que ces faits soient punissables d'après la loi de l'État expulsant, si, commis à l'étranger par des indigènes, ils étaient dirigés contre cet État lui-même;

9° Les étrangers qui, pendant leur séjour sur le territoire de l'État, se rendent coupables d'attaques ou d'outrages publics par la presse étrangère contre l'État, la nation ou le souverain;

10° Les étrangers qui, en temps de guerre ou au moment où une guerre est imminente, compromettent, par leur conduite, la sécurité de l'État.

Art. 29. — 11 peut être interdit aux réfractaires et déserteurs étrangers de séjourner ou de circuler dans une zone limitrophe du pays d'où ils viennent ; sans préjudice des dispositions plus sévères des traités internationaux.

IV. De la forme de l'expulsion.

Art. 30. — L'acte ordonnant l'expulsion est notifié à l'expulsé. Il doit être motivé en fait et en droit.

Art. 31. — Si l'expulsé a la faculté de recourir à une Haute Cour judiciaire ou administrative, il doit être informé, par l'acte même, et de cette circonstance et du délai à observer.

Art. 32. — L'acte mentionne de même le délai dans lequel l'étranger devra quitter le pays. — Ce délai ne peut être de moins d'un jour franc.

— Si l'expulsé est en liberté, on ne doit pas user de contrainte envers lui pendant ce délai.

Art. 33. — L'étranger auquel il a été enjoint de sortir du territoire est tenu de désigner la frontière par laquelle il entend sortir; il reçoit une feuille de route, réglant son itinéraire et la durée de son séjour dans chaque localité. En cas de contravention, il est conduit à la frontière par la force publique.

V. Des recours.

Art. 34. — Il est désirable que, pour les expulsions ordinaires, même en dehors des cas où, de par la loi, la personne est déclarée exempte d'expulsion, on ouvre à l'expulsé un recours à une Haute Cour judiciaire ou administrative, indépendante du Gouvernement.

Art. 35. — La Cour ne se prononce que sur la légalité de l'expulsion; elle n'apprécie ni la conduite de la personne ni les circonstances qui ont paru au Gouvernement rendre l'expulsion nécessaire.

Art. 36. — Dans le cas du nᵒ 10 de l'art. 28, il n'y a pas de recours.

Art. 37. — L'expulsion peut être exécutée provisoirement, nonobstant le recours.

Art. 38. — En tant qu'une expulsion est conforme aux principes du droit des gens formulés dans le présent Règlement, le Gouvernement qui l'a exécutée est à l'abri de toute réclamation diplomatique.

Art. 39. — Le Gouvernement pourra toujours révoquer l'expulsion ou en suspendre temporairement les effets.

VI. De l'expulsion des étrangers domiciliés, en particulier.

Art. 40. — Les étrangers domiciliés sur le territoire ne peuvent être expulsés qu'en vertu des dispositions nᵒˢ 7-10 de l'art. 28, et, en vertu du nᵒ 6 dudit article, que si les peines auxquelles ils sont condamnés à l'étranger ne sont pas encore accomplies complètement ou remises, ou si la condamnation prononcée par un tribunal étranger est postérieure à leur établissement dans le pays.

Art. 41. — L'expulsion d'étrangers domiciliés, résidants ou ayant un établissement de commerce, ne doit être prononcée que de manière à ne pas trahir la confiance qu'ils ont eue dans les lois de l'État. Elle doit leur laisser la liberté d'user, soit directement, si c'est possible, soit par l'entremise de tiers par eux choisis, de toutes les voies légales pour liquider leur situation et leurs intérêts, tant actifs que passifs, sur le territoire.

SECTION III

LÉGISLATIONS ÉTRANGÈRES

On trouvera ici le texte des principales lois analysées au cours de l'ouvrage. Certaines d'entre elles règlementent à la fois l'immigration et l'expulsion; nous n'avons pas cru devoir en retrancher les articles qui régissent l'immigration, les règles relatives à la non-admission des étrangers étant connexes à celles qui intéressent l'expulsion.

BELGIQUE

Loi du 12 février 1897,

sur les étrangers (1).

Art. 1er. — L'étranger résidant en Belgique qui, par sa conduite, compromet la tranquillité publique, ou celui qui est poursuivi ou qui a été condamné à l'étranger pour les crimes ou délits qui donnent lieu à l'extradition, peut être contraint par le Gouvernement de s'éloigner d'un certain lieu, d'habiter dans un lieu déterminé, ou même de sortir du Royaume.

L'arrêté royal enjoignant à un étranger de sortir du Royaume parce qu'il compromet la tranquillité publique sera délibéré en Conseil des ministres.

Art. 2. — Les dispositions de l'article précédent ne pourront être appliquées aux étrangers qui se trouvent dans un des cas suivants, pourvu que la nation à laquelle ils appartiennent soit en paix avec la Belgique :

1º à l'étranger autorisé à établir son domicile dans le Royaume;

---

(1) V. *Annuaire de législation étrangère*, t. 27, année 1898, p. 514.

2° à l'étranger marié avec une femme belge dont il a un ou plusieurs enfants nés en Belgique pendant sa résidence dans le pays;

3° à l'étranger qui, marié avec une femme belge, a fixé sa résidence en Belgique depuis plus de cinq ans et a continué à y résider d'une manière permanente;

4° à l'individu né en Belgique d'un étranger et qui y réside, lorsqu'il se trouve dans le délai d'option prévu par l'art. 9, du Code civil (1).

Art. 3. — L'arrêté royal, porté en vertu de l'art. 1er, sera signifié par huissier à l'étranger qu'il concerne.

Il sera accordé à l'étranger un délai qui devra être d'un jour franc au moins.

Art. 4. — L'étranger qui aura reçu l'injonction de sortir du Royaume sera tenu de désigner la frontière par laquelle il sortira; il recevra une feuille de route réglant l'itinéraire de son voyage et la durée de son séjour dans chaque lieu où il doit passer. En cas de contravention à l'une ou à l'autre de ces dispositions, il sera conduit hors du Royaume par la force publique.

Art. 5. — Le Gouvernement pourra enjoindre de sortir du territoire à l'étranger qui quittera la résidence qui lui aura été désignée.

Art. 6. — Si l'étranger auquel il aura été enjoint de sortir du Royaume rentre sur le territoire, il pourra être poursuivi, et il sera condamné, pour ce fait, à un emprisonnement de quinze jours à six mois; et, à l'expiration de sa peine, il sera conduit à la frontière.

Art. 7. — Il sera rendu compte annuellement aux Chambres de l'exécution de la présente loi.

Art. 8. — Les arrêtés d'expulsion pris en vertu des lois antérieures sont maintenus.

. . . .

BRÉSIL

Loi du 7 janvier 1907,

relative à l'expulsion des étrangers du territoire national (2).

Art. 1er. — L'étranger qui, pour un motif quelconque, compromet la

---

(1) Cet article est conçu dans les mêmes termes que l'art. 9, C. civ. français.
(2) V. *Rev. de dr. int. pr.*, 1908, p. 855 — *J. du dr. int. pr.*, 1907, p. 1217.

sécurité nationale ou la tranquillité publique peut être expulsé de tout ou partie du territoire national.

Art. 2. — Sont également des motifs suffisants d'expulsion : 1º une condamnation ou une poursuite devant les tribunaux étrangers pour crimes ou délits de droit commun ; 2º deux condamnations au moins devant les tribunaux brésiliens pour crimes ou délits de droit commun; 3º le vagabondage, la mendicité, et le proxénétisme dûment établis.

Art. 3. — L'étranger ne peut être expulsé s'il réside sur le territoire de la République depuis deux années continues, ou même depuis moins longtemps, s'il est en outre : *a*) marié avec une Brésilienne, *b*) ou veuf avec un enfant brésilien.

Art. 4. — Le pouvoir exécutif peut interdire l'accès du territoire de la République à tout étranger dont les antécédents permettent de le comprendre parmi ceux auxquels se rapportent les art. 1 et 2.

Paragraphe unique. — L'accès du territoire ne peut être interdit à l'étranger, se trouvant dans les conditions de l'art. 3, si cet étranger s'est absenté de la République d'une manière temporaire,

Art. 5. — L'expulsion sera individuelle et sous forme d'acte délivré par le ministre de la Justice et des Affaires intérieures.

Art. 6. — Le pouvoir exécutif rendra compte annuellement au Congrès de l'exécution de la présente loi; il mentionnera les noms de chacun des expulsés avec l'indication de leur nationalité et indiquera également les cas où il n'a pas obtempéré aux réquisitions des autorités des États, avec les motifs de son refus.

Art. 7. — Le pouvoir exécutif fera notifier dans une note officielle à l'étranger qu'il décide d'expulser, les motifs de sa décision en lui accordant un délai de trois à trente jours pour quitter le territoire; il pourra en outre, comme mesure de sécurité publique, ordonner sa détention jusqu'au moment du départ.

Art. 8. — Pendant le délai qui lui est accordé, l'étranger pourra exercer un recours devant le pouvoir même qui a ordonné son expulsion, si elle est fondée sur la disposition de l'art. 1er, ou devant le pouvoir judiciaire fédéral s'il est procédé en vertu des dispositions de l'art. 2. — Dans ce dernier cas seulement, le recours est suspensif.

Paragraphe unique. — Le recours au pouvoir judiciaire fédéral sera basé sur la justification de la fausseté du motif allégué; il sera exercé devant le juge de section (*o juizo seccional*), — le ministère public entendu.

Art. 9. — L'étranger qui reviendra sur le territoire d'où il a été expulsé, sera puni d'une peine d'emprisonnement d'un à trois ans, en vertu d'une procédure instruite et jugée par le juge de section et, après sa peine accomplie, il sera à nouveau expulsé.

Art. 10. — Le pouvoir exécutif peut révoquer l'expulsion, si les causes qui l'ont déterminée viennent à cesser.

Art. 11. — Les dispositions contraires au présent décret sont abrogées.

ÉTATS-UNIS

Loi du 20 février 1907,

réglant l'immigration des étrangers (1).

Article premier. — Il sera levé, perçu et payé une taxe de 4 dollars par étranger entrant aux États-Unis. Ladite taxe sera payée au collecteur des douanes du port, à celui du district des douanes dans lequel entrera l'étranger, ou, s'il n'y a pas de collecteur dans ce port ou ce district, au collecteur le plus voisin, par le maître, l'agent, le propriétaire ou le consignataire du navire, la compagnie de transport, ou tout autre véhicule ou voiture amenant l'étranger aux États-Unis. L'argent ainsi recueilli, joint aux amendes et revenus perçus en vertu des lois réglant l'immigration des étrangers aux États-Unis, sera versé dans le Trésor des États-Unis et constituera une affectation permanente appelée « fonds des immigrants »; ce fonds, sous la direction du Secrétaire du Commerce et du Travail, servira à pourvoir aux dépenses nécessitées par l'application des lois réglant l'immigration des étrangers aux États-Unis, en y comprenant les lois sur le contrat de travail, les frais des registres des décisions des tribunaux fédéraux et de leur recueil, pour le service du commissaire général de l'immigration, avec les traitements et dépenses des fonctionnaires, secrétaires et employés nommés pour l'exécution desdites lois. La taxe imposée par cet article sera garantie par un privilège (*lien*) sur le navire, ou tout autre moyen de transport, amenant les étrangers aux États-Unis; elle constituera une créance des États-Unis sur le ou les propriétaires du navire ou de tout autre moyen de transport; elle pourra être recouvrée par

---

(1) Le texte de cette loi, dont la traduction est de M. P. GOULÉ, paraîtra ultérieurement en entier dans la *Revue de droit international privé et de droit pénal international.*

une action (*remedy*) en droit ou en équité. Ladite taxe ne sera pas applicable : 1° aux étrangers entrant aux États-Unis après un séjour ininterrompu d'un an au moins dans le Dominion du Canada, à Terre-Neuve, dans la République de Cuba ou la République du Mexique, précédant immédiatement cette entrée; 2° aux individus résidant dans les possessions des Etats-Unis non susceptibles d'exclusion à d'autres égards ; 3° aux étrangers traversant les États-Unis; 4° |aux étrangers légalement admis aux États-Unis, et traversant des territoires étrangers limitrophes pour aller d'une partie à l'autre des États-Unis....

Art. 2. — L'adm'ssion aux États-Unis sera refusée aux catégories suivantes d'étrangers : idiots, imbéciles, faibles d'esprit, épileptiques, aliénés, personnes ayant été atteintes d'aliénation mentale dans les cinq années précédentes; personnes ayant eu deux ou plusieurs attaques de folie à une époque antérieure; pauvres; personnes susceptibles de devenir une charge publique; mendiants professionnels; personnes atteintes de tuberculose ou d'une maladie répugnante, dangereuse ou contagieuse ; personnes non comprises dans l'une des catégories précédemment exclues, et auxquelles le médecin-inspecteur découvrira et certifiera l'existence d'un défaut mental ou physique de nature à préjudicier à leur aptitude à gagner leur vie; personnes condamnées pour *felony* ou autre crime ou délit impliquant turpitude morale, ou convaincues de semblables faits; polygames, ou personnes dont la religion admet la pratique de la polygamie; anarchistes, ou personnes souhaitant ou prônant le renversement par la force ou par la violence du gouvernement des États-Unis, ou de tout autre gouvernement, ou de toutes les formes de lois, ou l'assassinat des fonctionnaires publics; prostituées ou femmes ou filles venant aux États-Unis dans un but de prostitution ou dans tout autre but immoral; personnes procurant ou tentant de procurer des prostituées ou des femmes ou des filles dans un but de prostitution ou dans tout autre but immoral; personnes désignées plus loin sous le nom de travailleurs avec engagement (*contract laborers*), ayant été persuadées ou sollicitées d'émigrer dans ce pays par offres ou promesses d'emplois, ou en vertu de conventions verbales, écrites ou imprimées, expresses ou tacites, pour accomplir dans ce pays un travail quelconque, qu'ils soient habiles ou inhabiles (*skilled or unskilled*); ceux qui ont été déportés dans l'année de leur demande d'admission aux États-Unis, pour avoir été persuadés ou sollicités d'émigrer comme il a été indiqué ci-dessus; personnes dont le billet ou prix de passage aura été payé avec l'argent d'autrui, ou qui a été aidée par d'autres à venir, à moins qu'il ne soit démontré, d'une façon affirmative et satisfaisante, que cette personne n'appartient pas à une des catégories précédemment exclues, et que le billet ou prix de passage n'a été payé, directement ou indirectement, ni par une corporation, association, société, municipalité, ni par un gouvernement étranger ; tous les enfants au-dessous de 16 ans non accompagnés par leurs parents ou par l'un des deux, à la discrétion du secrétaire du Commerce et du Travail ou en vertu des règlements qu'il pourra édicter de temps à autre. *Sous les réserves suivantes :* Rien dans cette loi ne doit permettre d'exclure, si elles sont admissibles à tous égards, les personnes condamnées pour un fait politique n'impliquant aucune turpitude morale. Les dispositions de cet article relatives au paiement des billets ou du prix de passage par des corporations, associations ou sociétés ou gouvernements étrangers, ne s'appliqueront pas aux billets ou parcours des étrangers traversant sans arrêt les États-Unis pour aller dans des pays étrangers limitrophes. Des travailleurs habiles (*skilled laborers*) pourront être admis, si l'on ne peut trouver dans ce pays de travailleurs de même espèce sans emploi. Les dispositions de cette loi sur le travail par engagement n'auront pas pour effet d'exclure les acteurs de profession, artistes, conférenciers (*lecturers*), chanteurs, ministres d'une religion quelconque, professeurs de collèges ou de séminaires, personnes appartenant à une profession savante reconnue, ou individus employés exclusivement comme serviteurs personnels ou domestiques.

Art. 3. — L'introduction aux Etats-Unis de toute femme ou fille étrangère dans un but de prostitution est interdite ; quiconque, directement ou indirectement, introduira ou tentera d'introduire aux États-Unis, une femme ou une fille étrangère dans un but de prostitution ou tout autre but immoral, ou gardera ou essaiera de garder, dans ce but, une femme ou une fille, à la suite d'une introduction illégale ; quiconque retiendra, conservera, surveillera, tolérera, ou logera, dans une maison ou tout autre lieu, dans le même but, une femme ou une fille, dans les trois ans suivant son entrée aux États-Unis, sera, dans ces cas, considéré comme coupable de crime (*felony*) et, s'il en est convaincu, condamné à un emprisonnement maximum de cinq ans, et d'une amende de 5.000 dollars au maximum ; toute femme ou fille étrangère qui sera trouvée logeant dans une maison de prostitution, ou s'adonnant à la prostitution, dans les trois ans après son entrée aux États-Unis, sera considérée comme se trouvant illégalement aux États-Unis et sera déportée suivant les art. 20 et 21 de la présente loi.

Art. 4. — Sera considéré comme un délit, le fait, par des personnes, compagnies, sociétés ou corporations, de quelque façon que ce soit, de préparer le transport, ou d'aider ou encourager en quoi que ce soit l'introduction ou l'immigration aux États-Unis de travailleurs avec engagement, à moins que le ou les dits travailleurs ne soient exemptés aux termes des deux dernières réserves contenues dans l'art. 2 de la présente loi.

Art. 5. — En cas de violation de l'une des dispositions de l'art. 4 de la présente loi, les personnes, sociétés, compagnies ou corporations, qui auront commis cette infraction, en aidant sciemment, encourageant, ou sollicitant l'introduction ou l'immigration aux États-Unis de travailleurs avec engagement, seront passibles d'une amende et paieront mille dollars pour chaque infraction. Cette amende sera poursuivie et recouvrée comme les créances équivalentes le sont actuellement devant les tribunaux des États-Unis, soit par les États-Unis, soit par toute personne qui la première intentera son action en son propre nom et pour son propre profit, y compris l'étranger auquel aura été promis le travail ou le service, quel qu'il soit, comme il a été dit plus haut; des poursuites séparées pourront être engagées autant de fois qu'il y aura d'étrangers dans le cas spécifié. L'attorney de district compétent aura la charge de poursuivre chaque action engagée par les États-Unis.

Art. 6. — Sera illégal et sera considéré comme une violation de l'art. 4 de cette loi, le fait d'aider ou d'encourager l'introduction ou l'immigration des étrangers aux États-Unis par une promesse d'emploi par voie d'annonces imprimées et publiées en pays étranger. Tout étranger venant dans ce pays en vertu d'un avis semblable sera traité comme venu en raison des promesses ou des conventions envisagées dans l'art. 2 de cette loi, et les pénalités imposées par l'art. 5 de cette loi seront applicables en pareil cas, *sous cette réserve :* cet article ne s'appliquera pas aux Etats-Unis ou Territoires ou au district de Colombie et aux autres lieux soumis à la juridiction des États-Unis annonçant les avantages qu'ils offrent respectivement aux immigrants.

Art. 7. — Les compagnies de transport, les propriétaires de navires, ou autres personnes ayant pris l'engagement de transporter les étrangers aux États-Unis, ne pourront directement ou indirectement, soit par annonces écrites, imprimées ou verbales, solliciter, inviter ou encourager des étrangers à immigrer aux États-Unis. Mais cette disposition n'a pas pour effet d'empêcher les compagnies de transport de publier des lettres, circulaires, ou avis annonçant les départs des bateaux, les conditions et les facilités de leurs transports. En cas de violation de ces dispositions, ces délinquants et leurs agents seront individuellement passibles des pénalités fixées par l'art. 5 de la présente loi.

Art. 8. — Toutes personnes, y compris le capitaine, l'agent, le propriétaire et le consignataire du navire, qui amèneront ou débarqueront aux États-Unis, par navire ou autrement, ou qui essaieront, par elles-mêmes ou par l'intermédiaire d'un autre, d'amener ou de débarquer aux États-Unis, par navire ou autrement, des étrangers qui n'auront pas été dûment admis par les inspecteurs d'immigration, ou n'ayant pas légalement le droit d'entrer aux États-Unis, seront déclarées coupables d'un délit et seront condamnées à une amende de mille dollars au maximum, et à un emprisonnement d'une durée maxima de deux ans, ou à l'une de ces deux peines seulement pour chaque étranger ainsi débarqué ou introduit, ou en cas de simple tentative.

Art. 9. — Défense sera faite à toutes personnes, y compris les compagnies de transport autres que les chemins de fer pénétrant aux États-Unis et venant des territoires étrangers limitrophes, ou aux propriétaires, capitaines, agents ou consignataires de navires, d'introduire aux États-Unis des étrangers affligés de tares, tels que des idiots, des fous, des épileptiques, des personnes atteintes de tuberculose ou d'une maladie répugnante ou contagieuse. S'il était prouvé au Secrétaire du Commerce et du Travail qu'un étranger ainsi importé aux États-Unis se trouvait atteint de telles tares ou maladies au moment de son départ du pays étranger et que l'existence de ces tares ou maladies eût pu être révélée à ce moment par l'examen d'un médecin compétent, la personne ou la compagnie de transport ou le capitaine, l'agent, le propriétaire ou le consignataire de ce navire devrait payer au collecteur des douanes du district dans le ressort duquel se trouve le port d'arrivée la somme de cent dollars par chaque infraction à la loi. Il ne sera délivré d'acquit à aucun navire jusqu'au jugement du procès en responsabilité relatif au paiement de l'amende, et, en cas de condamnation, jusqu'au paiement de l'amende, et il ne pourra être accordé de remise ni de réduction. *Sous cette réserve :* cet acquit pourra être délivré avant le jugement du procès, s'il est déposé, pour garantir l'amende et les frais, une somme suffisante, dont le montant sera fixé par le Secrétaire du Commerce et du Travail.

Art. 10. — La décision du bureau d'enquête spéciale organisé ci-après, basée sur le certificat du médecin inspecteur, sera définitive en ce qui concerne l'exclusion d'étrangers atteints de tuberculose ou d'une maladie repoussante, contagieuse ou dangereuse, ou d'une incapacité mentale ou physique classant ces étrangers dans une des catégories dont l'admission est interdite par l'art. 2 de la présente loi.

Art. 11. — Quand le certificat du médecin du service de la santé publique ou de l'hôpital maritime des États-Unis constatera que l'étranger exclu est sans appui par suite de maladie, d'infirmité physique ou mentale ou de son trop jeune âge, si cet étranger est accompagné par un autre étranger dont la protection et la garde lui sont nécessaires, cette autre personne pourra être exclue elle aussi ; le capitaine, agent, propriétaire ou consignataire du navire ayant amené cet étranger, et la personne étrangère qui l'accompagne, seront tenus de rapatrier lesdits étrangers, comme cela a lieu pour les autres exclus.

Art. 12. — A l'arrivée d'étrangers par mer dans un port des Etats-Unis, le capitaine ou l'officier commandant le vapeur, le voilier ou tout autre navire les ayant à bord, devra remettre aux fonctionnaires de l'immigration du port des listes ou rapports dressés aux temps et lieu d'embarquement de cet étranger, à bord du vapeur ou du navire.

Ces rapports devront contenir les réponses aux questions figurant en tête et donner pour chaque étranger ses nom et prénoms, son âge, son sexe, dire s'il est marié ou célibataire, quelle est sa profession ou sa situation, s'il sait lire et écrire; indiquer sa nationalité et sa race, sa dernière résidence, les noms et adresses de ses plus proches parents dans le pays d'où il vient, son port de débarquement aux États-Unis, sa destination définitive, s'il en existe une, au delà du port de débarquement; s'il a un billet de parcours pour cette destination finale, s'il paye son propre passage ou si le prix en a été payé par un tiers, par une corporation, par une société, par une municipalité ou par un gouvernement et, s'il en est ainsi, par lequel; s'il possède 50 dollars et, s'il n'a qu'une somme inférieure, énoncer cette somme; s'il est parti pour rejoindre un parent ou un ami, et, s'il en est ainsi quel est ce parent ou cet ami, comment il se nomme et quelle est son adresse complète; s'il a déjà été auparavant dans les États-Unis, et, si oui, quand et en quel lieu; s'il n'a jamais été en prison, ou dans un établissement de charité, ou dans une maison de santé, ou dans un asile ou hôpital pour y être soigné et traité comme fou, ou s'il a été assisté par charité; s'il est polygame, s'il est anarchiste, s'il vient en raison d'offres, sollicitations, promesses ou conventions, expresses ou implicites, pour travailler aux États-Unis; dire quelles sont les conditions de santé mentale et physique de l'étranger, s'il est contrefait ou estropié, et, dans l'affirmative, depuis combien de temps et pour quelle cause.

Le capitaine ou l'officier commandant tout navire emmenant des passagers étrangers hors des États-Unis sera tenu de dresser avant le départ, avec l'assistance du collecteur des douanes du port, une liste complète de tous les passagers étrangers embarqués. La liste mentionnera leurs nom, âge, sexe, nationalité, résidence aux États-Unis, profession, et la date de leur dernière arrivée aux États-Unis; aucun capitaine de navire ne recevra d'acquit pour son navire tant qu'il n'aura pas déposé cette ou ces listes entre les mains du collecteur des douanes au port de départ et prêté serment qu'elles sont complètes relativement aux noms et autres renseignements exigés par cette loi concernant chaque étranger embarqué sur son navire; toute négligence ou omission d'exécuter les prescriptions de cet article sera punissable comme il est dit dans l'art. 15 de la présente loi. Le collecteur des douanes auquel cette liste sera remise suivant les prescriptions de cet article, devra immédiatement aviser le Commissaire général de l'immigration du dépôt de cette liste entre ses mains, et devra prendre toute nouvelle disposition qui pourra lui être imposée par les règlements qui seront édictés par le Commissaire général de l'immigration, avec l'approbation du Secrétaire du Commerce et du Travail. *Sous les réserves ci-après :* s'il s'agit de navires faisant de fréquents voyages aux ports des États-Unis, le Commissaire général de l'immigration, avec l'approbation du secrétaire du Commerce et du Travail, pourra, s'il le juge à propos, autoriser le dépôt de ces listes des partants étrangers à une date plus éloignée. Le capitaine ou l'officier commandant les navires, partant des ports des îles Philippines, de Guam, de Porto-Rico, ou d'Hawaï pour un port des États-Unis sur le continent nord-américain, sera tenu de remettre aux fonctionnaires d'immigration, aux ports d'arrivée, des listes ou rapports faits aux temps et lieu d'embarquement, donnant les noms de tous les étrangers à bord dudit navire.

Art. 13. — Les étrangers venant par mer dans un port des États-Unis seront répartis par liste en différents groupes, et chaque liste ou rapport ne devra pas comprendre plus de trente noms. A chaque étranger ou à chaque chef de famille sera donné un billet sur lequel seront écrits son nom, un chiffre ou une lettre désignant la liste où figurent son nom et les autres renseignements, ainsi que son numéro sur ladite liste pour faciliter l'identification à l'arrivée. Les listes et rapports devront tous être certifiés par la signature et la déclaration assermentée du capitaine ou de l'officier commandant, ou encore du premier ou du second lieutenant, devant le fonctionnaire de l'immigration du port d'arrivée. L'officier déclarera qu'il a requis le médecin du bord de soumettre chaque étranger à un examen médical et à un interrogatoire et que, du rapport dudit médecin et de sa propre enquête, il a acquis la conviction qu'aucun de ces étrangers ne rentre dans l'une des catégories suivantes (idiot, fou, faible d'esprit, aliéné, pauvre, susceptible de devenir une charge publique, atteint de tuberculose ou d'une maladie répugnante ou contagieuse, condamné pour félonie, ou autre crime ou délit impliquant turpitude morale, ou convaincu d'un fait analogue, polygame, ou adepte d'une religion permettant la polygamie, anarchiste, individu engagé sur promesses ou conventions, expresses ou implicites, pour accomplir un travail aux États-Unis, prostituée, femme ou fille venant aux États-Unis pour se prostituer ou dans tout autre but immoral). Il attestera, en outre, qu'à sa connaissance et à son avis, les renseignements contenus dans lesdites listes et lesdits rapports sur chacun desdits étrangers y mentionnés sont exacts et véridiques à tous les égards.

Art. 14. — Le médecin du navire devra aussi signer chaque liste et rapport et faire, de la même manière, devant l'officier d'immigration du port d'arrivée une déclaration assermentée mentionnant ses connaissances professionnelles et ses titres de médecin et de chirurgien, attestant qu'il a procédé à un examen personnel de chacun des étrangers qui y sont mentionnés et que ces liste ou rapport, à sa connaissance et à son avis, sont complets, exacts et fidèles dans tous leurs détails relatifs aux conditions mentales et physiques desdits étrangers. S'il n'y a pas de médecin du bord, l'examen mental et médical et la vérification des listes ou rapports devra être faite par un médecin compétent au service des propriétaires dudit navire.

Art. 15. — Si le capitaine, ou l'officier commandant le navire, omet de délivrer aux officiers d'immigration les listes ou rapports relatifs à tous les étrangers qui sont à son bord, comme l'exigent les art. 12, 13 et 14 de cette loi, il devra payer au collecteur des douanes au port d'arrivée une somme de dix dollars pour chaque étranger au sujet duquel il n'aura pas fait figurer sur ses listes les renseignements dans les conditions ci-dessus établies. *Sous cette réserve :* au cas où l'omission de remettre la liste des passagers, exigée par l'art. 12 de cette loi du capitaine ou de l'officier commandant un navire emmenant des étrangers hors des États-Unis, n'aura pas eu de motifs valables, l'amende payable au collecteur des douanes du port de départ sera de 10 dollars par étranger non compris dans la liste; mais, en aucun cas, les amendes réunies ne devront excéder 100 dollars.

Art. 16. — Dès la réception par les fonctionnaires d'immigration au port d'arrivée des listes ou rapports relatifs aux arrivants étrangers, conformément aux art. 12, 13 et 14 de cette loi, lesdits fonctionnaires seront tenus d'aller eux-mêmes, ou d'envoyer des auxiliaires compétents, à bord des navires auxquels se rapportent les listes et rapports, et d'inspecter ensuite ces étrangers. Lesdits fonctionnaires d'immigration pourront ordonner un transfert provisoire de ces étrangers pour les examiner aux temps et lieu fixés. Mais ce transfert provisoire ne sera pas considéré comme un débarquement et ne relèvera les compagnies de transport, les capitaines, agents, propriétaires ou consignataires des navires, sur lesquels ces étrangers auront été amenés dans un des ports des États-Unis, d'aucune des obligations qui, au cas où ces étrangers seraient restés à bord, en vertu des dispositions de cette loi, lient les susdites compagnies de transport, les capitaines, agents, propriétaires ou consignataires. *Sous cette réserve :* là où des constructions convenables sont employées pour la détention et l'examen des étrangers, les fonctionnaires de l'immigration seront responsables des débarqués; et les compagnies de transport, capitaines, agents, propriétaires, et consignataires des navires se trouveront déchargés de la responsabilité de leur détention, jusqu'à ce que ceux-ci aient été remis à leurs soins.

Art. 17. — L'examen médical et mental de tous les arrivants étrangers sera passé par les médecins des services de la santé publique et des hôpitaux de la marine des États-Unis, ayant au moins deux ans de pratique dans l'exercice de leur profession depuis leur admission au grade de docteur en médecine. Ils porteront à la connaissance des officiers d'immigration et des bureaux d'enquête spéciale, ci-après institués, toutes les tares physiques et mentales, et les maladies qu'ils auront observées chez ces étrangers. S'il n'y avait pas de médecins disponibles dans les services de la santé publique et des hôpitaux de la marine des États-Unis, on pourrait recourir aux médecins civils ayant au moins quatre années de pratique, conformément aux conditions prescrites par le Commissaire général de l'immigration sous la direction et avec l'approbation du Secrétaire du Commerce et du Travail.

Les services de la santé publique des États-Unis et des hôpitaux de la marine seront remboursés par le service de l'immigration de toutes les dépenses nécessitées par l'inspection médicale des étrangers en vertu des règlements du Secrétaire du Commerce et du Travail.

Art. 18. — Les propriétaires, officiers ou agents de tous services ou compagnies de transport (autres que les compagnies de chemins de fer pouvant contracter des engagements spéciaux en vertu de l'art. 32 de la présente loi) amenant des étrangers aux États-Unis, devront prendre les mesures nécessaires pour empêcher le débarquement en des temps ou lieux autres que ceux désignés par les fonctionnaires de l'immigration. Les propriétaires, officiers, agents qui auront négligé de se conformer aux conditions présentes, seront coupables de délit et punis d'une amende de cent à mille dollars par chaque étranger ainsi débarqué, et d'un emprisonnement d'un an au maximum ou de l'une de ces deux peines seulement. Chaque étranger ainsi débarqué sera considéré comme se trouvant illégalement aux États-Unis et sera déporté suivant les termes des articles 20 et 21 de la présente loi.

Art. 19. — Tous les étrangers introduits dans ce pays en violation de la loi seront, s'il est possible, renvoyés immédiatement dans leurs pays de provenance sur les navires qui les auront amenés. Le coût de leur entretien à terre, ainsi que les frais de retour de ces étrangers, seront supportés par le ou les propriétaires des navires respectifs à bord desquels ils seront arrivés. Si les capitaines, préposés, agents, propriétaires ou consignataires de ces navires refusaient de reprendre ces étrangers à leur bord ou à bord d'un navire appartenant aux mêmes intéressés, ou négligeaient de les garder à leur bord, ou encore refusaient ou négligeaient de les rapatrier dans le port étranger d'où ils viennent, ou faisaient payer une somme aux étrangers pour leur retour, ou leur imposaient des garanties pour ce paiement, ils seraient considérés comme coupables d'un délit et passibles de condamnation à une amende de trois cents dollars au moins par chaque infraction; et aucun de ces navires ne pourrait quitter les ports des États-Unis tant qu'il resterait des amendes impayées. *Sous ces réserves :* le Commissaire général d'immigration, avec l'approbation du Secrétaire du Commerce et du Travail, pourra, sous des conditions à déterminer par le Commissaire général, surseoir à la déportation de tout étranger venu en violation des dispositions de cette loi, si, à son avis, le témoignage de cet étranger est utile au gouvernement des États-Unis pour la poursuite de ceux qui ont enfreint les dispositions de cette loi. Les frais d'entretien de la personne ainsi détenue, en raison de la suspension de la déportation, seront payés sur le « fonds des immigrants », mais aucun étranger, ainsi qu'il est prévu à l'article 17 de cette loi, déclaré atteint de tuberculose ou d'une maladie repoussante ou contagieuse, dangereuse, autre que celles soumises à la quarantaine, ne pourra être débarqué pour être soumis à des soins médicaux dans les hôpitaux des États-Unis, sauf la permission expresse du Secrétaire du Commerce et du Travail. Si le certificat d'un médecin du service de la santé publique ou des hôpitaux de la marine des États-Unis porte que la santé ou la sécurité d'un aliéné seraient mises en danger par une déportation immédiate, cet étranger pourra, aux frais du « fonds des immigrants », être maintenu en traitement jusqu'au moment où, suivant l'avis du médecin, il pourra être déporté sans inconvénient.

Art. 20. — Tout étranger qui viendra aux États-Unis en violation de la présente loi, ou qui y deviendra une charge publique en vertu de causes antérieures à son débarquement, devra, sur mandat du Secrétaire du Commerce et du Travail, être arrêté et renvoyé au pays d'où il vient à un moment quelconque, dans les trois ans qui suivront son arrivée aux États-Unis. Les frais de la déportation, y compris la moitié des frais de transport de l'intérieur jusqu'au port de rembarquement, seront payés par le patron, le mandataire, ou par toute autre personne ayant introduit illégalement l'étranger aux États-Unis; et, si cela ne peut être fait, les frais de retour au port de déportation seront à la charge du fonds des immigrants, prévu par l'article 1er de cette loi, ceux de la déportation à partir du port seront aux frais de ou des propriétaires des navires ou compagnies de transport ayant amené ces étrangers. *Sous cette réserve :* Dans l'attente du jugement définitif de son cas, l'étranger ainsi mis en arrestation pourra être relâché, en s'engageant, sous une clause pénale d'au moins 500 dollars, avec une garantie approuvée par le Secrétaire du Commerce et du Travail, à comparaître quand il sera requis tant aux audiences relatives à l'accusation ayant motivé son arrestation, qu'au moment de sa déportation, s'il est considéré comme se trouvant illégalement aux États-Unis.

Art. 21. — S'il était démontré au Secrétaire du Commerce et du Travail qu'un étranger a été trouvé aux États-Unis en violation de cette loi, ou qu'il est soumis à la déportation en vertu des dispositions de cette loi ou de quelque autre des États-Unis, il devrait faire en sorte que cet étranger soit, dans le délai de trois ans à dater de son débarquement ou de son entrée dans le pays, arrêté et renvoyé dans le pays d'où il est venu, conformément à l'article 20 de la loi. Seront punis des pénalités prévues par l'article 19 de cette loi, toute négligence, tout refus de la part des capitaines, agents, propriétaires ou consignataires de navires, d'exécuter les ordres du Secrétaire du Commerce et du Travail prescrivant d'avoir à prendre à bord, de garder en lieu sûr et de rapatrier tout étranger dont la déportation aura été ordonnée par les dispositions de cet article. *Sous cette réserve :* Si le Secrétaire du Commerce et du Travail estime que les conditions physiques ou mentales de l'étranger sont de nature à exiger des soins personnels et un traitement, il pourra désigner à cet effet une personne capable qui accompagnera l'étranger à sa destination définitive et les dépenses nécessitées par un tel service seront acquittées de la même façon.

Art. 22. — Le Commissaire général d'immigration, outre les fonctions qui lui sont assignées par la loi, aura, sous la direction du Secrétaire du Commerce et du Travail, la charge d'exécuter toutes les lois relatives à l'immigration des États-Unis, avec le contrôle, la direction et la surveillance de tous les fonctionnaires, secrétaires et employés nommés à cet effet. Il devra établir des règles et règlements, relativement aux formes d'engagements, rapports, déclarations d'entrée et autres formules, et devra publier de temps à autre les instructions, compatibles avec la loi, qu'il croira les mieux faites pour son exécution, et pour préserver les États-Unis et les étrangers immigrants des fraudes et dommages. Il aura le pouvoir de contracter pour assister et secourir les étrangers tombés dans la misère ou ayant besoin de secours publics, le tout sous la direction ou avec l'approbation du Secrétaire du Commerce et du Travail. Le Commissaire général de l'immigration sera tenu de détacher, de temps en temps selon les besoins, les fonctionnaires du service d'immigration qu'il jugera nécessaire, pour connaître le nombre d'étrangers détenus dans les établissements pénitentiaires, dans les maisons de correction et dans les établissements charitables (publics et privés) des divers États et territoires du district de Colombie et autres territoires des États-Unis, et d'informer les fonctionnaires de ces établissements des dispositions de la loi relatives à la déportation des étrangers qui sont devenus une charge publique. *Sous cette réserve :* Quand le Commissaire général de l'immigration, sous l'approbation du Secrétaire du Commerce et du Travail, le jugera nécessaire pour exécuter les dispositions de cette loi, il pourra détacher pour le service dans les pays étrangers, des fonctionnaires d'immigration et des médecins, conformément aux dispositions de l'article 17.

Art. 23. — Les fonctions des commissaires d'immigration auront un caractère administratif. Elles seront énumérées en détail dans les règlements élaborés sous la direction ou sous l'approbation du Secrétaire du Commerce et du Travail.

Art. 24. — Dorénavant le Secrétaire du Commerce et du Travail, sur la proposition du Commissaire général d'immigration, nommera les inspecteurs et les autres fonctionnaires d'immigration, fixera leur traitement, l'augmentera et le diminuera, conformément à la loi sur les services civils du 16 janvier 1883... La décision prise par tout fonctionnaire, si elle est favorable à l'admission de l'étranger, pourra être revisée par un autre fonctionnaire d'immigration, et cette revision aura pour effet de faire traduire l'étranger, dont le droit au débarquement sera ainsi contesté, devant un bureau d'enquête spéciale qui l'examinera. Tout étranger qui, aux yeux de l'inspecteur d'immigration du port d'arrivée, n'apparaîtra pas avoir clairement et indubitablement le droit de débarquer, sera détenu pour l'examen nécessaire devant un bureau d'enquête spéciale.

Art. 25. — Ces bureaux d'enquête spéciale seront constitués par les commissaires d'immigration dans les divers ports d'arrivée où cela sera nécessaire, pour la prompte solution de tous les procès relatifs aux immigrants détenus en vue des dispositions de cette loi. Ces bureaux seront composés de trois membres, choisis sur une liste des fonctionnaires du service de l'immigration, que le Commissaire général d'immigration, avec l'approbation du Secrétaire du Commerce et du Travail, désignera de temps à autre comme aptes à remplir ces fonctions. *Sous cette réserve :* dans les ports ayant moins de trois inspecteurs d'immigration, le Secrétaire du Commerce et du Travail, sur la proposition du Commissaire général de l'immigration, pourra désigner d'autres fonctionnaires des États-Unis pour faire partie de ces bureaux d'enquête. Ces bureaux seront compétents pour décider si les étrangers dûment détenus seront autorisés à débarquer ou déportés. Ces bureaux auront leurs audiences séparément et à huis clos; ils devront tenir des procès-verbaux complets de leurs procédures et des dépositions entendues par eux. L'opinion de deux membres du bureau l'emportera, mais l'étranger, ou le membre dissident dudit bureau, pourra, par l'intermédiaire du commissaire d'immigration au port d'arrivée et du Commissaire général d'immigration, en appeler au Secrétaire du Commerce et du Travail; et cet appel aura pour effet de suspendre tout acte d'exécution définitive vis-à-vis de cet étranger, jusqu'à ce que le Commissaire d'immigration au port d'arrivée ait reçu ladite décision qui sera rendue seulement sur les témoignages produits devant le bureau d'enquête spéciale. *Sous cette réserve :* toutes les fois qu'un étranger sera exclu des États-Unis, en vertu de quelque loi ou traité présents ou à venir, les décisions des fonctionnaires d'immigration compétents, si elles sont défavorables à l'admission des étrangers, seront définitives, sauf un recours en appel devant le Secrétaire du Commerce et du Travail; mais rien dans cet article ne pourra être interprété comme autorisant un appel si l'étranger est exclu comme il est prévu dans l'article 10 de cette loi.

Art. 26. — Tout étranger passible d'exclusion comme pouvant devenir une charge publique ou pour cause d'infirmité physique, autre que la tuberculose ou toute autre maladie répugnante ou contagieuse, pourra, s'il n'est pas passible d'exclusion à d'autres égards, être admis néanmoins en vertu du pouvoir discrétionnaire du Secrétaire du Commerce et du Travail, en fournissant une caution ou une garantie convenables, avec l'approbation dudit secrétaire quant au montant de la somme et aux conditions prescrites par lui, assurant aux États-Unis, ou à tout État, territoire, comté, municipalité ou district que ledit étranger ne tombera pas à la charge publique. L'admission de l'étranger sera accordée en raison de l'engagement ou de la garantie. Une action pourra ensuite être intentée au nom et par les fonctionnaires de la loi soit du gouvernement des États-Unis, soit des État, territoire, district, comté ou municipalité dans lesquels l'étranger sera tombé à la charge publique.

Art. 27. — Aucune poursuite ou procédure pour violation des dispositions de cette loi ne sera terminée, transigée ou discontinuée sans le consentement du tribunal saisi mentionné sur les registres, avec les raisons à l'appui.

. . . .

Art. 32. — Le Commissaire général d'immigration, sous la direction ou avec l'approbation du Secrétaire du Commerce et du Travail, devra édicter des règlements pour l'entrée et l'inspection des étrangers le long des frontières du Canada et du Mexique, de façon à ne pas inutilement retarder, gêner ou troubler les voyageurs ordinaires entre les États-Unis et lesdites contrées. Il pourra dans le même but conclure des conventions avec les compagnies de transport.

. . . .

Art. 35. — La déportation des étrangers arrêtés aux États-Unis, après y avoir pénétré et y avoir séjourné illégalement, comme cela est prévu par cette loi, s'effectuera pour les ports au delà de l'Atlantique ou du Pacifique, où ils auront été embarqués à destination des États-Unis. S'ils se sont embarqués pour un territoire étranger contigu, ils seront transportés dans le port étranger où ils se sont embarqués pour parvenir sur ce territoire.

Art. 36. — Tous les étrangers qui pénétreront aux États-Unis autre-

ment qu'aux ports de mer ou villes désignés par le Secrétaire du Commerce et du Travail seront considérés comme ayant pénétré illégalement dans le pays et seront déportés suivant les articles 20 et 21 de cette loi.
Sous cette réserve : aucune disposition de cet article ne portera atteinte au pouvoir conféré par l'article 22 de cette loi au Commissaire général de l'immigration de prescrire des règlements pour l'entrée et l'examen des étrangers le long des frontières du Canada et du Mexique.

. . . .

Art. 38. — Ne pourra pénétrer ni aux États-Unis, ni dans les territoires et autres lieux soumis à leur juridiction, aucune personne ennemie de tout gouvernement régulier ou y étant opposée, membre ou affiliée aux associations encourageant ou enseignant l'incrédulité ou l'opposition à l'encontre des gouvernements réguliers, ou qui prêchent ou enseignent le devoir, la nécessité ou la légitimité d'attaquer illégalement ou de tuer un ou plusieurs fonctionnaires des États-Unis ou de tout autre gouvernement régulier, désignés individuellement ou d'une manière générale, en raison de leur caractère public. Cet article sera exécuté par le Secrétaire du Commerce et du Travail au moyen de règlements et règles qu'il devra prescrire. Toute personne qui sciemment aidera ou favorisera les individus qui voudront ainsi pénétrer aux États-Unis ou dans les territoires et autres lieux soumis à leur juridiction ou qui s'entendra ou conspirera avec une ou plusieurs personnes pour permettre ou faciliter à de tels individus l'entrée aux États-Unis, sauf les exceptions conformes aux règles et règlements élaborés par le Secrétaire du Commerce et du Travail, sera condamnée à une amende de cinq mille dollars au maximum ou à un emprisonnement de cinq ans au plus ou aux deux peines conjointement.

Art. 39. — Par les présentes, il est créé une Commission, composée de trois sénateurs qui seront nommés par le Président du Sénat et de trois membres de la Chambre des Représentants nommés par le Speaker de la Chambre des Représentants et de trois autres membres nommés par le Président des États-Unis. Ladite Commission fera une enquête complète, procédera à un examen et à des recherches, par l'intermédiaire d'une sous-commission ou autrement, sur la question de l'immigration. Aux fins des enquêtes, examens et recherches, ladite Commission est autorisée à faire venir des personnes ou des actes, et à faire tous voyages nécessaires, soit aux États-Unis, soit dans les pays étrangers, et par l'intermédiaire du Président de la Commission ou de tout autre de ses membres, à déférer des serments, à examiner les témoignages et actes relatifs à toutes matières rentrant dans ce sujet, à employer les secrétaires et autres aides nécessaires. Ladite Commission fera des rapports au Congrès sur les conclusions auxquelles elle sera arrivée et fera les propositions qui à son avis lui paraîtront raisonnables. Les sommes d'argent qui pourront être nécessaires pour les enquêtes, examens et recherches seront payables par les présentes et le paiement en sera autorisé sur le « fonds d'immigration » sur un certificat du président de ladite Commission, comprenant toutes les dépenses des commissaires et une indemnité raisonnable, que fixera le Président des États-Unis pour les membres de la Commission qui ne seront pas membres du Congrès. Le Président des États-Unis est aussi autorisé, au nom du gouvernement des États-Unis, à convoquer, quand il le jugera à propos, une conférence internationale, qui s'assemblera dans un lieu à désigner, ou à envoyer des commissaires spéciaux dans les pays étrangers, pour que l'immigration des étrangers aux États-Unis puisse être réglée par un accord international, soumis à l'avis et à l'agrément du Sénat des États-Unis ; pour organiser un examen mental moral et physique de ces étrangers par les consuls américains ou autres fonctionnaires du gouvernement des États-Unis, soit aux ports d'embarquement, soit ailleurs ; pour s'assurer l'aide des gouvernements étrangers sur leur propre territoire, afin d'empêcher les individus d'échapper aux lois des États-Unis réglementant l'immigration ; pour passer les accords internationaux convenables, de nature à empêcher l'immigration des étrangers qui, en vertu des lois des États-Unis, sont ou doivent être exclus du pays, et pour régler toutes matières relatives à l'immigration.

Art. 40. — Le Commissaire général de l'immigration est autorisé par les présentes à établir, sous la direction et le contrôle du Secrétaire du Commerce et du Travail, une division d'information au Bureau d'immigration et de naturalisation que le Secrétaire du Commerce et du Travail devra pourvoir des secrétaires nécessaires. Ladite division sera tenue de favoriser une avantageuse répartition des étrangers admis aux États-Unis dans les différents États et territoires réclamant des immigrants. Elle correspondra avec les fonctionnaires des États et territoires, et recueillera de bonne source des renseignements utiles concernant les ressources, les produits et les conditions physiques de chaque État et territoire; elle publiera ces informations en différentes langues et distribuera les publications tant aux différents étrangers admis qui demanderont ces renseignements à la station des immigrants des États-Unis qu'à toutes autres personnes qui le désireront.

Quand un État ou territoire aura nommé et subventionné un ou des agents pour le représenter aux stations d'immigration des États-Unis, ces agents devront, en vertu des règlements prescrits par le Commissaire général d'immigration, sous l'approbation du Secrétaire du Commerce et du Travail, avoir accès près des étrangers admis aux États-Unis, pour leur indiquer, oralement ou par écrit, les faveurs offertes par cet État ou ce territoire aux étrangers venant s'y établir. Dans l'exercice de leurs fonctions aux stations d'immigration, ces agents seront soumis à tous les règlements présentés par le Commissaire général de l'immigration qui, sous l'approbation du Secrétaire du Commerce et du Travail, en cas de violation des règlements, pourra refuser à l'agent coupable de cette violation, tous les privilèges que la présente loi lui accordait.

. . . .

Art. 43. — Sont formellement abrogées : la loi du 3 mars 1903, réglementant l'immigration des étrangers aux États-Unis, sauf l'art. 34, la loi du 22 mars 1904, étendant l'exemption de la taxe personnelle aux citoyens de Terre-Neuve pénétrant dans les États-Unis, les lois ou dispositions de lois incompatibles avec la présente. *Sous cette réserve :* cet Acte ne sera pas interprété comme abrogeant, modifiant, ou amendant : les lois existantes relatives à l'immigration des Chinois ou personnes d'origine chinoise, l'article 6, chapitre 453 de la 3e session du 58e Congrès, voté le 6 janvier 1905, et avant le 1er janvier 1909, l'art. 1er de la loi votée le 2 août 1882 et intitulée « Loi réglant le transport des passagers par mer ».

Art. 44. — Cette loi entrera en vigueur et sera mise à exécution à partir du 1er juillet 1907.....

GRANDE-BRETAGNE

Loi du 11 août 1905,

modifiant la législation relative aux étrangers (1).

I. Réglementation de l'immigration étrangère.

Art. 1er. — Un immigrant ne pourra être débarqué dans le Royaume-Uni d'un bateau immigrant, sauf dans un port où se trouve un fonctionnaire préposé à l'immigration, nommé en vertu de cette loi ; il ne pourra être débarqué dans ledit port sans la permission de ce fonctionnaire don-

____

(1) V. *Rev. de dr. int. pr.*, 1905, p. 907.

née après une inspection des immigrants, faite par lui sur le bateau, ou partout ailleurs si les immigrants ont été conditionnellement débarqués dans ce but, en compagnie d'un médecin inspecteur ; ladite inspection sera faite aussitôt que possible, et le fonctionnaire d'immigration devra refuser cette autorisation à tout immigrant qui lui paraîtra être un *undesirable immigrant* dans le sens de cet article.

Quand la permission de débarquer est ainsi refusée à un immigrant, le capitaine, propriétaire ou agent du bateau, ou l'immigrant peuvent en appeler au bureau d'immigration du port, et, s'il est convaincu que l'autorisation de débarquer ne doit pas être refusée, en vertu de cette loi, ce bureau devra donner l'autorisation de débarquer, et une telle autorisation ainsi donnée aura le même effet que la permission donnée par le fonctionnaire d'immigration.

Pour l'application de cet article, un immigrant sera considéré comme un *undesirable immigrant* :

a) s'il ne peut justifier qu'il a en sa possession ou qu'il est à même d'obtenir les moyens de faire vivre convenablement lui et les siens (s'il en a) ;

b) s'il est fou ou idiot, ou si, par suite de maladie ou d'infirmité, il paraît vraisemblable qu'il deviendra une charge pour le Trésor, ou, de toute autre manière, une cause de préjudice pour le public ;

c) s'il a été condamné dans un pays étranger avec lequel il y a un traité d'extradition, pour un délit, qui ne soit pas de caractère politique et qui, au regard du pays, soit un délit susceptible d'extradition dans le sens de l'*Extradition Act* de 1870 ;

d) ou si un ordre d'expulsion a été pris contre lui conformément à cette loi.

Mais, au cas où un immigrant justifie qu'il cherche à être admis dans ce pays uniquement en vue d'éviter des poursuites ou une condamnation pour des motifs religieux ou politiques, ou pour un délit de caractère politique, ou pour une poursuite l'exposant au danger d'emprisonnement, ou constituant un danger pour sa vie ou ses membres, à raison de ses croyances religieuses, la permission de débarquer ne pourra être refusée sous le seul motif de défaut de ressources, ou de probabilité de le voir devenir une charge pour le Trésor ; la permission de débarquer ne pourra pas non plus être refusée à un immigrant qui prouve au fonctionnaire d'immigration ou au bureau d'immigration auquel son cas est soumis, qu'après avoir pris son billet dans le Royaume-Uni et s'être embarqué de là directement pour quelque autre pays sitôt après avoir résidé, dans le Royaume-Uni, pendant une période de six mois au moins, il s'est vu refuser son admission dans ce pays, et qu'il en est revenu directement dans un port du Royaume-Uni ; la permission de débarquer ne pourra être refusée pour le seul motif de défaut de ressources à tout immigrant qui prouvera au fonctionnaire ou au bureau d'immigration auquel son cas sera soumis, qu'il est né dans le Royaume-Uni d'un père, sujet britannique.

Le Secrétaire d'État peut, sous telles conditions qu'il jugera convenable d'imposer, exempter par ordonnance tout bateau d'immigrants des dispositions de cet article, s'il est convaincu que des mesures convenables sont prises pour empêcher l'embarquement d'immigrants *undesirable* sur ces bateaux, ou si des garanties lui sont données qu'aucun immigrant undesirable ne sera débarqué dans le Royaume-Uni de ces bateaux, sauf en transit.

Une telle ordonnance d'exemption pourra être retirée à tout moment, à la volonté du Secrétaire d'État.

Tout immigrant qui débarque et tout patron de bateau qui permet à un immigrant de débarquer en contravention à cet article sera coupable de délit en vertu de cette loi ; mais tout immigrant débarqué sous condition ne sera pas considéré comme débarqué, tant que les conditions seront remplies.

Art. 2. — Le bureau d'immigration d'un port sera composé de trois personnes convoquées, conformément aux règlements édictés par le Secrétaire d'État en vertu de cette loi, d'après une liste approuvée par lui pour ce port et comprenant des personnes capables, ayant l'expérience de la justice, des affaires ou de l'administration.

Le Secrétaire d'État peut faire des règlements d'ordre général relativement aux bureaux d'immigration et à leurs fonctionnaires, relativement au débarquement conditionnel des immigrants en vue des inspections, des appels, ou pour toute autre raison ; il peut, par ces règlements, entre autres choses, régler la convocation et la procédure du bureau, ses lieux de réunion, les garanties à fournir par le patron du bateau en cas de débarquement conditionnel d'immigrants. Les règlements faits conformément à cet article prévoiront l'avis à donner aux maîtres des bateaux immigrants et aux immigrants les informant de leur droit d'appel ; ils prévoiront aussi, pour le cas où la permission de débarquer est refusée à un immigrant par le fonctionnaire d'immigration, l'avis à donner à l'immigrant et au maître du bateau immigrant des raisons pour lesquelles l'autorisation a été refusée.

II. Expulsion des étrangers.

Art. 3. — Le Secrétaire d'État peut, s'il le juge convenable, rendre une ordonnance désignée dans cette loi sous le nom d'ordonnance d'expulsion (*expulsion order*), prescrivant à un étranger de quitter le Royaume-Uni dans un délai fixé par cette ordonnance et de rester désormais hors du Royaume-Uni :

a) s'il lui est attesté par un tribunal (y compris les tribunaux de juridiction sommaire) que l'étranger a été condamné par ce tribunal pour crime (*felony*), délit (*misdemeanour*) ou toute autre infraction pour laquelle le tribunal a le pouvoir d'infliger de l'emprisonnement, sans la faculté d'y substituer une amende, ou pour infraction aux prescriptions des paragraphes 22 ou 23 de l'art. 381 de l'acte de police municipale (*Burgh Police Act*) (d'Écosse) de 1892, ou pour délit de prostitution en vertu de l'art. 72 de la loi sur l'amélioration des villes (*Towns improvement act*) (Irlande) de 1854, ou pour infraction au paragraphe 11 de l'art. 54 de la loi sur la police métropolitaine (*Metropolitan police Act*) de 1839, et que le tribunal demande qu'une ordonnance d'expulsion soit prise dans ce cas, soit en outre, soit au lieu de la condamnation ; et

b) s'il lui est attesté par un tribunal de juridiction sommaire, après une procédure suivie à cet effet, dans le délai de douze mois après que l'étranger est entré pour la dernière fois dans le Royaume-Uni, suivant les règlements des tribunaux rendus en vertu de l'art. 29 de la loi sur la juridiction sommaire (*Summary juridiction Act*) de 1879, que l'étranger, a, dans le délai de trois mois précédant le jour auquel la procédure pour l'attestation a commencé, reçu un secours paroissial susceptible de priver une personne du droit de vote aux élections parlementaires, ou a été trouvé soit vagabondant sans moyens apparents de subsistance, soit vivant dans des conditions malsaines (*insanitary conditions*) dûes à l'encombrement ; ou est entré dans le Royaume-Uni après l'adoption de cet Acte et a été condamné dans un pays étranger avec lequel existe un traité d'extradition pour un délit n'ayant pas le caractère politique et qui constitue, au regard de ce pays, un délit susceptible d'extradition au sens de l'Acte d'extradition de 1870.

Si un étranger, contre lequel a été prise une ordonnance d'expulsion, est trouvé à une époque quelconque dans le Royaume-Uni en contravention à cette ordonnance, il sera coupable de délit en vertu de cette loi.

Art. 4. — Quand une ordonnance d'expulsion est prise contre un étranger, le Secrétaire d'État peut, s'il le juge convenable, payer tout ou partie des dépenses du départ ou occasionnées par le départ du Royaume-Uni et l'entretien jusqu'au départ de l'étranger et des siens (s'il en a).

Si une ordonnance d'expulsion est prise contre un étranger (qui ne soit, ni un étranger dernièrement entré dans le Royaume-Uni avant la mise en vigueur de cette loi, ni un immigrant auquel la permission de débarquer a été accordée en vertu de cet Acte) sur une attestation donnée dans les six mois après sa dernière entrée dans le Royaume-Uni, le maître du bateau sur lequel il a été amené dans le Royaume-Uni et aussi le maître de tout bateau appartenant au même propriétaire, sera tenu de payer au Secrétaire d'État, comme dette dûe à la Couronne, toutes sommes payées par le Secrétaire d'État en vertu de cet article relativement à cet étranger, et devra, s'il en est requis par le Secrétaire d'État, recevoir l'étranger et les siens (s'il en a) à bord de son bateau, et leur procurer sans aucuns frais un passage pour le retour au port d'embarquement, et, pendant le passage, une installation ainsi qu'un entretien convenables.

Si un maître de bateau manque de se conformer aux dispositions de cet article concernant le passage de l'étranger et des siens, il sera coupable de délit en vertu de cette loi.

ITALIE

Loi du 22 décembre 1888,

sur la sûreté publique, coordonnée avec le nouveau Code pénal par le décret du 30 juin 1889 (1).

TITRE III

DISPOSITIONS RELATIVES AUX CLASSES DANGEREUSES DE LA SOCIÉTÉ.

CHAPITRE II

Des vagabonds, des individus libérés de prison et des étrangers à expulser du Royaume.

. . . .

Art. 90. — Les étrangers condamnés pour délit pourront, après leur sortie de prison, être expulsés du Royaume et conduits à la frontière.

____

(1) V. *Annuaire de législation étrangère de 1889*, p. 409.

Le ministre de l'Intérieur pourra, pour des motifs d'ordre public, ordonner que l'étranger, de passage dans le Royaume ou y résidant, soit expulsé et conduit à la frontière. Cette disposition n'est pas applicable aux Italiens habitant hors du Royaume.

Art. 91. — L'étranger expulsé ne peut rentrer dans le Royaume, sans une autorisation spéciale du ministre de l'Intérieur.

Au cas de contravention, il sera puni d'un emprisonnement de six mois au plus.

Après avoir subi sa peine, l'étranger sera de nouveau expulsé.

Art. 92. — Les préfets des provinces-frontières peuvent, pour des motifs d'ordre public, faire sortir des communes de la frontière, en cas d'urgence en referant au ministre, les étrangers dont il est question à l'article 90; ils peuvent aussi empêcher les étrangers de franchir la frontière, s'ils ne sont pas en état d'établir leur identité ou s'ils sont dépourvus de moyens d'existence.

Art. 93. — Ceux qui sont rapatriés avec une feuille de route obligatoire ne peuvent s'écarter de l'itinéraire qui leur est tracé.

S'ils s'en écartent, ils seront traduits devant le magistrat du lieu où ils seront trouvés.

A la contravention prévue par cet article est applicable la peine de l'emprisonnement pendant un mois au plus.

Leur peine accomplie, on leur fera poursuivre sous escorte l'itinéraire qui leur était tracé.

La même règle est applicable à ceux qui ne se présenteront pas, dans le délai fixé, à l'autorité de la sûreté publique indiquée dans la feuille de route ...

LUXEMBOURG

Loi du 30 décembre 1893,

sur la police des étrangers (1).

Art. 1er. — Tout étranger, non admis à domicile, qui se propose d'établir sa résidence dans le Grand-Duché, devra, dans les cinq jours à partir

---

(1) V. Ruppert, *Code pénal et Code d'instruction criminelle, suivis des lois spéciales et règlements particuliers en matière répressive en vigueur dans le Grand-Duché de Luxembourg* (Luxembourg, 1900), p. 465 et s.

de son arrivée, faire à l'autorité locale de la commune où il voudra fixer cette résidence, une déclaration à ces fins.

En cas de changement de résidence, une nouvelle déclaration sera faite, dans le même délai, devant l'autorité locale de la commune où l'étranger aura fixé sa nouvelle résidence.

Ces déclarations comprendront toutes les personnes étrangères qui vivent dans le ménage du déclarant ou demeurent avec lui, y compris ses domestiques étrangers.

Un récépissé de sa déclaration sera délivré gratuitement à l'intéressé.

Art. 2. — Il est défendu à toute personne, sous les peines édictées par la présente loi, d'occuper comme domestiques ou ouvriers ou de recevoir comme locataires, des étrangers qui ne prouvent pas qu'ils ont fait la déclaration prescrite par l'exhibition du récépissé prévu par l'article 1er.

Art. 3. — La déclaration prescrite par l'article 1er contiendra les indications nécessaires pour pouvoir constater et respectivement vérifier l'état civil, les antécédents et les moyens d'existence de l'étranger et des autres personnes comprises dans la déclaration.

Elles sont transmises aussitôt au parquet de la Cour par l'autorité ou l'agent chargé de la recevoir.

Art. 4. — L'extrait du registre prévu par l'article 555 du Code pénal (1) est dressé en double dans la forme d'un état collectif. L'un des doubles est remis dans les 24 heures de l'inscription audit registre au parquet de la Cour et l'autre à l'autorité locale.

Art. 5. — L'entrée dans le Grand-Duché peut être refusée à l'étranger reconnu comme dangereux ou comme pouvant compromettre la tranquillité et l'ordre publics. — L'établissement dans le pays peut être refusé à ces mêmes étrangers, ainsi qu'à ceux dépourvus de papiers de légitimation ou de moyens d'existence suffisants pour eux et leur famille.

Art. 6. — L'étranger non résidant, trouvé en état de vagabondage ou

---

(1) L'art. 555 du Code pénal est ainsi conçu : « Seront punis d'une amende de 5 à 15 francs, les aubergistes, hôteliers, logeurs ou loueurs de maisons ou d'appartements garnis, qui auront négligé d'inscrire de suite et sans aucun blanc, sur un registre tenu régulièrement, les nom, qualités, domicile, dates d'entrée et de sortie de toute personne qui aura couché ou passé une nuit dans leurs maisons; — ceux d'entre eux qui auront manqué à représenter ce registre aux époques déterminées par les règlements, ou lorsqu'ils en auraient été requis, aux bourgmestres, échevins, officiers ou commissaires de police, ou aux agents commis à cet effet ».

de mendicité ou en contravention à la loi sur les professions ambulantes dans une commune frontière du pays, et celui auquel l'entrée dans le pays a été refusée en conformité de l'article 5, § 1er, peuvent être conduits immédiatement à la frontière par la force publique.

Pourront être également conduits directement à la frontière par la force publique les étrangers non résidants qui seront trouvés dans le Grand-Duché, en réunion de trois ou d'un plus grand nombre, en état de vagabondage ou de mendicité, ou en contravention à la loi sur les professions ambulantes.

Art. 7. — L'étranger résidant dans le Grand-Duché, qui par sa conduite compromet la tranquillité ou l'ordre publics, ou qui a été condamné ou est poursuivi à l'étranger pour un crime ou délit donnant lieu à extradition, conformément à la loi ou aux traités sur la matière, peut être contraint de s'éloigner d'un certain lieu, d'habiter dans un lieu déterminé, ou même être renvoyé ou expulsé du Grand-Duché, tant que son extradition n'est pas demandée.

Peuvent également être expulsés : 1° les étrangers qui continuent à résider dans le pays, après qu'ils auront été dûment avertis que l'établissement dans le Grand-Duché leur a été refusé; — 2° ceux qui, après avoir été renvoyés ou conduits à la frontière, en vertu de l'article 6, reparaissent dans le pays endéans les deux années; — et 3° ceux qui ne se seront pas conformés aux conditions de résidence imposées par le premier paragraphe du présent article.

Art. 8. — L'étranger se trouvant dans le cas de faire la déclaration prévue par les articles 9 et 10 du Code civil (1), l'article 10 de la Constitution (2),

---

(1) Art. 9, C. civ. : — Tout individu né dans le Luxembourg d'un étranger pourra, dans l'année qui suivra l'époque de sa majorité, réclamer la qualité de Luxembourgeois, pourvu que, dans le cas où il résiderait dans le Luxembourg, il déclare que son intention est d'y fixer son domicile, et que, dans le cas où il résiderait en pays étranger, il fasse sa soumission de fixer dans le Luxembourg son domicile, et qu'il l'y établisse dans l'année à compter de l'acte de soumission.

(2) Art. 10, C. civ. : — Tout enfant né en pays étranger, d'un Luxembourgeois qui aurait perdu la qualité de Luxembourgeois, pourra toujours recouvrer cette qualité, en remplissant les formalités prescrites par l'art. 9.

Constitution du 17 oct. 1868, art. 10 : — La naturalisation accordée au père profite à son enfant mineur, si celui-ci déclare, dans les deux années de sa majorité, vouloir revendiquer ce bénéfice.

et l'article unique de la loi interprétative du 5 février 1890 (1), ne peut être expulsé avant l'échéance du délai d'option.

Art. 9. — Les mesures prévues par l'article 5 de la présente loi sont prises par le Gouvernement et celles prévues par l'article 7, après délibération du Gouvernement en conseil, par le membre du gouvernement ayant dans ses attributions le service de la police générale.

Ces arrêtés ne sont susceptibles d'aucun recours.

Les arrêtés d'expulsion seront signifiés par huissier, à la réquisition du procureur général, aux étrangers qu'ils concernent. — Les actes de notification sont soumis au tarif des frais en matière répressive.

Les arrêtés pris en vertu de l'article 5 seront transmis aux intéressés par voie administrative.

Art. 10. — L'arrêté d'expulsion fixera le délai endéans lequel l'expulsé devra quitter le pays.

Les expulsés se trouvant en état de détention peuvent être conduits à la frontière dès l'expiration de leur détention.

Art. 11. — L'individu expulsé en vertu de l'article 7 a la faculté de désigner la frontière par laquelle il entend quitter le pays.

Faute par lui de faire connaître cette désignation, la frontière est désignée d'office par le procureur général.

L'expulsé qui serait trouvé dans le pays après l'expiration du délai à lui accordé pour le quitter, sera conduit à la frontière par la force publique.

Art. 12. — Seront punis d'une amende de 10 à 25 francs : 1° l'étranger qui aura négligé de faire, dans le délai prescrit, la déclaration prévue par l'article 1er, ou l'aura faite d'une façon incomplète au regard des prescriptions de l'article 3, ou qui refusera de produire son récépissé à première réquisition ; — 2° ceux qui auront négligé de fournir, dans le délai prescrit, l'extrait prévu par l'article 4 ou l'auront produit dans une forme incomplète au regard des prescriptions de l'article 555 du Code pénal ; — 3° ceux qui auront reçu comme domestiques, ouvriers ou locataires des étrangers non munis du récépissé constatant qu'ils ont fait la déclaration prévue par l'article 1er.

---

(1) L. 5 févr. 1890 : — L'art. 10, C. civ., est interprété en ce sens « qu'il est applicable à l'enfant né d'une mère d'origine luxembourgeoise, qui a perdu la qualité de luxembourgeoise ».

Les articles 565 et 566 du Code pénal (1) sont applicables aux contraventions prévues par le présent article.

En cas de récidive, le tribunal est autorisé à prononcer indépendamment de l'amende, un emprisonnement pendant 12 jours au plus.

Art. 13. — Seront punis d'une amende de 26 à 300 francs, et d'un emprisonnement de 8 jours à 3 mois, les étrangers qui lors des déclarations de résidence, auront donné sciemment à l'autorité compétente de fausses indications sur leur état civil, leur lieu de naissance ou celui de leur dernière résidence ou sur l'état civil, le lieu de naissance ou celui de la dernière résidence des autres personnes comprises dans la déclaration.

Art. 14. — Seront punis d'un emprisonnement de 15 jours à 6 mois et d'une amende de 50 à 500 francs, les étrangers expulsés qui sont rentrés dans le Grand-Duché sans autorisation préalable.

A l'expiration de leur peine, ils seront conduits à la frontière.

Art. 15. — Le livre Ier du Code pénal, à l'exception des §§ 2 et 3 et de l'article 72 et du § 2 de l'article 76, ainsi que la loi du 18 juin 1879, portant attribution aux Cours et aux tribunaux de l'appréciation des circonstances atténuantes, sont applicables aux délits prévus par les articles 13 et 14.

Art. 16. — La loi du 10 mars 1880, ainsi que toutes les dispositions contraires à la présente loi, sont abrogées.

MEXIQUE

Loi du 22 décembre 1908,

sur l'immigration (2).

CHAPITRE I

Dispositions générales.

Art. 1er. — Les étrangers venant dans la République pourront seulement y pénétrer :

---

(1) Art. 565. — Il y a récidive, dans les cas prévus par les quatre chapitres qui précèdent (relatifs aux contraventions), lorsque le contrevenant a déjà été condamné dans les 12 mois précédents, pour la même contravention.

Art. 566. — Lorsque dans les cas prévus par les quatre chapitres qui précèdent, il existe des circonstances atténuantes, l'amende pourra être réduite au-dessous de 5 francs, sans qu'elle puisse être inférieure en aucun cas à 1 franc.

(2) Cette loi dont la traduction est due à M. P. GOULÉ, sera publiée ultérieu-

I. Par les ports de haute mer ;

II. Par les villes frontières autorisées pour le commerce international ou désignées spécialement par le pouvoir exécutif.

Art. 2. — Tout étranger qui désire venir sur le territoire national, sera l'objet d'un examen pour déterminer s'il peut être admis conformément à la présente loi.....

Art. 3. — N'auront pas le droit d'accès, les étrangers compris dans les catégories suivantes :

I. Atteints de peste bubonique, choléra, fièvre jaune, méningite cérébro-spinale, fièvre typhoïde, typhus exanthémateux, érysipèle, rougeole, scarlatine, variole, diphtérie, ou toute autre maladie aiguë jugée contagieuse, en vertu d'une déclaration de l'Exécutif ;

II. Atteints de tuberculose, lèpre, béri-béri, tracoma, gale égyptienne ou toute autre maladie chronique jugée contagieuse, en vertu d'une déclaration du pouvoir exécutif ;

III. Épileptiques et atteints d'aliénation mentale ;

IV. Vieillards, rachitiques, infirmes, boiteux, manchots, bossus, paralytiques, aveugles ou estropiés d'une façon quelconque, individus ayant des tares d'ordre physique ou mental, et, qui par suite, sont inutiles pour le travail et peuvent, comme tels, devenir une charge pour la société ;

V. Les enfants mineurs de seize ans qui ne viennent pas sous la surveillance d'un autre passager ou ne sont pas confiés à une personne résidant dans le pays devant les prendre à sa charge ;

VI. Les individus fuyant la justice et ceux qui ont été condamnés pour un délit qui, conformément aux lois mexicaines, devrait être puni d'une peine corporelle de plus de deux ans, à l'exception des délits politiques ou purement militaires ;

VII. Ceux qui appartiennent à des sociétés anarchistes, ou qui propagent, soutiennent et professent la doctrine de la destruction violente des gouvernements ou l'assassinat des fonctionnaires publics ;

VIII. Les mendiants ou personnes vivant en quelque manière de la charité publique ;

IX. Les prostituées et les individus qui tentent de les introduire dans le pays pour en faire le trafic ou vivre à leurs dépens.

Art. 4. — Les étrangers compris dans les fractions II, III et IV de l'article précédent, pourront entrer dans le pays et y rester, par autorisa-

---

rement *in extenso* dans la *Revue de droit international privé et de droit pénal international.*

tion spéciale du pouvoir exécutif, à condition de fournir la caution que celui-ci estime suffisante pour garantir, suivant le cas, qu'ils se soigneront à leurs frais, se tiendront isolés dans un local approprié à cet effet, ou qu'ils ne deviendront pas une charge publique.

. . . .

Art. 7. — Quand un étranger sera entré après la mise en vigueur de cette loi et en violation de ces prescriptions, le Gouvernement pourra ordonner qu'il soit renvoyé à son pays de provenance, si l'étranger n'a pas plus de trois ans de résidence dans la République, et qu'il soit détenu. L'expulsion se fera au moyen du chemin de fer ou du navire de la compagnie à laquelle appartient celui sur lequel il est venu au pays, et si ce n'est pas possible, sur un autre navire ou chemin de fer, aux frais de ladite compagnie.

Art. 8. — Le pouvoir exécutif pourra suspendre, aux conditions qu'il juge convenable en pareil cas, l'expulsion d'un étranger entré en violation de cette loi, si, à son avis, il est nécessaire d'avoir son témoignage dans une affaire pénale.

Art. 9. — Les compagnies de navigation et d'immigration sont pécuniairement responsables des violations de cette loi, commises par leurs employés et agents; par suite, quand le commandant d'un navire ou le médecin du bord ne paieront pas les amendes imposées, l'exécution en sera poursuivie sur les biens de la compagnie responsable.

. . . .

Chapitre II

De l'arrivée des passagers par des ports de mer.

Art. 12. — A l'arrivée d'un navire amenant des passagers venant débarquer sur le territoire de la République, on observera les règles suivantes :

I. Le commandant du navire présentera à l'inspecteur d'immigration des listes en double de tous les passagers, inscrits par ordre numérique, en indiquant pour chacun d'eux les noms et prénoms, le sexe, l'âge, l'état civil, la nationalité, la race, les fonctions ou occupations, le degré d'instruction, la dernière résidence à l'étranger, le port d'embarquement et le lieu d'arrivée définitif dans le pays...

II. Sur les listes, on notera clairement et avec précision quels sont les passagers malades, avec indication de leur maladie, sous la foi du médecin du bord, qui les signera en même temps que le commandant, en certifiant l'exactitude des renseignements contenus.

III. Chaque passager devra avoir une carte, que lui donnera le commandant du bateau, indiquant son nom entier, et le numéro qu'il porte sur la liste, de manière à ce qu'on puisse l'identifier facilement.

IV. Le commandant mentionnera également sur les listes tous les renseignements qu'il aura sur les passagers, pour déterminer si certains d'entre eux ne doivent pas être admis sur le territoire de la République.

V. Chaque passager sera soumis à un examen médical, pour rechercher s'il est malade, ou s'il a quelque défaut motivant son expulsion.

Le commandant du navire qui aura enfreint l'une des dispositions de cet article ou qui omettra de mentionner sur les listes le véritable état des personnes indiquées dans l'un des cas prévus par l'article 3 sera puni administrativement d'une amende de cent à cinq cents pesos. La même pénalité sera infligée au médecin du bord qui aura fait et signé des déclarations fausses.

Art. 13. — Le débarquement devra avoir lieu exactement aux lieu et heure fixés par l'inspecteur d'immigration, en observant toutes les précautions prescrites pour empêcher tout désordre ou l'entrée des personnes auxquelles ce droit est interdit.

Le débarquement qui aura lieu aux lieu et heure autres que ceux fixés par l'inspecteur sera considéré comme illégal, et toutes les personnes qui seraient descendues à terre seront réembarquées immédiatement. En outre le commandant du navire sera puni d'une amende de cent à mille pesos, ou d'emprisonnement (*arresto mayor*), ou de ces deux peines, à la volonté du juge.

Art. 14. — Quand l'installation de la station sanitaire le permettra, les passagers y seront reçus à l'arrivée du navire, pour être soumis aux examens nécessaires, à l'effet de statuer sur leur admission et sur les mesures auxquelles ils doivent être soumis conformément à cette loi et à leurs règlements.

Les passagers qu'il n'y aura pas lieu d'admettre seront réembarqués aussitôt.

Si la station sanitaire n'est pas suffisamment installée, les examens auront lieu à bord des navires.

Art. 15. — Les passagers qui, à leur arrivée, seront trouvés atteints d'une des maladies contagieuses mentionnées dans le paragraphe 1 de l'article 3, seront isolés dans le lazaret du port, jusqu'à leur guérison. Les frais d'assistance et de traitement seront à la charge du passager lui-même, et, si celui-ci est dénué de ressources, de la compagnie qui l'aura amené...

Art. 16. — Les étrangers qui, à leur arrivée, seront reconnus atteints d'une des maladies contagieuses mentionnées dans le paragraphe 2 de l'article 3, ne seront pas autorisés à débarquer, à moins d'avoir obtenu une permission spéciale du pouvoir exécutif, conformément à l'article 4.

. . . .

Art. 18. — Si un étranger vient à débarquer, étant atteint d'une des maladies comprises dans le paragraphe 2 de l'article 3, ou contre lequel existe un des motifs d'exclusion prévus par les paragraphes 3 à 9 dudit article, son réembarquement sera aussitôt ordonné sur le navire qui l'a amené, ou si celui-ci est parti, sur le navire de la même compagnie immédiatement en partance pour le pays de provenance, ou sur tout autre ayant cette destination, si la compagnie ne doit pas expédier d'autre navire dans le délai d'un mois...

Art. 19. — Le commandant de navire qui refusera d'exécuter un ordre de réembarquement des étrangers sera puni administrativement d'une amende de cent à cinq cents pesos, et le navire ne pourra partir, tant que cet ordre ne sera pas exécuté. La compagnie paiera une amende égale à celle infligée au commandant, et le renvoi de ou des étrangers aura lieu à ses frais sur un autre navire. Si le navire qui a amené les étrangers expulsés est déjà parti, l'ordre de réembarquement sera donné à la compagnie qui les aura transportés...

CHAPITRE III

Des travailleurs immigrants et des entreprises d'immigration.

Art. 20. — Aux effets de la présente loi, seront considérés comme travailleurs immigrants les étrangers venant dans la République pour se livrer, d'une manière définitive à un travail corporel. On comprendra sous la même dénomination les personnes qui constituent la famille d'un travailleur immigrant.

Pour l'entrée des travailleurs immigrants on observera les dispositions de ce chapitre et du précédent.

Art. 21. — L'entrée des travailleurs immigrants, quand ils viendront sur le même navire en nombre supérieur à dix, ne sera permise que dans les ports fixés à cet effet par le pouvoir exécutif.

Art. 22. — Les compagnies de navigation dont les navires sont destinés exclusivement au transport des travailleurs immigrants, ou qui en amènent ordinairement plus de dix à chacun de leurs voyages, seront tenues :

I. De munir leurs navires des appareils et instruments nécessaires pour hâter la désinfection dans des conditions assurant la destruction des germes pathogènes;

II. D'avoir toujours sur chaque navire un médecin de bord;

III. D'avoir dans les ports où ils amènent des immigrants, si le Gouvernement n'a pas d'établissements sanitaires d'une importance suffisante, des postes destinés à l'isolement et à l'examen des immigrants, et au traitement de ceux qui sont reconnus malades, assez vastes pour loger le maximum de ceux qu'ils amènent et conformément aux décisions et règlements rendus par le pouvoir exécutif;

IV. D'entretenir et d'assister entièrement, à leurs frais et dans les délais prescrits par le pouvoir exécutif, les immigrants qu'ils auront transportés, pendant leur séjour dans les lazarets et autres lieux d'observations;

V. De ramener dans leurs navires et à leurs frais, les immigrants qui ne sont pas admis conformément à cette loi, et ceux qui avaient été expulsés comme illégalement débarqués, à condition que les uns et les autres aient été amenés sur des navires de la compagnie;

VI. — D'avoir dans la ville de Mexico un représentant muni de pouvoirs suffisants pour traiter les affaires qui se présenteraient et pour rendre effectives les responsabilités encourues par la compagnie, et un autre représentant en la même qualité dans chacun des ports où leurs navires amènent des immigrants;

VII. — De fournir caution suffisante, au gré du pouvoir exécutif, de l'exécution des obligations que la présente loi leur impose, et de remplacer cette caution toutes les fois que cela leur sera nécessaire.

Art. 23. — Les compagnies qui n'exécuteraient pas les obligations prévues par les paragraphes 1, 2 et 7 de l'article précédent, seront requises de le faire par l'Exécutif, et, si elles ne se sont pas conformées à cette injonction dans le délai prescrit, il ne sera admis dans les ports mexicains aucun de leurs navires transportant des immigrants.

Si une compagnie ne remplit pas les conditions prescrites par les paragraphes 4 et 5 de l'article précédent, la caution prévue par le paragraphe 7 sera rendue effective, pour la somme nécessaire, ou, usant de la faculté économico-coercitive, on exigera de la compagnie le paiement de la somme dûe, si la caution n'est pas constituée ou est jugée insuffisante.

Art. 24. — Lorsqu'un navire amène un nombre d'immigrants supérieur à celui que peuvent renfermer la station sanitaire du Gouvernement, et le poste de la compagnie, le débarquement ne peut être autorisé que pour le nombre contenu dans les stations; les autres subiront l'examen et, s'il y a lieu, la période d'observations ou de traitement à bord du navire.

Quand un navire arrive sans avoir de poste sanitaire, ou sans pouvoir disposer de celui d'une autre compagnie pour ses immigrants, et qu'il n'y a pas de station de Gouvernement, et qu'on ne puisse disposer de celle-ci, les immigrants amenés resteront à bord et subiront l'examen sur le navire, et, s'il y a lieu, la période d'observation et de traitement qui leur sera imposée.

Art. 25. — Quand il s'agira de navire amenant en quantité considérable des travailleurs immigrants engagés par contrat pour le service d'entreprises minières, industrielles ou agricoles, le pouvoir exécutif pourra permettre le débarquement dans des ports qui ne soient parmi ceux autorisés d'ordinaire pour l'accès des immigrants, en observant en chaque cas les précautions prises à cet effet par le pouvoir exécutif pour assurer l'application de cette loi.

. . . .

Art. 29. — Les travailleurs immigrants pourront être soumis à une période d'observation de dix jours environ, quand il y aura parmi eux des individus malades ou soupçonnés de quelque maladie contagieuse, ou quand il y en aura eu pendant la traversée, et, en général, dans tout autre cas où le pouvoir exécutif le prescrit.

Art. 30. — Si pendant la période d'observation, il est découvert des immigrants présentant l'un des motifs d'exclusion énumérés dans l'article 3, ils sont réembarqués dans les conditions de l'article 18.

Art. 31. — Les immigrants qui ne sont pas vaccinés, le seront dans la station sanitaire.

Art. 32. — Les stations sanitaires des compagnies d'immigration, comme le personnel qu'elles emploient, seront aux ordres et sous la surveillance du délégué sanitaire du port.

Art. 33. — Les frais nécessités par l'entretien des stations sanitaires des entreprises d'immigration, leurs réparations, leur mobilier, leur outillage et leur matériel, l'alimentation des immigrants, les médicaments, les frais de médecin et du personnel nécessaire, seront au compte de la compagnie.

CHAPITRE IV

De l'entrée des voyageurs par les voies terrestres.

Art. 34. — L'entrée des voyageurs par les voies terrestres sera soumise aux règles suivantes :

I. L'examen prescrit par l'article 2 aura lieu dans les trains de chemin de fer.

II. L'inspecteur de l'immigration demandera à chaque passager, au moyen de bulletins, les renseignements énumérés par le paragraphe 1er de l'article 12.

III. Pour ne pas retarder longtemps les trains de chemin de fer, les agents seront envoyés pour examiner les passagers à l'intérieur des wagons et leur demander les renseignements nécessaires.

IV. Quand les voyageurs n'arrivent pas par chemin de fer, ils pourront être détenus dans des lieux d'entrée le temps nécessaire pour les examiner et demander les renseignements prévus par le paragraphe 1er de l'article 12.

V. Les trains de chemin de fer conduisant exclusivement des travailleurs immigrants ou dans lesquels se trouvent plus de trente de ces derniers, seront arrêtés à leur entrée sur le territoire national, pour qu'ait lieu immédiatement l'examen des immigrants et afin d'obtenir d'eux les renseignements nécessaires.

VI. Les étrangers atteints d'une maladie contagieuse seront exclus aussitôt, et on leur permettra l'entrée à condition de fournir la caution prévue par l'article 4.

VII. Aux étrangers suspects d'être atteints d'une maladie contagieuse, il sera permis de rester dans un lieu d'accès, isolés et en observation, à condition de garantir le paiement de leur entretien.

Les voyageurs qui feront des déclarations fausses seront punis administrativement d'une amende de 5 à 25 pesos ou d'un emprisonnement de 3 à 15 jours.

Art. 35. — L'inspecteur d'immigration pourra fixer les lieux et heures d'arrivée des voyageurs qui ne viennent pas par le chemin de fer et des heures d'arrivée des trains extraordinaires de voyageurs.

L'arrivée qui aura lieu aux heures et lieux non autorisés sera punie : il sera infligé aux conducteurs, mécaniciens, cochers, ou autres employés chargés de la conduite des trains et à ceux qui ont ordonné l'entrée, une amende de 100 à 1.000 pesos d'amende, ou une peine d'emprisonnement, ou les deux au choix du juge.

Si l'entrée n'a pas lieu par chemin de fer, les voyageurs entrés illégalement seront punis d'une amende de 10 à 100 pesos ou de la peine de l'*arresto mayor* pouvant s'élever à 10 mois.

Chapitre V

De la juridiction administrative en matière d'immigration.

Art. 36. — Tout ce qui est relatif à l'immigration dépendra du ministère de l'Intérieur, qui administrera le service au moyen des fonctionnaires et corps suivants :

I. Inspecteurs d'immigration qui seront établis dans les ports et les lieux frontières par lesquels est autorisée l'entrée des passagers venant de l'extérieur.

II. Agents auxiliaires qui, dans les conditions prescrites par les règlements et les décisions prises par l'Exécutif, sous les ordres et la surveillance de l'inspecteur compétent, aideront celui-ci dans ses travaux, et rempliront les fonctions qui lui sont déléguées.

III. Conseils d'immigration, établis dans chacun des lieux où se trouvent des inspecteurs, et composés de trois personnes spécialement nommées à cet effet, ou, s'il n'y a pas de nomination spéciale, du délégué sanitaire, de l'administrateur des douanes, ou du chef de la section douanière et d'un autre employé fédéral désigné d'un commun accord par les deux précédents.

Art. 37. — Dans les lieux où il n'y a pas d'inspecteur d'immigration, les délégués sanitaires rempliront les fonctions qui lui appartiennent.

Art. 38. — Les décisions des inspecteurs relatives à l'admission, à l'exclusion ou à l'expulsion seront revisées par les conseils d'immigration, sur la demande de l'intéressé lui-même, du commandant du navire ou du consignataire, du représentant de la compagnie qui aura amené le passager ou du délégué sanitaire.

Les décisions seront mentionnées par écrit sous la signature de l'inspecteur ou des membres du conseil qui les rend.

Art. 39. — Il appartient aux inspecteurs d'immigration d'imposer les pénalités administratives prescrites par cette loi. Leurs décisions seront revisées par le ministre de l'Intérieur qui aura la faculté de les confirmer, de les abroger ou de les modifier.

Si les peines étaient pécuniaires, on exigera leur versement immédiat et leur montant sera déposé en attendant que le ministère revise la peine.

Si la peine à infliger est corporelle, le coupable sera détenu immédiatement et il en sera rendu compte télégraphiquement au **ministère de l'Intérieur**.

CHAPITRE VI

De la juridiction pénale en ce qui concerne cette loi.

Art. 40. — Les tribunaux fédéraux sont compétents pour connaître de tous les cas de violation de la présente loi.

Art. 41. — Dans les lieux où il n'y a pas de juge de district, les juges des tribunaux ordinaires pratiqueront, avec l'aide de la justice fédérale, les premières diligences, et pourront rendre l'ordre formel d'emprisonnement, et aussi mettre l'affaire, avec l'autorisation du tribunal fédéral compétent, en état d'être jugée. A cet effet et en tous cas, ils aviseront le juge de district compétent, toutes les fois qu'ils connaîtront d'une affaire de cette nature.

PAYS-BAS

Loi du 13 août 1849,

règlant l'admission et l'expulsion des étrangers (1).

Art. 1er. — Tous les étrangers qui possèdent des moyens d'existence suffisants ou qui peuvent les acquérir par le travail, sont admis dans les Pays-Bas de la manière décrite par les quatre premiers articles suivants.

Art. 2. — L'admission a lieu sur un passeport étranger et régulier.

Les passeports sont réguliers lorsqu'ils sont :

a) délivrés par le Gouvernement du pays auquel appartient l'étranger, ou au nom de ce Gouvernement;

b) visés pour le voyage d'arrivée par un agent diplomatique ou consulaire néerlandais près de ce Gouvernement,

c) non prescrits.

Art. 3. — La possession d'autres lettres de sauf-conduit peut également légitimer l'admission, pourvu qu'elles fassent constater qui en est le détenteur, d'où il vient et dans quel but il se rend dans le pays.

______

(1) V. Tripels, *Code politique des Pays-Bas*, Maestricht, 1889.

Art. 4. — Les étrangers peuvent même être admis, sur la simple présentation de leurs personnes, avec indication qui ils sont et d'où ils viennent et dans quel but ils se rendent dans le pays.

Dans ce cas il pourra être exigé une preuve de notoriété, signée par deux ou plusieurs personnes connues de la police.

Art. 5. — L'admission est faite par le chef de la police de la commune aux frontières ou au lieu de la première arrivée, avec remise d'un passeport de voyage et de séjour, contre dépôt du passeport ou d'autres lettres de sauf-conduit présentées ou sans ce dépôt.

Art. 6. — Les passeports de voyage et de séjour sont valables pour le temps de trois mois. — Ils peuvent être prolongés par le chef de la police au lieu où l'étranger se trouve.

La prolongation de ces passeports, ne pourra être refusée que pour défaut des conditions requises par l'article 1er.

Lorsque le fonctionnaire de la police désigné estime que la prolongation du passeport de voyage et de séjour ne peut être accordée, il soumettra immédiatement le refus à la décision du juge de canton, pour agir à cet égard en conformité de l'article 11.

Art. 7. — Les étrangers sont tenus d'exhiber aux fonctionnaires de la police qui le requièrent et aux habitants des maisons où ils logent, leurs passeports de voyage et de séjour et les passeports étrangers ou autres lettres de sauf-conduit qu'ils possèdent.

Art. 8. — Les étrangers qui sont trouvés dans le pays sans passeport de voyage et de séjour, peuvent obtenir encore ce passeport du chef de la police de la commune où ils se trouvent, en observant les règles établies pour l'admission des étrangers nouvellement arrivants.

Art. 9. — Les étrangers non admis, qui n'ont pu obtenir un passeport de voyage et de séjour, s'ils sont trouvés dans le pays, seront conduits au delà des frontières (*expulsés*).

Art. 10. — Les étrangers admis ne pourront être conduits au delà des frontières (*expulsés*) qu'en vertu d'une ordonnance du juge de canton du lieu où ils séjournent, ou sur Notre ordre.

Art. 11. — Le juge de canton ne pourra ordonner une expulsion que pour défaut des conditions énoncées à l'article 1er et, après avoir entendu l'étranger, ou celui-ci dûment appelé.

Il sera dressé procès-verbal de cette audition.

Si l'étranger n'a pas comparu, il en sera fait mention dans l'ordonnance d'expulsion.

L'ordonnance d'expulsion sera motivée.

Le juge de canton adressera une copie du procès-verbal et de l'ordonnance d'expulsion à Notre commissaire dans la province.

Nous Nous réservons la faculté d'annuler l'ordonnance d'expulsion ou son exécution.

Néanmoins elle sera exécutoire nonobstant le recours à Nous-même ou à la Haute-Cour, conformément à l'article 20.

Art. 12. — L'étranger, dangereux pour la tranquillité publique, pourra être expulsé sur Notre ordre.

L'étranger dont l'expulsion est ordonnée par Nous, est tenu de quitter le Royaume dans la quinzaine, après en avoir reçu la communication.

Pendant ce délai, il pourra faire usage de la faculté, accordée par l'article 20 de la présente loi, et entre temps être mis en détention.

S'il ne fait aucun usage de cette faculté ou si la Haute-Cour déclare ses griefs non fondés, il sera sur-le-champ donné exécution à l'ordre d'expulsion.

Il sera expulsé, si possible, par la frontière qu'il indiquera lui-même.

Art. 13. — Nous Nous réservons la faculté d'assigner aux étrangers dangereux pour la tranquillité publique, un lieu déterminé dans le Royaume pour une résidence, ou de leur interdire la résidence dans certains lieux du Royaume.

Les arrêtés royaux visés par cet article et par l'article 12 seront communiqués aux Chambres des États généraux.

Art. 14. — Les étrangers qui, dans les cinq ans après la date de l'ordonnance d'expulsion rendue par un juge de canton, seront retrouvés dans le pays, sans pouvoir exhiber une admission postérieure, seront punis d'un emprisonnement de huit jours à trois mois.

Art. 15. — Les étrangers, qui, au mépris d'une expulsion faite sur Notre ordre, retournent dans les Pays-Bas sans que cet ordre soit retiré, seront punis d'un emprisonnement de trois à six mois.

Dans les cas prévus par cet article et l'article précédent, les condamnés seront expulsés, après avoir subi les peines.

. . . .

Art. 19. — Les dispositions de la présente loi ne sont pas applicables aux étrangers qui, conformément à l'article 8 du Code civil, ont été assimilés aux Néerlandais et qui sont considérés comme régnicoles à l'égard de la présente loi, ni à l'étranger, établi dans le Royaume, qui est marié ou qui a été marié avec une femme néerlandaise, dont il a un ou plusieurs enfants nés dans les Pays-Bas.

Art. 20. — Tous ceux à qui cette loi serait appliquée et qui préten-draient être Néerlandais ou se trouver dans les exceptions de l'article précédent peuvent, mais, seulement sur ces motifs, s'adresser à la Haute-Cour par requête et dans le cas de l'article 12 en observant le délai établi par cet article, aux fins de faire déclarer que cette loi ne leur est point applicable.

La Haute-Cour juge ces questions, le procureur général entendu, et seule elle prononce.

Art. 21. — Tous actes et pièces à faire ou à délivrer en vertu de cette loi, seront sur papier libre et sans être soumis aux droits d'enregistrement et de greffe.

ROUMANIE

Loi du 7 avril 1881,

pour l'expulsion des étrangers suspects (1).

Art. 1er. — L'étranger qui a son domicile et sa résidence en Roumanie et qui, par sa conduite, compromettrait, pendant son séjour dans le pays, la sûreté intérieure de l'État, troublerait la tranquillité publique ou prendrait part à des menées ayant pour but de renverser l'ordre social ou politique, soit dans le pays, soit à l'étranger, pourra être contraint par le Gouvernement à s'éloigner du lieu où il se trouve, à résider dans un endroit qui lui sera expressément désigné et même à quitter le pays.

Art. 2. — L'arrêté ministériel d'expulsion, pris en conseil des ministres, ou celui par lequel il sera indiqué à l'étranger une résidence déterminée, ou un changement de sa résidence actuelle, lui sera notifié par voie administrative et ne sera pas motivé. On y indiquera le délai dans lequel l'étranger devra se soumettre à l'ordre d'expulsion ou de changement de résidence, et ce délai ne pourra être moindre de vingt-quatre heures.

Art. 3. — Au reçu de l'ordre d'expulsion, l'étranger indiquera le point de la frontière par lequel il veut passer, et dans ce cas on lui remettra une feuille de route dans laquelle sera réglé l'itinéraire qu'il devra suivre et le temps pendant lequel il pourra s'arrêter dans chaque localité jusqu'à la frontière.

En cas de contravention à l'une de ces dispositions, l'étranger sera conduit hors du pays par la force publique.

---

(1) V. *Annuaire de législation étrangère*, 1881, p. 707.

Art. 4. — Le Gouvernement pourra aussi ordonner l'expulsion hors du pays de l'étranger qui aura quitté la ville ou la localité où il lui aura été prescrit nommément d'habiter.

Art. 5. — L'étranger qui, à la suite de son expulsion du pays, rentrerait sur le territoire de la Roumanie, sera immédiatement arrêté et condamné pour ce fait à un emprisonnement correctionnel de cinq jours à six mois. — A l'expiration de sa peine, il sera conduit à la frontière, sans avoir le droit d'indiquer le point par lequel il veut sortir du pays.

Art. 6. — L'étranger nouvellement venu dans le pays et qui n'a pas de domicile ou de résidence déterminée, est tenu, dix jours après son arrivée et après la promulgation de la présente loi, d'obtenir une carte de libre séjour, émanant de la police ou de l'administration locale, pour tout le temps qu'il voudra rester ou voyager dans le pays.

. . . .

Art. 7. — Ne sera pas considéré comme délit politique, ni comme fait connexe d'un semblable délit, l'attentat contre la personne du chef d'un État étranger ou contre les membres de sa famille, lorsque cet attentat constituera le fait d'homicide, d'assassinat ou d'empoisonnement.

RUSSIE

Loi du 26 mai 1903,

concernant l'expulsion des étrangers (1).

Section I

En ce qui concerne l'expulsion des étrangers et leur séjour forcé, sont décrétées les présentes règles modifiant les lois actuelles, les complétant et abrogeant çe en quoi elles leur sont contraires :

Art. 1er. — L'expulsion des étrangers résidant en Russie avec défense expresse d'y rentrer, a lieu sur décision du ministre de l'Intérieur en dehors des cas spécialement prévus par la loi. — Dans celles qui sont du ressort des Gouverneurs généraux, l'expulsion a lieu sur décision du ministre de la Guerre ou du gouverneur général. Dans les provinces et gouvernements frontières, les gouverneurs peuvent être autorisés à prononcer

---

(1) V. *Annuaire de législation étrangère*, 1903, p. 561.

l'expulsion sur demande adressée à S. M. l'Empereur par l'intermédiaire du Comité des Ministres.

Art. 2. — Les étrangers, condamnés aux travaux forcés ou à la transportation, ne sont pas passibles d'expulsion. — Quant aux étrangers condamnés à toute autre peine privative de liberté, ils ne peuvent être expulsés, qu'après avoir purgé la durée intégrale de leur peine.

Art. 3. — Les étrangers passibles d'expulsion (art. 1) doivent quitter les limites de la Russie dans le délai spécifié dans l'arrêté d'expulsion : faute de s'y conformer, ils seront conduits sous escorte à la frontière et remis aux autorités étrangères des localités frontières.

Art. 4. — Les étrangers qui n'ont pas obtempéré à un arrêté d'expulsion, de même que les étrangers qui ont été expulsés et y sont rentrés volontairement ne sont plus passibles d'arrêtés d'expulsion : ils doivent être conduits à la frontière sous escorte, et ceux qui sont rentrés volontairement sont renvoyés après avoir purgé leur peine pour retour illégal.

Art. 5. — Le ministre de l'Intérieur peut prêter son aide et concours aux étrangers contre lesquels un arrêté d'expulsion a été pris et qui n'ont pas les moyens nécessaires pour partir.

Art. 6. — Avant d'éloigner sous escorte l'étranger contre lequel un arrêté d'expulsion a été pris, le ministre de l'Intérieur peut, s'il le juge nécessaire, se mettre en rapport, par l'intermédiaire des Affaires étrangères, avec le gouvernement étranger, pour que celui-ci reçoive l'étranger expulsé.

Art. 7. — Au cas où les autorités frontières auraient refusé de recevoir l'étranger expulsé, il y a lieu de se mettre en rapport avec le Gouvernement étranger respectif, pour que l'étranger expulsé puisse y être reçu.

Art. 8. — Les étrangers qui ont fait l'objet de la part d'un gouvernement étranger d'une demande d'extradition reconnue mal fondée, ne sont pas passibles d'expulsion sous escorte.

Art. 9. — Les étrangers dont l'expulsion n'a pas eu lieu : *a*) par suite de l'inexécution par eux de l'obligation de quitter la Russie, au cas où ils ne seraient pas passibles d'expulsion sous escorte (art. 8); *b*) par suite du refus des autorités frontières de les recevoir, au cas où les expulsions auraient eu lieu avant les pourparlers préliminaires avec le Gouvernement étranger; *c*) par suite du refus du Gouvernement étranger de les recevoir, ou au cas où celui-ci n'aurait pas donné son acceptation à cet effet dans le délai d'un an à partir de l'ouverture des pourparlers — ces étrangers peuvent être, sur l'ordre du ministre de l'Intérieur, internés à demeure dans une des localités à ce désignées par un règlement spécial du Comité des ministres, ratifié par S. M. I., sur la proposition du ministre de l'Intérieur.

Art. 10. — Les étrangers qui seraient retournés sans autorisation en Russie après en avoir été expulsés à deux reprises, peuvent être, soit expulsés sous escorte militaire par décision du ministre de l'Intérieur, soit astreints à une résidence forcée dans une des localités visées par l'article 9.

Art. 11. — Les étrangers astreints à la résidence forcée en vertu des dispositions ci-dessus (articles 9 et 10) doivent être incorporés par décision du gouverneur local au canton rural ou bien à la corporation des citadins; ils sont placés sous la surveillance de la police et ne peuvent quitter le district qui leur est assigné.

Art. 12. — Les étrangers astreints à la résidence forcée sont soumis aux taxes et contributions des classes rurales ou urbaines auxquelles ils sont incorporés; toutefois il ne leur est pas loisible de faire le commerce ou de s'adonner à une industrie, même en payant la patente, à moins d'y être autorisés par le gouverneur. Après l'expiration d'un délai de cinq ans, à partir du jour de leur relégation, lesdits étrangers peuvent solliciter l'autorisation de faire partie de la classe rurale ou urbaine, et y être admis avec l'autorisation des ministres des Finances et de l'Intérieur, après s'être fait naturaliser sujets Russes. A partir de cette admission, ces personnes jouissent de tous les droits propres à la classe rurale ou urbaine, sont libérés de toute surveillance de police et peuvent changer de domicile d'après les règles du droit commun.

Art. 13. — Les étrangers astreints au domicile forcé à la suite du refus de les recevoir, de la part de l'État afférent ou des autorités étrangères du poste de frontière où ils se présentent, ne peuvent être expulsés de Russie que lorsque le Gouvernement étranger intéressé consent à les recevoir.

Art. 14. — Les conjoints et enfants des étrangers astreints à la résidence forcée, sont autorisés à les accompagner, à leurs propres frais, sans être soumis aux restrictions dont ces derniers sont passibles.

Section II

. . . .

Les étrangers, venus en Russie avec des passeports en règle ne peuvent être expulsés que par décision de l'autorité compétente. S'il s'agit des étrangers dont la présence ne saurait être tolérée en Russie par suite de leur conduite suspecte ou répréhensible, ou par suite de toute autre cause, les gouverneurs, dans les cas où ils n'auraient pas le droit d'appliquer, de leur propre autorité, les règlements sur l'expulsion des étrangers, doivent, avant de procéder à l'expulsion, en référer suivant le cas au ministre de l'Intérieur ou au gouverneur général compétent.

Section III

. . . .

Les étrangers ayant perdu leur nationalité ou n'ayant pas de certificats nécessaires pour séjourner en Russie peuvent, s'ils ne sont pas en état de prouver leur identité, obtenir des gouverneurs, avec l'autorisation du ministre de l'Intérieur, des certificats provisoires pour séjourner un laps de temps nécessaire à leur admission dans la sujétion russe.

Section IV

. . . .

L'étranger arrivé à la frontière sans passeport en règle, doit être renvoyé par les autorités de la police locale, sans qu'une autorisation préalable d'une autorité supérieure soit nécessaire à cet effet. Cette prescription ne s'applique pas aux habitants de localités frontières qui traversent la frontière sans se munir de passeports pour leurs affaires habituelles de tous les jours.

. . . .

Section VII

. . . .

L'étranger expulsé sur l'ordre légal de l'autorité, s'il rentre sans autorisation en Russie, est passible :

De huit à seize mois de prison et de la privation de certains droits et privilèges, mentionnés dans l'article 50 du Code des peines criminelles et correctionnelles.

La peine est élevée d'un degré en cas où l'étranger a été déjà condamné une première fois.

. . . .

Section XI

Les dépenses qu'entraîne l'expulsion ou la relégation des étrangers (articles 6 et **9**, section première de la présente loi) doivent être prélevées, à partir de l'année 1904, pour une somme de trois mille roubles par an sur le budget du Trésor; en 1903 ces dépenses doivent être prélevées sur les crédits assignés dans le budget du ministère de l'Intérieur, à l'entretien des personnes arrêtées et expulsées par les autorités militaires et de police.

Section XII

Le ministre de l'Intérieur est chargé d'établir le texte : *a*) de l'arrêté d'expulsion intimant à l'étranger l'ordre de quitter la Russie avec indication des suites que comporte l'inexécution de cet ordre; *b*) du récépissé certifiant la présentation de cet arrêté et qui devra être signé par l'étranger; et *c*) du laissez-passer jusqu'à la frontière, de l'étranger quittant la Russie par suite de l'arrêté sus énoncé.

SUISSE

CANTON DE GENÈVE

Loi du 14 octobre 1905,

sur le permis de séjour et d'établissement et sur la police des étrangers (1)

Chapitre I

Dispositions générales.

Article premier. — La police administrative, en ce qui concerne le séjour et l'établissement des étrangers dans le Canton, est exercée, sous l'autorité et la surveillance du Conseil d'État, par le département de justice et police.

Art. 2. — Toute personne, sans distinction d'âge, de sexe et de condition, étrangère au Canton de Genève, doit, si elle veut y résider, demander un permis de séjour ou d'établissement, dans les huit jours qui suivent son arrivée. Ces permis sont délivrés par le département de justice et police.

Art. 3. — Les personnes logées dans une auberge, un hôtel ou une pension, ainsi que celles reçues gratuitement chez des parents ou des amis,

---

(1) V. *Annuaire de législation étrangère*, 1905, p. 413.

sont dispensées, pendant les trois premiers mois de leur séjour, de l'obligation de prendre un permis. C'est sans préjudice néanmoins des règles prescrites pour l'inscription des voyageurs sur les registres des auberges et pensions, et de l'observation de l'article 3 de la loi du 16 juillet 1881, instituant un bureau de recensement.

Art. 4. — Les journaliers des deux sexes, domiciliés dans les communes voisines du Canton, qui viennent s'engager pour des travaux agricoles périodiques, ne seront pas astreints au permis régulier, si la durée de leur séjour ne doit pas dépasser six semaines.

Art. 5. — Les personnes étrangères au Canton, qui sont appelées à y faire un séjour de courte durée, et celles qui sont en instance pour obtenir des papiers réguliers, peuvent être mises en possession d'un permis de séjour provisoire, sur le dépôt d'un acte d'identité jugé suffisant (acte de naissance, de baptême, de mariage, livret ouvrier, etc.).

Le coût de ce permis est de 50 centimes par mois.

Art. 6. — Toute personne étrangère au Canton obtiendra, moyennant dépôt de papiers de légitimation réguliers, constatant sa nationalité et son droit de retour, ainsi que celui de sa famille, dans son lieu d'origine, un permis de séjour ou d'établissement à son choix, sous réserve des dispositions prévues à l'article suivant.

Art. 7. — Est tenu de prendre un permis d'établissement :

A. Celui qui, domicilié dans le Canton, y possède une propriété foncière;

B. Celui qui y exerce, pour son propre compte, une industrie ou une profession;

C. Celui qui y remplit une charge ou une fonction publique, ou qui y est employé à poste fixe dans une entreprise particulière;

D. Celui qui tient ménage dans le Canton;

E. Celui qui, après avoir été, durant sa minorité, au bénéfice du permis d'établissement de ses parents, est devenu majeur.

Toute personne étrangère au Canton pourvue d'un permis de séjour, est tenue, dès qu'elle rentre dans l'un des cas prévus au présent article, de demander un permis d'établissement.

Art. 8. — Le permis régulier est délivré sous la forme d'un livret pour lequel il est payé 25 centimes. Mention doit y être faite de la nature des papiers déposés et de leur durée de validité.

Art. 9. — Le prix d'un permis de séjour est fixé à 1 fr. 50 par année et par personne (sans préjudice de la taxe dite d'hôpital).

Art. 10. — Le prix d'un permis d'établissement est fixé à 6 francs (sans préjudice de la taxe dite d'hôpital). Sa durée, sous réserve de l'article 16, est illimitée.

Art. 11. — Le permis d'établissement accordé au chef de famille est valable pour sa femme et ses enfants mineurs, vivant en ménage commun avec lui.

Art. 12. — Celui qui est muni d'un permis de séjour ou d'établissement, qu'il soit célibataire, veuf ou divorcé, est tenu, s'il se marie, de régulariser sa situation, au bureau des permis de séjour ou d'établissement, dans le mois qui suit le jour de son mariage.

Il doit de même, dans le délai d'un mois, annoncer audit bureau la naissance de ses enfants et la faire inscrire sur son livret.

Art. 13. — Toute personne munie d'un permis de séjour ou d'établissement est tenue, lorsqu'elle change de domicile, d'en faire, dans le délai d'un mois, la déclaration au bureau des permis de séjour, et de faire inscrire ce changement sur son livret.

Art. 14. — Toute personne astreinte à avoir un permis de séjour ou d'établissement est tenue de se présenter, à toute réquisition des autorités.

Art. 15. — Dans les communes autres que la ville de Genève, les permis sont transmis sans frais aux titulaires par l'intermédiaire des autorités municipales qui tiennent, à cet effet, un registre de contrôle.

Art. 16. — Tout permis expire, de plein droit, le jour où les papiers déposés cessent d'être réguliers.

Art. 17. — Le produit des permis de séjour et d'établissement est réparti, chaque année, par la loi budgétaire, entre l'État, les communes et l'Hospice général. En ce qui concerne les communes, la répartition se fait dans la proportion des permis accordés pour chacune d'elles.

Art. 18. — Dans le cas où l'étranger demandant un permis de séjour ou d'établissement ne peut fournir des papiers de légimitation réguliers, ni la preuve d'un droit de retour pour lui et sa famille dans le pays d'origine, le département de justice et police pourra accorder un permis de séjour ou d'établissement aux conditions suivantes :

Les requérants devront établir leur identité par la production d'un acte de naissance, d'un acte de mariage ou d'une autre pièce analogue. — Ils devront en outre, effectuer à la Caisse de l'État un dépôt en titres ou en espèces, de 1.000 francs pour les personnes seules et de 2.000 francs pour une famille. Exceptionnellement, le Conseil d'État pourra réduire ces chiffres jusqu'à concurrence du quart, ou même supprimer l'obligation du dépôt.

Ce dépôt sera restitué contre la remise du permis de séjour ou d'établissement, au cas de départ définitif du Canton, de dépôt de papiers réguliers, de décès, ou à la suite de la naturalisation genevoise.

CHAPITRE II

Du refus et du retrait des permis de séjour et d'établissement.

Art. 19. — Sous réserve des dispositions de l'article 45 de la Constitution fédérale en ce qui concerne le droit d'établissement des citoyens suisses dans un autre canton que leur canton d'origine, le département de justice et police peut refuser ou retirer le permis de séjour ou d'établissement dans les cas suivants :

1° si l'inconduite ou l'improbité de l'étranger ou de sa famille justifie une telle mesure ou si sa présence est nuisible à l'ordre public ;

2° si l'étranger n'est pas en état de pourvoir à son entretien et à celui de sa famille;

3° si les papiers sur la production desquels son séjour avait été autorisé cessent d'être réguliers;

4° si, postérieurement à la concession de l'autorisation de séjour ou d'établissement, le département de justice et police apprend qu'il existe à la charge de l'étranger des faits qui, s'ils avaient été connus en temps utile, lui auraient fait refuser cette autorisation;

5° s'il ne remplit pas les obligations que lui impose la présente loi.

Art. 20. — Le Conseil d'État, en vertu de son pouvoir administratif, a toujours le droit de renvoyer du Canton les étrangers dont le séjour pourrait porter atteinte aux intérêts du pays ou à la sûreté de l'État.

Art. 21. — Les arrêtés d'expulsion devront être motivés et les faits reprochés être spécifiés dans l'arrêté.

CHAPITRE III

Du recours.

Art. 22. — La voie du recours au Conseil d'État est ouverte contre toute décision du département de justice et police portant refus ou retrait d'un permis de séjour ou d'établissement.

Art. 23. — Ces recours sont examinés par une Commission de trois conseillers d'État. Cette Commission a pour mandat d'entendre le recourant, d'informer et de rapporter en séance du Conseil.

Le recourant pourra prendre connaissance des charges relevées contre lui.

L'information, à sa demande, sera contradictoire.

Il sera admis à présenter à la Commission tous mémoires, pièces justificatives et explications qu'il jugera utiles à sa cause.

Art. 24. — Le recours est suspensif de l'exécution. Toutefois, en cas d'urgence, l'arrêté d'expulsion peut être rendu exécutoire immédiatement; dans ce cas, mention devra en être faite par le chef du département de justice et police sur l'arrêté original, ainsi que sur la copie remise à l'étranger expulsé. En cas de recours contre un arrêté immédiatement exécutoire, le recourant pourra se faire représenter par un mandataire.

Chapitre IV

Dispositions pénales.

Art. 25. — Toute personne étrangère au Canton à qui une permission de séjour a été définitivement refusée et qui séjournerait encore dans le Canton, ou qui y rentrerait sans l'autorisation du département de justice et police, sera passible d'une peine qui pourra s'élever à quinze jours d'emprisonnement et à 50 francs d'amende.

En cas de récidive, les peines ci-dessus pourront s'élever jusqu'au double du maximum prévu.

Art. 26. — Néanmoins, dans les cas ci-dessus, le président du département de justice et police peut faire conduire le contrevenant à la frontière sans le déférer au tribunal.

Art. 27. — Seront passibles d'une amende qui pourra s'élever à 50 francs :

1° toute personne étrangère au Canton pourvue d'un permis de séjour ou d'établissement qui changera de domicile sans en faire la déclaration prévue à l'article 13 de la présente loi;

2° toute personne étrangère au Canton qui y séjournera sans être munie d'un permis de séjour ou d'établissement, lorsqu'il est exigé par la loi;

3° toute personne étrangère au Canton pourvue d'un permis de séjour qui ne l'aura pas fait renouveler dans le mois qui en suit l'échéance;

4° toute personne étrangère au Canton pourvue d'un permis de séjour ou d'établissement qui ne l'aura pas régularisé dans le mois qui suivra le jour de son mariage, ou qui, dans le même délai, n'aura pas annoncé la naissance de son enfant.

Art. 28. — Celui qui sous-loue un logement à une personne étrangère au Canton, ou qui en prend une à son service doit, dans le délai de quinze jours, en aviser le bureau des permis de séjour, si cette personne n'est pas munie d'un permis de séjour ou d'établissement.

Les aubergistes et maîtres de pension qui continuent à loger des étrangers au delà du terme de trois mois sont tenus de les signaler au bureau des permis de séjour, s'ils ne sont pas pourvus d'un permis de séjour ou d'établissement.

Celui qui a pris à son service une des personnes rentrant sous l'application de l'article 4 de la présente loi, doit, à l'expiration du délai de six semaines, aviser le bureau des permis de séjour, si cette personne n'est pas munie d'un permis de séjour ou d'établissement.

Les contrevenants à ces dispositions sont passibles d'une amende qui pourra s'élever à 2 francs par chaque mois de retard apporté à la déclaration, sans que ladite amende puisse être supérieure à 24 francs.

Art. 20. — Le tribunal de police est compétent pour connaître de toutes les infractions à la présente loi.

Clause abrogatoire.

Sont abrogés les articles encore en vigueur de la loi du 9 février 1844 sur la police des étrangers, la loi du 8 mars 1879 sur les permis de séjour ou d'établissement et, en général, toutes les dispositions contraires à la présente loi.

VÉNÉZUÉLA

Loi du 16 avril 1903,

déterminant les devoirs et les droits des étrangers (1).

Article premier. — Les étrangers jouiront, sur le territoire des États-Unis du Vénézuéla, des mêmes droits civils que les Vénézuéliens, ainsi que le décide la Constitution de la République.

Art. 2. — Les étrangers qui se trouvent sur le territoire des États-Unis du Vénézuéla seront considérés comme domiciliés ou comme de passage.

Art. 3. — Sont considérés comme étrangers domiciliés :

---

(1) V. *Annuaire de législation étrangère*, année 1903, p. 739.

1° ceux qui ont acquis un domicile conformément aux dispositions du Code civil ;

2° ceux qui ont résidé dans le pays volontairement et sans interruption pendant plus de deux années, sans caractère diplomatique ;

3° ceux qui possèdent des biens-fonds dans l'étendue de la République pendant plus de deux années, en y exerçant un commerce ou une industrie quelconque, pourvu qu'ils possèdent une maison établie d'une manière permanente, et encore qu'ils soient revêtus du caractère consulaire.

Art. 4. — Sont considérés comme étrangers de passage tous ceux qui se rencontrent sur le territoire de la République et qui ne sont pas compris dans un des paragraphes de l'article précédent.

. . . .

Art. 6. — Les étrangers domiciliés ou de passage ne devront se mêler à aucune des affaires politiques de la République, ni à quoi que ce soit qui s'y rapporte. En conséquence, ils ne pourront :

1° faire partie d'associations politiques ;

2° collaborer à des périodiques politiques, ni écrire dans aucun périodique, des articles relatifs à la politique intérieure ou extérieure du pays ;

3° remplir des emplois ou des charges publics ;

4° prendre les armes dans les conflits intérieurs de la République ;

5° prononcer des discours touchant, de quelque manière que ce soit, à la politique du pays.

Art. 7. — Les étrangers domiciliés qui contreviendront à quelqu'une des prescriptions contenues dans l'article 6, perdront leur qualité d'étranger, et demeureront *ipso facto*, soumis aux responsabilités, charges et obligations que peuvent entraîner pour les nationaux les risques de la politique.

. . . .

Art. 9. — Les étrangers de passage qui contreviendront aux prescriptions établies dans l'article 6 seront immédiatement expulsés du territoire de la République.

. . . .

Art. 11. — Pas plus les étrangers domiciliés que les étrangers de passage n'auront le droit de recourir à la voie diplomatique, si ce n'est quand, après avoir épuisé tous les recours devant les autorités compétentes, il apparaîtra clairement qu'il y a eu déni de justice, injustice notoire ou évidente violation des principes du droit international.

Art. 12. — Les étrangers, actuellement domiciliés, ceux qui, à l'avenir, fixeront leur domicile dans le pays, et les étrangers de passage, sans caractère diplomatique, seront tenus de déclarer, devant la première autorité civile du lieu où ils se trouvent, qu'ils se soumettent, en tout, aux dispositions de la présente loi et à celles du décret du 14 février 1873, qui a posé les règles relatives à la manière dont les étrangers doivent être indemnisés, le cas échéant.

Ceux qui omettront de faire cette déclaration seront expulsés du pays dans le délai qui leur sera imparti par le Pouvoir Exécutif national.

. . . .

Art. 20. — Les étrangers qui se rendront dans la République pour être admis à se fixer sur son territoire, seront tenus de présenter à la première autorité civile du lieu par lequel ils y pénétreront, les documents propres à établir leur statut personnel et un certificat de bonne conduite, délivrés par les autorités de leur dernier domicile et dûment légalisés.

SECTION IV

TRAITÉS ET CONVENTIONS ENTRE LA FRANCE ET DIVERS AUTRES ÉTATS

BAVIÈRE

Convention du 30 mai 1868,

relative aux formalités à remplir pour l'expulsion des sujets français du territoire bavarois et des sujets bavarois du territoire francais (1).

Le Gouvernement de S. M. l'Empereur des Français et celui de S. M. le Roi de Bavière ayant reconnu l'utilité de régler les formalités à remplir pour l'expulsion, soit d'un sujet bavarois du territoire français, soit d'un sujet français du territoire bavarois,

Les soussignés, dûment autorisés par leurs Gouvernements respectifs, ont arrêté d'un commum accord et déclaré ce qui suit :

Lorsque l'un des deux Gouvernements jugera nécessaire d'expulser de son territoire un individu supposé être sujet de l'autre, il devra au préalable, constater sa nationalité. Cette constatation faite, il communiquera à la légation ou au consulat compétent, soit en original, soit en copie authentique, tous les papiers dont l'expulsé était nanti et qui pourraient servir à établir sa nationalité.

A l'avenir, il ne sera plus délivré de passeport à l'expulsé, mais seulement une feuille désignant le point de la frontière où il sera tenu de passer pour se rendre dans son pays d'origine.

En visant la feuille de route, la légation ou le consulat devra indiquer qu'il n'existe aucun obstacle au rapatriement de l'individu soumis à l'expulsion. Cette mention aura toujours lieu dans le cas où les pièces communiquées, comme il est dit plus haut, permettront de reconnaître la nationalité de l'expulsé.

En cas de doute, la légation ou le consulat en référera à son Gouvernement.

____

(1) V. S. *Lois ann.* de 1868, p. 320. — V. d'ailleurs, *suprà*, p. 137.

Les deux Gouvernements s'engagent à reprendre tout individu expulsé qui aura été considéré à tort comme sujet du pays auquel il a été rendu, aussitôt que l'erreur aura été reconnue.

Le présent arrangement est conclu pour une période de cinq années.à compter de ce jour; mais il sera renouvelé de plein droit et continuera d'être observé, si aucune des deux parties n'a notifié une intention contraire, trois mois au moins avant l'expiration de ce terme.

BOLIVIE

Traité du 9 décembre 1834,

d'amitié, de commerce et de navigation entre Sa Majesté le Roi des Français et la République de Bolivie (1).

. . . .

Art. 3. — ... Les citoyens respectifs..... ne pourront être expulsés, ni même envoyés forcément d'un point à un autre du pays, par mesure de police ou gouvernementale, sans motifs graves et de nature à troubler la tranquillité publique, et avant que ces motifs et les documents qui en feront foi aient été communiqués aux agents diplomatiques ou consulaires de leur nation respective. Dans tous les cas, il sera accordé aux inculpés le temps nécessaire pour présenter ou faire présenter au gouvernement du pays leurs moyens de justification. Ce temps sera d'une durée plus ou moins grande, suivant les circonstances.

Il est bien entendu que les dispositions du paragraphe qui précède ne seront point applicables aux condamnations à la déportation ou au bannissement d'un point ou à un autre du territoire qui pourraient être prononcées, conformément aux lois et aux formes établies par les tribunaux de l'un des deux pays contre les citoyens de l'autre. Ces condamnations continueront à être exécutables, sans explications préalables et sans autres délais que ceux fixés par les tribunaux eux-mêmes.

---

(1) V. S. *Lois ann.* de 1837, p. 377.

COSTA-RICA

Convention du 12 mars 1848,

portant accession au traité d'amitié, de commerce et de navigation, conclu le 8 du même mois, entre la France et la République de Guatémala (1).

Art. 1er. — Son Excellence le Président de l'État souverain et indépendant de Costa-Rica accède au traité d'amitié, de commerce et de navigation, conclu et signé, le 8 mars 1848, entre Sa Majesté le Roi des Français et la République de Guatémala. Sa Majesté le Roi des Français accepte l'accession de Son Excellence le Président de Costa-Rica.

En conséquence, tous les articles dudit traité, seront regardés comme conclus et signés de la même manière que la présente convention, directement entre Sa Majesté le Roi des Français et Son Excellence le Président de l'État souverain et indépendant de Costa-Rica.

ÉQUATEUR

Traité du 6 juin 1843,

*d'amitié, de commerce et de navigation
conclu entre la France et la République de l'Équateur (2).*

L'article 4, §§ 4 et 5, contient des dispositions analogues à celles de l'article 3 du traité du 9 décembre 1834, conclu entre la France et la République de Bolivie.

GUATÉMALA

Traité du 8 mars 1848,

*d'amitié, de commerce et de navigation entre la France
et la République de Guatémala (3).*

L'article 4, §§ 4 et 5, contient des dispositions analogues à celles de

---

(1) V. S. *Lois ann.* de 1849, p. 50 et 53.
(2) V. S. *Lois ann.* de 1845, p. 12.
(3) V. S. *Lois ann.* de 1849, p. 50 et s.

l'article 3 du traité du 9 décembre 1834, conclu entre la France et la République de Bolivie.

HONDURAS

Traité du 22 février 1856,

*d'amitié, de commerce et de navigation entre la France
et la République de Honduras* (1).

L'article 4, §§ 4 et 5, est conçu dans les mêmes termes que l'article 4, §§ 4 et 5, des traités conclus entre la France et l'Équateur, entre la France et le Guatémala.

PÉROU

Traité du 9 mars 1861,

*d'amitié, de commerce et de navigation entre la France
et la République du Pérou* (2).

. . . .

Art. 3. — Les sujets et citoyens des deux hautes parties contractantes... ne pourront être ni arrêtés ni expulsés du pays, ni même transportés d'un point à un autre du territoire, sans motifs graves, sans que les formes légales soient observées à leur égard, et avant que les causes qui motiveront une pareille mesure et les documents qui en feront foi aient été, en temps opportun, communiqués aux agents diplomatiques ou consulaires de leur nation respective. Dans tous les cas, il sera accordé aux inculpés le temps nécessaire, selon les circonstances, pour présenter leurs moyens de justification et de défense, et pour prendre avec lesdits agents diplomatiques ou consulaires les mesures nécessaires à la conservation de leurs biens et de ceux des tiers qui existeraient entre leurs mains.....

(1) V. S. *Lois ann.* de 1857, p. 147.
(2) V. S. *Lois ann.* de 1862, p. 15.

SALVADOR

Traité du 2 janvier 1858,

*d'amitié, de commerce et de navigation entre la France
et la République du Salvador* (1).

L'article 5, §§ 2 et 3, est conçu dans les mêmes termes que l'article 4,
§§ 4 et 5, des traités conclus entre la France et les Républiques de l'É-
quateur, du Guatémala et du Honduras.

Il faut observer que les dispositions des traités et conventions qui précèdent peuvent être invoquées par les sujets des États qui jouissent, en vertu
de traités ou de conventions, du **traitement de la nation la plus favorisée,**
au point de vue du droit de séjour et d'établissement. Tel est le cas pour
l'**Allemagne** (Traité du 10 mai 1871, art. 11); l'**Angleterre** (Conv. du
28 févr. 1882, art. 1er, § 3); le **Monténégro** (Conv. des 18-30 juin 1892);
la **Colombie** (Conv. du 30 mars 1892); l'**Uruguay** (Conv. du 4 juill. 1892);
le **Paraguay** (Conv. du 21 juill. 1892); la **République Argentine** (Conv.
du 30 janv. 1893); la **Serbie** (Conv. du 5 juill. 1893); le **Japon** (Traité
du 4 août 1896, art. 1er, § 3). (2)

---

(1) V. S. *Lois ann.* de 1860, p. 14.

(2) Pour les références de ces divers traités et conventions, V. *suprà*, p. 113
et s. *Adde*, en ce qui concerne le Japon, S. et P. *Lois ann.* de 1899, p. 879.

INDEX BIBLIOGRAPHIQUE

ACCARIAS. — Rapport devant la Chambre criminelle de la Cour de cassation (aff. *Lorent*, 31 janv. 1896) (*Rev. crit.*, 1896, p. 95 et s.).

ALEXANDRESKO. — De l'expulsion des étrangers en Russie (*en russe*). — Saint-Pétersbourg, 1905.

ANTOINE. — Le droit international privé dans la législation italienne (*J. du dr. int. pr.*, 1879, p. 337, note 1).

APPERT. — Note au *Sirey*, 1893. 1. 273, sous Cass. 21 nov. 1891 et 2 mars 1893.

AUBRY ET RAU, 5e éd., t. 1, p. 363, § 70, texte et note 11.

AUDINET. — Principes de droit international privé, 2e éd., n. 41, 42, 74, 89, 213, *in fine*.

— Note au *Sirey*, 1902. 1. 105, sous Cass.-crim., 3 mai 1901 (aff. *Bacro*).

BAR (DE). — L'expulsion des étrangers (*J. du dr. int. pr.*, 1886, p. 5 et s.).

BAUDRY-LACANTINERIE et HOUQUES-FOURCADE. — Des personnes, 3e éd., t. 1, n. 396, p. 453.

BAUDRY-LACANTINERIE et WAHL. — Du contrat de louage, 3e éd., t. 1, n. 557.

BERNARD. — De l'extradition, 2e éd., par MM. Weiss et Louis Lucas, t. 2, p. 5, 7, 187, 614 et s.

BERTHÉLEMY. — Traité de droit administratif, 5e éd., p. 340.

BÈS-DE-BERC. — De l'expulsion des étrangers, Paris, Rousseau, 1888.

BLACKBURN. — Alien exclusion (*American law Review*, 1904, p. 836).

BLUNTSCHLI. — Le droit international codifié (trad. Lardy), §§ 383 et 384.

BOECK (DE). — Note au *Dalloz*, 1892. 1. 41, sous Cass.-civ., 27 oct. 1891, (aff. *Thiry*).

BONFILS et FAUCHILLE. — Manuel de droit international public, 5e éd., n. 442, 1055.

BRAYER. — Procédure administrative des bureaux de police, p. 325.

BRY. — Précis de droit international public, 5e éd., n. 85, p. 128, n. 276, p. 375, n. 345, p. 460, n. 381, p. 515.

CABOUAT. — Note au *Dalloz,* 1896. 1. 337, sous Cass.-crim., 31 janv. 1896, (aff. *Lorent*).

CALVO. — Le droit international, 5e éd., t. 2, § 700, t. 3, § 1511 et s.; t. 6, §§ 123 et 124.

CAMPISTRON. — Commentaire des lois des 26 juin 1889 et 22 juill. 1893, n. 26, 75.

CANONICO. — De l'expulsion des étrangers en Italie (*J. du dr. int. pr.,* 1890, p. 219 et s.).

CARUSO. — Diritto di expulsione, Palerme, A. Reber, 1906.

CHALLAMEL. — A propos de l'expulsion de Mgr Montagnini (*Journ. des Débats,* du 12 mars 1907).

CHANTRE. — Du séjour et de l'expulsion des étrangers, Genève, Auber-Schuchard, 1891.

— De l'expulsion des étrangers en Suisse (*J. du dr. int. pr.,* 1894, p. 978 et s.).

CHANVIN. — Le droit d'expulsion (*L'Européen,* 1904, p. 5).

CHAUSSE. — Recours contre les arrêtés d'expulsion (*Rev. crit.,* 1892, p. 295 et s.).

CHERVET. — Note sous Aix, 27 janv. 1906, aff. *Soldati* (*Rev. de dr. int. pr.,* 1906, p. 525).

— Considérations sur la juridiction pénale française dans les Échelles de Barbarie et du Levant (*Rev. de dr. int. pr.,* 1909, p. 99, et s.).

CLERCQ (DE) et VALLAT (DE). — Guide pratique des consulats, 5e éd., Paris, Pedone, 1898, t. 1er, n. 310-317.

COHENDY. — Note au *Dalloz,* 1891. 2. 169, sous Lyon, 10 nov. 1890, (aff. *Baffa*), et Douai, 6 déc. 1890, (aff. *Thiry*).

COPINEAU et HENRIET. — De la condition des étrangers en France au point de vue de la résidence et de la profession (*J. du dr. int. pr.,* 1896, p. 281 et s.).

CRAIES. — Le droit d'expulsion des étrangers en Angleterre (*J. du dr. int. pr.,* 1889, p. 357 et s.).

DAGUIN (F.). — Les étrangers au Vénézuéla (*Rev. de dr. int. pr.,* 1905, p. 277 et s.).

DARRAS (A.). — De l'expulsion des étrangers par Bès-de-Berc (compte rendu) (*Bull. de la soc. de lég. comp.*, t. 18, années 1888-1889, p. 291, *in fine*-292).

— Chronique sur l'affaire du Père Forbes de la Compagnie de Jésus (*J. du dr. int. pr.*, 1892, p. 402 et s.).

Darut. — De l'expulsion des étrangers, Niel, Aix, 1902.

Desjardins (Arthur). — L'expulsion des étrangers dans *Questions sociales et politiques* (1893), p. 97 et s.

— Sentence dans l'affaire *Ben Tillett* (*J. du dr. int. pr.*, 1899, p. 203 et s.).

Despagnet. — Précis de droit international privé, 4e éd., n. 37, p. 89 et s., n. 127, 128, p. 271.

— Note au *Dalloz*, 1894. 2. 251, sous Douai, 21 déc. 1893, (aff. *Sarzotti*).

— Note au *Dalloz*, 1894. 2. 361, sous Paris, 29 juin 1893, (aff. *Beisser*).

— Grande-Bretagne, République Sud-Africaine ou du Transvaal et État libre d'Orange, guerre, conduite des hostilités entre les belligérants et dans les rapports des belligérants et des neutres (*Rev. de dr. int. publ.*, 1900, p. 698).

Diena. — Les délits anarchistes et l'extradition (*Rev. de dr. int. publ.*, 1895, p. 306 et s.).

Djuvara. — De la condition des étrangers en Roumanie (*J. du dr. int. pr.*, 1892, p. 1120 et s.).

Ducrocq. — Cours de droit administratif, 7e éd., t. 3, n. 1134-1135.

Dudley-Field. — Projet d'un Code international (trad. Léo), sous l'art. 321.

Dupuis. — Note au *Dalloz*, 1893. 1. 329, sous Cass.-crim., 19 déc. 1891, (aff. *Casana*).

— Note au *Dalloz*, 1893. 2. 345, sous Trib. civ. de Nice, 6 janv. 1893, (aff. *Maïno*).

Durand. — Rapport devant les Chambres réunies de la Cour de cassation (aff. *Lorent*, 9 déc. 1896) (S. et P. 1897. 1. 297).

Esperson. — Espulsione degli stranieri secondo la legislazione italiana e le legislazioni straniere (*Rivista penale*, t. 43, p. 5).

Fauchille. — V. Bonfils.

Féraud-Giraud. — De la juridiction française dans les Echelles du Levant et de Barbarie, 2e éd., t. 1, p. 79 et s., t. 2, p. 87 et s.

— Du droit d'expulsion accordé aux consuls sur leurs nationaux dans les pays hors chrétienté (*Rev. de dr. int. et de lég. comp.*, 1887, p. 1 et s.

—— Droit d'expulsion des étrangers ; 8e commission de l'Institut de droit international ; contribution à l'étude de la question, Aix, Makaire, 1889.

— Réglementation de l'expulsion des étrangers en France (*J. du dr. int. pr.*, 1890, p. 414 et s.).

FIORE. — Le droit international privé, 4e éd. (trad. Antoine), t. 1, n. 289, p. 316.

— Nouveau droit international public, 2e éd. (trad. Antoine), t. 1, n. 699-700, t. 3, n. 1297, p. 93.

GARÇON. — Code pénal annoté, sous l'art. 1.

GARRAUD. — Traité de droit pénal français, 2e éd., t. 1, n. 178, p. 333-334, n. 179, t. 2, n. 414, p. 177.

GARZIA. — L'espulsione degli stranieri, Citta di Castello, Lapi, 1900.

GEFFCKEN. — V. HEFFTER.

GIRAULT. — Principes de colonisation et de législation coloniale, 3e éd., t. 3, n. 424, p. 189.

GLARD. — De l'acquisition et de la perte de la nationalité française, p. 237.

GOULÉ (P.). — L'immigration aux États-Unis et la loi du 20 février 1907 (*Rev. de dr. int. pr.*, 1908, p. 373).

GRUFFY. — De l'unité de nationalité dans la famille, Paris, Duchemin, 1893.

—— Applications pratiques des lois françaises sur la nationalité par l'Administration (*J. du dr. int. pr.*, 1894, p. 472 et s.).

— De la naturalisation automatique (J. *La Loi* du 31 oct. 1901).

GUILLOUARD. — Traité du louage, t. 1, n. 436.

GUYHO. — Sens des mots « *de retour en France* » de l'article 7 du Code d'instruction criminelle (*Rev. crit.*, 1857, p. 315 et s.).

HAENEL (Dr). — De la situation légale des enfants d'étrangers en Allemagne (*J. du dr. int. pr.*, 1884, p. 477 et s.).

HALOT. — De la situation légale des étrangers en Belgique, Paris, Chevalier-Maresq et Cie, 1900, p. 3, 15 et s., 22 et s., 202 et s.

HAURIOU. — Précis de droit administratif, 6e éd., p. 335, note 2.

—— Note au *Sirey*, 1893. 3. 129, sous Cons. d'Etat, 18 déc. 1891, *Vandelet et Faraut.*

HAUS. — Principes de droit belge, 4e éd., p. 440.

Heffter, Le droit international de l'Europe (trad. Bergson), 4ᵉ éd. française, par Geffcken (1883), § 62, p. 143.

Henriques. — Dissertation sur l'*Aliens Act* du 11 août 1905 (trad. P. Goulé) (*Rev. de dr. int. pr.*, 1907, p. 340 et s., 1908, p. 47 et s.).

Hubert (R.). — Étude pratique sur l'expulsion des étrangers (*Gaz. des Trib.*, du 1ᵉʳ oct. 1897).

—— De la nationalité et du droit d'expulsion (*J. du dr. int. pr.*, 1895, p. 524 et s., 1896, p. 322 et s.).

—— De la légalité des déclarations souscrites en vue d'acquérir la qualité de Français et du refus d'enregistrement pour indignité (*J. du dr. int. pr.*, 1899, p. 75 et s.).

—— De la poursuite pour infraction à un arrêté d'expulsion dirigée contre une personne précédemment acquittée de ce chef, au cours du même séjour en France (*J. du dr. int. pr.*, 1899, p. 724 et s.).

—— De la participation aux opérations du recrutement et de la nationalité (*J. du dr. int. pr.*, 1902, p. 24 et s.).

—— Note sous Trib. corr. de Nice, 4 févr. 1903, aff. *Lazzarino* (*Rev. de dr. int. pr.*, 1908, p. 941).

—— De la nationalité et du droit d'expulsion (*Gaz. des Trib.*, du 16 et du 17 mai 1908).

—— Mémoire dans l'affaire *Ghio* (Trib. civ. de Nice, 30 mars 1908).

Jamais. — La loi du 11 déc. 1849 sur le séjour des étrangers en France. Droit d'expulsion reconnu au pouvoir exécutif. Projet d'abrogation (J. *La Loi* des 4-5 mars 1881).

Jessionesse. — Question de congé née de l'investissement de Paris (*Rev. prat.*, t. 31, p. 481 et s.).

Jitta. — Le droit d'expulsion des étrangers dans la législation des Pays-Bas (*J. du dr. int. pr.*, 1902, p. 66 et s.).

Kazanski. — Aperçu sur la condition des étrangers en Russie (*J. du dr. int. pr.*, 1898, p. 225 et s.).

Kebedgy. — Grèce, incident *Hammerstein*, ordre de police de quitter le territoire grec adressé à un sujet allemand, comparaison avec l'extradition et l'expulsion (*Rev. du dr. int. publ.*, 1896, p. 338).

Laband. — Le droit public de l'Empire allemand (trad. Boucard et Jèze), t. 1, p. 313-314.

Labbé. — Note au *Sirey*, 1876. 2. 297, sous Paris, 29 janv. 1876, (aff. *Prince Jérome-Napoléon*).

— Note au *Sirey*, 1876. 1. 193, sous Cass.-civ. 3 août 1874, (aff. *Haas*), et Cass.-req., 8 févr. 1876, (aff. *Labadié*).

LACOSTE. — De la chose jugée, 2ᵉ éd., n. 923, note 1.

— Note au *Sirey*, 1902. 2. 17, sous Aix, 6 déc. 1900, (aff. *Crotogli*).

LAFERRIÈRE. — Traité de la juridiction administrative, 2ᵉ éd., t. 1, p. 515, 530-531, t. 2, p. 52, 53, note 4, p. 480.

LAINÉ. — De l'expulsion des étrangers appelés à devenir Français par le bienfait de la loi (*J. du dr. int. pr.*, 1897, p. 449 et s., p. 701 et s., p. 963 et s.; 1898, p. 57 et s., p. 675 et s.).

— Note au *Dalloz* 1905. 1. 441, sous Cass.-civ., 9 févr. 1904, (aff. *Lovera*).

LALANDE (DE). — Du recours contentieux en matière d'expulsion des étrangers en France (*Rev. prat. de dr. int. pr.*, 1892, p. 59 et s.).

LAPRADELLE (GEOUFFRE DE). — De la nationalité d'origine, Paris, Giard et Brière, 1893, p. 292 et s., 296.

LAPRADELLE (GEOUFFRE DE) et POLITIS. — Recueil des arbitrages internationaux, t. 1ᵉʳ, p. 564 et s.

LARCHER. — Note sous Alger, 3 déc. 1903, *Slama Haï* (*Rev. algér.*, 1906. 2. 17).

— Note sous Alger, 16 nov. 1905, *Noto-Assi* (*Rev. algér.*, 1907. 2. 28).

— Note sous Alger, 24 sept. 1906, aff. *Chiglien* (*J. du dr. int. pr.*, 1907, p. 731).

LEBOUCQ. — De l'extradition dans les rapports entre la Grèce et la France (*J. du dr. int. pr.*, 1902, p. 435, *in fine*, 437 et s.).

— De l'erreur sur la nationalité des extradés (*J. du dr. int. pr.*, 1903, p. 271 et s., 280 et s.).

— Note sous Bordeaux, 3 févr. 1904, aff. *Jabouille* (*Rev. de dr. int. pr.*, 1905, p. 706 et s.).

LENOBLE. — La nationalité et le droit d'expulsion (*J. la Loi* des 15-16-17 sept. 1895).

— La simple soumission de fixer son domicile en France faite dans les termes de l'art. 10 du Code civil, par un individu né en France, et expulsé de France pendant sa minorité, rend-elle momentanément impossible la poursuite pour violation de l'arrêté d'expulsion? (*J. la Loi* du 30 nov. 1895).

— Du conflit entre la Chambre civile et la Chambre criminelle, relativement à la nationalité des individus qui, nés en France de parents étrangers ou descendant d'anciens Français, sont frappés d'une mesure d'expulsion avant l'accomplissement des formalités qui leur donneraient la qualité de Français (*J. la Loi* des 9 et 10 févr. 1896).

LE POITTEVIN (A.). — Principes à suivre en déterminant les limites de la compétence de la justice criminelle quant à la poursuite de délits commis à l'étranger (*Rapport au Congrès penitentiaire international de Bruxelles,* 1900).

LE POITTEVIN (G.). — De l'expulsion des étrangers et des infractions aux arrêtés d'expulsion (*Journ. des Parquets,* 1899. 1. 5).

— Le casier judiciaire, Paris, Rousseau, 1907, n. 51.

LEROY-BEAULIEU. — L'Économiste français du 2 septembre 1893.

LESCOEUR. — La condition légale des étrangers et particulièrement des Allemands en France, Paris, Marchal et Billard, 1898, n. 220 et s.

LE VAVASSEUR DE PRÉCOURT. — Conclusions dans l'aff. *Morphy,* 14 mars 1884 (*Rec. des arrêts du Cons. d'État,* p. 214 et s. — S. et P. 1886. 3. 2. — D. P. 1885. 3. 9).

MANAU. — Conclusions devant les Chambres réunies de la Cour de cassation (aff. *Lorent,* 9 déc. 1896), (D. P. 1897. 1. 161).

MARTENS (DE). — Traité de droit international (trad. Léo), 1883, t. 3. p. 447 et s.

MARTINI. — Note sous Cass.-civ., 1er mai 1899, aff. *Larue;* 9 avr. 1900, aff. *Louviot,* et autres arrêts (*Rev. de dr. int. pr.,* 1907, p. 187 et s.).

— Note sous diverses décisions relatives à l'expulsion des étrangers appelés à devenir Français par le bienfait de la loi (*Id.,* 1908, p. 656 et s.).

— Note Trib. supr. fédér. (Brésil), 30 janv. 1907, aff: *Benamow,* et Trib. fédér. de deuxième instance, 11 févr. 1907, aff. *Roth* (*Id.,* 1908, p. 826 et s.).

— Le nouveau droit administratif de l'expulsion (*Id.,* 1909, p. 422 et s.).

MÉDECIN. — Étude sur l'admission des étrangers en France, Paris, Larose et Tenin, 1909.

MÉRIGNHAC. — Traité de droit international public, t. 1er, 69 et s., p. 251-252.

— Lois et coutumes de la guerre sur terre, Paris, Chevalier-Marescq et Cie, 1903, n. 25.

— Les Capitulations et l'incident franco-bulgare de 1891 (*Rev. de dr. int. et de lég. comp.,* 1892, p. 147 et s.).

MILLET. — Note sur la législation et les coutumes relatives à l'expulsion des étrangers, dans les divers États d'Europe (*Bull. de la soc. de lég. comp.*, 1882, p. 588 et s.).

MONIER. — Les Indésirables. — Paris, Larose et Tenin, 1907.

MONZANI. — Il diritto di espellere gli stranieri considerato nella dottrina, nella legislazione e nella giurisprudenza. — Modena, Toschi, 1899.

MOORE. — International law digest (1906), 8 vol., in-8°, t. 4, p. 67 et s.

NAGAOKA. — De la situation juridique des étrangers au Japon (*J. du dr. int. pr.*, 1905, p. 1220).

NAQUET. — Note au *Sirey*, 1905. 1. 393, sous Cass.-civ., 9 févr. 1904, (aff. *Lovera*).

NÉZARD. — Répertoire du droit international privé et du droit pénal international [commencé par A. Darras et continué par M. de Lapradelle (sous presse)], t. 1, v° *Acte de gouvernement*.

PANDECTES FRANÇAISES. — Répertoire de doctrine, de législation et de jurisprudence [commencé sous la direction de M. Rivière et continué sous la direction de M. Weiss par M. E. Frennelet], t. 31, année 1899, v° *Expulsion des étrangers* (117 numéros).

PASCAUD. — De l'admission et de l'expulsion des étrangers par l'État (*Recueil de l'Académie de législation de Toulouse*, années 1888-1889, t. 37, p. 317 et s.).

PELISSIÉ DU RAUSAS. — Le régime des Capitulations dans l'Empire ottoman, Paris, Rousseau, 1902, t. 1, p. 164, 254 et s., t. 2, p. 55 et s., 174 et s.

PENNETTI. — Sul diritto d'espulsione degli stranieri (*Rivista di diritto internazionale*, 1899, p. 277 et s.).

PEREZ-VERDIA. — Tratado elemental de derecho internacional privado. — Guadalajara, 1908, p. 98, 99, *in fine*.

PIÉDELIÈVRE. — Précis de droit international public, t. 1, n. 210, p. 181, *in fine*-182, t. 2, n. 830.

PILLET. — Principes de droit international privé, n. 76, p. 188, note 1.
— Le droit de la guerre, t. 1er, p. 97, *in fine*, et s.
— Note au *Sirey*, 1892. 1. 81, sous Cass.-req., 7 déc. 1891, (aff. *Hesse*).
— Note au *Sirey*, 1897. 1. 537, sous Cass.-crim., 26 mars 1897, aff. *Milani*.

PINHEIRO-FERREIRA. — Notes sur le *Droit des gens* de Vattel, livre 2, chapitre 8, 100.

Politis. — Grèce et Turquie, guerre, cause, ouverture des hostilités, déclaration de guerre (*Rev. de dr. int. publ.*, 1897, p. 525 et s.).

—— V. Lapradelle (Geouffre de la).

Pradier-Fodéré. — De la condition légale des étrangers au Pérou (*J. du dr. int. pr.*, 1878, p. 589).

Raetzell. — Chronique à propos de l'affaire du baron de Hammerstein (*J. du dr. int. pr.*, 1896, p. 562 et s.).

Renault. — Examen doctrinal. — Droit international (Décisions de 1884). — Étranger mineur. — Expulsion. -- Naissance en France. — Effet rétroactif de la déclaration d'option. -- Nullité de l'arrêté d'option (*Rev. crit.*, 1885, p. 586).

Reuterskiold (de). — De la condition juridique des étrangers en Suède (*J. du dr. int. pr.*, 1906, p. 579).

Rey (Fr.). —La protection diplomatique et consulaire dans les Echelles du Levant et de Barbarie, Paris, Larose, 1899, p. 171 et s.,427 et s.

—— La question israélite en Roumanie, Paris, Pedone, 1903.

—— La guerre russo-japonaise au point de vue du droit international, Paris, Pedone, 1907, 1 vol. in-8°, p. 234 *in fine*, et s.

—— La condition des étrangers en Corée (*Rev. de dr. int. pr.*, 1908, p. 116-117).

—— Chronique sur l'expulsion de la Martinique de l'ex-président Castro (*Rev. de dr. int. pr.*, 1909, p. 413 et s.).

Roche-Agussol. — Note aux *Pandectes françaises*, 1907. 1. 255, sous Cass.-crim., 20 juin 1906, (aff. *Cini*).

Ronjat. — Réquisitoire devant la Chambre criminelle de la Cour de cassation (aff. *Casana*, 19 déc. 1891) (S. et P. 1892. 1. 108. — D. P. 1893. 1. 329).

Rougier. — Note sous Trib. supr. fédér. (Brésil), 6 nov. 1907, aff. *Weil* (*J. du dr. int. pr.*, 1908, p. 891).

Roux. — Note au *Sirey*, 1899. 1. 473, sous Cass.-crim., 22 avr. 1898, (aff. *Pelosi*).

—— Note au *Sirey*, 1901. 1. 297, sous Cass.-crim., 6 juill. 1899, (aff. *Czerski*).

Saint-Brice. — A propos de l'expulsion de la Martinique de l'ex-président Castro (*Le Journal* du 12 avr. 1909).

Salis. -- Le droit fédéral suisse, t. 2, n. 405.

SALLANTIN. — Rapport devant la Chambre criminelle de la Cour de cassation (aff. *Casana*, 19 déc. 1891) (S. et P. 1892. 1. 108. — D. P. 1893. 1. 329).

SALVY. — L'immigration aux États-Unis et les lois fédérales, Paris, Larose et Tenin, 1909.

SARRUT (L.). — Note au *Dalloz*, 1895. 1. 136, sous Cass.-crim., 22 déc. 1894, (aff. *Pomezzano*).

SCELLE. — La situation diplomatique de la Bulgarie avant la proclamation de son indépendance (*Rev. de dr. int. publ.*, 1908, p. 527).

— Les Capitulations en Bulgarie : leur suppression (*Id.*, 1908. p. 541).

SESCEORANU. — Note sous C. d'app. de Bucharest, 26 mars 1907, aff. *Avramesco*, et Cass.-réun. (Roumanie), 24 mai 1907, même affaire (*Rev. de dr. int. pr.*, 1908, p. 691).

SIBLEY ET ELIAS. — The Alien's act and the Right of Asylum. — Londres, 1906.

— Dissertation sur l'*Aliens Act* du 11 août 1905 (trad. Théry) (*J. du dr. int. pr.*, 1907, p. 29 et s.).

SURVILLE. — Influence d'un arrêté d'expulsion sur l'acquisition de la qualité de Français, d'après les art. 8-4°, 9 et 10 du Code civil (*Rev. crit.*, 1896, p. 209 et s.).

— Nationalité. — Enfant d'un ex-Français. — Arrêté d'expulsion (*Id.*, 1897, p. 193 et s.).

— Nationalité. — Influence d'un arrêté d'expulsion sur l'acquisition de la qualité de Français par le bienfait de la loi, conformément aux art. 8-4°, 9 et 10 du Code civil (*Id.*, 1899, p. 209 et s.).

— Nationalité. — Individu né en France de parents étrangers nés à l'étranger. — Expulsion de cet individu pendant sa minorité. — Son inscription sur les listes du recrutement. — Application de l'art. 9, § 11 du Code civil (*Id.*, 1906, p. 135 et s.).

SURVILLE ET ARTHUYS. — Cours de droit international privé, 4e éd., n. 39, p. 63, *in fine*, 64, *in fine*-65, 68, *in fine* et s., n. 73 et s.

TAINTURIER. — Conclusions devant la Cour de Douai (aff. *Thiry*, 6 déc. 1890) (*Rev. prat. du dr. int. pr.*, 1890-1891, p. 137 et s.).

TEISSIER. — La responsabilité de la puissance publique, n. 129, p. 150.

THÉRY. — Note sur l'*Aliens Act* du 11 août 1905 et sur la loi française du 3 déc. 1849 (*J. du dr. int. pr.*, 1907, p. 39 et s.).

Torrès-Campos. — Le droit d'expulsion des étrangers en Espagne (*J. du dr. int. pr.*, 1902, p. 291 et s.).

X. — France. — Expulsion par le ministre de France au Maroc d'un sujet tunisien, protégé français (aff. *Abd-el-Hakim*) (*Rev. du dr. int. publ.*, 1905, p. 551 et s.).

—— Turquie. — Français, prévenu d'un délit, réfugié en Turquie. Livraison à la France par le consul de France. — Absence des formalités d'extradition (aff. *Rosenberg*) (*Rev. du dr. int. publ.*, 1905 p. 570 et s.).

Vattel. — Le droit des gens (éd. Pradier-Fodéré), t. 1, § 231, p. 524, note.

Verax. — La Roumanie et les Juifs. — Bucarest, 1903.

Villey. — Note au *Sirey*, 1896. 1. 537, sous Cass.-crim., 31 janv. 1896, (aff. *Lorent*).

Weiss. — Traité de droit international privé, 2e éd., t. 1, p. 237 et s., t. 2, p. 87 et s.

—— Note aux *Pandectes françaises*, 1892. 1. 1, sous Cass.-civ., 27 oct. 1891, aff. *Thiry*, et Cass.-crim., 19 déc. 1891, (aff. *Casana*).

Westlake. — Observations relatives à un projet de règlement international sur l'admission et l'expulsion des étrangers soumis par M. de Bar à l'Institut de droit international (*Annuaire de l'Institut*, t. XI, p. 313 et s.).

Adde. Lacerda de Almeida, O decreto de 7 janeiro de 1907 sobre expulsao de strangeiros do territorio nacional, Rio-de-Janeiro, 1907; — Rodrigo Octavio, Direito do estrangeiro no Brazil, Rio-de-Janéiro, 1909; — les Recueils, Revues et Répertoires cités en tête de l'ouvrage; — l'Annuaire de l'Institut de droit international, 1892-1894, t. XII, p. 218 et s.; — et les Tables générales du Journal du droit international privé, fondé et publié par Me Clunet, et dressées par A. Darras, t. I, pp. 570 et s., 820 et s., 987 et s., t. III, p. 815 et s.

TABLE GÉNÉRALE DES MATIÈRES

CHAPITRE III

CHAPITRE IV

CHAPITRE V

CHAPITRE VI

CHAPITRE VII

SECTION II

SECTION III

ROUMANIE.

RUSSIE.

SUISSE.

CANTON DE GENÈVE

VÉNÉZUÉLA.

SECTION IV

ERRATA

Page 2, ligne 19, *au lieu de* : un article 6 du titre **3**, *lire* : un article 6 du titre **2**.

Page 14, note, ligne 13, *au lieu de* : (*Rev. de dr. int. publ.*, 1891, p. 150 et s.), *lire* : (*Rev. de dr. int. et de lég. comp.*, 1892, p. 150 et s.).

Page 23, note, ligne 15, *au lieu de* : (S. et P. 1896. 1. **527**), *lire* : (S. et P. 1896. 1. **537**).

Page 24, note, ligne 13, *au lieu de* : Trib. de Nice, **20** mars 1908, *lire* : Trib, de Nice, **30** mars 1908.

Page 27, note, ligne 6, *au lieu de* : Cass. 26 févr. 1890 (S. et P. 1893. 2. 126), *lire* : Cass. 26 févr. 1890 (S. et P. 1893. 1. 126).

Page 31, note, ligne 1, *au lieu de* : Cass. 7 déc. 1891, aff. Hesse (S. et P. **1891**. 1. 81), *lire* : Cass. 7 déc. 1891, aff. Hesse (S. **1892**. 1. 81).

Page 59, ligne 9, *au lieu de* : Loi belge du 12 **déc.** 1897, *lire* : Loi belge du 12 **févr.** 1897.

Page 109, note, ligne 12, *au lieu de* : V. Cass. 1er déc. 1887 (S. 1888. 1. **390**), *lire* : V. Cass. 1er déc. 1887 (S. 1888. 1. **389**).

Page 185, note, ligne 4, *au lieu de* : Cons. d'État, **24** janv. 1867, *lire* : Cons. d'État, **22** janv. 1867.

Page 231, note, ligne 1, *au lieu de* : Paris, **22** juin 1893, *lire* : Paris, **29** juin 1893.

BAR-LE-DUC. — IMPRIMERIE CONTANT-LAGUERRE.

LA REFONTE DU
RECUEIL GÉNÉRAL
DES LOIS ET DES ARRÊTS
FONDÉ PAR J.-B. SIREY

JURISPRUDENCE DU XIXe SIÈCLE
(1791-1900)

Refondue d'après l'ordre chronologique

Sous la direction, jusqu'en 1907, de MM.

C.-L. JESSIONESSE	O. DE GOURMONT
RÉDACTEUR EN CHEF	SECRÉTAIRE DE LA RÉDACTION

ET DEPUIS 1907 DE M.

O. DE GOURMONT

RÉDACTEUR EN CHEF

par MM.

A. DARRAS ET **F. REY**

CHARGÉS DE CONFÉRENCES A LA FACULTÉ DE DROIT DE PARIS

En 20 volumes in-4º d'environ 1200 pages

EN VENTE :

Tomes 17 à 20, 1892-1900.

Prix de chaque volume, broché : **30** fr.; relié : **33** fr. **50**

CONDITIONS DE SOUSCRIPTION :

1º à la REFONTE du RECUEIL SIREY en **20** forts volumes à **30** fr. l'un, dont quatre volumes parus, **17** à **20** (1892 à 1900). **120** fr.

2º au RECUEIL proprement dit, années 1901 à 1908, 9 volumes (dont un de lois annotées)........................ **200** fr.

3º à l'ABONNEMENT à l'année courante...................... **30** fr. (

TOTAL................... **350** fr.

Prix réduit à 300 francs net, broché. Payable (2) **100** francs comptant et **50** francs tous les 2 mois.

(RELIURE en plus, par volume, 3 fr. 50).

A défaut de paiement de deux échéances, le montant total de la créan sera exigible de plein droit.

La Librairie de la Société se réserve la propriété de l'ouvrage ci-dess tant que tous les versements stipulés n'auront pas été complètement payé

---

(1) **Pour les Colonies et l'Étranger, l'abonnement est de 32 fr.**
(2) **Pour les Colonies et l'Étranger, paiement comptant et frais de po** **en plus.**

BAR-LE-DUC. — IMPRIMERIE CONTANT-LAGUERRE.